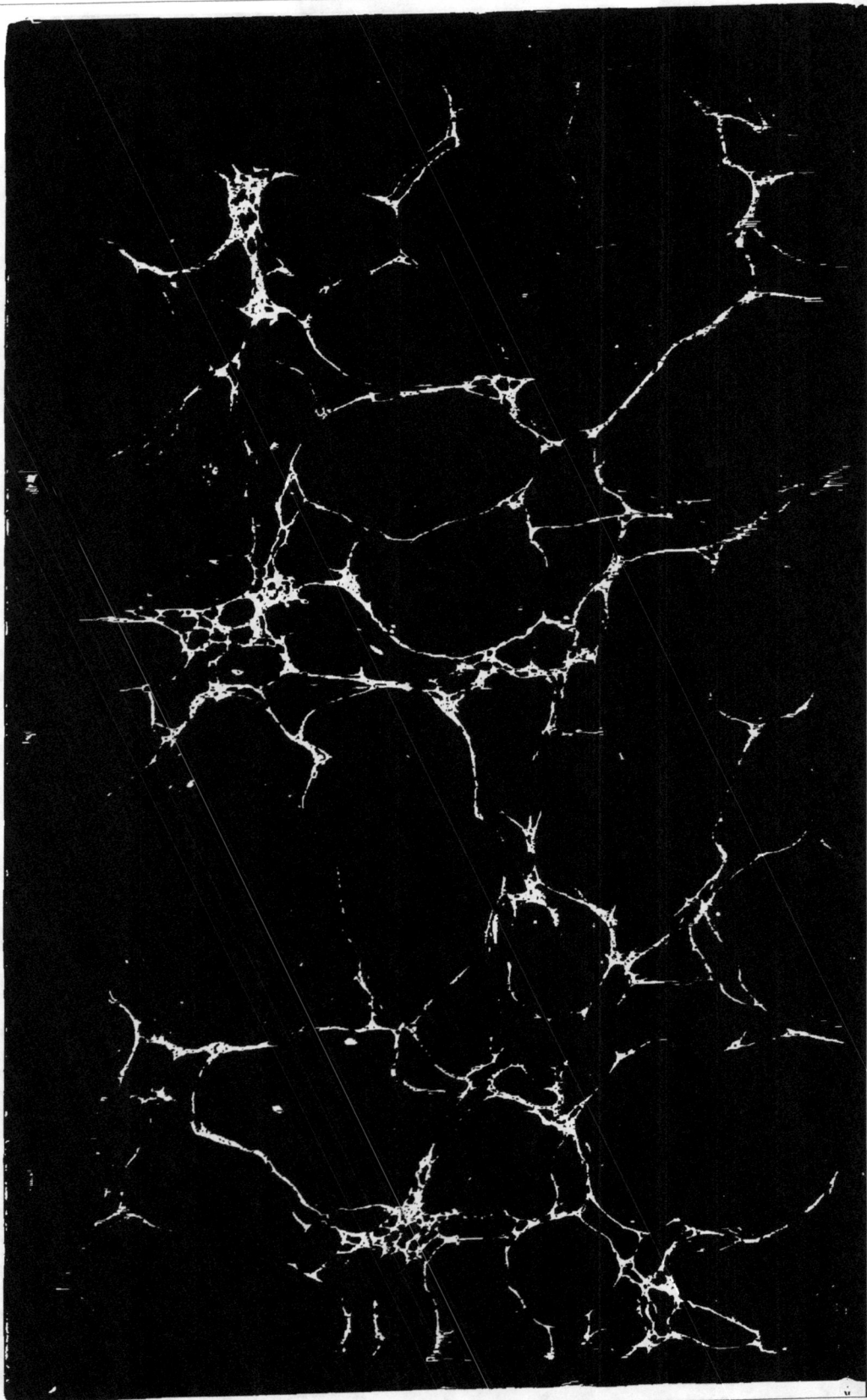

COURS

D'ART MILITAIRE

Paris. — Imprimerie de J. DUMAINE, rue Christine, 2.

COURS

D'ART MILITAIRE

PROFESSÉ

A L'ÉCOLE POLYTECHNIQUE

PAR

Le Général FAVÉ

Membre de l'Institut.

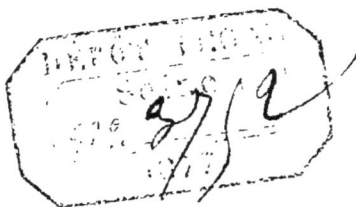

PARIS

LIBRAIRIE MILITAIRE DE J. DUMAINE

LIBRAIRE-ÉDITEUR

30, Rue et Passage Dauphine, 30

1877

COURS D'ART MILITAIRE

CHAPITRE PREMIER
CONSTITUTION MILITAIRE.

I

CONSTITUTION MILITAIRE.

Aperçu historique.

Il faut placer au nombre des attributions principales du gouvernement d'un Etat, le soin de protéger les propriétés et les personnes contre toutes les agressions. De là vient, pour se tenir prêt à repousser des attaques qu'on ne peut pas prévoir longtemps d'avance, la nécessité de constituer une force militaire, d'organiser l'armée. Aucune nation, entourée d'Etats voisins, n'a pu se soustraire à cette obligation; mais l'histoire fait voir, tantôt des armées levées seulement au moment de combattre, et nous dirons qu'elles étaient temporaires, tantôt, au contraire, des armées maintenues sur pied constamment, pendant la paix comme pendant la guerre, ce qui les a fait appeler armées permanentes.

1

Les armées permanentes, par les dépenses de leur entretien et par les hommes qu'elles enlèvent aux travaux de l'agriculture, du commerce ou de l'industrie, apparaissent tout d'abord comme onéreuses, et elles ont été fort attaquées, de notre temps, comme étant d'institution surannée, ruineuse, inutile; il importe donc de savoir s'il serait possible de s'en passer.

D'un autre côté, on a vu, à la suite des événements pour nous si terribles de la guerre de 1870, les principales nations de l'Europe aggraver, pour leurs citoyens, les charges du service militaire; nous avons donc à rechercher le sens et l'importance de cette transformation. Un coup d'œil rapide, jeté sur de grandes nations que le temps a fait disparaître, suffira pour que nous puissions nous rendre compte des changements survenus dans les principes de leur constitution militaire, et pour nous mettre en mesure d'apprécier la nature et l'importance des changements qui s'opèrent actuellement d'un bout à l'autre de l'Europe.

Parmi les nations qui ont brillé de la gloire militaire et qui ont dû à leurs armées de grandes et durables conquêtes, Rome s'élève au-dessus des autres. Sa constitution militaire offre d'autant plus d'intérêt, au point de vue qui nous occupe, qu'elle a changé du tout au tout en un moment. Elle se partage en deux périodes : celle de la République et celle de l'Empire.

Sous la République, les légions n'étaient pas levées ni organisées avant le moment d'aller combattre;

l'armée était donc temporaire. Cette armée se composait des citoyens romains désignés à tour de rôle;
car tous étaient astreints au service militaire depuis
vingt ans jusqu'à quarante ans. Ils marchaient alternativement, chacun à son tour et suivant des règles
établies, d'après les besoins que les circonstances
faisaient naître. Une politique prévoyante portait le
Sénat à n'entreprendre qu'une seule guerre à la fois,
mais elle le portait aussi à ne jamais demeurer long--
temps sans faire la guerre. C'est ainsi que les citoyens
romains devinrent tous aussi aguerris que braves.
Le courage dans les combats fut considéré parmi eux
comme une qualité indispensable. La préparation individuelle à la guerre, par les exercices du corps et
par l'usage habituel des armes, entra dans les mœurs
et s'y maintint tant que dura l'obligation du service. Il
est à remarquer qu'il y avait, au-dessous des citoyens
romains, la classe des esclaves, et que l'armée romaine
était formée des hommes d'élite de la nation. C'est
par là qu'on peut arriver à comprendre comment Rome
n'a pas cessé, sous la République, d'étendre progressivement sa domination. Cela ne se fit pourtant pas
sans éprouver parfois des revers désastreux et sans
que Rome tombât elle-même au pouvoir du vainqueur;
mais ces circonstances semblaient faites pour mettre
plus en relief la solidité de l'édifice militaire. De nouvelles légions semblaient sortir de terre dans le territoire envahi, où tous les citoyens prenaient leurs
armes. La hiérarchie militaire était immédiatement

organisée au moyen de chefs nommés pour exercer des commandements superposés. Quand Rome semblait sur le bord de la ruine, elle était prête à triompher de son ennemi.

La République romaine avait malheureusement à redouter d'autres dangers que ceux qui provenaient des ennemis extérieurs; car, à mesure qu'elle étendait plus au loin sa domination et que le nombre des citoyens augmentait, le jeu des institutions politiques devenait plus irrégulier et plus défectueux. On sait que les lois et aussi des mesures générales de très-grande importance étaient soumises à la votation des citoyens sur la place publique. Cela fonctionna assez régulièrement tant que le nombre des votants ne fut pas trop considérable; mais lorsque le nombre des hommes réunis pour le vote fut devenu trop grand, le désordre se produisait dès l'abord, et il augmentait par la foule des arrivants qui venaient de loin. Il était d'ailleurs suscité par des chefs de parti, qui n'hésitaient pas à chercher dans la fraude et dans la violence le triomphe de leurs convoitises ou de leur ambition.

On avait vu, à plusieurs reprises, des généraux revenant, à la tête de leurs armées victorieuses, imposer leurs volontés par la force, et faire succéder aux désordres de l'anarchie une dictature temporaire. C'est ainsi qu'avaient agi Marius, Sylla et César, avant qu'Auguste entreprît de changer complétement les institutions politiques de Rome, pour placer les rênes du gouvernement dans la main d'un seul homme.

Auguste transforma radicalement la constitution militaire, en donnant aux légions la stabilité qu'elles n'avaient pas auparavant. Il rendit l'armée permanente, de temporaire qu'elle avait été jusque-là, et il la recruta au moyen d'enrôlés volontaires. Les soldats ne lui manquèrent pas, à cause de l'engagement qu'il prit de payer à chacun d'eux une forte somme d'argent à l'expiration du temps de service. Ce temps de service devait prendre fin à l'âge de quarante ans.

Auguste réussit dans ses vues, car, pendant plus d'un siècle, les légions permanentes obtinrent des succès supérieurs encore à ceux des légions temporaires. Les conquêtes des premiers empereurs furent, en effet, plus rapides que celles de la République. D'un autre côté, les guerres civiles, qui provenaient auparavant de la facilité qu'avaient des citoyens aguerris à prendre les armes, cessèrent complétement. Mais d'autres luttes survinrent ensuite entre les légions permanentes qui soutenaient différents prétendants à l'empire.

L'établissement de l'armée permanente eut un résultat qui avait sans doute été prévu et désiré par Auguste.

Les citoyens n'étant plus destinés à combattre, ne s'exercèrent plus à manier les armes, perdirent l'habitude du danger et devinrent peu capables de le braver.

Un autre effet ne se fit sentir que longtemps après la mort d'Auguste : on éprouva des difficultés de plus en plus grandes à recruter les troupes. On s'en explique assez facilement la raison. Tant que la guerre fut en grand honneur, tant que la population civile fut composée d'hommes ayant appris à braver la mort et le danger, on trouva des hommes disposés à entrer dans les légions; mais il en fut, plus tard, tout autrement.

Les légions stationnèrent presque toutes sur les frontières de l'empire, et l'homme qui s'engageait au service pour vingt ans, courait le risque d'être payé de ce qui lui était dû par le trésor public en terres plutôt qu'en argent; il était donc exposé à ne jamais revoir ni sa famille, ni ses amis, ni son pays natal. La gloire militaire n'était plus en honneur dans le milieu où il vivait; la profession des armes ne se présentait plus à lui que sous des côtés défavorables, quand l'empire confinait exclusivement à des pays très-peu peuplés, pauvres, et dont les habitants étaient peu avancés dans la civilisation. Alors, la guerre n'offrait plus aux combattants les chances avantageuses des riches dépouilles. Toutes les causes se réunirent donc pour faire peu à peu de la carrière des armes un objet d'épouvante, et les empereurs en furent réduits à la nécessité désastreuse de prendre des barbares à leur solde, faute de trouver le moyen de recruter leurs légions parmi les innombrables habitants de leur immense empire.

Les descendants de ces Romains dont le courage et les vertus guerrières avaient triomphé de tous les obstacles, devinrent incapables d'opposer la moindre résistance aux invasions des peuples qu'ils appelaient barbares, tandis que ceux-ci développaient leurs vertus militaires et aguerrissaient leurs citoyens libres, en les faisant participer tous aux incursions et aux entreprises qui s'exécutaient annuellement, dans la saison favorable, par leurs armées temporaires.

Après que l'empire d'Occident eut été démembré et anéanti, la Gaule fut gouvernée par des rois provenant de la famille souveraine des Francs-Saliens, la famille des Mérovingiens, qui fut remplacée dans la suite par la famille des Capétiens. Mais, plus tard encore, le pouvoir royal étant tombé dans des mains trop faibles pour l'exercer, devint incapable d'assurer aux personnes et au droit de propriété la protection qui leur est nécessaire. En l'absence d'une autorité centrale, ayant pour devoir et pour mission de faire respecter les lois, qui sont les liens de la société, chaque habitant chercha près de lui une autorité capable de le défendre, et il se plaça sous sa protection. C'est ainsi que l'on vit se former de tous côtés, sur tous les points du territoire, simultanément ou successivement, une hiérarchie qui constitua le système féodal, formé d'une multitude de petites associations, tantôt complétement séparées, tantôt superposées, tantôt enchevêtrées l'une dans l'autre.

Un certain nombre de vilains, le plus souvent cultivateurs du sol, reconnaissaient pour leur seigneur un homme qui prenait en main leurs intérêts, confondus avec les siens. Il se chargeait de les protéger et au besoin de les défendre les armes à la main, contre toutes les agressions. Ce seigneur lui-même, reconnaissant sa faiblesse contre un plus puissant que lui, prêta foi et hommage à un suzerain et devint son vassal, en s'engageant à venir combattre sous sa bannière, quand il en serait requis, avec un nombre d'hommes déterminé. La hiérarchie militaire était ainsi organisée dès le temps de paix, et les hommes riches et puissants étaient ceux qui contractaient le plus d'obligation de marcher à la guerre, qui s'exerçaient et s'instruisaient le plus dans l'art de combattre. Les dangers qu'ils étaient appelés à courir et les services qu'ils rendaient à leurs vassaux motivaient et légitimaient la position élevée qui leur était faite. La société féodale se distingue par un caractère qui lui est propre : l'autorité du commandement, exercée en temps de guerre, s'appuie sur des habitudes de subordination contractées pendant la paix. Le seigneur, en effet, a sur ses vassaux des pouvoirs de justicier et d'administrateur, en même temps que des droits de propriétaire.

Le système féodal était fait pour développer dans les rangs de la noblesse le courage militaire, et il remplit très-bien ce but. Les brillantes qualités de l'ancienne chevalerie sont restées légendaires, malgré la destruction violente des attributions et des droits qui étaient demeurés à ses descendants, après la disparition des causes qui avaient fait établir cette organisation sociale.

Le système féodal, né d'un état d'anarchie qui menaçait la société d'une destruction complète, avait, dès l'abord, partagé la France en une quantité innombrable de petites souverainetés. Il portait en germe des inconvénients nombreux, qui ont amené sa destruction complète. Nous ne mentionnerons ici que les causes d'imperfection de l'organisation militaire. Les devoirs et les droits des seigneurs étant liés à la propriété de la terre, et la propriété changeant forcément de mains par hérédité et par mariage, il advint qu'un seigneur vassal pour une terre était en même temps suzerain pour une autre propriété et parfois de la même personne, ou encore que, vassal du roi de France pour une terre, il était en même temps vassal, soit du roi d'Angleterre, soit de l'empereur d'Allemagne, pour une autre propriété féodale. Les désordres et les guerres provenant de cette complication des droits, mirent, au cours du xive et du xve siècle, la nationalité française au bord d'une destruction complète. Le moyen qui fut employé dans cette circonstance pour empêcher la France de tomber dans l'abîme, donna bientôt aux rois de France une puissance militaire plus grande que celle des autres souverains de l'Europe chrétienne.

L'état misérable où le pouvoir royal avait été réduit sous Charles VI, au grand détriment de tous les intérêts privés, décida les États généraux, qui furent convoqués pour remédier au mal, à fournir au roi Charles VII les subsides nécessaires pour entretenir et solder plusieurs compagnies d'ordonnance. Ces compagnies constituèrent la première troupe permanente mise à la disposition de nos rois. Cette troupe ne se composait pas uniquement des hommes d'armes ou gens d'armes, qui revêtaient pour les combats de fortes armures habilement fabriquées; chaque homme d'armes avait plusieurs suivants qui combattaient avec lui ou plutôt qui étaient chargés de le seconder dans le combat. On porte à 9,000 chevaux la force des compagnies d'ordonnance organisées à cette époque. C'est avec cet appui que Charles VII triompha de l'étranger, et que Louis XI, après lui, abattit plusieurs des vassaux de la couronne, et fit voir aux autres le danger auquel ils seraient désormais exposés en entreprenant de lutter contre le pouvoir royal.

Le nombre des troupes permanentes augmenta progressivement au fur et à mesure des ressources du trésor royal, et l'infanterie y prit une place de plus en plus considérable. A la fin du XVIIᵉ siècle, les troupes de Louis XIV furent composées exclusivement de soldats enrôlés, après que les levées temporaires du ban et de l'arrière-ban eurent pris fin. Les armées du grand roi atteignirent, pendant la guerre, jusqu'au chiffre de 400,000 hommes. Toutes ces troupes se recrutaient par l'engagement volontaire, secondé, il est vrai, par les procédés peu moraux qu'employaient les sergents recruteurs pour obtenir des enrôlements. Le principe du service volontaire était encore seul en usage quand la Révolution éclata, en 1789, et tout d'abord l'Assemblée constituante n'admit ni comme légitime, ni comme possible, d'imposer aux citoyens l'obligation d'entrer dans l'armée permanente. Comment, en effet, les forcer à devenir soldats pour être soumis aux lois exceptionnelles du code militaire, au moment où l'on proclamait les droits de l'homme comme des principes absolus qui devaient tout dominer. Plus tard, le danger public fit taire ces prétendus principes, sans déraciner pour cela les erreurs de ces déclarations abstraites. Après avoir reconnu l'insuffisance des ressources qu'on pouvait se procurer en faisant appel au patriotisme des volontaires, la Convention prit le parti de décréter la levée en masse, c'est-à-dire l'obligation imposée à tous les hommes valides de marcher à la frontière. Les troupes ainsi levées reçurent d'abord le nom de bataillons de garde nationale, qui les distinguait des troupes permanentes; mais les nécessités de la discipline obligèrent à les soumettre aux lois d'exception du code militaire, et bientôt le gouvernement s'efforça d'effacer toute différence entre les deux sortes de troupes, en incorporant des bataillons de garde nationale et des bataillons de ligne dans la même demi-brigade.

Le recrutement imposé aux citoyens valides par ce moyen détourné constitue la mesure fondamentale qui a donné à nos armées la supériorité du nombre sur des ennemis coalisés, et qui leur a permis, après avoir repoussé l'invasion, de prendre à leur tour l'offensive, quand les soldats de nouvelle levée furent devenus familiers avec le métier des armes. Pour arriver à ce résultat, la Convention ne prit pas seulement les personnes pour les engager dans la lutte; elle disposa aussi des propriétés individuelles, en donnant aux services administratifs de l'armée le droit de requérir partout ce qui pouvait être utile à la défense nationale : chevaux, voitures, salpêtre, soufre, cuivre, étain, bronze, draps, chaussures, linge, vivres, fourrage, etc., etc., furent enlevés à leurs propriétaires, sous promesse de paiement, pour être consacrés au service de l'Etat.

Le principe du service militaire obligatoire fut admis sans aucune restriction et appliqué régulièrement en vertu d'une loi du Directoire, rendue en 1798, sous le titre de loi de la conscription. Elle obligea tous les jeunes gens valides à servir dans l'armée, de 20 à 25 ans, autant qu'ils y seraient appelés. C'est en appliquant cette loi que la France eut, sous le Consulat et le premier Empire, ces armées qui acquirent tant de gloire par leurs brillants succès. Les guerres que l'Empereur eut à soutenir sans interruption, le dispensèrent de libérer les soldats arrivés à 25 ans d'âge, et il eut ainsi les troupes les plus aguerries, peut-être, que l'on eût jamais vues, troupes qui furent commandées par des officiers et par des sous-officiers comptant tout ce que la nation pouvait fournir d'hommes capables de remplir ces emplois.

L'expédition de Russie fit tomber l'édifice de notre force militaire, quand périrent tout à la fois des cadres et des soldats incomparables. La loi de la conscription permit bien de lever de nouveaux soldats, mais si le nombre des hommes fut encore considérable, l'instruction militaire leur fit cruellement défaut. Quand nos nouvelles troupes durent, après de longues marches, soutenir des batailles prolongées, sous les attaques d'ennemis qui recevaient incessamment des renforts, leur courage fléchit avec leurs forces. Pour parvenir à les vaincre, nos ennemis avaient eu recours, à leur tour, au recrutement forcé ou même à la levée en masse, qui leur avait procuré la supériorité du nombre.

Le premier Empire, en tombant, avait laissé le principe du recrutement forcé si impopulaire, que les princes de la maison de Bourbon avaient été accueillis par les cris de *Plus de conscription!* Cédant au sentiment dominant, la loi de 1818, sur le recrutement de l'armée, chargea bien le tirage au sort de désigner, chaque année, sur la classe formée de tous les jeunes gens de 20 ans, ceux qui seraient astreints à entrer dans l'armée, à moins qu'ils ne pussent produire un remplaçant ; mais elle déclara libéré à tout jamais de cette obligation ceux qui n'étaient pas compris dans le contingent. Sous l'influence d'une réaction imprévoyante et des circonstances pacifiques du moment, on affaiblissait ainsi la force nécessaire à la défense de l'Etat.

Sous la monarchie de la branche d'Orléans, la guerre étant devenue menaçante, la loi augmenta le chiffre du contingent annuel, et fixa à sept ans la durée du service, mais le reste de la classe continua à demeurer libéré définitivement.

Pendant que la France abandonnait ainsi le principe du service obligatoire pour tous les citoyens, la Prusse l'adoptait en lui donnant une nouvelle extension. Cet Etat qui avait pris rang parmi les grandes puissances· devenues arbitres de l'Europe, mais qui était la plus petite, de beaucoup, tant par le nombre de ses habitants que par l'étendue de son territoire, sut mettre à profit les leçons de l'adversité qu'elle avait subies de 1807 à 1813, quand son territoire servait de passage à un vainqueur qui le foulait aux pieds sans ménagement. Son gouvernement chercha et résolut ce problème d'entretenir, pendant la paix, une armée peu considérable, et pourtant d'être en état de faire marcher, à la guerre, des troupes nombreuses, bien instruites et bien encadrées. Tous les hommes valides furent astreints, dans leur vingtième année, à entrer sous les drapeaux pour y rester trois ans ; après cela, ils furent renvoyés dans leurs foyers avec la liberté de se marier ; mais ils eurent l'obligation, pendant les quatre années suivantes, de revenir sous les drapeaux au premier appel occasionné par le cas de guerre et de grossir ainsi les effectifs de paix. On fit plus encore, car le devoir militaire des citoyens valides ne fut pas limité à ces sept années ; il s'étendit à cinq autres années pendant lesquelles l'homme appartient à la landwehr, troupe temporaire ayant des cadres organisés en dehors de ceux de l'armée permanente.

Le devoir imposé au citoyen prussien ne s'arrête même pas encore là, car il se prolongera jusqu'à 42 ou même à 60 ans si la défense du pays l'exige. Pour cela, le citoyen pourra être placé dans le landsturm, autre troupe temporaire qui sera consacrée à la défense intérieure de la Prusse, quand les circonstances exigeront sa formation.

On voit que la Prusse a réuni à l'organisation de l'armée permanente qui a caractérisé la constitution militaire de l'empire romain, l'usage des troupes temporaires qui avaient donné tant de succès à la République. Encore les troupes temporaires de la Prusse ont-elles sur celles de Rome cet avantage que les hommes, ayant tous passé au préalable trois ans sous les drapeaux, y ont appris les éléments du métier militaire, qui sont plus difficiles et plus compliqués de nos jours que dans l'antiquité. La partie permanente de l'armée prussienne est devenue réellement, suivant une expression très-juste, l'école militaire de la nation.

Le citoyen prussien s'est soumis à ces devoirs pesants sans murmures et sans résistance. Il a abandonné, sur l'heure, sa famille et le soin de ses intérêts quand la guerre l'a appelé, et il s'est facilement résigné à porter de nouveau le joug d'une discipline que sa bonne volonté a rendue plus douce.

Par les moyens que nous venons d'indiquer, la

Prusse a mis sur pied des troupes plus nombreuses, par rapport à sa population, qu'on ne l'avait encore vu. Pendant la guerre de 1866, elle a eu sous les armes jusqu'à 660,000 hommes, avec une population de 19,000,000 d'âmes, c'est-à-dire de 3 à 4 p. 100 du chiffre de la population. En 1870-71, l'Allemagne, encore incomplétement formée à la prussienne, a mis sur pied 1,350,000 hommes, sur une population de 40,000,000 d'âmes ; à cette époque, 935,000 Allemands ont foulé à la fois le territoire de la France. L'empereur Napoléon Ier avait passé le Niémen, en 1812, avec un peu plus de 400,000 hommes ; son armée, qui comprenait des hommes de toutes les contrées de l'Europe continentale, avait été considérée universellement comme gigantesque ; et voilà que, soixante ans plus tard, une seule puissance européenne a envahi un Etat voisin avec une armée beaucoup plus que double.

Depuis ce moment, les grandes puissances de l'Europe continentale ont compris que leur indépendance, leur sécurité et leur existence même seraient en danger si elles n'étaient pas en mesure de mettre sur pied des armées de même nombre. A l'imitation de la Prusse, elles ont constitué leurs forces militaires en trois parties : l'armée permanente, où le temps de service du soldat a été réduit ; la réserve destinée à compléter l'armée active avec des hommes rentrés dans leurs foyers après avoir appris le métier des armes ; enfin, les troupes temporaires.

En France, le temps de service à passer sous les drapeaux a été fixé par la loi à 5 ans pour une partie du contingent, à 1 an ou à 6 mois pour l'autre. Les soldats qui sont renvoyés dans leurs foyers après l'accomplissement du temps fixé par la loi, comptent comme réservistes jusqu'à l'expiration de la neuvième année accomplie depuis le moment de l'entrée au service. L'armée française, dans sa partie active, dispose ainsi de deux classes de plus que l'armée allemande, puisque celle-ci n'en compte que sept. L'armée territoriale, qui comprend six classes dans le premier ban, en a aussi une de plus que la landwehr prussienne. La France a donc acquis, depuis 1872, la supériorité du nombre pour ses forces militaires, en y faisant entrer 15 classes au lieu de 12. Seulement les hommes de la réserve et ceux de l'armée territoriale, au lieu d'avoir l'instruction uniforme, résultant d'un service de 3 ans dans l'armée active, y auront passé, les uns 5 ans, et les autres 1 an ou même 6 mois seulement. Nous croyons devoir nous borner à signaler cette grande différence, qui ne saurait être sans influence sur la valeur des troupes et sur la force de l'armée. Il y a là une question grave et difficile, qui reviendra sûrement en discussion un jour ou l'autre.

Après avoir préparé toute la partie jeune et valide de la nation à entrer sous les drapeaux au moment de la guerre, la Prusse a réalisé un autre progrès non moins utile, en s'occupant de faire passer promptement son armée du pied de paix au pied de guerre;

de la mobiliser et de la concentrer rapidement sur la frontière, de manière à pouvoir prendre l'offensive contre son ennemi et à l'attaquer avant qu'il ait traversé la période de confusion et de faiblesse qu'amènent les agglomérations partielles de tous les éléments nécessaires pour qu'une armée soit en état d'entrer en campagne.

L'empereur Napoléon Ier était parvenu à diriger personnellement une armée plus nombreuse qu'on ne l'avait fait avant lui, en la décomposant en plusieurs petites masses de 20,000 à 40,000 hommes, qui furent appelées des corps d'armée. C'étaient de petites armées complètes, aussi nombreuses que celles dont Turenne avait eu le commandement. Elles avaient tout ce qu'il fallait pour agir isolément et pour accomplir chacune par elle-même une opération déterminée, mais elles marchaient habituellement réunies en obéissant aux indications et aux ordres de l'empereur. La Prusse a pris la résolution de former les corps d'armée dès le temps de paix et d'en maintenir les éléments réunis. Elle a ainsi gagné, pendant la mobilisation, le temps qui est nécessaire pour constituer les corps d'armée par la réunion d'éléments épars.

Ce premier pas fut suivi d'un second dirigé vers le même but. Le corps d'armée fut placé à demeure dans une circonscription déterminée ; le territoire de cette circonscription affecté au recrutement du corps d'armée en temps de paix, dut aussi lui fournir, au moment de sa mobilisation, non-seulement les soldats de la réserve destinés à compléter les régiments d'infanterie, de cavalerie, d'artillerie, mais les hommes et les chevaux des services accessoires.

Chaque régiment même eut, du moins en principe, une garnison fixe; une petite circonscription, d'une étendue déterminée, lui fut consacrée pour pourvoir aux besoins de son recrutement annuel comme à ceux de sa mobilisation. Les réservistes eurent ainsi peu de chemin à faire pour rejoindre leurs corps, et comme ils durent rentrer dans le régiment et même dans la compagnie où ils avaient précédemment servi, ils y retrouvèrent les chefs qui les avaient déjà commandés. Ils eurent pour compagnons leurs parents, leurs amis et leurs connaissances les plus proches. Au sentiment exclusif d'attachement pour le drapeau, à l'esprit de corps qui fait le soldat de profession et qui donne à une troupe permanente sa force morale, on substitua ainsi un autre sentiment qui a fait la force des troupes temporaires. Dans celles-ci, les citoyens appelés à combattre côte à côte avec les hommes au milieu desquels ils ont commencé la vie et avec lesquels ils sont destinés à la finir, ont intérêt à mériter et à obtenir l'estime de leurs camarades et à honorer la contrée à laquelle ils appartiennent.

La France, de même que les autres grandes puissances, a pris des mesures, depuis la dernière guerre, pour accélérer les opérations de la mobilisation; elle a adopté la mesure, devenue indispensable, de la réquisition des chevaux. Elle a aussi donné à ses corps d'armée une organisation permanente, et elle a divisé le territoire en régions correspondantes ; mais elle n'a pas cru devoir adopter, pour son armée permanente, le système régional, qui aurait demandé que chaque corps d'armée demeurât toujours dans la même région. On a décidé seulement que le corps d'armée changerait tout entier, de manière à conserver toujours les mêmes éléments. Chaque régiment recevra les réservistes de la subdivision de région où il se trouvera en garnison au moment de la guerre, et la mobilisation s'opérera avec la même promptitude que si les régiments restaient dans les mêmes garnisons ; seulement tous les soldats du régiment ne proviendront pas de la même région. On a regardé les avantages de cette rapidité comme étant assez grands pour effacer l'inconvénient de faire rentrer le réserviste dans un autre régiment que celui où il a servi. Dieu veuille qu'il n'y ait pas là une de ces erreurs qui vicient tout et qui produisent, quand la guerre survient, des conséquences épouvantables !

L'armée française a été constituée par la loi en dix-huit corps d'armée, correspondant au même nombre de circonscriptions territoriales. Il y a un dix-neuvième corps d'armée spécial à l'Algérie.

L'ARMÉE DE LA FRANCE.

L'armée de la France comprend :

1º Les corps de troupes de :

L'infanterie ;
La cavalerie ;
L'artillerie ;
Le génie ;
Le train des équipages militaires ;

2º Le personnel de l'état-major général et des services généraux, savoir :

L'état-major général de l'armée ;
Le service d'état-major ;
Le corps de l'inspection de l'administration de
la guerre ;

3º Le personnel des états-majors et des services particuliers, savoir :

Les états-majors particuliers de l'artillerie et
du génie ;
Le corps de l'intendance militaire ;
Le corps des officiers de santé militaires ;
Les officiers d'administration ;
Les sections de secrétaires d'état-major et du
recrutement ;
Les sections de commis et ouvriers militaires
d'administration ;

Les sections d'infirmiers militaires ;

Les aumôniers militaires ;

Les vétérinaires militaires ;

Les interprètes militaires ;

Le service du recrutement et de la mobilisation ;

Le service de la trésorerie et des postes ;

Le service de la télégraphie ;

Le service des chemins de fer ;

Les écoles militaires ;

La justice militaire ;

Les dépôts de remonte ;

Les affaires indigènes de l'Algérie ;

4° La gendarmerie ;

5° Le régiment de sapeurs-pompiers de la ville de Paris.

L'infanterie compte :

144 régiments d'infanterie de ligne, à 4 bataillons de 4 compagnies, plus 2 compagnies de dépôt ; l'effectif de paix par régiment est, en l'année 1876, de 1,641 hommes, y compris les officiers ;

30 bataillons de chasseurs à pied, à 4 compagnies, plus 1 compagnie de dépôt ; l'effectif de paix par bataillon est de 592 hommes ;

4 régiments de zouaves, à 4 bataillons de 4 compagnies, plus 2 compagnies de dépôt ;

3 régiments de tirailleurs algériens, à 4 bataillons, de 4 compagnies, plus 1 compagnie de dépôt.

La cavalerie compte :

1º 77 régiments, savoir :

12 régiments de cuirassiers ;
26 régiments de dragons ;
20 régiments de chasseurs ;
12 régiments de hussards ;
4 régiments de chasseurs d'Afrique ;
3 régiments de spahis.

Les 70 régiments de l'intérieur sont à 5 escadrons. L'effectif de chaque régiment est de 830 hommes et 740 chevaux.

L'artillerie compte 38 régiments. Les régiments impairs ont 13 batteries, dont 3 à pied et 8 montées, 2 de dépôt et de sections de munitions. Les régiments pairs ont 8 batteries montées, 3 batteries à cheval, 2 batteries de dépôt et de sections de munitions.

L'artillerie a de plus :

2 régiments d'artillerie-pontonniers ;
10 compagnies d'ouvriers d'artillerie ;
3 compagnies d'artificiers ;
57 compagnies du train d'artillerie ;

Le génie compte :

4 régiments de sapeurs-mineurs, ayant 5 bataillons à 4 compagnies, et de plus : 1 compagnie de dépôt, 1 compagnie d'ouvriers de chemins de fer, 1 compagnie de sapeurs-conducteurs.

Le train des équipages compte 20 escadrons à 3 compagnies. L'effectif est pour chacun des escadrons de 287 hommes et 206 chevaux.

L'ARMÉE D'OPÉRATION EN PRUSSE.

Le passage des troupes du pied de paix au pied de guerre et la concentration de l'armée d'opération s'opèrent au moyen de mesures qui doivent être prévues et arrêtées d'avance jusqu'aux plus petits détails d'exécution. Ces mesures, qui conduisent à la mobilisation de l'armée, constituent un plan de la plus grande importance pour le résultat des opérations, car celui des deux ennemis qui est prêt plus tôt que son adversaire prend contre lui l'offensive, commande en quelque sorte ses mouvements, et peut lui faire éprouver un désastre s'il parvient à l'atteindre et à le combattre avant qu'il soit complétement organisé. Les Prussiens ont acquis tous ces avantages contre l'Allemagne et l'Autriche en 1866, contre la France en 1870. Aussi s'efforcent-ils, encore aujourd'hui, de garder secret le travail qui prépare la mobilisation, travail qui est remanié chaque année et qui arrête tous les moyens d'exécution à employer si la guerre survient pendant les douze mois qui vont suivre.

Les troupes mises en mouvement par la Prusse, dans les deux dernières guerres, étaient tellement considérables qu'on reconnut la nécessité d'en former plusieurs armées, comptant chacune de 3 à 5 corps d'armée. Pour assurer l'unité de vues favorable au succès des opérations, les mouvements de toutes les armées furent dirigés par un généralissime. Cet exemple sera suivi, sans aucun doute, dans les guerres à venir, et une armée composée de plusieurs corps d'armée sera devenue une fraction constituée normalement d'un ensemble plus considérable.

Le généralissime ne peut remplir ses fonctions qu'à la condition d'être aidé par des auxiliaires qui lui servent à la fois de conseils et d'agents d'exécution, et qui font partie du grand quartier général.

Les différents services du grand quartier général comprennent :

1º La préparation et l'exécution des plans de campagne qui président au mouvement des armées; la direction des marches qui en sont la conséquence;

2º Le soin de maintenir les effectifs et de traiter toutes les questions qui concernent le personnel ;

3º La justice et les conseils de guerre ;

4º La police militaire ;

5º Le service de l'intendance, chargé de tenir les clefs du trésor, de l'ouvrir à tous les services, et de diriger le service des subsistances de manière qu'il se plie aux besoins des troupes, aussi bien en mouvement qu'en station ;

6º Le service de santé ;

7º Le service religieux;

8º Le service de la poste;

9º Le service de la télégraphie;

10° Le service de l'artillerie ;

11° Le service du génie ;

12° Le service des étapes.

Le service des étapes est chargé d'assurer la sécurité de la ligne de communication de toute l'armée, ligne qui comprend des chemins de fer, des routes, et parfois des rivières navigables ou des canaux qui relient l'armée avec l'intérieur de son pays pour en recevoir des munitions de guerre, sans lesquelles elle serait bientôt hors d'état de combattre. Il est aussi chargé de lui fournir ou lui transmettre les autres objets de toute nature dont elle a besoin, y compris le personnel et les chevaux nécessaires pour réparer ses pertes, ou du moins pour se maintenir en état de tenir la campagne. L'armée renvoie en sens inverse ses blessés, ses malades, son matériel hors de service, celui qu'elle prend à l'ennemi et les prisonniers qu'elle fait. Une habile et prévoyante organisation du service des étapes, mettant en activité le service des chemins de fer jusqu'à proximité des armées d'opération, a beaucoup concouru aux succès des Prussiens dans leurs dernières guerres.

Le service de l'artillerie et celui du génie ont chacun un chef qui travaille directement avec le généralissime. Tous les autres services passent par l'intermédiaire du chef d'état-major général, qui est le bras droit, si ce n'est l'âme du commandement.

Dans notre armée, toutes les affaires relatives aux

quatre premiers articles, de 1° à 4°, sont traitées, jusqu'à présent, par des officiers du corps d'état-major,
tandis que les Prussiens, appliquant ici le principe de
la division du travail ou de la spécialité, ont réservé
leurs officiers d'état-major à l'élaboration exclusive
du premier article. Ces officiers provenant, en Prusse,
d'un concours qui les a stimulés à acquérir une instruction étendue, se sont fortifiés encore par l'habitude de traiter constamment les questions militaires
les plus importantes; la capacité qu'ils ont acquise a
tourné au grand avantage des armées prussiennes.
La marche et le stationnement des troupes ont été
réglés avec soin, et d'après les circonstances très-
variées des opérations, de manière à ménager le plus
possible la santé des hommes et des chevaux, toutes
les fois qu'il n'y avait pas à dépenser leurs forces jusqu'au dernier souffle pour le succès de la lutte. Les
officiers d'état-major prussiens ont été réduits systé-
matiquement à un très-petit nombre, pour diminuer
l'encombrement des quartiers généraux, pour garder
dans le rang des officiers capables de commander
avec distinction, et surtout pour consacrer chacun
des officiers d'état-major à des fonctions laborieuses
et importantes.

Pendant la guerre de 1870-71, le grand état-major
du roi comptait, il est vrai, 14 officiers d'état-major;
mais il n'y en avait que 6, y compris le chef d'état-
major général, pour seconder le commandant en chef
de la Ire armée; 8 pour la IIe armée et 8 pour la IIIe

armée, qui étaient l'une et l'autre plus considérables que la première. Chaque corps d'armée avait en tout 4 officiers d'état-major; chaque division n'en avait qu'un seul.

Les fonctions qui incombent à ces divers groupes d'officiers d'état-major ont été exposées de la manière suivante :

1º Rédiger tous les ordres relatifs au cantonnement, au campement, à la marche et au combat;

2º Communiquer les ordres avec les développements ou explications nécessaires;

3º Se procurer tous les renseignements qui peuvent être utiles sur la contrée appelée à être le théâtre des opérations;

4º Se procurer des renseignements sur tout ce qui se passe dans l'armée ennemie et les faire parvenir aux chefs suprêmes;

5º Veiller à ce que les troupes soient toujours en état de combattre, et pour cela connaître constamment leur situation sous tous les rapports;

6º Tenir des journaux de marche; rédiger les rapports sur les engagements; rassembler les matériaux pouvant servir plus tard à écrire l'histoire de la campagne;

7º Remplir des missions spéciales et exécuter des reconnaissances militaires.

Dans chaque état-major, des officiers adjoints, dont le nombre est à peu près égal à celui des officiers du corps, traitent les questions du personnel, du remplacement des hommes et des chevaux, des ordres du jour, des rapports réglementaires.

Les affaires de justice militaire sont traitées par des fonctionnaires qui ont fait de ces questions une étude spéciale, mais qui n'ont point de grades militaires.

L'intendant militaire, qui est dans les mêmes conditions hiérarchiques, c'est-à-dire qui n'a point de grade, a une indépendance complète en ce qui regarde le contrôle et la comptabilité. Il est soumis au chef d'état-major, et reçoit ses instructions pour ce qui concerne le parti à tirer, au profit de l'armée, de la contrée où l'on opère, ainsi que pour tout ce qui regarde l'établissement des magasins, les réquisitions de vivres, de drap, de cuir, de linge, des contributions en argent, et aussi, et surtout, pour ce qui concerne la détermination du procédé à employer pour la subsistance des troupes; car la mission principale de l'intendance consiste à pourvoir de leurs subsistances les hommes et les chevaux. Le moyen varie suivant que les soldats sont nourris par les habitants qui les logent, que leurs vivres sont préparés par les soins des municipalités, que les vivres sont livrés aux corps de troupe par suite d'une réquisition directe et locale, ou qu'ils proviennent des magasins roulants que l'armée traîne à sa suite.

Le service de l'artillerie d'une armée relève d'un général d'artillerie, qui est chargé de pourvoir aux besoins des troupes en ce qui concerne l'armement et

2.

les munitions. Il règle le réapprovisionnement du dépôt principal de munitions et de ses annexes, qui fournissent aux colonnes du parc de campagne ce qui leur est nécessaire pour aller alimenter les colonnes de munitions des corps d'armée, le plus près possible des lieux où elles se trouvent.

Le service du génie est dirigé de même par un général du corps. Il est chargé des grands travaux qui regardent sa spécialité.

Le service des étapes d'une armée a reçu de même un chef spécial qui porte le titre d'inspecteur des étapes. Il dépend de son général d'une part, et de l'autre de l'inspecteur général des étapes et chemins de fer, subordonné au généralissime.

Le service de santé d'une armée est placé sous la direction du médecin général de l'armée, qui se tient en relations avec différents chefs du service des étapes pour évacuer les malades ou blessés transportables, et remettre les ambulances mobiles à la disposition de l'armée. On arrive ainsi à soustraire les malades ou blessés aux agglomérations qui leur sont si fatales.

Une grande armée prussienne comprend plusieurs armées, de même qu'une armée comprend plusieurs corps d'armée ; mais l'armée, et la grande armée elle-même, ne possèdent aucun autre élément de combat que ceux du corps d'armée. Cette organisation diffère, en cela, de celle des armées françaises du premier Empire, qui avaient toujours une réserve d'artillerie composée d'un grand nombre de bouches à feu et un grand parc d'artillerie, centre de ravitaillement de munitions pour tous les corps d'armée.

Une grande armée prussienne n'étant plus, en quelque sorte, qu'une agglomération de corps d'armée, reliés l'un à l'autre par les quartiers généraux d'armée et par le grand quartier général, il en résulte que l'organisation du corps d'armée a pris plus d'importance encore qu'auparavant.

Le corps d'armée prussien comprend :

1° Le quartier général;

2° Deux divisions d'infanterie;

3° L'artillerie de corps;

4° Six colonnes de munitions d'artillerie et quatre colonnes de munitions d'infanterie;

5° Le bataillon du train, qui constitue cinq colonnes de voitures de subsistances; cinq colonnes de voitures du parc; un dépôt de chevaux; une colonne de boulangerie de campagne; un équipage de pont;

6° Douze ambulances de campagne.

La division d'infanterie comprend : deux brigades d'infanterie formées de deux régiments à trois bataillons (l'une des brigades a de plus un bataillon de chasseurs), un régiment de cavalerie, une division d'artillerie à quatre batteries, et une compagnie de sapeurs.

L'artillerie de corps comprend deux divisions à trois batteries, plus les batteries à cheval non détachées aux divisions de cavalerie.

Le corps d'armée prussien, sans division de cavalerie et sans aucune batterie à cheval, compte 25 bataillons d'infanterie, 8 escadrons de cavalerie et 84 bouches à feu.

Pour trouver la proportion des non-combattants aux combattants, il faut savoir que le nombre des rationnaires est de 36,800, tandis que les combattants ne vont pas au delà de 25,000 fantassins, 1,200 cavaliers, 1,400 artilleurs (en admettant 100 combattants par batterie) et 250 sapeurs; en tout, 27,850 combattants. En faisant le calcul, on trouve qu'il y a un non-combattant pour trois combattants. Les non-combattants forment donc le quart de l'effectif. Les chevaux sont au nombre de 10,250, et les voitures de toutes sortes au nombre de 1,505. Il y en a 469 à six chevaux, 261 à quatre chevaux et 775 à deux chevaux.

Rendons-nous compte à présent des ressources que donnent ces moyens de transport, tant en matériel de pont, outils de terrassement, munitions, subsistances, ambulances, qu'en voitures de bagages pour les effets des officiers et fonctionnaires, ainsi que pour les caisses et les papiers.

Chaque division d'infanterie a un petit équipage de pont de 14 voitures qui lui permet d'établir un pont de 36 mètres. Le corps d'armée a un équipage de 33 voitures qui donne 132 mètres de pont. Les trois équipages réunis permettent de jeter un pont de 200 mètres.

Pour rendre les travaux de terrassement faciles, chaque bataillon d'infanterie a 200 petites pelles et 40 haches portées par les hommes. Les outils répartis sur les voitures étendent le nombre de ceux dont le corps d'armée dispose à 5,000 petites pelles, 2,994 grandes pelles, 1,728 haches, 675 hachettes et 972 pioches.

Les munitions portées par les hommes et par les voitures des colonnes constituent un approvisionnement de 170 cartouches par fantassin.

Avec les six colonnes de munitions d'artillerie, les canons de 8 centimètres sont approvisionnés à 280 coups, et les canons de 9 centimètres à 262 coups par pièce.

Le train des subsistances comprend : 1º la colonne de boulangerie, chargée de confectionner le pain, de conduire le bétail et de l'abattre ; 2º cinq colonnes de subsistances, chacune à 30 voitures chargées de vivres ; 3º cinq colonnes de voitures du parc, chacune à 80 chariots à 2 chevaux. On peut traîner ainsi jusqu'à 110,000 rations de vivres pour les hommes en même temps que 71,000 rations pour les chevaux, ce qui fait de trois à quatre jours pour les hommes et sept jours pour les chevaux. On peut aussi modifier cette proportion.

Le service sanitaire d'un corps d'armée est constitué au moyen de trois détachements de santé et de douze ambulances. Le détachement de santé chargé de relever les blessés pour leur donner les premiers

soins, comprend 191 brancardiers. Chaque ambulance a le personnel et le matériel nécessaires pour
200 malades ou blessés.

Le règlement qui a déterminé les bagages de l'état-
major des troupes et de toutes les unités constituées,
attribue au bataillon d'infanterie neuf voitures, savoir : une à 6 chevaux pour les cartouches; une à
4 chevaux pour les bagages du bataillon; quatre à
2 chevaux pour les bagages des compagnies; une à
2 chevaux pour les médicaments ; deux à 2 chevaux
pour les cantiniers. La compagnie détachée est suivie
par sa voiture de bagages. Une batterie a 6 pièces,
8 caissons, 3 voitures de vivres et une forge; ces
18 voitures se partagent en trois échelons pour le
combat, et parfois aussi pour la marche.

Les voitures de cartouches appartenant aux troupes
ne marchent pas toujours immédiatement derrière
elles; réunies au 2e échelon des batteries, elles forment parfois des convois derrière l'avant-garde et
derrière les brigades. Les voitures d'état-major et les
voitures de cantiniers entrent dans ces groupes. Les
voitures des colonnes de munitions, celles du service
des subsistances, du service de santé, des outils de
pionniers et des équipages de pont forment alors un
convoi beaucoup plus considérable, qui termine la
marche. La dernière des voitures limite en arrière le
champ du corps d'armée, car c'est là que commence
le territoire soumis à l'autorité du service des étapes,
dont nous allons indiquer brièvement l'organisation.

Avant les dernières guerres, les routes étaient les seuls moyens de subvenir aux transports nécessaires en arrière de l'armée. Elles servaient aux transports des dépêches, à la marche des troupes, aux convois des munitions, des subsistances et des blessés. Les troupes qui rejoignaient l'armée servaient à protéger les routes et surtout les gîtes d'étapes et les lieux de dépôts. La lenteur des arrivages forçait souvent l'armée qui marchait en avant à ralentir ses mouvements, pour attendre ses ravitaillements, ses munitions et ses renforts. Aujourd'hui, les chemins de fer et les télégraphes donnent aux moyens de communication une rapidité et une extension toutes nouvelles. Les routes ne sont plus que des accessoires, relativement aux chemins de fer qui offrent, pour le transport des hommes, des chevaux et du matériel de toute espèce, des ressources tellement grandes, qu'on ne peut plus y renoncer et qu'il faut tout faire pour conserver ou rétablir la circulation sur les voies ferrées. Ces considérations ont conduit la Prusse à créer au grand quartier général un inspecteur général des étapes et des chemins de fer, qui préside aux deux services et qui centralise tout ce qui regarde les communications. Il est subordonné au major général, mais il a autorité sur le chef du service des chemins de fer, sur l'intendant général du service des étapes, sur le chef du service sanitaire, sur le chef de la télégraphie militaire et sur le directeur en chef de la poste de campagne. L'inspecteur général du service des étapes et des chemins de fer détermine les lignes d'étapes attribuées à chaque armée. Chaque ligne est placée sous la direction d'un inspecteur des étapes d'armée. Le service de cet inspecteur s'étend depuis la limite du territoire occupé par l'armée jusqu'à la frontière, car là commence l'action des autorités territoriales.

Le service des étapes est chargé de :

1° Faire parvenir à l'armée tout ce qui lui est expédié ;

2° Ramener hommes, chevaux, matériel, c'est-à-dire les malades, les blessés, les hommes qui reçoivent une autre destination, les prisonniers de guerre, les armes et objets d'armement, les trophées et tout le butin de guerre ;

3° Loger, nourrir, remettre en état hommes et chevaux, tant qu'ils séjournent sur le territoire des étapes ;

4° Rétablir les routes, ponts, lignes télégraphiques, communications postales, diriger la justice et la police militaires, défendre le territoire et protéger particulièrement les chemins de fer ;

5° Organiser et faire fonctionner l'administration des territoires ennemis.

Pendant ce temps, le chef du service des chemins de fer de campagne de chaque armée contribue, par la bonne direction qu'il imprime, à faciliter la tâche du service des étapes, mais les deux services n'ont plus, dans une même armée, de chef commun.

Le service des chemins de fer, qui est comme le convoyeur du service des étapes, s'avance à l'intérieur du territoire de la Prusse pour déterminer des gares de rassemblement, où viennent se réunir les envois faits par les corps d'armée territoriaux. C'est de là que partent les transports à destination de l'armée d'opération. Ils aboutissent à l'autre extrémité des lignes de fer, aux stations de débarquement. Dans ces stations s'opère la répartition des objets, des chevaux et des hommes entre les corps d'armée. Les parcours qui restent pour rejoindre les corps de troupe se font à l'aide de voitures ou par des marches. Les gares de débarquement rapprochées de l'armée d'opération deviennent des gares d'embarquement pour les mouvements en sens inverse. Pas n'est besoin de faire observer que ces gares se déplacent quand les armées avancent ou reculent.

L'inspecteur des étapes a sous son commandement des troupes destinées à protéger les chemins de fer, les routes et les lieux d'étapes; il dispose d'une ambulance, d'une colonne de boulangerie de réserve, d'une commission chargée de déterminer le transport des malades, de colonnes de voitures de parc fournies par les corps d'armée, en raison d'une par corps d'armée, d'une ambulance d'étapes, d'un détachement de gendarmerie, enfin d'un personnel suffisant pour constituer trois états-majors de lieux d'étapes. L'inspection d'étapes doit être constituée dès la première période de la mobilisation, et se rendre sur le terrain

3

de concentration pour y créer des magasins. L'inspecteur des étapes se maintient toujours en relations personnelles avec le général commandant l'armée, qui le tient au courant des mouvements des troupes et de l'emplacement des différentes unités jusqu'aux régiments.

Pour montrer le service des étapes dans son fonctionnement, nous allons exposer comment il agit, tant pour le remplacement des munitions que pour celui des effets d'habillement et d'équipement.

Le corps de troupe, pour remplacer les munitions consommées, s'adresse au commandant de l'artillerie du corps d'armée, qui dispose des colonnes de munitions. C'est ensuite sur l'ordre du général commandant l'artillerie de l'armée que les colonnes de munitions vont se ravitailler aux colonnes du parc de munitions de campagne. Ce parc se réapprovisionne à son tour aux dépôts principaux, qu'on a placés dans les attributions de l'inspecteur général du service des étapes et des chemins de fer de campagne. Enfin, le département de la guerre est chargé de ravitailler ces dépôts. Les colonnes du parc de munitions de campagne sont transportées presque exclusivement par les voies ferrées; mais, au moyen de réquisitions, on leur fournit les chevaux qui peuvent être nécessaires aux transports sur les routes.

Pour le remplacement des effets d'habillement, d'équipement et d'ustensiles de campagne, le régiment s'adresse directement à son dépôt, par l'inter-

médiaire du commandant du corps d'armée territo-
rial, nommé en remplacement de celui qui commande
le corps d'armée mobile.

Les objets expédiés sont dirigés par les autorités
des étapes jusqu'à la gare de débarquement, où le
corps de troupe les envoie prendre, à moins qu'ils
ne soient confiés à des hommes qui sont en route pour
rejoindre.

Les hommes de remplacement envoyés aux troupes
actives pour les ramener au complet, proviennent de
la partie territoriale du corps, qui s'occupe de les
instruire et de les munir de tout.

Quant aux subsistances que le service des étapes
pourra avoir à réunir et à emmagasiner, ce sera l'intendant général d'armée qui fixera la nature des char-
gements et leurs destinations, tandis que le chef du
service des chemins de fer de campagne donnera seul
des ordres relativement à leur marche. Ces deux fonctionnaires ont à s'entendre pour satisfaire aux besoins
des troupes, d'après l'urgence, en évitant l'encombrement des lignes et la perturbation du service.

L'ARMÉE D'OPÉRATION EN FRANCE.

Le corps d'armée mobilisé sur le pied de guerre a
été constitué en France sur un modèle unique, à l'imitation de celui de la Prusse. Il comprend, pour les
combattants, outre le quartier général et les 2 divisions d'infanterie, des troupes non endivisionnées qui

sont : 1 bataillon de chasseurs, 1 brigade de cavalerie, 8 batteries d'artillerie de corps et 2 compagnies
du génie.

La division d'infanterie comprend deux brigades ;
chaque brigade deux régiments ; chaque régiment ne
donnera probablement que 3 bataillons. En ajoutant
à cela une demi-compagnie du génie et 4 batteries
d'artillerie, on aura tous les combattants ; mais il y
faudra joindre, comme services accessoires, deux sections de munitions, l'une d'artillerie, l'autre d'infanterie, le service de santé avec les moyens de transport
des blessés, le service des subsistances, le service de
la trésorerie et le service des postes.

Les troupes non endivisionnées sont pourvues ensemble des mêmes services accessoires que la division. Il y a pour elles le service des munitions, représenté par deux sections de munitions, dont une de
munitions d'artillerie, l'autre de munitions pour armes
portatives ; le parc de réserve du génie ; le service de
santé ; le service des subsistances, représenté par
4 sections, ayant chacune 40 voitures ; le parc d'artillerie, fractionné aussi en 4 sections, chacune de
40 voitures ; enfin, une réserve d'effets d'habillement
et de campement. Ces services accessoires ont, de
même que les troupes non endivisionnées, leurs chefs
au grand quartier général. C'est là que les chefs des
services accessoires sont rapprochés du général commandant pour que tout se fasse d'après une direction
unique.

Le quartier général compte dans ses éléments essentiels :

Le général commandant ;

Le chef d'état-major général ;

Le commandant de l'artillerie ;

Le commandant du génie ;

L'intendant de corps d'armée ;

(Le service de santé aura probablement un chef spécial quand la loi qui est à l'étude aura été rendue.)

Le prévôt.

Le service de la trésorerie est placé sous la direction de l'intendant, ainsi que le service des postes.

Le service de la télégraphie, car il y en aura un, paraît-il, dans le corps d'armée, sera placé sous la direction du commandant du génie.

Le quartier général, qui compte 52 officiers et 214 hommes de troupe, a 24 voitures, dont 5 de vivres, qui lui appartiennent en propre. De cette façon, l'approvisionnement transporté sur ces voitures suffira pour que la distribution des vivres puisse se faire au lieu de station, les jours de marche, sans attendre le convoi des subsistances, qui marchera généralement en arrière des combattants.

La même règle, ou plutôt le même principe, a été appliqué à tous les éléments constitutifs du corps d'armée : à l'état-major de la division, qui a 7 voitures, dont 3 de vivres ; au régiment d'infanterie, qui a 20 voitures, dont 17 de vivres, 1 d'effets d'habillement et 2 d'outils à pionniers ; aux 4 batteries divi-

sionnaires, qui ont collectivement 10 voitures de vivres
et trois d'ambulance; aux deux sections de munitions, qui ont collectivement 7 voitures de vivres; à
l'ambulance divisionnaire, qui a 3 voitures de vivres;
à l'ambulance des troupes non endivisionnées, qui a
aussi 5 voitures de vivres, sans compter les voitures
de bagages ou autres.

Le bataillon de chasseurs a 6 voitures de vivres et
1 d'outils à pionniers. La brigade de cavalerie a 24 voitures de vivres; son ambulance en a 3. L'artillerie de
corps dispose aussi de 25 voitures de vivres.

En récapitulant, pour avoir l'idée du nombre total
des voitures du corps d'armée, celles qui appartiennent à ses grandes unités, on trouve :

Quartier général	24 voitures.
1re division d'infanterie.	409 —
2e division d'infanterie	409 —
Bataillon de chasseurs	7 —
Brigade de cavalerie	45 —
Artillerie de corps, y compris ses deux sections de munitions. . . .	225 —
Parc d'artillerie.	180 —
Parc du génie.	14 —
Ambulances du corps d'armée avec les ambulances divisionnaires . .	46 —
Sections des subsistances.	172 —
Habillement et campement.	8 —
	1,539 voitures.

Dans ce nombre, il y a des voitures à 1 cheval ainsi qu'à 2, 4 et 6 chevaux.

Le nombre total des chevaux du corps, chevaux de trait et de selle, n'atteint pas tout à fait le chiffre de 9,000 et reste quelque peu inférieur à celui du corps d'armée prussien ; mais il y a en moins l'équipage de pont, attribué à l'armée et non aux corps d'armée, Le nombre des hommes du corps d'armée français est compris entre 34,000 et 35,000 hommes.

Quand on cherche à se rendre compte des différences entre le corps d'armée français et le corps d'armée prussien, on reconnaît qu'elles portent sur des points de quelque importance.

En France, le service télégraphique est réparti dans les corps d'armée, tandis qu'en Prusse il est centralisé pour toutes les armées au grand quartier général.

En France, il n'y a qu'une voiture d'effets d'habillement pour tout le régiment ; en Prusse, il y a 4 voitures contenant quelques effets d'habillement pour chaque bataillon, ce qui en fait une par compagnie ; le bataillon peut donc être séparé du régiment, et la compagnie se séparer elle-même du bataillon, sans être pour cela privés d'effets d'habillement ni de moyens de transport.

Le service du transport des blessés s'étend aussi en Prusse jusqu'à la compagnie, au moyen de quatre brancardiers et d'un infirmier qui lui appartiennent.

Deux sections de munitions sont données en France à chaque division et deux aussi à l'artillerie de corps, tandis que les colonnes de munitions prussiennes demeurent toutes dans la main du commandant de l'artillerie du corps, pour qu'il les emploie à remplacer les munitions sur le lieu où se livre le combat.

L'artillerie de corps compte en France 9 batteries, et il en restera 8 après avoir détaché 1 batterie à cheval aux divisions de cavalerie indépendantes. Le corps d'armée français aura donc 96 bouches à feu contre 84 attribuées au corps d'armée prussien.

La différence la plus considérable que nous ayons à noter, consiste en ce que nous ne trouvons en France aucun indice que l'organisation du service des étapes y soit adoptée, ni même que cette innovation remarquable y ait attiré l'attention. On semble s'être borné jusqu'ici à préparer l'embarquement et le transport des troupes ainsi que du matériel de guerre, à tirer ainsi parti de toutes les voies ferrées et à organiser les moyens de les réparer en cas de détérioration.

Les mesures prises pour opérer rapidement la mobilisation des corps d'armée et leur concentration sur la frontière menacée, de même que la détermination du nombre des corps d'armée entrant dans la composition d'une armée, ne sont point divulguées. D'ailleurs, plusieurs des lois organiques de notre constitution militaire sont encore en voie d'élaboration.

Chaque corps d'armée prussien possède, en propre, un équipage de pont, et chacune de ses deux divisions est elle-même en mesure de jeter un pont sur un petit cours d'eau, avec un matériel qui lui appartient. En

France, au contraire, les équipages de pont sont attribués exclusivement aux armées. La colonne de marche
d'un corps d'armée français devient par là moins
longue, et son convoi moins encombrant; mais, d'un
autre côté, le corps d'armée ne perdra-t-il pas la liberté
de ses mouvements dans toutes les circonstances où
il pourra avoir un cours d'eau à traverser ailleurs que
sur les ponts existants?

Un équipage de pont français comprend environ
80 voitures, 600 chevaux et 620 hommes, dont 250 pontonniers. On compte, paraît-il, qu'il suffira d'attribuer, en moyenne, deux de ces équipages de pont à
une armée de quatre ou de cinq corps d'armée.

CHAPITRE II.

LES ARMES A FEU.

———

I

APERÇU HISTORIQUE DES PROGRÈS
DES ARMES A FEU PORTATIVES ET DE LEUR INFLUENCE
SUR L'ART DE LA GUERRE.

Les armes portatives, qui sont les instruments de guerre portés par les soldats, se partagent en deux classes : les armes de main, épées, sabres, lances, baïonnettes, et les armes de jet, fusils, mousquetons, pistolets. Les progrès des armes de jet ont été des causes de changements presque incessants dans toutes les parties de l'art de la guerre, depuis que la poudre à canon a été mise en usage.

Cette poudre à canon est un mélange, fait en proportions convenables, de salpêtre, de soufre et de charbon. Ces trois substances ont besoin d'être très-bien triturées et mélangées pour acquérir la propriété caractéristique de produire, sous l'influence d'une étincelle, le phénomène de la détonation, qui donne une force de propulsion.

Nous savons aujourd'hui, grâce aux connaissances acquises par la chimie, que la détonation est une combustion très-vive qui occasionne une tension des gaz d'autant plus forte que l'espace où ils se développent est plus restreint. Le phénomène, dans ce qu'il a de particulier, provient de ce que le salpêtre fournit tout l'oxygène nécessaire pour brûler le soufre et le charbon. En d'autres termes, la poudre est un mélange qui a la propriété de brûler sans rien emprunter à l'air extérieur, et qui, à cause de cela, peut donner une combustion vive et continue, même quand il est tassé très-fortement dans un tube. Cette propriété des mélanges dont nous nous occupons est celle qui a été mise en usage la première, en ouvrant le tube par un bout, car la fusée volante a été connue et utilisée par les Chinois d'abord et par les Arabes ensuite, longtemps avant qu'on sût faire usage de la poudre pour lancer des projectiles. Sa détonation était pourtant connue, mais comme un danger à éviter. On savait la produire à volonté, et elle était même devenue un objet de curiosité dans des pétards analogues aux marrons de nos feux d'artifices.

La force projective de la poudre fut mise en œuvre, dès les premières années du quatorzième siècle, pour lancer des projectiles de forme sphérique ; mais son emploi présentait tant d'inconvénients et de dangers pour ceux qui le tentaient, que, nous ne devons pas en être étonnés, les premiers pas des armes à feu ont été extrêmement timides et lents.

Une arme à feu se compose essentiellement d'un tube fermé à l'un des bouts, d'une charge de poudre placée au fond et d'un projectile par dessus. Quand le feu est mis à la charge, les gaz qui se développent pressent dans tous les sens à la fois, sur le fond du tube, sur ses parois et sur le projectile. Quand le tube a la force de résister à la tension des gaz, qui se développent si brusquement qu'on a pu regarder longtemps leur formation comme instantanée, le tube tout entier éprouve immédiatement un mouvement de recul équivalent au mouvement du projectile. Les vitesses acquises par le tube et par le projectile seraient les mêmes si le premier n'était pas plus lourd que le second.

On peut comprendre, après cette explication sommaire, que beaucoup d'essais difficiles et dangereux furent nécessaires avant de pouvoir obtenir une arme portative capable de lancer sûrement un projectile efficace. Pendant deux cents ans les arcs et les arbalètes luttèrent contre les armes à feu établies en concurrence. L'usage de l'arme à feu présentait d'ailleurs une complication provenant de la difficulté de communiquer le feu à la charge de poudre.

Un canal, dit canal de lumière, aussi étroit que possible, fut percé à travers le métal du tube pour aboutir à la charge; il fut terminé à l'extérieur par une cavité appelée bassinet. Le canal et le bassinet furent remplis d'une poudre d'amorce servant à communiquer le feu. Mais l'usage d'une main, devenu nécessaire pour mettre le feu à l'amorce d'une arme portative avec une mèche allumée, ne laissait plus au

tireur qu'un bras pour supporter et diriger son arme;
le poids en devait donc être petit et elle manquait
nécessairement de puissance. On le sentait si bien,
qu'on voit, représentés sur une très-vieille tapisserie,
deux hommes employés au service d'une arme à feu;
l'un la supporte et la dirige, l'autre y met le feu avec
la main.

On apporta donc un grand perfectionnement à l'arme
portative quand on y joignit un mécanisme qui opéra
la mise du feu par le fait seul de la pression du doigt,
sans que l'arme cessât d'être saisie par les deux mains.
Alors le canal de la lumière, qui fut percé à la partie
droite du canon, aboutit dans un bassinet placé à
l'extérieur, et l'amorce fut enflammée au moyen d'une
mèche serrée entre les mâchoires d'un chien qui
s'abaissa quand le doigt appuya sur la gâchette. Le
tireur put faire partir le coup sans cesser de supporter
et de diriger l'arme. Tel est le mousquet à mèche qui,
devenu l'arme d'une partie notable de l'infanterie, a
été employé dans toutes les armées de l'Europe pendant un peu plus d'un siècle et demi.

Le mousquet à mèche fut employé pour la première
fois par des soldats de Charles-Quint. Ses mousquetaires abattirent les chevaux des hommes d'armes
français, qui n'avaient pas prévu ce nouveau danger,
et cette cause amena la catastrophe de la bataille de
Pavie, où François Ier fut fait prisonnier.

Le mousquetaire devait, pour être en mesure de
faire partir son arme, dont la mèche brûlait sans

cesse, faire avancer de temps en temps la mèche dans les mâchoires du chien, ce qu'on appelait compasser la mèche, et cette opération, qui employait les deux mains, était très-embarrassante pour le cavalier. On chercha donc un mécanisme qui dispensât d'avoir toujours une mèche allumée et qui pût mettre directement le feu à l'amorce. Un silex dont la partie antérieure était taillée en biseau fut serré entre les mâchoires d'un chien, et le doigt, appuyé sur la gâchette, fit descendre sur le bassinet rempli de poudre le silex, qui fut pressé sur les cannelures d'une petite rondelle en acier animée d'un mouvement de rotation. Le silex, maintenu dans cette situation, produisait des étincelles capables de faire partir le coup. Telle était l'arquebuse à rouet qui, sous le nom de *pistole*, arma longtemps la cavalerie. Le mécanisme était compliqué, délicat et d'un succès assez peu sûr ; néanmoins une partie de la cavalerie du seizième siècle, et notamment les reîtres, abandonnèrent la véritable force de leur arme, qui consiste dans la vitesse unie à l'ordre, et prirent l'habitude de s'arrêter en rangs réguliers pour faire feu sur l'ennemi avant de l'aborder à l'arme blanche.

Le musée d'artillerie de Paris contient une collection nombreuse de mousquets à mèche et d'arquebuses à rouet, si bien qu'on y peut suivre, en observant la variété du mécanisme de ces armes, les efforts incessants qui ont été faits pour les améliorer.

Le plus important de ces perfectionnements s'effec-

tua dans la voie ouverte par le mécanisme à rouet.
L'idée vint de lui substituer, pour mettre le feu, un
moyen très-simple, celui de l'instrument primitif qui
a bien longtemps servi dans tous les pays pour se procurer du feu. Cela se faisait, dès lors, en frappant
contre un silex taillé en biseau un morceau d'acier.
Les étincelles qui jaillissaient allumaient un morceau.
d'amadou. Le chien de l'arme à feu porta dans ses
mâchoires un morceau de silex taillé en biseau, et,
en appuyant le doigt sur la gâchette, le tireur put
faire tomber le chien avec force sur la pièce d'acier
qui découvrit le bassinet; en même temps, la pièce
d'acier dirigea les étincelles sur la poudre contenue
dans cette cavité. Le chien fut soumis à l'action d'un
ressort qui lui donna la vitesse et la force nécessaires
à son action.

Le briquet, composé d'un silex et d'un morceau
d'acier, portait, au dix-septième siècle, le nom de
fusil : c'est pour cela que le nouveau mécanisme adapté
au mousquet fit donner à l'arme le nom de mousquet
à fusil, puis bientôt après, par abréviation, le nom
de *fusil*. Le changement complet de désignation fut
d'ailleurs motivé par un autre changement qui eut
aussi son importance.

Jusque-là, le mousquet avait un poids trop lourd
pour être tiré à bras franc, et le mousquetaire portait
avec son arme une sorte de petite fourche, appelée
fourchette, qu'il fichait en terre pour se procurer un
point d'appui. La partie antérieure de son arme rece-

vait donc un appui pour le tir. Malgré les inconvénients de cette complication, on avait dû s'y résigner tant que, pour lancer la balle de plomb avec la force vive nécessaire à son efficacité, il avait fallu, faute de vitesse, lui donner une masse suffisamment considérable qui provenait de la grosseur du calibre. La résistance du tube et les précautions à prendre, dans les moyens de la fabrication, pour se garantir contre les chances d'éclatement, se trouvaient liées à l'état de la métallurgie du fer, dont les progrès pouvaient seuls diminuer les épaisseurs, et, par conséquent, le poids du tube. D'un autre côté, la qualité des composants de la poudre, leur proportion et leur manipulation influaient aussi sur le poids de l'arme, à cause des accidents qu'aurait pu occasionner l'emploi d'une poudre trop forte, ou, pour parler plus exactement, d'une poudre trop brisante.

Malgré les causes compliquées et multiples dont on avait à tenir compte, on arriva, dans la seconde moitié du dix-septième siècle, à pouvoir diminuer le poids de l'arme en réduisant son calibre, sans affaiblir pour cela la force de pénétration de la balle, à laquelle une poudre plus vive imprimait une vitesse plus grande qu'auparavant. Car, il peut être bon de le remarquer en passant, les progrès des armes à feu ont été dus à ce que la poudre à canon étant un mélange, on a pu faire varier la proportion des composants de manière à proportionner la force de l'explosion à la résistance de l'arme. Tout cela n'aurait pas pu se faire, du moins aussi facilement, si la substance explosible découverte au moyen âge eût été le résultat d'une combinaison chimique et non pas d'un mélange.

Le fusil, devenu plus léger que le mousquet, apparut aux yeux du soldat comme étant d'un emploi bien préférable. Comme à cette époque les régiments se procuraient eux-mêmes leurs armes, qui ne leur étaient point encore fournies par les magasins de l'Etat, il arriva que le pouvoir central lutta pendant quarante ans pour empêcher, par ses défenses répétées, d'introduire des fusils parmi les troupes. Mais bientôt, pourtant, un nouveau progrès de l'arme décida Louis XIV, peu avant la fin de son règne, à armer de fusils tous les soldats de son infanterie.

L'arme à feu dont les mousquetaires étaient munis leur avait donné la propriété de pouvoir atteindre l'ennemi de loin, et jusqu'à une distance qu'on peut considérer, sans beaucoup d'erreur, comme étant alors limitée à une centaine de mètres; mais elle les laissait complétement désarmés pour le combat corps à corps. Aussi les mousquetaires, quand ils se trouvaient dans le cas d'être abordés par une infanterie marchant à eux ou d'être chargés par la cavalerie, n'avaient pas d'autre parti à prendre que celui de serrer leurs rangs et de mettre l'épée à la main. Leur situation fût devenue très-désavantageuse s'ils n'eussent pas été secondés dans leur résistance à une attaque corps à corps par une autre infanterie mieux

armée pour le combat rapproché. Cette infanterie était
formée de piquiers, ainsi appelés parce que leur arme
principale était une pique d'assez grande longueur,
qui était formée d'une hampe en bois munie d'une
pointe en fer. Ils étaient protégés par des armes défensives et se plaçaient sur un nombre de rangs considérable. Les rangs et les files se serraient pour permettre à cette infanterie de résister à tous les chocs,
et c'est encore ainsi qu'elle prenait elle-même l'offensive. L'avantage qu'avaient les piquiers pour le combat
rapproché, qui est le plus décisif, explique comment
ils furent considérés jusqu'à la fin, c'est-à-dire jusqu'à
leur suppression, comme étant des soldats d'élite par
rapport aux mousquetaires. Leur solde était plus
forte.

Des miquelets combattant armés de fusils dans les
montagnes des Pyrénées, où l'arme de jet avait tous
ses avantages, reconnurent pourtant l'inconvénient
de n'avoir point dans leur arme de jet un instrument
propre au combat rapproché. Ils eurent alors l'idée
d'y suppléer en introduisant dans la bouche du canon
de leur fusil un petit cylindre en bois tourné au diamètre convenable et prolongé par une petite pointe
de fer semblable à celle de la pique. Cet appendice
fut, dit-on, fabriqué d'abord à Bayonne, d'où lui serait venu le nom de *baïonnette*. Vauban lui fit subir
une modification bien simple : il remplaça le cylindre
en bois, qui entrait dans la bouche du canon, par
une douille creuse, en fer, qui embrasse le bout du

canon en se plaçant à l'extérieur. En pratiquant un coude pour relier la pointe à la douille, en constituant le tout d'un seul morceau de métal, il donna au fusil la propriété de pouvoir être chargé et tiré muni de sa baïonnette. Cette invention, qui réunissait dans une seule arme les propriétés jusque-là séparées de l'arme de jet et celles de l'arme de main, était destinée à exercer sur l'art de la guerre une influence imprévue, à modifier la manière de combattre de l'infanterie jusque dans ses fondements, et à apporter dans toutes les autres parties de la guerre des changements considérables.

Ce fut au commencement du dix-huitième siècle que Louis XIV se décida à supprimer les piques, en ordonnant que toutes ses troupes d'infanterie prendraient le fusil avec la baïonnette à douille. Cette initiative éclairée ne tourna point cependant à l'avantage de la France, comme on aurait pu l'espérer, car pendant la longue paix qui suivit, les armées étrangères ayant à leur tour adopté le fusil, devancèrent l'armée française dans la voie du progrès, en développant plus rapidement qu'elle ne le fit les conséquences à tirer de son usage. Les troupes allemandes furent exercées les premières à augmenter l'intensité de leur feu. On réunit pour cela le plus grand nombre possible de fusils sur une longueur déterminée, en serrant les hommes l'un près de l'autre et en exerçant chaque soldat à tirer le plus de coups qu'il pourrait dans un temps donné. Jusque-là le soldat avait porté

ses balles, sa poudre et ses bourres séparément, de
sorte que le chargement de l'arme demandait beaucoup de temps. Une heureuse innovation rendit le
chargement beaucoup plus rapide par l'emploi de la
cartouche. La cartouche, en effet, comprenant la balle
et sa charge dans un morceau de papier, réunit tout
à la fois la charge, la balle et les deux bourres nécessaires au chargement du même coup. Un exercice un
peu prolongé devait rendre des soldats, munis de cartouches, beaucoup plus prompts à tirer que les autres;
aussi notre armée devint-elle la victime de ce progrès
fait par ses adversaires. La différence, en effet, était
devenue grande lorsque le maréchal de Noailles, ayant
rencontré sur le bord du Mein l'armée qu'il avait à
combattre, n'hésita pas à l'attaquer dans la position
qu'elle avait prise. L'infanterie française, rangée en
bataille en face des ennemis, marcha vers eux sans
tirer; mais, quand elle fut proche, elle devint en
butte à un feu si vif et si continu, que les plus anciens soldats de l'armée n'en avaient jamais vu un
pareil. Nos troupes reculèrent en désordre, et les soldats du régiment des gardes françaises furent con-
traints, pour se mettre à l'abri des balles, de se réfugier dans le lit même de la rivière. On les chansonna
dans Paris, et le surnom qui leur fut donné de *canards
du Mein* ternit la réputation de cette troupe d'élite par
excellence.

Pendant la guerre de Sept ans, l'armée prussienne
trouva les éléments de sa supériorité dans la nouvelle

instruction donnée aux troupes. Le soldat apprit à charger et à tirer l'arme en occupant très-peu de place dans le rang, en profondeur comme en largeur. En décomposant le maniement d'armes en plusieurs temps, et chaque temps en plusieurs mouvements, on était parvenu à exécuter tous les exercices, y compris le chargement et le tir, avec régularité, rapidité et ensemble. L'ordre de bataille sur trois rangs, avec files et rangs serrés, donna naissance à une série de manœuvres habilement conçues, qui fournirent le moyen de faire passer promptement une ligne de bataille d'un emplacement à un autre avec ordre et régularité ; la cadence du pas servit à cette fin. Le Grand Frédéric profita de la supériorité, acquise avant lui dans l'art des manœuvres par les troupes qu'il commandait, pour attaquer souvent ses ennemis en marche avant qu'ils eussent eu le temps de se ranger en ordre de bataille. C'est ainsi que l'armée française, attaquée à l'improviste et hors d'état de faire résistance, éprouva à Rosbach une déroute complète, que le vainqueur obtint avec des pertes insignifiantes. La France sortit de cet état d'infériorité en perfectionnant, pendant la paix qui suivit, l'organisation et l'instruction de ses troupes. Elle obtint à son tour la supériorité sur les armées rivales par des innovations heureuses, parmi lesquelles nous devons citer l'introduction des tirailleurs, qui fut un nouvel emploi du feu, et l'attaque en colonne, qui fut une manière nouvelle d'utiliser la baïonnette.

Après avoir ainsi exercé une grande influence à son apparition, le fusil à pierre avait été employé pendant près d'un siècle et demi sans avoir subi d'autres changements que des améliorations dans quelques détails de construction, lorsqu'une modification d'une certaine importance est venue changer le procédé de la mise du feu. La chimie avait découvert des matières fulminantes qui détonent sous l'action du choc, et les armes de guerre les mirent à profit pour remplacer la poudre d'amorce.

En profitant de l'expérience déjà acquise par les armes de chasse, le canal de lumière, ramené vers le dessus du tube, fut prolongé dans un appendice en saillie sur lequel fut vissée une cheminée en acier terminée par un biseau. Une capsule, petit chapeau en tôle portant au fond de sa cavité un peu de fulminate recouvert par un vernis, fut enfoncée sur la cheminée de manière à la coiffer, et le chien, transformé en un simple marteau, tombant par la pression du doigt appuyé sur la gâchette, mit le feu à la charge par l'inflammation du fulminate.

Le fusil à percussion eut sur le fusil à pierre l'avantage d'un amorçage plus facile, plus prompt et moins exposé aux détériorations de l'humidité. Le fusil à pierre était exposé à de très-nombreux ratés pendant les fortes pluies; l'infanterie, qui en était armée, pouvait se trouver momentanément dépourvue de son feu, et alors les charges de la cavalerie lui devenaient très-redoutables. La supériorité du fusil à percussion

était d'autant moins contestable que le départ du coup
devenu plus prompt rendait le tir plus juste. Ces con
sidérations motivèrent l'adoption de cette arme dans
toutes les armées de l'Europe.

II

Le changement d'armement de l'infanterie, par suite
de la substitution du fusil à percussion au fusil à
pierre, avait à peine eu le temps de subir l'épreuve
de la guerre, lorsque l'efficacité du tir des armes à
feu fit des progrès importants et inattendus dans une
voie ouverte depuis très-longtemps.

On trouve, dans les collections d'armes anciennes,
des mousquets et des arquebuses dont les canons sont
creusés, à l'intérieur de l'âme, par des rayures nombreuses. A l'origine, ces rayures furent probablement
pratiquées en vue de fournir des creux capables de
loger les résidus de la charge, pour permettre l'emploi de balles d'un calibre rapproché de celui de
l'arme. Quoi qu'il en soit, on eut aussi l'idée de se
servir des rayures pour faciliter le forcement de la
balle à l'entrée du canon, et pour la guider ainsi forcée
jusqu'à la charge de poudre. Or, il advint que les
rayures furent plus faciles à pratiquer dans le canon
en les dirigeant en hélice, qu'en les creusant en ligne
droite, en sorte que la balle forcée put, en suivant

les rayures, acquérir un mouvement de rotation combiné avec le mouvement de translation imprimé par la poudre. On obtint ces effets d'une manière empirique, et ils eurent une conséquence qui fut bientôt signalée, car les armes rayées qui furent employées par des troupes de cavalerie française, sous Louis XIV, furent regardées dès lors comme obtenant une justesse de tir particulière.

Depuis l'époque où Galilée avait découvert la loi de la pesanteur, on avait pu se faire une idée juste de la trajectoire d'un projectile, tandis qu'on l'avait imaginée auparavant d'une manière étrangement erronée. Avec la connaissance de l'action de la pesanteur, on parvint d'abord, en la combinant avec la vitesse initiale imprimée par la charge de poudre, à démontrer que la trajectoire devait être une parabole, par conséquent une courbe ayant deux branches symétriques à partir de son point le plus élevé. L'expérience ayant démontré que cette conclusion ne répondait pas au fait observé, on arriva à reconnaître que l'air devait agir comme une force retardatrice, que cette force augmentait beaucoup avec la vitesse, et que la trajectoire devait avoir plus de courbure, pour tous les points correspondants, placés à la même hauteur, dans la branche descendante que dans la branche ascendante.

En Angleterre, Robins ayant observé les points de passage des trajectoires de plusieurs coups successifs à travers des écrans fixes, avait reconnu que des balles, tirées dans la même direction avec toutes les précautions de régularité possibles, donnaient des trajectoires fort différentes. Il avait remarqué que la balle ne restait pas dans le plan vertical de tir, et que parfois la trajectoire, après être sortie du plan pour se porter à droite, y revenait pour le dépasser ensuite vers la gauche. Ayant cherché à expliquer ces faits de double déviation, il les attribua à ce que la balle sphérique, tirée dans un canon de fusil lisse, devait être animée d'un mouvement de rotation variable, autour d'un axe indéterminé qui change de position dans le trajet même. Il en conclut qu'on augmenterait beaucoup la régularité du tir si, dans l'intérieur du canon, on imprimait au projectile un mouvement de rotation autour d'un axe fixe. Il arrivait ainsi à donner une explication théorique des avantages qui avaient été attribués empiriquement aux carabines, et il proposait d'étendre ces avantages aux bouches à feu de l'artillerie en y pratiquant des rayures à l'intérieur de l'âme, et en les utilisant pour donner à chaque projectile tiré un mouvement de rotation uniforme et régulier. Robins prédisait à la nation qui suivrait avec persévérance la voie qu'il indiquait, des avantages comparables à ceux qu'avait pu obtenir celle qui avait fait, la première, usage de la poudre à canon.

La prédiction de Robins s'est accomplie de notre temps, c'est-à-dire plus de soixante-dix ans après sa mort. Mais, de son vivant, la vérité qu'il avait vue fut niée par Euler. Ce grand géomètre, qui avait

4

traité, par le calcul, le problème de la trajectoire, en tenant compte de la résistance de l'air, ayant affirmé que les effets d'une substance impalpable étaient beaucoup inférieurs à ceux que Robins leur attribuait, toutes les artilleries de l'Europe furent détournées de la voie du progrès. Voici comment on y revint beaucoup plus tard. Les carabines avaient été complétement délaissées dans notre armée depuis longtemps, lorsque vers l'année 1825, M. Delvigne, alors lieutenant dans un régiment d'infanterie de la garde royale, se préoccupant des conditions de la justesse du tir, reconnut tout d'abord par expérience que les carabines donnaient réellement à leurs coups plus de régularité que les armes lisses. Il pensa que ces armes n'avaient dû leur exclusion du service militaire qu'à la lenteur de leur chargement et à la complication de leur outillage. Il chercha le moyen de forcer la balle dans les rayures sans autre accessoire que la baguette du fusil, et il y parvint en pratiquant au fond du canon, pour recevoir la balle, une chambre d'un diamètre rétréci. Il reconnut que la balle de plomb, arrêtée à l'entrée de la chambre rétrécie, est assez applatie par le choc de deux ou trois coups de la baguette pour que le plomb pénètre dans les rayures. La balle ainsi forcée, partant sous l'action des gaz de la charge, est animée d'un mouvement régulier de rotation autour d'un axe fixe. M. Delvigne ayant fait fabriquer des armes de ce système, fit voir des résultats de tir fort remarquables par leur justesse. Une compagnie d'infanterie, munie de ces armes, fut chargée de les expérimenter à la guerre pendant l'expédition d'Alger. Après cet essai, qui fut favorable à l'invention Delvigne, la question des armes rayées fut soumise à des recherches méthodiques. On arriva, par là, à la carabine modèle 1842, qui servit à armer les bataillons de chasseurs d'Orléans, aujourd'hui chasseurs à pied, organisés à cette occasion. La carabine qui leur fut donnée eut une cartouche particulière qui contenait un petit sabot en bois. Ce petit sabot, arrêté à l'entrée de la chambre, servait d'appui à la balle qui se forçait avec plus de régularité qu'auparavant. L'école de tir créée à Vincennes, vers la même époque, devint, par le zèle des officiers chargés de l'enseignement, un champ de recherches très-fécond.

M. le lieutenant-colonel Thouvenin, qui appartenait au régiment d'artillerie de cette garnison, mit en essai une innovation heureuse. Il avait vissé au fond de la culasse une tige en fer placée dans l'axe du canon, et la charge de la poudre, au lieu d'être logée dans la chambre qui n'existait plus, se trouvait répartie tout autour de la tige. La balle placée d'aplomb sur un appui rigide, s'aplatissait avec plus de facilité que sur le sabot en bois. Cette facilité à faire entrer le plomb dans la rayure en frappant légèrement sur la balle, donna l'idée d'essayer une autre innovation plus importante. A la balle ronde on substitua une balle oblongue de forme cylindro-conique, avec l'idée que si cette balle conservait la pointe en avant pendant son trajet, et cela par suite de son mouvement de rotation, elle éprouverait moins de ralentissement par la résistance de l'air, tant à cause de sa forme en pointe que par un autre motif. Ainsi, la quantité de mouvement plus considérable pour chaque unité de surface comprise dans la section perpendiculaire à l'axe, serait diminuée en moindre proportion par l'effet de l'air. L'expérience confirma les conclusions de la théorie, et la carabine à tige fut substituée à la carabine modèle 1842, dans les mains des chasseurs d'Orléans.

La carabine à tige portait sa balle avec régularité jusqu'à 1,000 mètres; elle avait autant de justesse à cette distance que le fusil ordinaire à 230 mètres, ou que la carabine modèle 1842 à 500 mètres.

Cette arme, employée dans la guerre de Crimée, y rendit de grands services entre les mains de soldats d'élite, qui avaient appris à viser avec précision et à tirer en employant le degré de hausse convenable pour la distance du but; mais les inconvénients inhérents à cette carabine se firent aussi sentir. Elle ne pouvait être chargée sans produire un bruit qui était fort nuisible dans les tranchées de Sébastopol, surtout pendant la nuit, en appelant l'attention de l'ennemi; d'un autre côté, la carabine était difficile à décharger après une garde; son outillage, autrement dit son nécessaire d'armes, était compliqué. Toutes ces considérations avaient conduit M. le capitaine Minié à chercher le moyen de supprimer la tige, et il y était parvenu au moyen de la balle à culot. Cette balle, de forme cylindro-ogivale, portait à l'arrière un évidement tronconique pratiqué dans l'axe, et une petite capsule, appelée culot, était introduite à l'entrée de la cavité ; lorsque, arrivée au fond du canon, cette balle avait été placée sur la charge et que la poudre s'enflammait, les gaz, pressant sur le culot, le poussaient en avant dans l'évidement où il faisait office de coin, pour augmenter la dimension extérieure de la balle dans sa partie cylindrique et forcer le plomb dans les rayures.

Cette invention ingénieuse réussit complétement : l'arme n'eut plus ni chambre ni tige ; la poudre fut chargée d'opérer ce qui avait été fait auparavant par la main de l'homme. Le nécessaire d'armes et la baguette, qui avait dû être munie d'une forte tête évidée, redevinrent aussi simples que pour le fusil. La balle à culot ne fut pourtant point adoptée, à cause de l'inconvénient que l'on trouvait à avoir la balle de deux morceaux qui pouvaient se séparer dans le transport. On lui substitua une balle évidée, qui se forçait de même dans les rayures par une action directe du gaz de la poudre, mais sans intervention d'un culot. Les balles oblongues dont nous venons de parler étaient creusées à l'extérieur, sur la partie cylindrique, par des cannelures destinées à augmenter la justesse au moyen de l'action de l'air, en ramenant l'axe du projectile vers la tangente à la trajectoire, chaque fois qu'il s'en écartait dans un sens ou dans

4.

l'autre. Il est à observer, en effet, qu'excepté au moment où le projectile oblong sort du canon, auquel cas son axe forme la tangente à la trajectoire, cet axe tend à s'éloigner de la tangente, de plus en plus, à mesure qu'elle change de direction par suite d'une force, la pesanteur, qui n'agit pas sur la direction de l'axe du projectile, mais qui dévie sans cesse le mouvement de son centre de gravité. Les cannelures ont été supprimées depuis, comme inutiles dans les balles animées de mouvements de translation et de rotation plus rapides.

L'armée française avait donné à toute son infanterie des armes rayées, tirant la balle à évidement, et elle pouvait se croire par là supérieure à ses rivales, quand elle fut amenée à reconnaître, en 1866, les fâcheux résultats d'une présomption dangereuse.

Depuis près de vingt ans, l'armée prussienne avait adopté un fusil très-différent de tous ceux des autres armées. Ce fusil avait été disposé de manière à être chargé et tiré avec une promptitude toute nouvelle. La poudre et la balle s'introduisaient par la culasse et à la main, de manière à éviter l'emploi de la baguette; la cartouche contenait, outre la poudre et la balle, une amorce fulminante destinée à produire l'inflammation, de telle sorte que le soldat n'avait qu'à introduire la cartouche dans la culasse pour que l'arme fût amorcée en même temps que chargée. La cheminée, la capsule et le canal de lumière étaient supprimés. Le canon était rayé et la balle, placée dans une chambre dont le diamètre comprenait la profondeur des rayures, acquérait, en partant, le mouvement de rotation destiné à augmenter sa justesse. Cette balle était oblongue; sa partie postérieure entrait dans un petit sabot en bois, qui portait à l'arrière l'amorce fulminante. La cartouche, dont l'enveloppe était en papier, était confectionnée avec un soin tout nouveau pour que sa longueur fût uniforme; et quand elle était en place dans le canon, le tireur, en appuyant sur la gâchette, faisait débander un ressort à boudin poussant une longue et mince aiguille. Celle-ci perçait le papier de la cartouche, traversait la charge de poudre et frappait de sa pointe l'amorce appuyée sur le sabot, l'enflammait et faisait partir le coup. La justesse de cette arme s'étendait jusqu'à 500 mètres avec une balle qui était peu lourde, parce que le calibre de l'arme qui était, pour les fusils antérieurs destinés à tirer la balle ronde, compris entre 17 et 18 millimètres, avait été réduit ici à 15 millimètres.

L'inventeur de cette arme, nommé Dreyse, l'avait présentée en France avant qu'elle fût adoptée en Prusse; mais elle avait été repoussée chez nous par des esprits prévenus, qui l'avaient jugée inadmissible par les inconvénients résultant d'une innovation trop radicale. Au reste, depuis l'année 1848, on connaissait dans toutes les armées de l'Europe le fusil se chargeant par la culasse, qui avait fini, après une extension progressive, par être donné à toute l'infan-

terie prussienne. Mais, à part un bien petit nombre
d'hommes clairvoyants, les militaires les plus auto-
risés de toute l'Europe pensaient que l'armée prussienne suivait une voie qui lui serait fatale. A la
guerre, disaient les hommes les plus expérimentés,
le soldat tire toujours trop et trop vite. Avec un fusil
qui permet de tirer sept coups à la minute, il aura
bientôt consommé l'approvisionnement de cartouches
qu'il porte dans sa giberne et dans son sac. Quand
il n'en aura plus, on sera bien forcé de le laisser
s'éloigner du théâtre de la lutte, et l'ennemi sera
vainqueur.

D'un autre côté, les hommes spéciaux qui s'occupaient de l'arme à feu, au point de vue de son mécanisme, de sa solidité et de la continuité de son emploi,
adressaient aussi au fusil Dreyse des reproches nombreux : l'aiguille était un organe délicat, qui ferait
souvent défaut ; la cartouche, quoique de fabrication
difficile, n'aurait pas toute la solidité qui serait nécessaire à son emploi, et la culasse cracherait dans les
yeux du tireur. La fermeture, en effet, n'était pas
toujours absolument hermétique ; mais Dreyse avait
rendu inoffensif le gaz qui pouvait sortir à la fermeture, en le dirigeant vers la bouche du canon. La
guerre de 1866 vint montrer dans quelle erreur les
détracteurs du fusil à aiguille étaient tombés.

La Prusse, qui eut à combattre à la fois contre tous
les Etats de l'Allemagne et contre la plus grande partie
des forces de l'Autriche, dut incontestablement au

grand nombre de ses soldats d'avoir pu soutenir seule une pareille lutte ; en outre, la rapidité de la mobilisation de ses armées exerça sur le résultat de la guerre une influence prépondérante. Mais il n'en est pas moins vrai que la rapidité du tir, obtenue par les soldats armés du fusil se chargeant par la culasse, joua un rôle d'autant plus considérable que la Prusse avait mieux pris soin de modifier l'instruction tactique de ses troupes d'infanterie pour l'adapter à l'emploi de la nouvelle arme. Le soldat prussien avait été soumis à ce qu'on appelle la discipline du feu : si bien qu'il ne tirait pas rapidement à l'ordinaire et à sa volonté, mais seulement quand il en recevait l'ordre, au moment décisif et quand l'ennemi était près. Cela avait été obtenu, non pas en tenant le soldat complétement en tutelle, comme par le passé, mais en l'habituant à faire usage de sa réflexion, de son initiative et de sa liberté d'action.

L'infanterie autrichienne ayant voulu, à l'imitation de ce qu'elle avait vu faire aux Français pendant la guerre d'Italie de 1859, marcher contre les Prussiens à la baïonnette, sans tirer, avait éprouvé de telles pertes qu'elle n'avait pu réussir à aborder l'ennemi.

Cette campagne de 1866 ouvrit les yeux sur les avantages de l'arme se chargeant par la culasse; et toutes les puissances se mirent immédiatement au travail, en grande hâte, pour déterminer le modèle d'un fusil d'infanterie pouvant réunir à la rapidité du tir les qualités de la justesse et de la grande portée.

En France, on avait reconnu déjà, auparavant, la nécessité de joindre à ce changement, très-radical, celui de la diminution du calibre. En rayant les fusils existants, dont le calibre était de 18 millimètres, on avait été amené, en employant la balle oblongue, à lui donner un poids beaucoup trop lourd. Cela avait conduit à la nécessité de réduire la charge, et la trajectoire avait trop de courbure. L'utilité de réduire le calibre ne laissait aucun doute; mais où devait-on s'arrêter? Cette question avait été tranchée dans plusieurs Etats, et divers modèles d'armes, se chargeant par la culasse, avaient déjà subi l'épreuve de nombreux essais, quand la pression d'une opinion publique, très-vivement émue par les triomphes inattendus de l'armée prussienne, décida chez nous l'adoption immédiate du fusil Chassepot.

M. Chassepot avait employé une rondelle de caoutchouc, comprimée par l'action d'une tige de fer, pour effectuer une obturation de la culasse qui n'avait point encore été obtenue aussi complétement. Il avait perfectionné le mécanisme intérieur de l'arme Dreyse, et l'aiguille de son arme avait peu de longueur. La cartouche portait l'amorce à l'arrière et non plus près de la balle. Enfin son arme, avec 11 millimètres de calibre, avait un tir supérieur, pour la justesse, la portée et la tension de la trajectoire, à toutes les armes de guerre alors en usage.

Ce fusil, dont l'infanterie française était armée tout entière pendant la guerre de 1870, lui a donné un important avantage qui pourtant ne fut pas suffisant pour compenser le grand nombre de causes d'infériorité qui ont amené nos désastres. Après la guerre, on a reconnu que le fusil adopté si vite avait laissé subsister un inconvénient grave dans le manque de solidité de sa cartouche. L'enveloppe, formée d'un papier mince et d'une gaze de soie, n'avait pas bien résisté aux effets de l'humidité et des transports, surtout dans la giberne, de sorte qu'un grand nombre de ces cartouches avaient été mises au rebut sans avoir servi. On était d'ailleurs en possession d'une autre cartouche plus solide.

L'industrie s'était efforcée, dans les Etats-Unis d'Amérique, pendant la guerre de la Sécession, de fabriquer par emboutissage une enveloppe de cuivre ayant la forme de la cartouche. Elle y était parvenue non sans difficulté, de sorte que, malgré le poids et le prix de ces cartouches, plusieurs puissances de l'Europe adoptèrent des fusils destinés à en faire usage. Ces armes étaient débarrassées de la condition d'une fermeture hermétique; car l'obturation s'opérait par l'enveloppe en cuivre douée d'une élasticité suffisante pour ne pas adhérer à la paroi du canon. Avec cette arme, il fallait alors retirer, après chaque coup, l'enveloppe restée dans la chambre du canon; mais un mécanisme simple parvint à l'extraire et même à la faire tomber pendant le chargement par le fait seul du mouvement opéré pour ouvrir la culasse. Telles sont les conditions que remplit le fusil d'infanterie modèle 1874, adopté chez nous, de même que le fusil Henry-Martini, qui est en usage en Angleterre, et le fusil Mauser, qui se fabrique actuellement pour l'armée allemande. Ces trois armes offrent peut-être quelques différences pour la régularité du tir, mais elles n'en ont guère ni pour la portée ni pour la rapidité du chargement, qui s'opère en trois temps seulement : ouvrir la culasse, placer la cartouche à l'entrée de la chambre et fermer la culasse; la platine est armée du même coup et l'arme prête à tirer.

On ne peut guère espérer de nouveaux progrès dans la voie qui vient d'être indiquée, mais déjà les recherches en ont ouvert une autre.

L'industrie privée a, dans les Etats-Unis d'Amérique, établi des armes à magasin qui peuvent tirer les cartouches, placées dans un réservoir, beaucoup plus rapidement encore qu'il ne vient d'être dit, parce que le tireur n'a plus besoin de recharger après chaque coup. Cette sorte d'armes offrait l'inconvénient de tenir le soldat désarmé pendant l'espace de temps nécessaire pour recharger le magasin lorsqu'il était épuisé. On y a remédié par un perfectionnement qui donne la faculté de tirer l'arme en rechargeant coup après coup, soit avec le magasin chargé, soit avec le magasin vide. L'ordre dispersé, aujourd'hui en pratique dans l'infanterie de toutes les grandes puissances de l'Europe, amènera les soldats à s'aborder de près, en se précipitant l'un sur l'autre, plus souvent qu'auparavant, et une arme contenant quatre ou cinq cartouches en réserve dans son magasin pourrait donner la supériorité à ceux qui restent sur la défensive aussi bien qu'à ceux qui attaquent dans ce moment décisif. On peut donc supposer que les fusils à magasin, dont les défauts sont encore très-apparents, pourront peut-être se perfectionner de manière à mériter de prendre place à leur tour parmi les armes de guerre. Déjà la Suisse a pris les devants en armant une partie de ses milices avec une arme à magasin dite aussi *fusil à répétition.*

Après avoir parlé longuement des armes à feu, nous ne dirons qu'un mot des armes offensives et des armes défensives. Le cavalier qui combat avec le sabre a besoin que son arme ne lui fasse pas défaut dans le combat corps à corps; cela exige que cette arme ne soit exposée ni à se briser ni à se fausser, tout en remplissant, par sa légèreté et la bonne répartition du métal, la condition d'être bien en main. L'acier, par l'élasticité et la dureté que lui donne la trempe, est le métal qui satisfait le mieux à ces conditions, et les progrès de sa fabrication ont été utilisés dans ce sens. Les progrès de la métallurgie de l'acier ont, en outre, servi à l'amélioration des cuirasses, qui sont les derniers restes des anciennes armures. Il n'y a pas plus de vingt ans qu'en employant l'acier fondu, pour la confection du devant de la cuirasse, on a pu réduire son poids de 5 kilogrammes à 3 kilogrammes, sans rien diminuer de la protection offerte au cavalier contre les balles.

5

CHAPITRE III

L'ARTILLERIE.

I

APERÇU DES PROGRÈS DE L'ARTILLERIE
A CANONS LISSES.

Dès l'origine de l'artillerie, la force projective de la poudre fut employée ou plutôt essayée parallèlement dans des armes portatives qui avaient de faibles calibres et dans des bouches à feu plus lourdes et plus grosses, avec lesquelles on cherchait à produire des effets plus puissants. Aussi l'artillerie rencontra-t-elle immédiatement, dans le défaut de résistance du tube soumis à l'action des gaz de la poudre, un obstacle à sa puissance, difficile à franchir. Si la poudre eût constitué une combinaison chimique dont l'explosion donnât lieu à une force invariable, le progrès se serait peut-être arrêté là. Mais l'obstacle au progrès put être tourné, à cause de la propriété qu'avait la poudre de changer de force quand on faisait varier la proportion des composants. En augmentant la proportion du charbon et du soufre par rapport au salpêtre, on avait le moyen de faire des poudres moins énergiques dans leur action sur le projectile, mais

aussi moins brisantes contre les parois des bouches
à feu.

Malgré cela, les premiers pas de l'artillerie furent
entourés de dangers inévitables pour les bombardiers,
parce que les poudres dont on se servait n'avaient pas
une force uniforme, et que les bouches à feu elles-
mêmes, offrant des résistances variables, éclataient
parfois inopinément, malgré toutes les précautions
prises contre ces accidents.

On ne pouvait pas tenter, dans cet état de choses,
d'augmenter la puissance de l'artillerie en imprimant
de grandes vitesses aux projectiles, et l'on s'efforça
de lancer, avec de faibles vitesses, des projectiles de
plus en plus lourds. Ces projectiles étaient des boulets en pierre, qui étaient déjà lancés auparavant par
des machines de jet, consistant dans une fronde mue
par la chute de contre-poids. Les boulets en pierre
furent, pendant deux siècles, lancés par des bouches
à feu appelées bombardes. Elles étaient faites, soit
en fer forgé, soit en un alliage fusible de cuivre. Le
musée d'artillerie conserve plusieurs de ces bouches
à feu provenant des xive et xve siècles, et l'on peut y
observer le mode particulier de fabrication de celles
qui étaient en fer. Des barres d'une certaine largeur
étaient accolées en cercle l'une près de l'autre, comme
les douves d'un tonneau, si ce n'est que leurs bords
étaient soudés l'un à l'autre. Des cercles en fer qui
entouraient les douves, et qui étaient jointifs, offraient
contre la tension des gaz de la poudre une protection

plus efficace que la soudure des douves. Les bombardes avaient toutes une chambre au fond de l'âme, c'est-à-dire une partie cylindrique de diamètre réduit, qui était destinée à contenir la charge de poudre. Cette charge, en effet, n'eût pas été assez considérable pour occuper tout le fond de l'âme, de manière à recevoir sûrement le feu par la lumière, si un rétrécissement de l'âme ne lui avait pas fait occuper la longueur convenable.

Les boulets en pierre en usage pendant le xve siècle furent très-communément de 100, 200 et 300 livres. On en lança, mais exceptionnellement, qui pesaient jusqu'à 1,000 livres et même beaucoup plus; mais, avec les projectiles de poids extraordinaires, le chargement, déjà lent pour les bombardes communes, exigeait un temps très-considérable, qui faisait souvent perdre les avantages qu'on s'était promis. Parfois, néanmoins, on parvenait à écraser ainsi les constructions les plus solides.

Les plus grosses bombardes, construites en alliage de cuivre, furent formées de plusieurs tronçons qu'on transportait séparés et qu'on vissait l'un au bout de l'autre au moment de les mettre en place. Le musée d'artillerie de Paris possède plusieurs bombardes de cette sorte.

Pour le tir, les bombardes très-lourdes étaient souvent posées simplement sur des chantiers. On élevait la bouche de manière à obtenir l'inclinaison convenable au but à atteindre, en plaçant des chantiers

sous la volée. Il faut se reporter à ce procédé primitif
et au dérangement occasionné par le recul, pour se
rendre compte de la lenteur du tir et des difficultés
du pointage. Les bombardes les moins lourdes étaient
placées sur une sorte d'affût sans roues qui supportait la pièce et qui permettait de faire varier sa direction, de même que son inclinaison. Mais comme l'affût
avait à résister à l'effort du recul sans se briser et
qu'on n'était encore guidé ni par les enseignements
d'une assez longue pratique, ni par des connaissances
suffisantes dans les sciences mécaniques, il en résultait qu'on avait recours à la diminution de la charge
de la pièce pour obtenir qu'elle ne brisât point l'affût.
La puissance des bouches à feu était encore limitée
par cette difficulté.

L'artillerie avait pourtant fait en France des progrès
notables pendant un siècle et demi, lorsque, profitant
des progrès de la métallurgie du fer, elle entreprit de
lancer des projectiles en fonte de fer. Sa puissance
en devait être notablement augmentée, car le boulet
en fonte, beaucoup plus dur et plus dense que le boulet
en pierre, devait traverser, à vitesse égale, une épaisseur de maçonnerie beaucoup plus grande. On parvint, dans le même temps, pour les bouches à feu, à un
alliage de cuivre et d'étain, le bronze, ayant la résistance nécessaire pour ne point éclater sous l'explosion de la poudre. Au moyen de ce nouveau métal, la
bouche à feu, coulée d'un seul morceau, put être munie
de deux tourillons permettant de lui faire prendre

des inclinaisons variables à volonté. L'affût reçut des perfectionnements comparables à ceux de la bouche à feu. Il eut des roues qui permirent de l'employer au transport de sa pièce ; il devint assez solide pour résister à l'effort du recul, quoique cet effort, concentré sur les surfaces de contact des tourillons dans leurs encastrements, fût devenu plus destructeur qu'auparavant.

Ces progrès, les plus grands que l'artillerie ait jamais faits, furent réalisés dans un petit nombre d'années, vers la fin du XVe siècle. Ils donnèrent à la bouche à feu et à l'affût l'aspect qu'ils ont conservé depuis. La mobilité de la bouche à feu, la puissance de ses effets, la promptitude de ses coups, la facilité de tirer suivant la direction convenable, tous les avantages augmentèrent à la fois. Les maçonneries qui abritaient les défenseurs des villes et des châteaux, sur le haut de leurs remparts, les murailles même les plus épaisses des tours les plus solides, furent hors d'état de résister longtemps à des boulets en fonte lancés avec des vitesses qu'on ne connaissait pas auparavant.

Devant les nouvelles bouches à feu, les murailles et les tours, qui avaient tiré jusque-là leur principale force de leur grande hauteur, furent d'autant plus vulnérables qu'elles étaient plus élevées. L'artillerie devint l'agent principal d'un changement radical, nonseulement dans l'art d'attaquer les forteresses, mais dans l'art de les protéger.

La fortification existante sut modifier tous ses éléments, après que sa faiblesse fut devenue la cause d'une grande transformation sociale. La nouvelle artillerie donna, en effet, au pouvoir royal le moyen d'abattre les puissances féodales qui tiraient leur force de leurs châteaux et de leurs villes fortes.

Louis XI, après Charles VII, donna à l'artillerie une sollicitude particulière, et il acquit ainsi le moyen d'agir contre les forteresses avec une efficacité toute nouvelle. Charles VIII, qui lui succéda, fut le premier à disposer de canons en bronze munis de tourillons, portés sur des affûts à rouage et approvisionnés de boulets en fonte. Aussi, quand il traversa l'Italie pour faire son expédition dans le royaume de Naples, son artillerie devint-elle l'objet d'une admiration et d'une terreur générales, dont l'expression nous a été transmise par les écrivains contemporains. Ces sentiments furent justifiés par les faits, car les forteresses qui entreprirent, par exception, de résister, furent promptement réduites à capituler ou prises de vive force.

La fortification ne pouvant plus montrer au loin de hautes murailles, changea du tout au tout ses dispositions, et cette révolution commença dans la première moitié du xvi⁰ siècle. A cette époque, l'artillerie avait pris l'aspect et les formes générales qu'elle a conservés jusqu'à nos jours. On a entrepris peu après de régulariser les calibres des bouches à feu de l'artillerie royale; mais, comme l'unité des mesures n'existait pas d'une province à l'autre et que le pouvoir royal n'était pas encore en état d'établir l'uniformité, chaque bouche à feu dut encore employer des boulets faits pour elle seule ; néanmoins, les calibres ne furent plus aussi variés qu'auparavant. C'est vers l'année 1550 que l'artillerie fut réduite à six calibres, qui furent appelés les six calibres de France. On les désigna par les poids de leurs boulets en livres, et ils paraissent avoir été, à l'origine, à peu près ceux de 32, 16, 8, 4, 2 et 1 livre. Les bouches à feu reçurent, en les considérant dans le même ordre, les noms de : canon, grande couleuvrine, couleuvrine moyenne, couleuvrine bastarde, faucon et fauconneau. Il y avait, en dehors de cela, une arquebuse à croc lançant des balles de plomb de dix à la livre. Elle portait un crochet placé en saillie au-dessous du fût, qui supportait l'effort du recul en empêchant l'arme de reculer sur le support qui servait d'appui pour la pointer.

Quand on compare, à l'aide des dessins qui nous sont parvenus, cette artillerie avec la nôtre, et que l'on considère ses affûts massifs, portés par des roues grossières, traînés par une quantité considérable de chevaux attelés sur une seule file ; quand on voit surtout que l'affût était supporté par deux roues seulement et que la crosse traînait à terre, quoique la voiture fût attelée à limonière, on est porté à trouver que cette artillerie était dans l'enfance. Il faut, pour en apprécier la valeur, la rapprocher du matériel d'artillerie qui l'a précédée de moins d'un siècle et qui nous a été conservé intact.

Nous voulons parler de l'artillerie laissée aux mains des Suisses par Charles le Téméraire à la bataille de Morat, qui a été conservée comme le plus glorieux trophée de l'indépendance nationale. La comparaison démontre mieux que toutes les paroles la valeur des progrès accomplis pendant la moitié d'un siècle.

Nous signalerons après cela une innovation partielle, mais de grande importance, qui fut due à un Anglais nommé Malthus. Depuis longtemps déjà on lançait parfois à la main de petits projectiles creux et explosifs appelés *grenades;* mais on avait fait de vaines tentatives pour lancer de pareils projectiles au moyen des bombardes et des canons. La grenade, ronde et creuse, recevait à l'intérieur une charge de poudre que l'on introduisait par une ouverture. Cette ouverture se fermait ensuite par un petit tampon de bois tronconique, qui faisait office de bouchon; mais ce bouchon était percé, suivant son axe, d'un petit canal dans lequel on tassait la composition qui sert à donner par sa combustion vive le mouvement aux fusées. Une amorce placée à l'extérieur donnait le moyen d'allumer la fusée avec une mèche.

Ainsi, l'homme qui tenait dans la main une grenade chargée, mettait le feu à l'amorce, et il se hâtait de lancer avec force sa grenade par-dessus le mur ou le parapet derrière lequel l'ennemi se tenait à couvert. Les éclats du projectile, quand sa charge faisait explosion, étaient lancés avec assez de force pour mettre hors de combat les hommes qui étaient atteints.

5.

Malthus parvint à lancer des projectiles de cette sorte, mais de beaucoup plus gros calibre, avec des bouches à feu très-courtes appelées *mortiers*. Le mortier a ses tourillons portés sur un affût assez bas pour que deux hommes suffisent à élever le projectile à la hauteur de la bouche pour le placer dans l'âme. Voici comment Malthus opérait le chargement: La charge de poudre ayant été mise dans la chambre, il plaçait par-dessus un tampon en bois; par-dessus le tampon, il plaçait un lit de terre un peu humide, et sur ce lit la bombe, dont la fusée était tournée du côté de la bouche et dirigée suivant l'axe de l'âme; on éclissait ensuite la bombe avec de petits coins de bois, et on tassait encore, tout autour, de la terre humide. Cela fait, le bombardier, pour lancer le projectile creux, agissait comme pour la grenade. Avec sa mèche, il allumait d'abord l'amorce de la fusée, et immédiatement après l'amorce de la charge, placée à la surface extérieure du mortier. De cette manière, la bombe n'éclatait pas avant d'être arrivée à son point de chute, à moins qu'une circonstance accidentelle n'amenât un raté de la charge du mortier. Ce mode de chargement, auquel on a donné le nom de *tir à deux feux*, offrait, outre cette chance de voir parfois la bombe éclater dans l'intérieur du mortier, l'inconvénient de donner au tir une lenteur extrême. On remédia bientôt à cet inconvénient, par suite d'une observation perspicace. On reconnut qu'en chargeant le mortier suivant l'usage, c'est-à-dire en plaçant la

fusée de la bombe du côté de la bouche, mais en supprimant et le tampon en bois et la terre qui se mettait par-dessus, les gaz de la charge du mortier qui
passaient entre le projectile et l'âme, suffisaient pour
aller enflammer l'amorce de la fusée. Ainsi, le chargement devint plus facile et plus prompt, en même
temps que les éventualités de l'éclatement du projectile dans l'âme furent beaucoup diminuées.

On avait fait, à l'origine de ce tir, des bombes très-
grosses, afin de produire un effet doublement puissant; l'effet de leur chute, qui est proportionné à leur
masse, et l'effet de l'explosion, qui dépend du poids
de la charge contenue dans l'intérieur du projectile,
et, par conséquent, de sa capacité.

L'expérience ramena les plus grosses bombes au
calibre de 12 pouces, et leur poids à 150 livres environ. Dans ces conditions, la chute et l'explosion produisirent encore des effets très-destructeurs. Néanmoins, ces nouveaux projectiles ne suffirent pas,
comme on l'avait pensé tout d'abord, pour forcer à
eux seuls les places fortes à se rendre, quoiqu'ils
eussent encore acquis une troisième propriété, celle
de mettre le feu et d'allumer des incendies. On avait,
dans ce dessein, joint à la poudre intérieure quelques artifices à combustion vive, qui étaient projetés
par l'explosion et qui brûlaient là où ils tombaient.

Les propriétés des projectiles creux lancés par les
mortiers, inspirèrent le désir de monter des bouches
à feu de ce genre sur affût à rouage, pour les trans-

porter aisément et pour les tirer sous des angles moins grands qu'on ne le faisait avec les affûts de mortier, qui étaient très-bas. On employa alors des projectiles creux de moindre calibre, pour en diminuer le poids; on put les manier aisément et les élever à la hauteur nécessaire pour le chargement. C'est ainsi que l'on obtint l'obus et l'obusier.

Cette nouvelle bouche à feu, qui eut peu d'importance à son origine, était pourtant capable de participer aux batailles et aux combats. Elle prit part, pendant un siècle, aux luttes des combattants, sans y exercer une grande influence, et pourtant elle était destinée, après une longue série de perfectionnements, à prendre dans l'artillerie la prépondérance.

On était loin d'en être encore arrivé là, lorsque Vallière régularisa à nouveau, en 1732, toutes les bouches à feu de l'artillerie française. Il fixa à quatre le nombre des calibres des canons. Ce furent ceux de 24, 16, 12 et 8. Les mortiers eurent les calibres de 12 pouces, 10 pouces et 8 pouces. Un pierrier de 15 pouces servait, dans des circonstances particulières, à projeter des pierres lancées en grand nombre à la fois, qui allaient retomber à petites distances. Les bouches à feu de Vallière, construites par de très-bons procédés, supportaient facilement les fatigues du tir. Leurs proportions furent si habilement déterminées, qu'elles sont restées en usage jusqu'à nos jours, sans autres changements que des modifications de détail de peu d'importance.

Les canons de Vallière étaient destinés, comme tous ceux qui avaient été confectionnés auparavant, à servir pour toutes les circonstances. Ils étaient employés aussi bien dans les siéges, derrière des parapets, qu'à découvert dans les batailles. Le changement devenu nécessaire pour augmenter à la fois la mobilité des armées et l'efficacité de l'artillerie a été effectué par Gribeauval.

Cet officier général avait été placé au service de l'Autriche pendant la guerre de Sept ans, et il avait eu l'occasion d'étudier de près les innovations des diverses artilleries allemandes, y compris celles de l'artillerie prussienne. C'est en utilisant toutes ses observations sur ce qui s'était fait hors de France sur l'artillerie, qu'il put concevoir et réaliser un ensemble d'innovations habilement combinées, qui ont été célèbres sous le nom de système Gribeauval. L'idée mère consista dans la séparation à faire entre les diverses branches du service pour y adapter le mieux possible les calibres, les bouches à feu, les affûts et toutes les autres parties du matériel. Ainsi, l'artillerie de campagne, l'artillerie de siége, l'artillerie de place, l'artillerie de côtes, furent envisagées et déterminées séparément, d'après les conditions à remplir et les effets à produire dans leur emploi.

La création d'un matériel spécial pour l'artillerie de campagne a, par son importance, dominé de beaucoup les autres améliorations apportées par Gribeauval. Le changement était sur ce point si considérable, que la plupart des hommes spéciaux le repoussèrent avec obstination.

Gribeauval avait limité le nombre des différents canons à employer dans les batailles, aux trois calibres de 12, de 8 et de 4 ; puis, fixant la charge de poudre de ces nouvelles bouches à feu au tiers du poids du boulet, il avait arrêté le poids de chaque canon à cent cinquante fois celui de son projectile. Les canons de Vallière pesaient environ deux cent cinquante fois leurs projectiles. Ainsi, les canons de campagne de Gribeauval furent beaucoup moins lourds, par rapport au poids du boulet, que les canons employés en France auparavant.

Cette réduction du poids de la pièce devait amener une plus grande fatigue pour les affûts, par suite de l'effet du recul, et l'on dut les renforcer par des ferrures. Gribeauval s'efforçant, après cela, de rendre les affûts de campagne plus mobiles, y parvint par des mesures de plusieurs sortes. Il adopta des essieux en fer avec corps d'essieu en bois, à la place des essieux en bois qui avaient seuls été en usage jusque-là. Il augmenta le diamètre des roues d'avant-train, et il prit des dispositions pour mieux répartir le poids du canon, pendant les marches, entre les deux trains, au lieu de le laisser porter presque entièrement sur les roues d'arrière-train. Il eut deux encastrements pour les tourillons du canon : l'encastrement de tir et l'encastrement de route.

L'essieu en fer substitué à l'essieu en bois, dimi-

nuait beaucoup la quantité de travail dépensée par le
frottement pendant les marches, le développement de
la surface frottante étant devenu beaucoup moindre
pour la même longueur de chemin parcourue ; en
outre, la plus grande hauteur donnée aux roues de
devant, leur procurait le moyen de franchir les obstacles à l'aide d'un plus grand bras de levier et sur
une inclinaison moindre qu'avec les affûts employés
jusque-là. En un mot, le matériel de l'artillerie de
campagne devint capable de passer à travers champs.

L'accroissement de mobilité obtenu par ces dispositions fut accompagné d'une plus grande promptitude dans la mise en batterie, c'est-à-dire dans l'opération nécessaire pour séparer les deux trains et pour
mettre la pièce en état de tirer. La rapidité du tir fut
aussi accrue d'une manière très-notable, par l'adoption de la cartouche à boulet. Le boulet fut encastré
dans la cavité d'un sabot en bois, et ce sabot fut relié
au sachet en serge contenant la poudre par des ban-
delettes en tôle. De cette manière, le chargement s'o-
péra en enfonçant d'un seul coup la cartouche au
fond de l'âme. Les canonniers répartis autour de la
pièce eurent des fonctions distinctes et bien déterminées ; la division du travail, ainsi que les exercices destinés à familiariser chaque soldat avec sa
fonction, permirent de tirer avec le canon presque
aussi vite qu'avec le fusil.

La portée et la justesse du tir furent aussi augmen-
tées par l'introduction d'un petit instrument de poin-

tage très-simple, qui est aujourd'hui d'un usage universel, mais qui fut difficile à faire accepter, contre les habitudes. Nous voulons parler de la hausse.

Il n'est pas sans intérêt de remarquer comment une pratique aussi simple que celle de la hausse est née des considérations scientifiques les plus abstraites et les plus élevées.

L'esprit humain n'avait pas pu acquérir une idée juste sur la nature de la trajectoire décrite par le projectile tant que la loi de la pesanteur était demeurée inconnue. Mais, bientôt après l'immortelle découverte de Galilée, on reconnut que le projectile, obéissant à l'impulsion initiale des gaz de la poudre et à l'action continue qui l'attire vers le centre de la terre, devait décrire une courbe déjà connue des géomètres sous le nom de parabole.

En appliquant ces notions à l'art de jeter les bombes, on s'était aperçu que le projectile se trouve soumis à l'action d'une troisième force, et l'on avait attribué à la résistance que l'air oppose au mouvement du projectile la diminution des portées obtenues par rapport aux portées déduites de la théorie.

De grands géomètres s'étaient efforcés de déterminer la trajectoire d'un projectile sphérique en tenant compte de la résistance de l'air, dont la loi était d'ailleurs un peu hypothétique. Euler, qui avait le plus avancé la solution de cette question, avait trouvé des formules trop compliquées pour guider les praticiens ; mais ses travaux avaient néanmoins éclairé certaines parties du problème fort utiles à la pratique. On avait reconnu, par exemple, que la trajectoire devait très-peu changer quand l'angle de tir, celui de l'axe du canon avec l'horizontale, variait seulement dans les limites fixées par les affûts de campagne. Cela permettait donc d'employer toujours la même ligne de mire, pour la même distance, quelle que fût la différence de niveau entre la pièce et le but. C'est de là qu'est venu l'usage de la hausse. Elle sert aussi, la distance du but étant inconnue, à déterminer, à l'aide de l'observation des points de chute, la ligne de mire dont il convient de faire usage dans la circonstance, puis à l'employer sans changement pour tous les coups suivants. La vis de pointage dont les affûts de campagne furent munis, permit de viser avec une facilité, une promptitude et une exactitude toutes nouvelles.

Gribeauval fut conduit aussi à rechercher les moyens de donner au tir de chaque bouche à feu le plus de régularité possible. Il parvint à son but, en rendant le calibre de l'âme, si ce n'est parfaitement uniforme d'un canon à l'autre, du moins très-peu différent de la dimension réglementaire. Il y réussit par le concours d'une autre précaution consistant à n'employer dans chaque calibre que des boulets dont les diamètres fussent compris dans des limites déterminées. Il avait reconnu que si la fabrication courante ne peut jamais arriver à une exactitude parfaite, elle doit être amenée à employer les meilleurs procédés, pour maintenir les tolérances dans les limites du possible. Chaque boulet dut passer en tous sens dans une grande lunette et ne passer en aucun sens dans une lunette un peu plus petite. Le même procédé fut employé, à l'aide d'instruments différents, pour maintenir le calibre de l'âme, de même que les diverses dimensions de la bouche à feu, et toutes les parties de l'affût, de l'avant-train, du caisson, ainsi que des autres voitures, entre des limites déterminées. L'uniformité qui en résulta permit de transporter en campagne l'outillage nécessaire pour effectuer promptement de solides réparations. On porta sur les voitures de l'artillerie des matériaux de rechange tout préparés, et les ouvriers militaires n'eurent plus qu'à les mettre en place. Cette amélioration, jointe à la solidité acquise, a permis plus tard à ce matériel de faire les plus longues marches dans tous les climats et sous toutes les latitudes, sans arrêter un seul instant les opérations les plus rapides. Les caissons, dont les coffres furent compartimentés, transportèrent les munitions sans qu'elles fussent détériorées, de sorte que, partout et toujours, cette artillerie fut prête à faire feu.

La disposition adoptée pour que le poids du canon fût bien réparti, pendant les marches, entre l'avant-train et l'arrière-train de l'affût, consistait à placer ses tourillons dans deux encastrements différents, dont l'un était pour le tir et l'autre pour les marches. La manœuvre nécessaire pour faire passer le canon de l'un à l'autre était un peu longue, et le double encastrement aurait trop retardé les mouvements à opérer sur les champs de bataille, quand après avoir fini de tirer on aurait eu à se porter rapidement sur une nouvelle position. Mais Gribeauval imagina un moyen de lever cette difficulté, en reliant, par l'intermédiaire d'un long cordage appelé *prolonge*, l'avant-train attelé avec l'affût du canon faisant feu.

L'avant-train emmené par les chevaux traînait l'affût portant sa pièce, comme à la remorque. Ce stratagème devait permettre de continuer à tirer contre un ennemi qui s'approcherait, et, par là, rendre fréquent l'emploi de la boîte à balles, nouveau projectile introduit par Gribeauval.

Des expériences méthodiques avaient, en effet, démontré que l'ancienne mitraille, formée de morceaux irréguliers de fer, de fonte ou de plomb, ne pouvait agir efficacement contre les combattants qu'à très-courte distance. On lui avait substitué une boîte en tôle, terminée en dessous par une rondelle de fer solide, et remplie de balles en fer régulièrement placées. Ce projectile étendit son action efficace depuis 300 jusqu'à 500 mètres, et il fut très-utilisé un peu plus tard, surtout par l'artillerie à cheval, qui fut levée dès les premières années de la Révolution et qui se développa très-promptement. Cette troupe, dont les canonniers furent montés sur des chevaux, acquit dans ses mouvements une rapidité à laquelle le matériel de campagne de Gribeauval se prêta fort à propos.

Un obusier de campagne de six pouces fut introduit par Gribeauval, mais cette bouche à feu, trop légère par rapport au poids du projectile et à la charge qui le lançait, détériora fréquemment l'affût qui la portait, à cause de la vitesse de son recul, et l'on fit ensuite de vains efforts pour remédier à cet inconvénient. L'expérience n'avait point encore apporté les enseignements qui auraient été nécessaires pour éviter cette faute, et les connaissances théoriques n'étaient pas en état de suppléer à l'insuffisance de la pratique.

L'artillerie de siége ne reçut pas des perfectionnements comparables à ceux que nous venons d'esquisser; mais pourtant Gribeauval fixa toutes les dimensions des affûts et voitures destinées à ce service, de manière à établir l'uniformité des constructions dans tous les arsenaux. Les avant-trains des affûts eurent des roues un peu plus hautes que précédemment; néanmoins, les bouches à feu, pour être transportées sur les routes, furent portées par une voiture d'un modèle particulier, appelée chariot porte-corps.

L'affût d'artillerie de place fut établi sur un châssis, et les deux poutrelles latérales du châssis maintinrent l'affût dans la même direction pendant le recul et la mise en batterie. Cette disposition avait été prise en vue du tir de nuit, qu'il faut maintenir dans la direction qui a été déterminée pendant le jour. Le châssis, pouvant d'ailleurs tourner autour d'une cheville ouvrière, donnait le moyen de faire changer de direction à la pièce; toutefois, la stabilité de la direction prise était le caractère distinctif de l'artillerie de place.

Il en était autrement de l'artillerie de côtes. L'affût était aussi supporté par un châssis, mais ce châssis était rendu mobile autour de sa cheville ouvrière au moyen de deux roulettes qui facilitaient le mouvement de rotation pour pointer et tirer contre un but mobile, tel qu'un navire sous voiles.

Les bouches à feu de siége et de place ne différaient de celles de Vallière que par l'aspect extérieur, mais non pour le métal, la longueur et le poids; les canons de côtes étaient faits en fonte de fer, par motif d'économie.

L'artillerie de Gribeauval rendit à nos armées, pendant les guerres de la République et de l'Empire, des services si considérables que, sans elle, nous n'aurions certainement pas remporté tant de victoires. Mais les progrès ne s'arrêtent jamais, et ceux que l'artillerie anglaise avait réalisés pendant cette période de temps amenèrent, à la paix, une refonte complète de notre matériel d'artillerie : elle a été dénommée système Valée, du nom de l'officier général qui dirigea la réforme effectuée, en 1827, dans ses parties principales. C'est à partir de cette époque que notre artillerie de campagne a eu pour caractère distinctif toutes ses voitures portées sur quatre roues égales. Les roues de l'avant-train, devenues aussi hautes que celles de l'arrière-train, ont diminué beaucoup l'effort à faire pour le tirage. Le mode d'attache des deux trains a donné à chacun d'eux une très-grande indépendance, qui rend la voiture moins versante et lui permet de franchir plus facilement les obstacles. Le dessus de l'arrière de l'avant-train, dégagé, a donné de la place pour un coffre à munitions de capacité considérable, de telle sorte que la pièce est en état de se suffire à elle-même et de se séparer de son caisson pendant un certain temps. L'accroissement de poids produit par ces munitions n'empêche pas la voiture d'être plus mobile que le même canon n'était auparavant.

Les canons de bataille de Gribeauval n'ont point été changés; mais le canon de 4 a été abandonné, comme manquant d'une portée suffisante. Deux obusiers nouveaux, ayant de calibre, l'un 15, et l'autre 16 centimètres, ont reçu les poids, l'un du canon de 8 et l'autre du canon de 12; ils ont été établis de manière à se placer chacun sur l'affût du canon correspondant. Tout a été réglé ainsi pour aboutir à ce qu'une batterie composée de 6 pièces eût toujours 4 canons et 2 obusiers. L'unité tactique de l'artillerie put ainsi réunir les propriétés différentes de deux genres de bouches à feu : celle du boulet, qui traverse les obstacles et auquel sa plus grande densité procure la supériorité, sous le rapport des pénétrations, des justesses des portées; celle de l'obus, qui atteint par ses éclats un ennemi dérobé à la vue, et qui peut, en outre, allumer l'incendie par l'artifice en roche à feu qu'il projette en éclatant.

L'artillerie de campagne dont nous parlons a rendu ses caissons capables, comme les pièces, de franchir les obstacles sans courir risque de verser ou de se briser; elle a acquis, par là, une grande supériorité sur le matériel antérieur.

C'est au système Valée qu'appartient aussi un matériel d'artillerie de montagne qui comprend un obusier du calibre de 12, dont le poids n'excède pas 100 kilogrammes; un affût qui, avec ses deux roues, ne pèse pas plus que la bouche à feu, et des caisses à munitions. Le tout est disposé de manière à se charger sur des mulets munis de bâts appropriés à leurs destinations. Ce matériel a rendu de grands services dans les nombreuses expéditions qui ont été nécessaires pour la conquête de l'Algérie.

La disposition de l'affût devint, à cette époque, la même pour le service des places que pour le service des côtes; cette simplification est loin de constituer un progrès incontestable, à cause de la différence des deux services. Les changements apportés aux affûts de siège ont produit plus d'avantages. On a adopté pour ces affûts les deux flasques raccourcis et reliés à une flèche qui caractérisent les affûts de campagne; et, après avoir ainsi rétréci le corps de la voiture, on a donné à l'avant-train des roues beaucoup plus hautes qu'auparavant. En plaçant le canon, pendant les marches, dans une position favorable à la répartition de son poids entre les quatre roues, on a transformé l'affût en une voiture bonne pour le roulage.

En acquérant ainsi l'avantage de transporter les canons de siége sur leurs affûts, on a diminué notablement la quantité de chevaux nécessaires aux mouvements d'un équipage de siége.

Un autre système d'artillerie de campagne, adopté en 1853, a été fondé sur l'idée de tirer l'obus et le boulet dans la même bouche à feu et de remplacer par un canon-obusier de 12, bouche à feu unique, les deux canons de 8 et de 12, ainsi que les deux obusiers de 15 et de 16 centimètres, qui étaient en usage.

On réduisit de 2 kilogrammes à 1^k,50 la charge destinée à lancer le boulet de 12, et l'on porta à 1^k,225 la charge de l'obus de 12 pesant 4 kilogrammes. On put ainsi, dans un canon-obusier du poids du canon de 8 ou très-peu plus lourd, tirer le boulet de 12 et l'obus de 12 avec une justesse supérieure, en moyenne, à la justesse des quatre projectiles en usage. Mais l'avantage consistait surtout en ce que toutes les bouches à feu étant devenues capables de lancer à volonté l'obus ou le boulet, on pouvait, sur le champ de bataille, concentrer sur le point attaqué l'effet de toutes les bouches à feu disponibles, en les employant à tirer toutes à la fois le projectile le plus avantageux pour l'effet à produire.

La guerre de Crimée, qui eut lieu peu après l'adoption du canon-obusier de 12, a confirmé les avantages du système basé sur l'unité de bouche à feu.

II

CANON RAYÉ DE CAMPAGNE.

Dès sa première apparition, le canon rayé, profitant de l'enseignement donné par le tir des carabines, lança des projectiles allongés dont la forme extérieure était cylindro-ogivale et qui avaient un vide intérieur pour recevoir une charge de poudre.

Le premier essai fut fait par M. Cavalli, officier aussi ingénieux qu'instruit, de l'artillerie piémontaise. Il avait conçu l'idée de protéger le port de Gênes au moyen de canons de 30, rayés, qui devaient donner à des projectiles oblongs des portées plus grandes que toutes celles des bouches à feu existantes, et en même temps menacer les navires ennemis d'une destruction complète par l'effet d'explosion d'une charge de poudre considérable renfermée dans la capacité intérieure du projectile.

M. Cavalli fut autorisé par son gouvernement à faire fabriquer ses canons en Suède, à cause de l'excellente réputation des fontes de cette provenance. Il emprunta à un industriel de ce pays, M. Warendorf, un mécanisme de chargement par la culasse qui devait offrir des avantages considérables pour abriter, sous des casemates, des pièces dont le recul serait annulé par le moyen d'une plate-forme élastique. L'âme du canon Cavalli fut creusée par deux rayures en hélice,

6

d'un profil arrondi, passant toujours aux deux extrémités d'un même diamètre. Le projectile eut à l'extérieur de sa partie cylindrique deux saillies en hélice
venues de fonte, et correspondant aux rayures dans
lesquelles elles devaient entrer. Ces saillies longitu-
dinales, appelées *ailettes*, durent communiquer au
projectile le mouvement de rotation. La portée et la
régularité de tir du nouveau canon répondirent aux
espérances que l'auteur avait conçues; car le projectile
lancé sous l'angle de 13° au-dessus de l'horizon donna
une portée de 3,500 mètres. A cette distance, les projectiles tirés déviaient tous très-uniformément de 100
mètres à la droite du plan de tir. C'était l'effet d'une
action de l'air déterminée spécialement par le mouvement de rotation régulier du projectile, de forme
cylindro-ogivale, autour de son axe. On a donné à
cette déviation régulière, dont le sens dépend de la
direction imprimée par les rayures à la rotation du
projectile, le nom de *dérivation*.

La régularité de tir du projectile lancé par le canon
Cavalli, bien qu'elle fût très-supérieure à celle des projectiles sphériques du même calibre, était loin d'être
en rapport, pour les distances de 1,000 à 1,500 mètres, avec ce qu'on pouvait attendre d'un aussi gros
projectile mis en comparaison avec les balles des carabines. On en conclut qu'il manquait à ce canon
rayé un moyen de forcer le projectile dans les rayures
pour l'empêcher de ballotter, et que la justesse deviendrait plus grande si l'on assurait mieux la rota-

tion du projectile autour de l'axe même de l'âme du canon.

M. Tamisier, capitaine d'artillerie, qui s'attacha à résoudre cette question pour les canons de l'artillerie de campagne, voulant éviter de compliquer l'étude du canon rayé par des changements de métal ou de mécanisme, résolut de conserver le bronze pour métal de la bouche à feu et de continuer à la charger par la bouche. Pour ne pas détériorer des rayures creusées dans un métal aussi mou que le bronze, il mit en saillie, sur la partie cylindrique de son projectile oblong, des tenons faits en zinc, métal plus mou. Deux tenons durent entrer dans le creux correspondant à chaque rayure. Il y eut, dans les premiers essais, jusqu'à douze tenons pour six rayures. Comme ils étaient faits d'un métal plus mou que le bronze, ils s'usaient par le frottement sur les rayures sans les détériorer. Pour que les tenons pussent produire le centrage, ils avaient été disposés de manière à se déplacer dans un encastrement en queue d'aronde et à augmenter de saillie par pression sur le flanc de la rayure. Pendant que le projectile lancé par le gaz de la poudre parcourait l'âme, les douze tenons devaient appuyer ainsi tous à la fois pendant le même temps sur le fond des six rayures, s'user de la même quantité l'un que l'autre, et maintenir le projectile rigoureusement centré.

Le succès des premiers essais conduisit, pour simplifier la fabrication du projectile, à placer les tenons

à demeure, puis à tailler en plan incliné le flanc directeur du tir de chaque rayure et la partie des tenons
correspondante. On arriva promptement à un canon
dont le tir était très-étendu et d'une remarquable justesse, quoique le calibre fût très-réduit. On put ainsi
réunir les avantages de la légèreté et de la mobilité
des bouches à feu à ceux d'une efficacité jusque-là
inconnue, qui provenait surtout de ce que tous les
projectiles étaient devenus explosifs.

Le canon adopté fut dit canon rayé de 4, parce que
son calibre était celui de l'ancien canon de 4 de Gribeauval. Il pesait seulement 330 kilogrammes. Son
calibre était de 86^{mm},5. L'âme était creusée par six
rayures équidistantes, au pas de 2^{m},250, dont la largeur au fond était de 17 millimètres et la profondeur
de 2^{mm},8. L'angle du flanc de tir avec l'âme était de
20°.

L'obus avait de longueur 160 millimètres, c'est-
à-dire un peu moins de deux calibres; il pesait, avec
la charge de poudre, tout près de 4 kilogrammes. Il
était tiré à la charge de 550 grammes, qui formait
le septième du poids du projectile. Sa vitesse initiale
ne dépassait pas 325 mètres par seconde, tandis que
celle du boulet lancé antérieurement par le canon Gribeauval approchait de 500 mètres par seconde.

Dans les expériences qui avaient été exécutées, il
est vrai, avec des bouches à feu neuves, l'écart moyen
avait été, à 1,000 mètres, de 1^{m},20 en direction et de
1^{m},45 en hauteur;

A 2,000 mètres, l'écart moyen avait été de 3 mètres en direction et de 5^m,60 en hauteur ;

A 3,000 mètres même, l'écart moyen n'avait pas dépassé 6^m,40 en direction et 13^m,60 en hauteur.

L'affût, avec bouche à feu et avant-train chargé, pesait, y compris les roues, 1,272 kilogrammes, et 4 chevaux suffisaient pour traîner la pièce. Le poids du caisson chargé fut fixé à 1,310 kilogrammes, et il ne fut plus attelé qu'à 4 chevaux au lieu de 6, de même que les autres voitures de la batterie de campagne.

Un canon de 4 rayé de montagne, pesant seulement 100 kilogrammes et tirant le même projectile que le canon de campagne, mais avec une charge réduite à 300 grammes, eut un tir efficace, c'est-à-dire régulier, jusqu'à 2,000 mètres et plus.

On avait déterminé pour le canon rayé de 4 un obus à balles muni d'une fusée qui permettait au canonnier de le faire éclater en l'air à quatre distances différentes, suivant l'éloignement plus ou moins grand du but à atteindre. Ce projectile, dont l'invention avait été faite précédemment en Angleterre par Shrapnel, a ses parois minces, et il est rempli entièrement de balles de plomb, qui laissent seulement le vide nécessaire à l'emplacement de la poudre. Une très-petite charge, qui suffit pour faire éclater le projectile, agit peu sur les balles. Elles continuent donc à se mouvoir avec la vitesse acquise en formant une gerbe divergente. Ces balles sont efficaces contre les hommes et

6.

les chevaux jusqu'à des distances beaucoup plus grandes que la limite d'action de la boîte à balles de Gribeauval. Cette boîte à balles, dont le culot était en fer, offrit l'inconvénient de dégrader le bord des rayures. On lui substitua, par ce motif, une enveloppe et un culot en zinc avec des balles en plomb; mais la nouvelle boîte à balles eut une portée moindre que l'ancienne.

Pour utiliser le matériel d'artillerie de campagne qui était en usage auparavant, on adapta aussi un projectile oblong au canon-obusier de 12, qui fut rayé. Le projectile, pesant 12 kilogrammes, fut lancé à la charge de 1 kilogramme ou 1/12e. La vitesse initiale ne dépassa pas 307 mètres.

La trajectoire, qui fut peu tendue, et les portées, qui ne dépassèrent pas 3,000 mètres, ne motivèrent pas suffisamment l'emploi d'un projectile aussi lourd et d'une bouche à feu traînée par 6 chevaux au lieu de 4.

La guerre que l'armée française porta en Italie pendant l'année 1859, lui permit de mettre à profit l'initiative qu'elle avait prise dans la question qui nous occupe. Le canon rayé de 4, encore adopté seul, contribua à ses victoires contre l'armée autrichienne, dont l'artillerie n'avait que des canons lisses.

Déjà, avant cette guerre, un industriel anglais, célèbre par la création de puissantes grues hydrauliques, M. Armstrong, avait entrepris de doter son pays d'une artillerie à longue portée. Il y avait travaillé avec tant d'habileté, que l'adoption de ses canons rayés pour l'artillerie de campagne avait été décidée par le gouvernement de l'Angleterre en 1858.

Le projectile oblong en fonte de fer et creux de M. Armstrong était revêtu, sur sa partie cylindrique, d'une mince couche de plomb. Ce projectile, introduit par l'arrière du canon dans une âme percée de part en part, était arrêté par la saillie des rayures; il trouvait place dans une chambre dont le diamètre était celui de l'âme agrandi de la profondeur des rayures. Lancé par l'action de la poudre, ce projectile se comporte comme une balle de plomb dans une carabine chargée par la culasse, c'est-à-dire que la couche de plomb du projectile, pénétrant dans les rayures, prend et transmet au projectile un mouvement de rotation qui s'effectue exactement autour de l'axe de l'âme du canon.

Pour avoir son canon du même métal que celui des carabines, M. Armstrong le construisit en fer, d'après un procédé qui n'avait pas été employé avant lui sur une grande échelle. Il savait très-bien que, dans les grosses masses de fer, on est exposé à des défauts de soudure qui compromettraient la résistance d'une bouche à feu; aussi procéda-t-il à la fabrication de ses canons par l'extension du procédé dit à rubans, au moyen duquel une longue barre de fer est enroulée en hélice sur un cylindre en décrivant des spires accolées. La soudure qui se pratique ensuite maintient au fer sa plus grande résistance, dans le sens perpen-

diculaire à la longueur de la barre, c'est-à-dire là où
l'action de la poudre est la plus grande, et les défauts
de soudure ne diminuant la solidité que là où le canon ne supporte pas grand effort, n'offrent plus aucun
danger. Un cylindre ainsi construit avec une épaisseur
peu considérable sera alésé à l'intérieur ou tourné à
l'extérieur ; puis, suivant le cas, superposé à un autre
cylindre ou placé en dedans. On arrivera ainsi à l'é-
paisseur convenable pour résister à la tension des gaz
de la poudre.

La fermeture de la culasse s'opéra à l'aide d'un
mécanisme simple. Une vis placée à l'arrière et dans
l'axe du canon offrit un creux longitudinal et cylindrique par lequel le projectile et la charge entrèrent
jusqu'à la chambre. La fermeture de la culasse se fit
au moyen d'une pièce en fer, dite obturateur porte-
lumière, dont le nom indique la double destination.
Cet organe, enlevé et mis en place à la main, fut
serré dans son logement par toute la puissance de la
vis. Cette vis elle-même n'eut jamais que de petits
mouvements à faire pour serrer ou desserrer l'obturateur. Ce mécanisme, perfectionné en peu de temps
par l'usage, fonctionna bien dans le calibre convenable pour l'artillerie de campagne.

L'obus employé par M. Armstrong eut aussi des
dispositions particulières. La portion en fonte formant le corps, dont l'extérieur fut garni d'une couche
de plomb adhérente à la fonte, devint très-mince, à
l'exception du culot. Cette portion reçut à l'intérieur

plusieurs couches superposées, formées chacune de morceaux de fonte ayant la forme de segments, et compris entre deux cylindres concentriques. L'intérieur resta vide pour loger un bout de tuyau contenant une charge de poudre peu considérable. Pour employer ce projectile, qui prit le nom d'*obus à segments*, comme un boulet plein, il suffisait de n'y mettre ni charge intérieure, ni fusée, et on en obtenait de grandes pénétrations. D'autre part, en le fermant avec une fusée destinée à communiquer le feu à la charge, on devait avoir des éclats plus réguliers que ceux des projectiles explosifs en usage. Cet avantage s'étendait au cas où l'on trouvait convenable de faire éclater le projectile par l'effet du choc, au moyen d'une fusée à percussion.

Par l'invention de son obus à segments, M. Armstrong était parvenu à remplacer par un seul les trois projectiles que lançait, suivant les circonstances, une bouche à feu de l'artillerie française ; car, en faisant éclater l'obus à segments près de la bouche, on obtint les effets de la boîte à balles.

Le canon Armstrong de 12, tirant un obus à segments pesant 12 livres anglaises, donnait à son projectile une vitesse initiale de 358 mètres. La régularité du tir était si grande, que l'écart moyen du point frappé au point visé, qui était à peine de 1^m,30 à la distance de 1,000 mètres, ne dépassait pas 4 mètres à 2,000 mètres de distance, et 5 mètres à 3,000 mètres.

La régularité de tir du canon Armstrong de 12 était

ainsi bien supérieure à celle du canon rayé de 4 de l'artillerie française, et comme l'obus à segments pesant 5 kilogrammes avait un diamètre inférieur à celui de l'obus français de 4, il en résultait que la résistance de l'air le retardait beaucoup moins à vitesse égale. Sa trajectoire était plus tendue, l'angle d'incidence plus petit, et, par suite, la chance d'atteindre un but de dimension donnée, à distance inconnue, notablement plus grande.

Le canon Armstrong de 12 pesait, il est vrai, 407 kilogrammes au lieu de 330. Il était traîné par six chevaux au lieu de quatre; mais cela provenait moins du poids de la bouche à feu que des accessoires portés par l'affût et l'avant-train.

L'artillerie prussienne avait résolu autrement encore le problème des canons de campagne rayés. Elle était parvenue au but en prenant pour point de départ les essais faits en Suède par M. Cavalli. Elle avait emprunté à M. Wahrendorf son mécanisme de fermeture de culasse, et elle l'avait appliqué au calibre de 6, le plus petit de ses canons de campagne. Mais, comme M. Armstrong, elle avait recouvert d'une couche mince de plomb la partie cylindrique du projectile, pour obtenir le mouvement de rotation par le procédé connu, c'est-à-dire au moyen de rayures nombreuses et peu profondes. Elle se résigna, voulant obtenir la dureté de l'âme, à adopter la fonte pour ses canons de campagne. Elle n'ignorait pourtant pas que ce métal ne donnerait point une sécurité entière con-

tre les éclatements, et que le mécanisme de fermeture
était de nature à compromettre encore plus la solidité
de la bouche à feu ; mais elle comptait sur la diminution de la charge pour éviter les accidents.

Cette situation, qui pouvait compromettre quelque
peu la puissance militaire de la Prusse, a été bientôt
améliorée par la seule intervention d'un célèbre industriel. M. Krupp, fabricant d'acier fondu à Essen,
ayant appliqué à la confection des bouches à feu le
nouveau métal qu'il obtenait, parvint promptement à
confectionner des canons de campagne de grande résistance. Il en donna bientôt la preuve ; car le canon
rayé de 6 de son invention lança un projectile pesant
7^k,5, dans une bouche à feu pesant 400 kilogrammes,
c'est-à-dire seulement le poids de 53 projectiles. Le
projectile n'était tiré, il est vrai, qu'à la charge de
600 grammes ; mais cette charge lui imprimait une
vitesse de 331 mètres.

Un second canon de campagne en acier fondu, d'un
calibre plus petit, fut mis bientôt en service conjoin-
tement avec le précédent. L'âme avait de diamètre
78 millimètres, et le mécanisme de la fermeture, qui
était beaucoup simplifié, n'avait plus qu'un coin transversal pour résister à la pression des gaz et un oblu-
rateur pour empêcher leur échappement. La bouche
à feu ne pesait pas plus de 275 kilogrammes, et son
obus, pesant 4^k,250, lancé par une charge de 500
grammes, acquérait une vitesse de 369 mètres par
seconde.

Ces deux bouches à feu de campagne pouvaient tirer jusqu'à 3,800 mètres, et conservaient encore à cette distance une telle justesse, que tous les coups du canon de 6 portaient dans un rectangle de 150 mètres de long sur 27 de large; ceux du canon de 4, dans un rectangle de 188 mètres de long sur 34 mètres de large.

Les obus furent tous munis d'une fusée percutante destinée à produire l'explosion par l'effet du choc au point de chute. Une petite broche transversale, servant à séparer le percuteur du fulminate, était expulsée, au sortir de l'âme, par la force centrifuge, et le percuteur devenait libre au moment d'avoir à exercer son action. C'est ainsi qu'on parvenait à réaliser une innovation très-importante pour la pratique de la guerre, en trouvant le moyen d'éviter les accidents que la fusée percutante aurait pu occasionner dans les transports.

L'Angleterre ne s'en est pas tenue à l'artillerie rayée dont nous avons parlé, car bientôt elle a cru pouvoir faire mieux. Mais si elle a été la première des puissances à entreprendre de renouveler tout le matériel de son artillerie de campagne rayée, elle le doit à la rivalité et à l'émulation de deux de ses grands industriels. C'est là un fait nouveau qui est à remarquer.

M. Whitworth a cherché le moyen de donner le mouvement de rotation nécessaire pour la régularité du tir à des projectiles tout en fonte, qui pussent être maniés et transportés sans qu'on eût jamais à craindre des déformations capables d'empêcher la mise en place du projectile dans l'âme du canon. Il imagina de donner à la section de l'âme perpendiculaire à l'axe, une forme hexagonale ayant tous les angles arrondis, et de faire parcourir à ce profil une hélice d'un pas constant. Le pas de l'hélice fut plus court que dans les autres canons, et les projectiles, dont la surface fut rabotée au moyen d'une machine spéciale, se rapprochèrent beaucoup des dimensions de l'âme. Leur longueur atteignit ou dépassa parfois trois calibres, et l'arrière reçut une dépression de forme conique qui paraît avoir diminué la résistance de l'air. Ses canons acquirent ainsi des portées extraordinaires avec une justesse satisfaisante.

Un projectile pesant 12 livres anglaises, ou environ 5 kilogrammes, fut lancé, sous l'angle de 35º, jusqu'à 9,373 mètres, à une époque où aucun autre canon n'aurait pu approcher d'une telle portée.

Le métal employé pour la fabrication de ces bouches à feu était appelé métal homogène, à cause de la qualité qu'on recherchait. C'était un acier très-doux ou du fer très-peu carburé.

Après avoir perfectionné les divers éléments de son artillerie, M. Whitworth demanda au gouvernement anglais de faire exécuter un tir comparatif entre ses canons et les canons Armstrong, qui étaient en service. Ces dernières bouches à feu se chargeaient, nous l'avons dit, par la culasse, tandis que les canons proposés se chargeaient par la bouche. Mais M. Armstrong, piqué d'émulation et craignant d'être dépassé par son rival, construisit de nouveaux canons se chargeant par la bouche. Les épreuves de tir reçurent la plus grande extension, et la comparaison entre les trois sortes de bouches à feu fut faite à tous les points de vue. Après cela, les canons se chargeant par la bouche, des deux systèmes, furent déclarés préférables, pour le service de terre, aux canons Armstrong qui étaient en service. Pour les canons demeurés en concurrence, l'avantage attribué à l'un sous un certain rapport fut compensé par son infériorité à un autre point de vue : si bien que la lutte finit sans qu'il y eût un vainqueur.

Le gouvernement anglais, prenant pour point de départ les résultats acquis, adopta, peu de temps après, un nouveau matériel d'artillerie de campagne dont les canons se chargent par la bouche et sont actuellement en service. On y a introduit un nouveau projectile, l'obus Shrapnel perfectionné par le colonel Boxer, qui paraît de nature à mériter une grande attention, à cause de l'influence qu'il semble appelé à exercer sur le sort des combats. La capacité intérieure de ce projectile est partagée en deux par une cloison, et la partie postérieure reçoit la charge de poudre. La fusée communique le feu à cette poudre par un tube placé dans l'axe du projectile. Les balles de plomb sont rangées autour de ce tube. La partie ogivale et antérieure du projectile est formée d'un morceau de bois dont le bord entre par forcement dans le cylindre en fonte. Quand le feu prend à la charge de poudre du projectile, elle pousse en avant un culot mobile qui ferme le logement de la poudre, et ce culot communique son mouvement à toutes les balles réunies. Le tampon en bois qui forme la tête ogivale cédant alors à la pression, le projectile forme une arme qui lance ses balles en avant. Dans le même temps le projectile lui-même se partage en éclats.

Des expériences, assez récemment exécutées avec des dispositions conformes à celles de la guerre, ont confirmé les espérances que l'artillerie anglaise avait fondées sur l'emploi de ce projectile en rase campagne. On a disposé des planches représentant des tirailleurs debout, couchés ou à genou; les uns à découvert, les autres en partie couverts comme ils le seraient dans les tranchées-abris. On a disposé de même des panneaux pour représenter les troupes employées comme soutien et comme réserve. On a même simulé, plus tard, des tirailleurs s'avançant contre la batterie, par bonds successifs, c'est-à-dire parcourant de petites distances au pas de course, puis se couchant à terre pour se dérober au feu. Dans toutes ces circonstances, qui étaient autant que possible celles de la guerre, le projectile dont nous parlons a montré une efficacité singulière, et cela aux petites distances comme aux grandes, depuis 300 jusqu'à 2,800 mètres. Les expériences n'ont pas été poussées au delà de ces limites, mais elles ont ouvert une voie encore inconnue en éclairant d'un jour tout nouveau les questions qui sont les plus importantes pour les prochaines guerres.

Les deux canons adoptés dans l'artillerie de campagne anglaise sont dits canon de 9 et canon de 16, d'après le poids du projectile en livres. Les deux canons ont l'âme pratiquée dans un tube en acier qui est serré par des cylindres en fer à rubans, superposés.

Voici quelques données sur ces deux bouches à feu :

Canon de 9.

Calibre.	0^m,076
Longueur de l'âme	1^m,613
Nombre de rayures	3
Profondeur de rayure	0^m,002,8
Poids du canon.	410 kilogr.
Poids de l'obus chargé	4^k,250
Poids de la charge relativement au poids du projectile.	1/5
Vitesse initiale.	424 mètres.
Portée sous l'angle de 22°	4,928 —
Ecart moyen en direction à cette distance	12 —
Ecart moyen en hauteur	25 —
Ecart moyen en portée.	50 —
A 1,500 mètres, le rectangle contenant la moitié des coups forme un carré ayant de côté.	1^m,20

Nous avons lieu de croire que ce canon n'a pas été tiré sous les angles plus grands que 22°, et qu'on a regardé comme inutile et sans intérêt de déterminer sa portée maximum.

Le canon de 16, lançant l'obus de 7 kilogrammes environ, avec la charge du cinquième de ce poids, obtient tout naturellement, sur le canon précédent, l'avantage d'une plus grande régularité de tir et d'un angle de chute plus petit pour la même distance. Sa portée maximum n'a pas été déterminée non plus, ou du moins, ne nous est pas connue. Les affûts des canons Armstrong étaient déjà faits en tôle; ceux des nouveaux canons ont été simplifiés et améliorés, surtout dans les dispositions accessoires.

L'Allemagne a adopté, en 1873, deux nouveaux canons de campagne. Ils sont faits en acier fondu et fabriqués à l'usine Krupp. L'un a 78 millimètres de calibre et pèse seulement 390 kilogrammes. Néanmoins, son projectile ne pèse pas moins de $6^k,5$. Cette bouche à feu, affectée aux batteries à cheval, est appelée canon de 8 centimètres. L'autre, qui est dite canon de 9 centimètres, a de calibre 88 millimètres; elle pèse 450 kilogrammes, et son projectile $7^k,6$. Cette dernière bouche à feu, semblable en cela à la précédente, ne pèse pas beaucoup plus de soixante fois le projectile.

La charge de poudre ayant été fixée au cinquième du poids de l'obus, malgré la légèreté du canon, le recul de la bouche à feu exerce sur l'affût une action très-vive; mais il paraît que l'affût, qui est en tôle, n'a pas à en souffrir, et qu'on n'a eu à se préoccuper que du soin de limiter le recul au moyen d'un frein appliqué à la roue.

Si l'artillerie allemande met une grande importance à donner le plus de poids possible aux projectiles de ses canons de campagne, et si elle prend même ces poids pour mesure du degré de puissance des bouches à feu des différentes artilleries, cela paraît provenir surtout d'une disposition nouvellement adoptée pour la confection de l'obus. Il est fait à double paroi; c'est-à-dire qu'il a deux enveloppes contenues l'une dans l'autre. Ces enveloppes ont de petites pyramides saillantes et rentrantes, qui déterminent les lignes de rupture, et, de cette manière, les éclats sont, paraît-il, deux fois plus nombreux qu'ils n'étaient avec l'obus à simple paroi, tel qu'on le fabriquait antérieurement. Si le nombre des éclats peut être rendu proportionnel au poids du projectile, on comprend que le poids puisse être donné comme une mesure de l'effet à attendre, quand on tire contre les combattants sur le champ de bataille.

En Allemagne, comme en Angleterre, on a modifié la poudre à canon pour adapter sa force et sa combustion au tir des projectiles oblongs. On fait usage, dans les deux pays, de diverses poudres caractérisées extérieurement par leurs gros grains, et qui varient avec la nature des bouches à feu.

L'artillerie française ne pouvait pas demeurer sta-

tionnaire, en présence des progrès faits autour d'elle ;
aussi a-t-elle adopté, depuis la fin de la dernière
guerre, des bouches à feu nouvelles.

Nous parlerons d'abord de deux bouches à feu de
campagne en bronze, dites canons de 7 et canons
de 5, qui se chargent par la culasse, et qui offrent,
dans le mode d'obturation, une disposition remarquable. La culasse s'ouvre et se ferme par une vis à
filets interrompus qui n'a pas plus d'un sixième de
tour à faire pour fermer la culasse quand elle est ouverte, et pour l'ouvrir quand elle est fermée. Cette vis
porte à la partie antérieure un obturateur dont la
fonction est devenue facile, par suite de la nature de
l'enveloppe qui renferme la charge. Cette enveloppe
est, par elle-même, obturatrice ; elle joue le même rôle
que les enveloppes métalliques des cartouches d'infanterie. Il faut, pour cela, qu'elle ait une élasticité
assez grande pour ne pas se déformer sous la pression des gaz. La charge est formée de rondelles de
poudre très-fortement comprimées, qui laissent au
milieu un espace vide, suivant l'axe, pour favoriser
la communication du feu. Une rondelle de graisse,
qui est placée à l'avant de la cartouche, lubrifie l'âme
à chaque coup. L'étude des carabines a enseigné la
nécessité de satisfaire à cette condition pour conserver
la régularité du tir.

Les deux canons tirent leurs noms du poids des
projectiles, qui pèsent l'un 7 et l'autre 5 kilo -
grammes.

La charge est de 0ᵏ,870 pour le 5, et de 1ᵏ,130 pour le 7. Elle est, pour l'un comme pour l'autre canon, le sixième du poids du projectile. La vitesse initiale de l'obus de 5 est de 417 mètres; celle de l'obus de 7 est de 390 mètres seulement. Cette diminution de vitesse provient de ce que l'âme du canon de 7 est moins longue que celle du canon de 5, par rapport à son diamètre. La longueur d'âme est, en effet, de 29 calibres dans le canon de 5, et de 21 calibres seulement dans le canon de 7.

Les deux bouches à feu étant en bronze, leurs projectiles sont munis de deux anneaux en métal très-mou, pour ne pas détériorer les rayures. Le plomb, qui satisfait assez bien à cette condition nécessaire, a été introduit ainsi dans l'artillerie française, à l'imitation de ce qui avait été fait auparavant pour les projectiles de l'artillerie prussienne.

Les rayures, qui sont au nombre de 14, dans l'une comme dans l'autre bouche à feu, vont en se rétrécissant de la culasse à la bouche, et cette disposition, prise en vue d'améliorer la régularité du tir, remplit bien son but.

L'obus ordinaire a 3 calibres de longueur pour chacune des bouches à feu; mais l'obus à double paroi, qui a été mis en essai hâtivement depuis que l'on a appris son introduction dans l'artillerie allemande, n'a pas pu, de même au reste que l'obus à balles, conserver une longueur aussi grande. On dit même que l'obus à double paroi ne remplissant pas les conditions nécessaires au service, n'a pas pu être introduit dans notre matériel.

Les affûts en tôle qui ont été établis pour les deux canons de 7 et de 5, permettent, sur un terrain horizontal, de pointer les deux bouches à feu jusqu'à l'angle de 27° au-dessus de l'horizon.

Sous cette inclinaison, le canon de 5 a une portée de 6,400 mètres, et le canon de 7 une portée de 5,800 mètres. Le canon de 7, sous l'angle de 38°, porterait à 6,210 mètres. Le canon de 5, sous l'angle de 30°, porterait jusqu'à 7,000 mètres. Le canon de 5 ayant été adopté plus récemment que le canon de 7, a seul son avant-train d'affût construit en fer. L'avant-train du canon de 7 est encore en bois. Chacun des deux affûts porte deux siéges pour deux canonniers. Ces siéges, placés entre la bouche du canon et les deux roues, ont été faits à l'imitation de l'artillerie prussienne, qui s'en est servie pendant la guerre pour faire porter sur l'affût et l'avant-train tous les canonniers nécessaires au tir du canon. Cette disposition a permis aux Prussiens de laisser les caissons de la batterie en arrière, lorsqu'on approchait de l'ennemi. Ils les tenaient à distance, en arrière ou sur le côté, pendant le feu. Les hommes, les chevaux et les munitions étaient beaucoup moins exposés aux coups que ceux de nos caissons, fixés réglementairement à petite distance derrière leurs bouches à feu.

Après avoir adopté hâtivement deux canons en

bronze, par suite de la nécessité des circonstances qui ne permettaient pas au gouvernement de demeurer complétement désarmé, l'artillerie française n'en a pas moins fait des essais pour fabriquer des canons en acier. Les progrès de nos principaux établissements métallurgiques ont bientôt donné l'assurance qu'on pouvait, sans imprudence, leur confier le soin de fabriquer des canons de campagne de ce métal, qui offriraient, après avoir été soumis à des épreuves préalables, toute sécurité contre les éclatements.

On s'est alors décidé à adopter, pour un nombre limité de batteries de campagne, quatre par corps d'armée, une bouche à feu en acier plus puissante que les deux précédentes.

Ce canon a 95 millimètres de calibre; il est fait en acier fondu, et fretté sur une grande partie de sa longueur, à partir de l'arrière, avec des frettes en acier qui sont placées à chaud et qui serrent fortement, en se rétrécissant par suite du refroidissement. Le canon se charge par l'arrière. La culasse s'ouvre et se ferme comme les précédents, au moyen du mécanisme à filets interrompus; mais cette vis porte en avant un obturateur qui suffit à empêcher le passage des gaz, de sorte qu'on a renoncé à l'enveloppe métallique de la charge ainsi qu'aux rondelles de poudre comprimée. Le projectile pèse 11 kilogrammes, et le canon 706 kilogrammes, un peu moins de 70 projectiles. L'affût pèse, avec les roues, 678 kilogrammes.

Le projectile ne reçoit plus son mouvement de rotation par l'intermédiaire du plomb, qui serait trop mou pour résister convenablement, à cause de la grande vitesse imprimée à une aussi forte masse; c'est un seul anneau de cuivre, entourant le projectile près de l'arrière, qui entre dans les rayures sous l'action des gaz de la charge, et qui lui imprime un mouvement de rotation convenable, pour que, jusqu'aux plus grandes portées, le tir conserve une régularité très-satisfaisante.

L'obus ordinaire adopté pour ce canon est muni, comme ceux des canons de 7 et de 5, d'une fusée percutante.

Les canons à balles, dits aussi mitrailleuses, sont des bouches à feu que l'artillerie française a introduites dans son matériel de campagne au moment de la dernière guerre; mais, jusqu'à présent, les autres puissances de l'Europe n'ont pas jugé convenable d'admettre cette innovation.

L'idée qui a donné naissance au canon à balles est simple. On avait des balles en plomb de 34 grammes, qui étaient tirées avec régularité dans une arme portative jusqu'à 1,000 mètres et au delà. En augmentant la grosseur de la balle, en lui donnant, comme avait déjà fait M. Whitworth, une longueur de 3 calibres et en la tirant avec des rayures à pas raccourcis pour avoir une grande vitesse de rotation, ne pourrait-on pas obtenir un tir efficace jusqu'aux limites extrêmes des portées utiles de l'artillerie, c'est-à-dire jusqu'aux distances où la vue cesse de permettre la rectification des coups? A cette idée première, qui consistait à mettre à profit la densité et la malléabilité du plomb, pour substituer des balles lancées directement aux éclats projetés au hasard par l'explosion d'un projectile en fonte, vinrent s'ajouter celles de réunir plusieurs tubes percés parallèlement dans une seule masse de métal, et de faire partir les coups l'un après l'autre.

On arriva ainsi, avec une petite bouche à feu de la forme ordinaire du canon, montée sur un affût de campagne, à pouvoir tirer autant de coups qu'on voulait sans déranger le pointage. La rapidité du tir, exécuté au moyen du chargement par la culasse, devint telle qu'on put tirer près de 100 balles à la minute. La cartouche qui fut adoptée pour le canon à balles ressemble à celle des carabines. Elle a du moins, comme elle, une enveloppe obturatrice; mais elle contient des rondelles de poudre comprimée, au nombre de six, avec une rondelle de graisse. Le poids de la charge est de $12^g,6$.

La balle, qui pèse 52 grammes, a 4 calibres de longueur. Sa vitesse initiale est de 480 mètres; sa vitesse de rotation est très-grande, puisque les rayures font un tour sur 45 centimètres.

La gerbe des balles est assez serrée pour être efficace à 1,800 mètres, quand on connaît bien la distance. Quand on tire aux distances inférieures à 1,200 mètres, on doit imprimer un mouvement latéral au canon pour disperser les coups à droite ou à gauche du point primitivement visé, sans quoi la concentration des coups serait trop grande. L'affût est disposé de manière à permettre de donner au canon un certain champ de tir latéral, sans arrêter ni ralentir le tir.

Un industriel américain, M. Gatling, a inventé, pour tirer promptement un très-grand nombre de balles en plomb de forme oblongue, une bouche à feu dont le mécanisme est extrêmement ingénieux. Six ou huit canons parallèles, et placés à égale distance l'un de l'autre sur une même circonférence, peuvent tourner autour d'un axe. Pendant leur mouvement de rotation, la cartouche tombe dans la chambre du canon, où elle est mise en place ; la platine y met le feu ; le coup part ; l'enveloppe métallique est retirée du canon pour faire place à une nouvelle cartouche. Le tir se continue ainsi sans interruption, avec une vitesse de 60 à 80 coups par minute, sans que le pointage se dérange, si ce n'est volontairement, quand on veut faire écarter les coups. Ainsi, la bouche à feu étant une fois mise en batterie et pointée, tout le service de la pièce consiste à tourner une manivelle et à mettre en place le chargeoir qui fera tomber les cartouches dans leurs emplacements au fur et à mesure que les canons passeront. Les organes d'un mécanisme très-ingénieux remplissent ainsi l'office dévolu jusque-là aux canonniers.

Il y a des canons Gatling de trois calibres différents,

qui sont de 11 millimètres, 16mm,6 et 25mm,5. L'inventeur a commencé par le plus petit des trois calibres; puis il a introduit les deux autres pour obtenir des portées de plus en plus considérables, en vue de faire adopter ses canons dans la défense des places et sur les champs de bataille. En outre de la cartouche contenant la charge de poudre, la graisse et la balle oblongue reliées par l'enveloppe métallique, M. Gatling a, pour chaque calibre, une autre cartouche dont l'enveloppe contient, outre la poudre, plusieurs petites balles rondes destinées à s'écarter l'une de l'autre. Cela a conduit à désigner habituellement les bouches à feu qu'il a construites sous le nom de mitrailleuses Gatling.

Un autre industriel américain actuellement établi en France, M. Hotchkiss, prenant pour point de départ les inventions de M. Gatling, a établi une bouche à feu jouissant de propriétés nouvelles.

Le canon-revolver Hotchkiss a cinq tubes parallèles qui tournent autour d'un axe, qui se chargent et tirent successivement au moyen de dispositions mécaniques empruntées au canon Gatling, mais simplifiées et améliorées. Ce n'est pas là toutefois que se trouve l'innovation capitale : elle est dans la nature et la masse du projectile, qui est en fonte et explosif. Muni de sa fusée et de sa charge intérieure, il pèse 520 grammes. Tiré à la charge de 120 grammes, sous l'angle de 35°, il porte à 5,000 mètres.

Le projectile, réduit au poids de 507 grammes et

tiré à la charge de 100 grammes, a donné une régularité de tir remarquable, puisque la portée moyenne, sous l'angle de 34°,47′, étant de 4,014 mètres et la dérivation de 32 mètres, la déviation longitudinale moyenne n'a pas dépassé 25 mètres, tandis que la déviation latérale moyenne était limitée à 1ᵐ,50.

Le même projectile, tiré à la charge de 110 grammes, qui lui imprime une vitesse initiale de 440 mètres environ, a donné les portées suivantes :

1,003 mètres, sous l'angle de 2°,40′;
1,723   —   —   5°;
2,842   —   —   10°;
3,460   —   —   15°;
3,916   —   —   20°;
4,240   —   —   25°;
4,580   —   —   30°;
4,700   —   —   35°.

Le projectile, de forme cylindro-ogivale, a un peu plus de trois calibres de longueur. La partie cylindrique est garnie d'une couche de plomb adhérente qui sert à produire le mouvement de rotation.

Si maintenant on considère que le canon-revolver Hotchkiss, ne se dérangeant pas par l'effet du recul, peut tirer 60 et même 80 coups à la minute, et cela dans la pratique de la guerre, on verra qu'il lancera de 30 à 40 kilogrammes de fonte en une minute sans rien perdre de sa justesse. C'est beaucoup plus que ne peuvent faire les bouches à feu de campagne les plus récentes et les plus perfectionnées.

Le poids de fonte qu'une bouche à feu de campagne peut lancer pendant un laps de temps déterminé devient un moyen d'apprécier sa puissance, surtout au point de vue de l'effet des éclats de projectiles. Ainsi, si le projectile Hotchkiss était fait de manière à donner, au moyen de lignes de rupture déterminées, dix éclats pesant 50 grammes chacun, la bouche à feu donnerait en une minute, avec 80 coups, jusqu'à 800 éclats qui se produiraient sur la bande de terrain comprise entre les points de chute. Or, ces projectiles ricochant, sur un terrain favorable, jusqu'à la distance de 3,000 mètres, l'action des éclats s'étendrait encore quelque peu au delà. Les six canons d'une batterie tireraient en une minute jusqu'à 480 projectiles explosifs, produisant 4,800 éclats; ils donneraient donc, en dix minutes, 48,000 éclats, partant d'un espace très-restreint. En diminuant ce résultat de moitié, pour rester beaucoup en deçà du maximum d'effet, on aurait encore 24,000 éclats de 100 grammes, qui créeraient un bien grand danger pour tout être animé stationnant dans la zone du feu.

Mais, dira-t-on, en présence de tels résultats il n'y a pas à hésiter; il faut, coûte que coûte, introduire le canon-revolver Hotchkiss dans notre artillerie de campagne. Outre la difficulté inhérente à la dépense et à la mise au rebut d'un matériel tout récemment construit, d'autres considérations doivent encore porter à réfléchir. Le projectile du canon-revolver n'a pas une trajectoire aussi rasante que celle des autres canons, parce que le calibre plus petit laisse plus d'action à la résistance de l'air ; sa chance de toucher les objets de hauteur déterminée, les hommes et les chevaux, par exemple, est donc moindre. Sa portée maximum, ne dépassant pas 5,000 mètres, est plus petite que celle des canons récemment adoptés. Enfin, ses petits projectiles creux en fonte, dont le calibre atteint à peine 37 millimètres, ne traverseraient sans doute pas tous les murs des habitations, et l'ennemi pourrait parfois s'abriter contre ce feu.

Ainsi, des avantages incontestables sont achetés au prix d'inconvénients aussi palpables. Savoir de quel côté penche la balance est toujours difficile, quand il s'agit d'une guerre à venir et que l'expérience n'a pas encore prononcé. Nous trouvons ici toute vivante une de ces circonstances où le sort des batailles à venir se décide, du moins en partie, pendant la paix, et où il importe de ne rien négliger pour s'éclairer avant de décider. Le pire de tout serait de voir fonctionner le nouvel engin sans se préoccuper de sa valeur et de l'importance qu'il pourra acquérir. Si on ne méconnaît pas ses remarquables qualités, on peut exécuter d'abord des expériences de tir sur un terrain de polygone, pour donner à l'engin tous les perfectionnements dont il est susceptible, et ensuite le mettre en usage dans toutes les circonstances de la pratique, en tirant sur diverses sortes de terrains, à distances inconnues, et en se plaçant, autant que possible, dans les conditions de la guerre. On pourrait ainsi comparer avec clairvoyance le canon-revolver avec les autres bouches à feu de campagne, et prononcer son admission ou son rejet en connaissance de cause.

Le canon-revolver pèse par lui-même 475 kilogrammes et l'affût proprement dit, avec ses accessoires, 530 kilogrammes. C'est avec cela que le tir, à la charge de 120 grammes, de projectiles pesant 507 grammes, s'exécute à raison de 80 coups à la minute, sans que le pointage se dérange, sans que la solidité de l'affût soit compromise. L'immobilité de la pièce, par rapport au sol, est obtenue au moyen d'un frein appliqué au moyeu d'une des roues pour l'empêcher de tourner. La résistance de l'affût à l'effort du recul est assurée par l'emploi de la tôle, qui entre seule dans sa construction. C'est là que se trouve le principe de la grande quantité de travail que la pièce peut produire.

Nota. — Deux canons en acier, dont les calibres sont de 80mm et de 90mm, viennent d'être adoptés, en remplacement de tous les canons en bronze, pour notre armée active.

III

CANONS RAYÉS DE SIÉGE ET DE PLACE.

Après la détermination des premiers canons rayés de l'artillerie de campagne, on eut dans tous les Etats une grande facilité à constituer des canons rayés de siége et de place. Presque partout on se contenta, pour éviter des dépenses qui n'étaient pas nécessaires, de rayer les bouches à feu existantes, qui étaient en bronze, et d'y adapter des projectiles semblables à ceux de l'artillerie de campagne. Ces projectiles, tirés avec des charges modérées, pour que les rayures ne fussent pas trop promptement endommagées, trouvèrent dans leurs masses, devenues très-considérables par la substitution de la forme allongée à la forme sphérique, le principe d'avantages considérables et importants. La régularité du tir, la conservation de la vitesse, la pénétration dans tous les milieux et la puissance d'explosion, rendirent les projectiles des canons rayés de beaucoup plus efficaces que les boulets des canons lisses. En France, le projectile du canon 24, dont le boulet pesait 24 livres, acquit un poids de 24 kilogrammes; le projectile du canon de 16 dut peser, de même, 16 kilogrammes; celui du canon de 12 pesa 12 kilogrammes. Tous ces projectiles eurent une capacité assez grande pour contenir une forte charge de poudre, et purent être employés à des bombardements opérés de beaucoup plus loin qu'avec les mortiers. Les canons rayés de 12, de 16 et de 24, montés sur leurs affûts de siége antérieurs, avaient acquis la propriété de bombarder une place à la distance de 3,500 mètres pour le premier et de 5,000 mètres pour le troisième. Les canons de siége prussiens, montés sur des affûts modifiés de manière à exhausser la bouche à feu pour tirer derrière un parapet sans découvrir les servants, purent atteindre à des distances de 6,000 et même de 7,000 mètres. Mais leurs projectiles ne devant que par exception être tirés à ces distances extrêmes, ne tomberont pas, habituellement, sous des angles aussi grands que ceux des bombes. Aussi, au lieu de tomber sur les toitures, ils frapperont souvent contre les murs; ils ne courront plus, comme les bombes, le risque d'être brisés par le choc, car leur forme les met en état de traverser les maçonneries pour éclater à l'intérieur des maisons. La facilité acquise par les gros projectiles oblongs de traverser les murs, a donné l'idée de leur faire jouer un rôle tout nouveau dans l'attaque des places.

Le profil de toute la fortification qui a été construite depuis le XVIᵉ siècle, a été déterminé de manière que l'ennemi, placé dans la campagne, ne pût pas voir la muraille d'escarpe, qui soutient les terres du rempart. S'il la voit quelque peu, il ne l'aperçoit pas assez bas pour que le canon puisse battre en brèche de loin. On peut dire que la fortification moderne est caractérisée par la propriété qu'elle a d'obliger l'assiégeant à venir placer son canon sur le bord du fossé, pour ouvrir le chemin par lequel il pénétrera dans l'intérieur de la place.

On a exécuté en Prusse des expériences et des recherches, portant sur les moyens à employer pour enlever à la fortification existante cette propriété fondamentale, en mettant à profit pour cela les nouveaux

canons de siége. Les remparts de la place de Ju-
liers, qui étaient à démolir, devinrent un but favorable
à des expériences de tir intéressantes et variées. Plusieurs officiers d'artillerie, dirigeant des canons de
siége placés à plusieurs centaines de mètres du rempart, sont parvenus à exécuter des brèches praticables,
sans avoir d'autres indices que ceux dont on dispose
dans une attaque véritable. Ce progrès dans l'efficacité de l'artillerie de siége rayée résulte surtout de ce
que ces projectiles font explosion au fond du trou
qu'ils ont creusé. La force de la poudre désagrége
fortement la maçonnerie, qui s'éboule sous un nombre
de coups beaucoup moindre qu'auparavant.

Les Prussiens ont mis à profit, dans la dernière
guerre, celle de 1870, les propriétés d'un canon et
d'un affût créés spécialement pour le tir en brèche
contre des murailles invisibles, et ils ont exécuté de
loin trois brèches dans les ouvrages de Strasbourg.
Celle qui a été exécutée la dernière a déterminé la
reddition de la place.

On a établi dans plusieurs artilleries étrangères
des mortiers rayés qui tirent des projectiles de forme
cylindro-ogivale, semblables à ceux des canons de
siége. Ils ont ordinairement des calibres plus forts
que ceux des canons; ils sont à chambre, mais leurs
chambres sont de plus grande capacité que précédemment. Le plus fort calibre adopté en Prusse, pour
les mortiers, est celui de 21 centimètres. Ces bouches
à feu ont été faites en acier fondu ; elles ont l'aspect

de canons qui seraient très-courts; elles se chargent par la culasse, qui s'ouvre et se ferme au moyen du mécanisme des canons Krupp, consistant en un coin transversal. Les affûts, pareils à ceux des mortiers lisses, glissent à frottement sur leurs plates-formes et offrent au choc du recul une résistance facile. Dans une autre artillerie, on a placé l'affût du mortier sur deux roues, pour faciliter les déplacements de la pièce, sans renoncer pour cela à la propriété caractéristique de cette bouche à feu, qui est faite pour tirer sous de grands angles. On est ainsi revenu à la disposition primitive des obusiers, qui furent, à l'origine, des mortiers portés sur leurs affûts auxquels on avait ajouté des roues. Cette disposition a le désavantage de forcer à limiter la charge du mortier pour éviter que l'essieu ne soit brisé par le choc du recul. Les mortiers tirés par les Prussiens, dans le bombardement de Paris, ont lancé leurs bombes jusqu'à 7,000 mètres.

IV

ARTILLERIE DE MARINE.

Les navires de guerre ont fait usage des bouches à feu dès leur origine, parce qu'elles offraient l'avantage d'occuper beaucoup moins de place que les anciennes machines de jet. On employa, sur mer comme sur terre, des pièces de canon d'un faible calibre, destinées seulement à mettre des hommes hors de combat. Néanmoins la marine employa des bombardes

puissantes dès qu'elle put s'en procurer, parce que,
dès qu'elles étaient en place à bord, leur poids ne présentait aucun obstacle à leur transport ; ensuite, parce
qu'un projectile de gros diamètre était capable de
produire dans la muraille du navire ennemi une ouverture assez large pour qu'il fût perdu corps et biens.
Les boulets de fer des plus gros calibres n'eurent pas
autant d'avantages sous ce rapport, mais ils furent
néanmoins employés de préférence, à cause de leurs
portées plus étendues que celles des boulets de pierre.

Après l'invention des mortiers, la marine ne put
pas utiliser les bombes à bord des vaisseaux de guerre,
parce que le recul résultant d'une bouche à feu légère
tirée sous un grand angle aurait compromis la solidité du pont. On opéra néanmoins quelquefois le bombardement d'une ville ou d'un port en étançonnant les
ponts de quelques bâtiments de commerce par des
étais allant d'un pont à l'autre jusqu'à la cale. En
d'autres termes, on prenait des dispositions telles que
le recul de l'affût se communiquât, par de nombreux
points d'appui, à des surfaces assez étendues et assez
solides pour y résister.

Lorsque, après avoir appris à tirer les bombes à un
seul feu, on se fut familiarisé avec l'emploi des obusiers, l'idée vint de lancer aussi des boulets creux
dans les canons. On put communiquer le feu à la fusée
du projectile en mettant le boulet creux dans un
sabot qui l'empêchait de tourner pendant qu'on le
poussait jusqu'au fond de l'âme ; la fusée était placée

du côté de la bouche, et néanmoins la charge mettait le feu à la fusée d'une manière régulière. Les premières tentatives échouèrent pourtant, à cause de la fonte du projectile, qui était souvent trop cassante, de telle sorte que le projectile, éclatant dans l'âme, pouvait dégrader la bouche à feu.

La question fut reprise chez nous en 1792, en vue de donner aux canons de la marine les propriétés inhérentes aux projectiles explosifs, c'est-à-dire de détruire, par l'effet des gaz de leur charge intérieure, la paroi en bois dans laquelle ils auraient pénétré, en vue aussi de lancer des éclats en tous sens et d'allumer l'incendie. Le comité de salut public ordonna des essais, qui se firent à Meudon en 1793 et en 1794; ils furent entourés d'un grand mystère et considérés comme un important secret d'État. On éprouva des difficultés pour obtenir des boulets creux qui ne fussent pas brisés par le choc de la charge; mais on crut un peu prématurément y avoir réussi, et le gouvernement fit fabriquer, charger et expédier dans les ports de guerre 140,000 boulets creux des dimensions convenables pour les canons de la marine de 36, 24, 18 et 12.

Ces canons, que l'on fabriquait en fonte de fer pour des raisons d'économie, comprenaient, comme on voit, le calibre de 36, très-supérieur au plus fort des calibres demeurés en usage dans l'artillerie de terre. L'adoption d'un aussi fort calibre, en employant pour la bouche à feu un métal sujet aux éclatements, n'était pas sans inconvénient; mais on y avait été conduit, néanmoins, par les motifs déjà exposés de l'usage spécial qu'on avait à faire des canons de marine. Ils devaient servir soit à défendre les côtes contre les débarquements, soit à défendre l'entrée des ports pour empêcher les navires ennemis d'y entrer, soit à armer les vaisseaux de guerre. Dans toutes ces circonstances, ils devaient tirer sur un but visible de loin, puisqu'il était sur mer. Un vaisseau a grand intérêt à avoir des canons à grande portée, pour pouvoir atteindre son ennemi à des distances telles, que les coups soient pour lui peu à craindre. On chercha donc tout naturellement à se donner l'avantage, sous ce rapport, par des bouches à feu lançant les boulets les plus gros. Voilà pourquoi les canons de 36 étaient demeurés en usage. Leurs boulets creux auraient certainement été capables de produire, dès lors, des effets redoutables, sans les accidents auxquels ceux qui furent embarqués sur la flotte ne tardèrent pas à donner lieu.

Dans le tir qui se fit à la mer, les boulets creux de fabrication courante se brisèrent encore, pour la plupart, dans la pièce même ou sur la trajectoire, et la plupart des autres n'éclatèrent pas. Comme ces projectiles étaient d'ailleurs dangereux à bord, à cause des accidents qu'ils y pouvaient occasionner, la confiance avec laquelle les marins les avaient accueillis fit place à une répugnance si marquée, que les capitaines cessèrent d'en embarquer.

8

Ce moyen de guerre était donc tombé complétement en désuétude, après avoir été compromis par des mesures imprévoyantes, lorsque, sous la Restauration, le général Paixhans en reprit la proposition et lui donna une extension nouvelle. S'appuyant sur un fait récent, celui des bombes lancées à de très-grandes distances par des mortiers à la Villantroys, qui étaient longs et qu'on tirait à fortes charges, il proposa de mettre, dans l'armement des navires de guerre, des canons pouvant tirer des boulets creux ou obus de 8 pouces, de 10 pouces et de 11 pouces. Les projets de ces trois bouches à feu, de leurs charges et de leurs projectiles, furent complétement élaborés par lui. Mais Paixhans se heurta tout d'abord aux préjugés nés de l'échec qu'on avait éprouvé, au temps de la Révolution, par suite de l'emploi qui avait été fait des projectiles creux avant de s'être assuré de leur bon fonctionnement et d'avoir étudié les précautions à prendre pour éviter les accidents à bord. Sa ténacité et sa persévérance réussirent pourtant à obtenir des épreuves officielles. Un obusier long, du calibre de 22 centimètres, ayant été fabriqué, lança un projectile dont les effets contre la muraille en bois d'un navire furent tels, qu'on fut obligé d'admettre, devant l'évidence des faits, qu'on était bien réellement en présence, suivant l'expression de Paixhans, d'une nouvelle force maritime. Les projectiles creux de 22 centimètres, pénétrant dans une muraille en bois, éclataient fréquemment au moment opportun, soit en la traversant, soit en y demeurant fixés; et alors l'ouverture prenait une telle étendue, que le navire devait inévitablement être coulé, si le coup frappait au-dessous de la flottaison. Cet effet était d'autant plus remarquable, que les boulets pleins, même quand ils frappaient la muraille en très-grand nombre, ne produisaient rien de semblable. Ceux de ces boulets qui restaient fixés dans la muraille en bois ne concouraient nullement au succès du combat. Ceux qui traversaient la muraille pouvaient aller atteindre les matelots; mais le trou qu'ils avaient fait était si petit, qu'il était bouché presque complétement quand l'eau qui le traversait avait fait gonfler le bois. L'ouverture était donc facile à aveugler, et elle ne faisait pas courir au navire le risque de sombrer.

Lorsque la marine française eut constaté les effets formidables que l'obus de 22 centimètres était en état de produire, elle renonça à tirer des projectiles creux de plus grand diamètre, qui auraient nécessité des bouches à feu d'un plus grand poids. On s'était auparavant décidé à réduire tous les canons de bord à un seul calibre, celui de 30; mais on avait adopté quatre modèles de canons de 30, qui différaient par leurs poids et qui tiraient le boulet plein avec des charges de moins en moins fortes, à mesure que la bouche à feu était moins lourde. On introduisit le boulet creux de 30 dans l'approvisionnement de chaque canon, et l'on eut avec cela l'obus de 22 centimètres, qui constitua le projectile principal de l'obusier de 80. Notre marine acquit ainsi la faculté de tirer des projectiles creux dans toutes ses bouches à feu; elle conserva néanmoins le boulet plein de 30 comme dépassant, par ses grandes portées, le champ de tir du projectile creux. L'air exerce, en effet, sur ce dernier, une résistance plus considérable, à cause de la diminution de sa densité.

Toutes les puissances maritimes eurent bientôt reconnu les avantages qu'on devait retirer de l'emploi des projectiles creux de gros calibre, lancés avec de grandes charges. Aussi, tous les navires de guerre furent-ils en peu de temps armés avec des canons Paixhans. Une seule bataille navale a été livrée pendant cette période, c'est-à-dire avant que les canons lisses eussent été remplacés, à bord des vaisseaux, par les canons rayés, et elle a confirmé toutes les prévisions de Paixhans, sur les effets redoutables du nouvel armement. La flotte turque, naviguant dans la mer Noire pour mettre obstacle aux entreprises de la Russie, et voyant venir à elle la flotte ennemie, alla prendre en rade de Sinope une position qu'elle croyait favorable à la défense. La flotte russe vint l'y attaquer, et par la puissance de ses canons à bombes détruisit, en moins de deux heures, toute la flotte turque, dont les navires furent engloutis jusqu'au dernier.

Notre corps de l'artillerie de marine ne s'est point arrêté là, car il a su mettre promptement à profit les expériences exécutées par Cavalli sur des canons rayés de gros calibre. En se préoccupant du soin d'appliquer la rayure aux canons de 30 en fonte, on eut à chercher le moyen d'éviter que ces canons fussent soumis à des pressions intérieures capables de les faire éclater, et l'on pensa, avec raison, que l'on ménagerait le canon si l'on évitait d'imprimer au projectile, dès le point de départ, toute la vitesse de rotation dont il devra être animé en sortant de la bouche. Au lieu de pratiquer les deux rayures du canon suivant une hélice à pas constant, on les commença au fond de l'âme dans une direction parallèle à l'axe, et l'on augmenta graduellement la courbure depuis le fond de l'âme jusqu'à la bouche. Ces rayures purent imprimer au projectile le mouvement de rotation, ainsi devenu variable, à la condition de raccourcir les ailettes ou plutôt de les remplacer par deux simples boutons placés sur la circonférence du cercle où se trouve le centre de gravité. Les deux boutons en fonte furent ensuite améliorés par l'introduction d'un métal mou, le zinc, qui, en s'usant par le frottement sur le flanc de la rayure, perfectionna la justesse du tir tout en ménageant la bouche à feu.

Les projectiles cylindro-coniques du calibre de 30, qui ont 16 centimètres de diamètre, quoique creux et devenus explosifs, atteignirent à des distances dont les obus sphériques de 22 centimètres n'approchaient pas. Comme le projectile oblong frappe toujours par la pointe, on l'a muni à cette partie d'une fusée percutante, disposée de manière à faire éclater le projectile dans l'intérieur de la muraille en bois où il aurait

8.

pénétré. Ainsi, le canon rayé de 30, quoiqu'il tire avec une charge beaucoup plus faible qu'auparavant, donne aux navires qui en sont armés un accroissement de puissance considérable.

Mais les canons de 30 en fonte, que la rayure avait affaiblis, produisirent, dans les exercices de paix, des accidents d'éclatement qui étaient de nature à jeter le découragement parmi les matelots. Pour éviter cet état de choses inadmissible, sans pour cela mettre au rebut un matériel considérable et de grand prix, on prit le parti de renforcer toute la partie postérieure du canon, à partir des tourillons, par des cercles en acier nommés frettes. Ces frettes fortement chauffées augmentent de diamètre, ce qui permet de les placer jointivement autour du canon. En diminuant de diamètre par le refroidissement, elles serrent fortement sur la fonte, de manière à seconder sa résistance contre l'explosion de la charge. Ce procédé a été fort utile, car s'il n'a pas toujours réussi à empêcher la fonte de se briser, il a, du moins, empêché que les éclats ne devinssent dangereux pour les canonniers et les matelots.

Pendant que l'artillerie de marine opérait les transformations qui précèdent, la vapeur étendait de plus en plus son action à la locomotion des navires de guerre. Les vaisseaux, après les frégates, se disposaient pour ces conditions nouvelles ; ils remplaçaient par l'action de l'hélice les dispositions séculaires de la voilure, et ils acquéraient un prodigieux accroissement de rapidité dans la marche et de mobilité dans les évolutions. Les choses en étaient là quand un autre progrès tout différent, augmentant la résistance de la muraille du navire, amena dans la marine de guerre un élément défensif tout nouveau. Voici comment l'artillerie de marine s'est alors engagée dans une voie qui l'a menée à de nouvelles destinées.

La guerre ayant éclaté entre la Russie d'une part, et, d'autre part, la France alliée avec l'Angleterre pour protéger les possessions de la Turquie, il en résulta que les flottes alliées, maîtresses des mers, purent songer à entreprendre des expéditions lointaines et importantes.

Après avoir commencé l'attaque de Sébastopol, arsenal et foyer des forces maritimes qui menaçaient toute l'étendue des bords de la mer Noire et du Bosphore, l'Angleterre et la France purent encore songer à entreprendre l'attaque de Cronstadt, le grand port militaire de la Russie dans la Baltique, à l'autre extrémité de son immense empire.

En étudiant le plan des fortifications de Cronstadt avec la carte marine qui y était jointe, on avait pu reconnaître que la flotte de guerre se présentant pour forcer l'entrée du port aurait, à gauche, l'île même de Cronstadt garnie de fortifications, et limitant de ce côté une passe étroite; puis, à droite, plusieurs forts construits dans la mer et ayant chacun plusieurs étages superposés de casemates garnies de canons. Les Russes avaient accumulé un si grand nombre de bouches à feu dirigées vers la passe, qu'il paraissait impossible, même avec toutes les flottes du monde, d'entreprendre de forcer cette passe sans y sacrifier inutilement tous les navires.

Le débarquement dans l'île ne présentait pas de beaucoup meilleures chances de succès, car les troupes de débarquement auraient été exposées à être jetées à la mer par des forces de terre supérieures en nombre et bien préparées à la lutte. Mais, en examinant avec soin les forts construits dans la mer et la profondeur d'eau qui les environnait, on reconnut qu'une attaque opérée avec les précautions convenables, c'est-à-dire de manière à les tourner par la droite, pourrait prendre contre eux de très-grands avantages. Que fallait-il pour donner de grandes chances de succès à cette entreprise? Construire à l'avance quelques bâtiments de guerre spéciaux, qui prennent le nom de batterie flottante, parce qu'ils portent des canons servis par des canonniers placés à l'abri du feu de l'ennemi. Les batteries flottantes devaient aller, en un temps calme, prendre elles-mêmes leur position de combat là où la mer n'avait pas plus de 3 mètres de profondeur, et être en état de résister, pendant leur trajet, aux boulets pleins ou creux que les forts ne manqueraient pas de tirer en grand nombre pour les atteindre. Si elles satisfaisaient à ces conditions, elles pourraient ensuite, à peu près sans risques, prendre à revers les forts qui seraient sans défense de ce côté, et qui seraient promptement mis en danger

de s'écrouler dès qu'un seul des pieds-droits aurait
été démoli. La batterie flottante fut construite dans
une forme qui la rapprochait d'une simple caisse flottante; mais elle fut munie d'une machine à vapeur
qui, quoique très-faible, lui donnait une vitesse suffisante pour qu'elle pût obéir, sur une mer tranquille,
à l'action du gouvernail. L'innovation la plus importante de sa construction consistait dans des plaques
de fer dont la muraille en bois était recouverte jusqu'à une certaine profondeur au-dessous de la flottaison. L'épaisseur de la plaque avait été déterminée,
par expérience, de manière à mettre le navire en état
de résister à tous les projectiles creux, qui se seraient
brisés en les frappant, et même aux boulets pleins
de 30, animés de la vitesse qui leur reste à 300 mètres de la bouche à feu.

Lorsque la construction des batteries flottantes fut
achevée, les circonstances de la guerre n'étaient plus
les mêmes qu'au moment où on les avait mises en
chantier. On les dirigea vers la mer Noire, où Sébastopol résistait beaucoup au delà de toute prévision. La
ville étant néanmoins tombée au pouvoir des alliés
avant l'arrivée des batteries flottantes, on les employa pour forcer l'embouchure du Bug et du Dnieper,
défendue par le fort de Kinburn. Elles décidèrent la
prise de cette forteresse en contre-battant les remparts qui regardaient la mer, et l'on vit là, pour la
première fois, des bâtiments de mer triompher dans
une lutte directe contre des fortifications de terre.

Les plaques de fer, reliées à la muraille en bois par des boulons rapprochés l'un de l'autre, avaient parfaitement résisté aux boulets de 24 qui les avaient frappées en grand nombre. Quelques fentes traversant la plaque dans son épaisseur, puis des empreintes de projectile d'une concavité plus ou moins grande, c'était là tout ce que le tir de l'ennemi avait pu produire. En présence de ces résultats, les officiers d'élite qui avaient dirigé les mouvements et le feu des batteries flottantes, ne connaissant pas leur destination première, se demandaient pourquoi les nouveaux bâtiments de mer avaient, au point de vue nautique, des imperfections telles qu'on avait été forcé de les traîner à la remorque pour les amener dans la mer Noire. Ils ignoraient tout naturellement que ces bâtiments eussent été construits pour une destination spéciale qui motivait le peu de tirant d'eau qu'on leur avait donné.

C'est à la suite de cela que le plus célèbre de nos ingénieurs des constructions navales, M. Dupuy de Lôme, sut mettre à flot le premier de ces navires cuirassés destinés à naviguer en haute mer, doués de toutes les qualités nautiques des vaisseaux à vapeur rapides et appelés à renouveler entièrement les éléments de la puissance navale de toutes les nations.

Pendant que s'opérait le travail de ces deux innovations, dont l'une conduisait vite à l'autre, et qu'apparaissaient successivement sur les mers les batteries flottantes et les navires cuirassés, les canons rayés de 30 avaient été adoptés pour l'armement de notre

flotte, et les diverses puissances maritimes avaient
aussi travaillé à remplacer leurs canons lisses par des
canons rayés. Mais les nouvelles bouches à feu, si
redoutables aux navires de guerre précédents, dont
elles pouvaient pénétrer les murailles, allaient se
trouver impuissantes contre les navires cuirassés. Ces
navires pourraient-ils donc s'approcher impunément,
autant qu'ils le voudraient, des villes maritimes, des
ports de commerce, des ports de guerre et des grands
arsenaux, de manière à détruire en peu d'instants,
par le fer et le feu, et les navires à l'ancre et tous les
éléments de la puissance navale? On ne devait pas se
sentir exposé à de telles éventualités sans faire immédiatement les plus grands efforts pour conjurer le
péril. L'Angleterre, dès qu'elle se fût rendu compte
de tout ce qu'il y avait de dangereux pour sa puissance dans cet état de choses, n'épargna rien pour
acquérir la supériorité, par rapport aux autres puissances navales, sous deux rapports. Elle s'efforça
tout à la fois de construire des navires cuirassés de
plus en plus invulnérables, et d'enfanter une artillerie
de marine de plus en plus efficace contre les murailles
des navires cuirassés. Les autres puissances se virent
alors contraintes de suivre l'Angleterre dans l'une et
l'autre de ces deux voies, pour ne pas rester exposées
au danger d'être beaucoup dépassées. De là est née
une lutte, qui dure encore, entre la résistance des
cuirasses devenues de plus en plus épaisses, solides,
pesantes, et la puissance perforante des projectiles,

pour lesquels on a recherché la dureté, la masse, la longueur et la vitesse. Tous les progrès de la métallurgie du fer, de l'acier et de la fonte, toute la force de la vapeur, toute l'habileté de la mécanique ont été mis en usage par les industriels les plus habiles dans cette lutte poursuivie pendant la paix, et d'où pourra dépendre, à la guerre, le sort des nations. Les résultats déjà obtenus, sous le stimulant de la rivalité, sont aussi importants que dignes d'admiration, comme on va le reconnaître par suite de l'exposé sommaire des progrès accomplis.

M. Whitworth, le premier, fabriqua et tira en Angleterre un canon de 70, dont le projectile, pesant un peu plus de 30 kilogrammes, parvint à percer une muraille formée de 12 centimètres de fer et de 45 centimètres de bois. Son projectile était creux et fait en acier choisi pour acquérir une trempe convenable. Toute fusée avait été supprimée comme inutile, après qu'on eut reconnu que la chaleur développée au moment du choc effectué par le projectile contre la plaque était suffisante pour déterminer l'inflammation de la charge intérieure. M. Withworth, afin d'empêcher l'inflammation de se faire prématurément, avait même été amené à envelopper la poudre d'une épaisseur convenable de flanelle. L'éclatement, un peu retardé, s'opérait ainsi pendant que le projectile traversait la muraille.

Un autre Anglais, M. Palliser, trouva vers la même époque le moyen de confectionner des projectiles assez durs pour traverser le fer, sans être aussi coûteux que ceux en acier. En choisissant et mélangeant des fontes de qualités convenables, il obtint des projectiles d'une extrême dureté, à la condition de verser le métal en fusion dans un moule métallique où la surface du métal se refroidissait promptement.

Bientôt le gouvernement anglais adopta un canon de 7 pouces, pesant 6,576 kilogrammes, dont le projectile, pesant 52 kilogrammes et lancé par la charge de 10 kilogrammes, acquit une vitesse initiale de 438 mètres par seconde. Le pas de la rayure est de 35 calibres. La bouche à feu se chargea par la bouche pour éviter l'affaiblissement qui pourrait résulter d'une fermeture mobile. L'âme est percée dans un tube en acier, auquel sont superposés des manchons formés par des rubans de fer enroulés.

Un outillage fait sur de plus grandes dimensions a permis ensuite de fabriquer, d'après les mêmes procédés, un canon de 9 pouces, dont la puissance est augmentée dans une notable proportion.

Le canon de 9 pouces a le
    poids de. . . . . 12,247 kilog.
Le projectile pèse. . . . .   113 —
La forte charge est de . . . $19^k,5$
La vitesse initiale atteint. .   417 mètres.

Peu de temps après que le canon précédent avait été adopté, on s'était décidé à mettre en fabrication

un canon de 12 pouces, dont les éléments principaux
sont les suivants :

Poids du canon de 12 pouces. 23,865 kilog.
— du projectile. . . . . .   272 —
— de la charge. . . . . .   32 —
Vitesse initiale . . . .   378 mètres.

En présence de ce rapide accroissement de puissance acquis par les canons anglais, le corps de notre
artillerie de marine ne restait pas inactif. Après avoir
rayé les anciens canons de 30, on avait été amené à
les renforcer par des frettes d'acier sans soudures;
mais, malgré cela, la vitesse initiale du projectile de
31 kilogrammes, tiré avec 5 kilogrammes de poudre,
n'avait pas pu dépasser 325 mètres par seconde. On
s'était décidé, dès ce moment, à faire usage du chargement par la culasse, qui offre à bord des navires
des facilités précieuses. La vis à filets interrompus,
que l'on avait dès lors mise en service, n'avait point
déterminé de point faible à l'arrière. Le canon adopté
fut si peu compromis dans cette partie, qu'on se décida à l'employer pour tirer un projectile massif en
acier pesant 45 kilogrammes, avec la charge de $7^k,5$.
La vitesse initiale est de 335 mètres.

Le canon de 19 centimètres, construit à peu près
sur la même base que le précédent, pesa 8,000 kilogrammes; il put tirer un projectile massif en acier
du poids de 75 kilogrammes, avec la charge de $12^k,5$
ou 1/6. Sa vitesse initiale est de 345 mètres.

On passa de là au canon rayé de 24 centimètres, dont le poids est de 14,000 kilogrammes. Le projectile plein de 144 kilogrammes, en acier, est tiré avec la charge de 24 kilogrammes ou 1/6. La vitesse initiale est de 340 mètres.

Enfin, on établit encore un canon en fonte, cerclé en acier, ayant 27 centimètres de calibre et se chargeant par la culasse. Ce canon pèse 22,000 kilogrammes, et tire, outre son projectile creux et explosif, un projectile massif en acier, qui pèse 216 kilogrammes, et qui se lance à la charge de 36 kilogrammes. La vitesse initiale est de 331 mètres.

La Russie et la Prusse s'adressèrent à l'usine Krupp, pour obtenir des canons capables de protéger leurs ports de mer et d'armer leurs navires. M. Krupp les fabriqua en acier fondu, en ajoutant sur le corps du canon, vers l'arrière, une ou plusieurs couches de frettes d'acier; puis, confiant dans la qualité supérieure de son métal, il ne craignit pas de déterminer le chargement par la culasse, sans autre mécanisme que celui d'un coin transversal.

En employant dans un canon de 9 pouces ainsi construit une poudre comprimée en petits prismes réguliers, on est parvenu à une vitesse initiale plus grande que dans les canons correspondants des autres pays.

Voici les données principales de cette bouche à feu :

Canon Krupp de 9 pouces.

Poids du canon . . . . 14,700 kilogr.
Calibre. . . . . 235 millim.
Poids du projectile. . . 154 kilogr.
Poids de la charge. . . 24 —
Vitesse initiale . . . . . 416 mètres.

Un autre canon Krupp de 11 pouces, ayant de calibre 279 millimètres et pesant 26,000 kilogrammes, lance un projectile pesant 225 kilogrammes, avec une vitesse de 415 mètres par seconde. Mais déjà le projectile du canon de 9 pouces s'était montré capable de traverser, à petite distance, il est vrai, celle de 500 mètres, les murailles des navires cuirassés anglais le *Warrior* et le *Bellérophon*, qui avaient : le premier, 20 centimètres de fer et 45 centimètres de bois ; le second, un peu plus de 25 centimètres de fer avec 25 centimètres de bois.

Tous les efforts faits en vue d'obtenir les canons à grande puissance, que nous venons de passer en revue, sont loin d'avoir épuisé la question, car on a pu la porter beaucoup plus loin encore, en étudiant expérimentalement le moyen de développer progressivement l'action du moteur. Les gaz produits par une charge de poudre impriment au projectile des impulsions successives, qui varient sans cesse, depuis le moment où il quitte sa position de chargement, jusqu'au moment où il sort de l'âme. La vitesse initiale qui est la somme de ces impulsions, peut être obtenue par un grand nombre de manières différentes. Or, il importe, pour diminuer la fatigue du canon, que la tension maximum qui agit sur l'âme à un certain moment soit la moindre possible. On sait actuellement, si ce n'est mesurer exactement, du moins comparer les maximums de tension qui se produisent dans les bouches à feu, maximums qui varient, pour la même vitesse initiale, d'une poudre à l'autre. On a donc pu, en se servant pour chaque calibre de la poudre qui donne aux gaz le moins de tension maximum, augmenter beaucoup la puissance des bouches à feu de la marine. On détermine actuellement, en Angleterre, le modèle d'un canon dit de 80 tonnes, auquel les précédentes bouches à feu ne sauraient être comparées. Il pèsera en effet plus de 80,000 kilogrammes, et sa puissance sera en rapport avec son poids.

Voici quelles seront ses données principales :

Canon anglais de 80 tonnes.

Longueur du canon	$8^m,518$
Diamètre à la culasse.	$1^m,829$
Diamètre à la bouche.	$0^m,625$
Calibre	$0^m,406$

Avec un projectile de 570 kilogrammes, tiré par une charge de 104 kilogrammes de poudre comprimée en cylindres de 43 millimètres, la vitesse initiale obtenue a été de 470 mètres, au moment où la bouche à feu subissait encore des épreuves d'essai avant d'être mise à son calibre définitif. Ce calibre doit être porté à 16 pouces, et le projectile pèsera 1,800 livres anglaises. On se propose d'éprouver l'effet du projectile tiré à 1,000 yards contre un massif de fer ayant 27 pouces d'épaisseur.

M. Armstrong construit, pendant ce temps, pour le royaume d'Italie, des canons encore plus gros, qui doivent peser 100 tonnes.

Sans avoir encore construit des bouches à feu aussi lourdes, M. Krupp a fait un canon dont le calibre est de 355 millimètres. Il pèse 57,000 kilogrammes, et le projectile, dont le poids n'est pas moindre que 525 kilogrammes, est lancé avec une vitesse de 500 mètres. On a calculé que ce projectile devrait percer la muraille de l'*Inflexible* à 1,800 mètres. Ce navire, récemment mis à flot, porte la cuirasse la plus épaisse et aussi la plus lourde qui ait encore été faite. On a été forcé de lui donner des dimensions inusitées, qui ne pourraient pas, paraît-il, être beaucoup dépassées sans produire des inconvénients inacceptables. S'il en est ainsi, le canon l'emportera définitivement sur la cuirasse, car les plaques de fer, quand elles sont traversées, projettent des morceaux de métal qui augmentent et les dimensions de l'ouverture béante et les dégâts produits à l'intérieur du navire. Toutefois, sans chercher à prédire quel sera définitivement le dernier mot de cette lutte, nous constatons que les intérêts en jeu sont assez considérables pour expliquer et légitimer les efforts qui se font de tous les côtés.

Les nouveaux canons dont nous venons de parler sembleraient devoir être paralysés par leur masse; mais ils seront chargés et pointés à l'aide de machines puissantes agissant, soit par l'action directe de la vapeur, soit par la force accumulée dans des machines hydrauliques. C'est ainsi que, déjà, sur les navires à flot, un ou deux canons sont placés dans une tourelle qui tourne avec eux, à la volonté du pointeur. Un homme, avec le seul effort de sa main, fait mouvoir la pièce avec toute la précision désirable.

On voit nettement ici comment l'art de la guerre utilise les progrès de la mécanique comme ceux de la métallurgie, les progrès de la science comme ceux de la pratique.

CHAPITRE IV.

LA TACTIQUE.

———

I

DE L'ORDRE DE BATAILLE DE L'INFANTERIE ET DES CHANGEMENTS QU'IL A SUBIS.

La tactique est l'art de diriger l'action des troupes dans le combat. Elle détermine tout d'abord la formation normale des combattants, qui porte le nom d'ordre de bataille. Les mouvements à exécuter pour se ranger en ordre de bataille, pour quitter cet ordre en vue des marches et pour le reprendre dès qu'on s'arrête, constituent les manœuvres.

L'ordre de bataille dépend nécessairement de la nature et de l'effet des armes dont les soldats font usage. Aussi a-t-il varié progressivement depuis l'introduction des armes à feu, à mesure qu'elles ont été perfectionnées. Il n'a subi, toutefois, qu'un seul changement assez mémorable pour mériter d'être comparé à celui qui se passe sous nos yeux : c'est le changement occasionné par l'adoption du fusil à baïonnette. Jusqu'alors, c'est-à-dire jusqu'au commencement du xviiie siècle, les piquiers formaient encore le gros et la partie la plus solide de l'infanterie. Les fantassins armés de piques, la poitrine protégée par un plastron métallique, serraient leurs rangs et leurs files au moment décisif du combat, et se mettaient ainsi en état aussi bien de prendre la plus vigoureuse offensive que de résister aux attaques, soit de l'infanterie, soit même de la cavalerie la plus valeureuse, la mieux montée et la mieux armée.

Le nombre des rangs de l'ordre de bataille avait été diminué dans le cours des xvie et xviie siècles ; à la fin du xviie siècle, la profondeur était réduite à six rangs. Un régiment en ordre de bataille avait au centre tous ses piquiers, formant le gros ; à droite et à gauche, les deux manches des mousquetaires. Ceux-ci étaient aussi placés sur six rangs, qu'ils serraient en mettant l'épée à la main, quand ils étaient chargés par la cavalerie ; autrement ils faisaient usage du mousquet, en s'éloignant l'un de l'autre pour ne pas se gêner. Ces détails rétrospectifs ne sont pas sans importance pour bien comprendre le grand changement qui survint quand, à l'imitation de l'armée française, les autres armées de l'Europe eurent supprimé les piques pour mettre le fusil à baïonnette entre les mains de tous les soldats de l'infanterie.

Considéré comme arme d'hast, le fusil ne valait pas la pique, qui était à la fois plus maniable et plus longue ; mais il compensait et au delà ce désavantage par sa propriété d'arme de jet. On s'attacha, dans les armées allemandes, à développer cette propriété du fusil en exerçant d'abord le soldat à charger son arme le plus vite possible. L'emploi de la cartouche contenant, sous la même enveloppe, la balle avec la charge exacte de poudre servant à la lancer, devint un moyen très-efficace d'accélérer notablement la rapidité du tir. A la bataille de Minden, en 1743, le fusil montra combien ses propriétés avaient été développées par ce moyen : quand le feu d'une ligne d'infanterie suffit pour mettre en désordre l'élite des troupes françaises, qui croyaient encore pouvoir renverser l'ennemi en marchant à lui sans tirer, et qui furent repoussées avec de grandes pertes avant d'avoir pu l'aborder.

Pendant la première moitié du xviiie siècle, toutes les armées travaillèrent à réformer, en même temps que l'ordre de bataille, les exercices et les manœuvres de leur infanterie; mais ce fut l'armée prussienne qui réussit le mieux dans cette entreprise difficile. Elle forma son infanterie sur trois rangs, pouvant faire feu simultanément, pourvu que les hommes du premier rang missent le genou en terre. Le soldat apprit à faire tous les exercices de son arme en passant toujours le fusil près du corps, pour que les files pussent rester accolées l'une à l'autre sans aucun intervalle. Les rangs étant, comme les files, serrés le plus possible, un bataillon parvint à lancer en avant de son front, dans un temps déterminé, un beaucoup plus grand nombre de balles qu'on ne l'avait pu faire auparavant.

Les troupes formées en ordre de bataille sur une ligne mince acquéraient un front de plus grande

étendue, qui pouvait déborder, à nombre égal, les
flancs de la ligne ennemie, et l'on en tirait de grands
avantages pour attaquer l'adversaire, à la fois, dans
des directions différentes. Mais ces longues lignes,
déjà difficiles à faire marcher sans désordre droit
devant elles, manquaient de la flexibilité nécessaire
pour se plier aux changements de direction et pour
éviter les obstacles imprévus qui se rencontrent inopinément.

La nécessité toute nouvelle de faire mouvoir les
troupes d'infanterie, de manière à les amener promptement dans l'ordre de bataille mince, donna naissance aux colonnes avec distances, et aux règles
qui ont guidé leur marche pour leur donner la facilité de se remettre en bataille dans un clin d'œil,
au moyen d'un quart de conversion exécuté simultanément par tous les échelons de la colonne.

Pour mettre l'infanterie en état de se défendre
contre la cavalerie, dans le cas même où l'attaque se
présenterait de plusieurs côtés à la fois, on imagina
la colonne double à demi-distance, qui facilita la
prompte formation du carré, appelé carré vide.

Enfin, la colonne serrée, formée par des mouvements de ploiement simples et faciles, occupa le
moins de terrain possible et maintint des troupes
considérables sous la direction ou, comme on dit,
sous la main du chef. On sut aussi faire reprendre
promptement, à cette colonne, l'ordre de bataille, au
moyen des déploiements.

Tels sont les éléments de supériorité que le Grand Frédéric trouva dans l'héritage de son père. Il apprit à les manier et ils lui donnèrent le moyen d'obtenir de grands résultats avec des forces souvent très-inférieures à celles de ses adversaires.

Pendant la paix qui suivit la fin de la guerre de Sept ans, l'armée française, dont la gloire avait été trop longtemps éclipsée, fit des efforts pour sortir de l'état d'infériorité où elle était tombée. Un travail intellectuel, actif et soutenu, rendit compte des causes de l'impuissance de nos armes.

La tactique et les manœuvres de l'infanterie, devenues l'objet de propositions contraires, firent naître des discussions brillantes, animées et même passionnées; mais le grand mouvement intellectuel aboutit en quelques années à un code de manœuvres, au moins égal à tous les autres, et à un nouveau principe de tactique qui a été très-fécond.

L'ordre mince étant le seul qui pût donner au feu d'infanterie toute sa puissance, demeura l'ordre de bataille normal; mais, néanmoins, l'ordre en colonne fut recommandé pour le combat offensif, comme étant le plus efficace au moment décisif, celui qui se prête le mieux à donner aux troupes, quand elles chargent l'ennemi, l'élan et la rapidité favorables au succès.

Cet ordre en colonne, combiné avec l'emploi de tirailleurs destinés à détourner l'attention de l'ennemi, a caractérisé, pendant les guerres de la Révolution et de l'Empire, la tactique particulière à notre infanterie, qui leur a dû, pendant toute cette période, une force, une hardiesse, une énergie et des succès dignes de mémoire. Malgré tout cela, l'ordre mince n'en est pas moins demeuré l'ordre de bataille de l'infanterie française jusqu'au 12 juin de l'année 1875, date du jour où il a été abandonné. Il a régné presque exclusivement pendant un siècle.

Ce changement a été la conséquence du nouvel armement.

Avec les armes à tir rapide et à grande portée, ni l'ordre en colonne ni l'ordre en ligne mince ne pouvaient plus continuer à être les ordres de combat : aussi ne sont-ils plus que des formations de manœuvres.

II

L'ORDRE DE BATAILLE CHANGÉ PAR L'INFLUENCE DES ARMES RAYÉES.

Une expérience exécutée en Angleterre, vers l'année 1860, avec le fusil rayé se chargeant par la bouche, dit fusil Enfield, qui était d'un calibre réduit à 14 millimètres, aurait dû suffire pour faire voir que l'accroissement de portée et de justesse du fusil devait modifier radicalement la tactique et l'ordre de bataille qui en est la base. Voici ces résultats remarquables :

Deux cibles placées à 45 mètres l'une derrière l'autre figurèrent, par leurs dimensions, le premier et le dernier peloton d'un bataillon de 700 hommes, formé en colonne serrée. La première cible était en fonte, pour que les balles ne pussent pas la traverser, et les précautions avaient été prises pour que les circonstances du tir ne fussent pas plus favorables qu'elles ne le seraient à la guerre. Ainsi on choisit un jour où le vent, très-violent, prenait en flanc la ligne de tir, et le détachement, formé de soldats d'une instruction moyenne, fut amené inopinément en vue des cibles sans avoir jamais vu le terrain. Les soldats avaient été occupés, pendant les deux heures précédentes, sans interruption, aux exercices en tirailleurs, et ils avaient tiré dix coups à poudre par fusil pour encrasser les armes. La seconde des deux cibles était adossée à la mer. Les balles, en frappant sur les galets, ne devaient soulever aucune poussière pouvant indiquer la portée des coups. Un vent latéral, assez violent, empêchait d'entendre le bruit des balles frappant les cibles ou le terrain. Tout étant préparé, un peloton de 35 hommes portant chacun 30 cartouches, fut amené sur un pli de terrain d'où l'on découvrait les cibles jusque-là masquées. Une section, se déployant en tirailleurs, commença le feu en avançant, tandis que la seconde section demeurait en réserve. La première section ayant brûlé 30 cartouches par homme, dans une manœuvre semblable à celle d'une attaque de tirailleurs, la seconde section fut amenée sur l'emplacement où la première s'était arrêtée, et elle brûla ses 30 cartouches par homme, en exécutant le feu en retraite. Les distances du tir, mesurées après coup, avaient varié de 503 à 728 mètres, et, sur 1050 balles tirées, 379 avaient porté dans la première cible, représentant le front d'un peloton; 238 autres balles avaient porté sur la deuxième cible. Ainsi, 617 coups sur 1050, ou 58 p. 100 des coups tirés, avaient atteint un bataillon en colonne serrée.

Si l'on réfléchit après cela qu'avec les armes à tir rapide, qui ont été adoptées depuis, 30 coups de fusil auraient pu, en pareille circonstance, être tirés en dix minutes par chacun des soldats, on en pourra conclure que 35 tirailleurs, armés du fusil rayé se chargeant par la culasse, suffiraient, et au delà, pour avoir raison d'un bataillon qui s'avancerait contre eux en colonne serrée. On conclura aussi de là qu'un peloton en ligne ne peut pas demeurer exposé, même pendant quelques minutes, au feu du même nombre de tirailleurs, éloignés de 500 à 800 mètres.

On aurait pu sans doute conclure encore de cette expérience que l'ordre en ligne ne devait plus être employé comme ordre normal pour le combat; mais eût-on reconnu cette vérité comme étant la conséquence de l'adoption des fusils à tir rapide, qu'encore eût-il fallu déterminer les règles comme les manœuvres d'une nouvelle tactique et fixer un ordre de bataille préférable à la ligne mince. L'armée prussienne, qui avait adopté un fusil rayé à tir rapide vingt ans avant que ses avantages fussent reconnus dans les autres armées, fut aussi la première à constater l'influence que la nouvelle arme devait exercer sur la manière de combattre de l'infanterie; aussi est-ce en Prusse qu'on a réalisé et développé la pratique du nouvel ordre de bataille qui porte le nom d'ordre dispersé. C'est encore en Prusse qu'on a modifié les anciennes manœuvres pour les adapter à cette autre manière de combattre, et qu'on a changé du tout au tout l'instruction du soldat et les exercices des troupes.

Au moment où la guerre éclata en 1870, tous les soldats de l'infanterie française étaient munis d'un fusil supérieur au fusil prussien par ses portées, par sa justesse et par la rapidité de ses coups, mais on ignorait en France qu'un changement radical dans la tactique dût être la conséquence du nouvel armement. On avait reconnu néanmoins que de longues lignes de bataille ne devaient plus rester à découvert, et l'on avait recommandé de creuser à la hâte des tranchées-abris, c'est-à-dire des fossés, pour masquer la ligne. Mais on devait recourir à cette précaution pour garantir nos soldats des effets du canon tiré à grande portée, plutôt que pour les soustraire aux balles de fusil.

La campagne de 1870 était à peine commencée que déjà notre armée avait à subir des désastres dont les causes pouvaient sembler incompréhensibles. A la bataille de Reichshoffen, les batteries de réserve de notre 1er corps d'armée, appelées à se mettre en batterie pour repousser l'attaque de l'ennemi, eurent à peine le temps de tirer quelques coups de canon, car les balles des fantassins ennemis qui s'étaient approchés isolément à l'abri des couverts du terrain, abattirent chevaux et canonniers en grand nombre dans l'espace de quelques instants. Notre cavalerie, lancée en avant, sur la même partie du champ de bataille, pour tirer nos troupes d'une situation qui était devenue critique, ne trouva devant elle ni lignes ni carrés qu'elle pût charger, mais elle fut en butte à des coups de fusil tirés contre elle de toutes parts; et quand elle rentra dans nos lignes, elle avait subi des pertes effroyables sans avoir peut-être rencontré une seule occasion de faire usage du sabre.

A la suite de la déroute qui survint, un bruit qui semblait annoncer un mystère presque incompréhensible se répandit parmi les soldats : « Les Prussiens se cachent, on ne les voit jamais! » Plusieurs années se sont écoulées depuis cette époque, et le mystère est aujourd'hui si complétement éclairci que toutes les armées de l'Europe ont adopté la tactique qui avait produit à notre grand détriment des effets si nouveaux. Nous n'aurons, pour en trouver les causes, qu'à parcourir notre nouveau règlement sur les manœuvres de l'infanterie, daté du 12 juin 1875.

Disons d'abord que notre régiment d'infanterie contient actuellement 4 bataillons et que, par suite d'une disposition beaucoup plus importante, le bataillon ne compte plus que 4 compagnies au lieu de 6 ou 8 qu'il avait autrefois. Le bataillon devant contenir 1,000 hommes sur le pied de guerre, la compagnie, qui en comptera 250, acquerra déjà, par ce seul fait, une force qu'elle n'avait jamais eue.En outre, la compagnie jouira, dans les combats, d'une initiative et d'une liberté d'action qui n'existaient point auparavant.

Le commandant de la compagnie devra, pour se préparer à son rôle, exercer déjà dans le temps de paix ses attributions nouvelles, en dirigeant par lui-même toute l'instruction de sa troupe, sous le contrôle et l'inspection de ses supérieurs. La compagnie se partage en quatre sections sur le pied de guerre; la section se partage elle-même en deux demi-sections, et la demi-section en deux escouades; mais, en temps de paix, la section ne compte que deux escouades, ce qui fait huit escouades en tout pour la compagnie. Leur nombre est doublé sur le pied de guerre. Si nous ajoutons que deux sections réunies sous le même commandement prennent le nom de peloton, nous aurons indiqué tous les éléments qui entrent dans la compagnie.

L'instruction des recrues qui arrivent dans la compagnie commence par des exercices d'assouplissement dont on peut facilement faire comprendre l'utilité. Beaucoup de ces hommes ont acquis par leur travail manuel et par des habitudes qui ne mettent pas tous leurs muscles en action, soit des poses défectueuses, soit des articulations sans souplesse, soit des membres faibles. En les mettant immédiatement à la position qui convient pour porter et manier leurs armes, on

leur imposerait une roideur très-fatigante, tandis qu'en
les soumettant à des exercices d'assouplissement dont
l'expérience a démontré l'efficacité, on coupe le mal
dans la racine en rendant du jeu aux muscles et de la
liberté aux articulations. Des faits nombreux et répétés ont d'ailleurs fait voir qu'on forme les recrues au
maniement des armes et à la marche, en passant par
des assouplissements, mieux et plus vite que sans
cette gymnastique. L'homme de recrue est exercé à
prendre, pour le tir, trois positions différentes, qu'il
emploiera suivant les circonstances : la position debout, la position à genou et la position couchée. Nous
ne parlerons pas du maniement des armes destinées à
lui permettre de tenir son arme de différentes manières, ni du chargement de l'arme qui est devenu très-
facile ; mais nous devons signaler le montage et le
démontage de l'arme, à cause de l'importance des
soins à donner aux diverses parties du mécanisme
pour maintenir le fusil en état de service. Ceci nous
amène à l'emploi réel de l'arme, emploi qui se fait
par le tir.

Notre infanterie, jusqu'au moment où elle a été
munie de carabines ou de fusils rayés, n'a attaché
à l'art de bien tirer qu'une minime importance. Pendant les guerres de la République et de l'Empire, le
feu exécuté par une troupe en ordre de bataille avait
lieu presque sans viser, car on recommandait seulement de placer tous les canons de fusil avec régularité dans un même plan. Le tir à la cible était un

moyen de familiariser l'homme avec le bruit et le
recul de son arme, et de l'habituer à mettre en joue,
mais ce n'était pas un exercice destiné à former d'habiles tireurs. L'instruction méthodique dont on suit
maintenant la progression dans l'enseignement du tir,
est de date peu ancienne, puisqu'elle ne remonte pas
au delà de 1840; mais elle a acquis une importance
dont on peut se faire une idée en considérant que
tous les progrès si extraordinaires des carabines en
portée et en justesse ne serviraient presque à rien, si
les soldats n'acquéraient pas plus qu'auparavant l'instruction et l'habileté nécessaires pour utiliser les
propriétés de l'arme.

III

INSTRUCTION SUR LE TIR.

Faire feu en visant avec une arme tenue dans les
deux mains est une opération compliquée. On ne peut
former un tireur et le rendre habile qu'en décomposant l'acte du tir. Il faut familiariser le soldat successivement avec chacune des difficultés, en les prenant
l'une après l'autre. La première consiste à viser, c'est-
à-dire à placer la ligne déterminée par le cran de
mire et le guidon, dans la direction du but. L'homme
le moins bien doué y parvient, quand l'arme repose sur
un chevalet demeuré immobile après le pointage;
mais il faut qu'il apprenne non-seulement à exécuter
cette opération vite et bien, mais en même temps à

faire usage de la hausse qui convient pour la distance indiquée. Quand l'homme de recrue est devenu capable de bien pointer, il est exercé à placer l'arme à l'épaule, puis à prendre la position en joue et à viser. Il apprend à disposer son épaule comme il convient pour que la crosse trouve toujours son point d'appui, bien qu'à des hauteurs différentes, quand la hausse devient grande aussi bien que quand elle est nulle. La troisième partie de l'exercice a pour objet d'habituer l'homme à appuyer le doigt sur la détente et à faire partir le coup sans que le reste du corps fasse aucun mouvement. L'homme doit, pour cela, avoir la précaution de suspendre sa respiration pendant un instant. On fait d'abord cet exercice avec l'arme à la position de *charger*. La quatrième partie consiste à appuyer le doigt sur la détente avec assez de force pour déterminer le départ du coup, en visant avec l'arme à l'épaule. Le tireur peut alors reconnaître lui-même si son arme a remué par l'effet du départ, et l'instructeur reconnaît facilement le degré d'habileté du tireur en faisant viser dans son œil.

Après avoir acquis l'habitude de bien tirer dans la position debout, le jeune soldat doit être exercé à acquérir la même adresse dans les positions à genou et couché.

On ne saurait donner trop de soins à l'instruction du tir, sans laquelle il n'y a point à présent de bon soldat. Quand on considère que la France sera défendue par des réservistes sortis de l'armée depuis plusieurs années et par des hommes de l'armée territoriale qui auront quitté les drapeaux depuis plus longtemps encore, on reconnaît combien il est nécessaire que l'habileté dans le tir soit développée pendant le temps que les hommes passent dans les régiments. Ce n'est pas trop dire que de considérer la force nationale comme étant liée à l'adresse au tir des soldats, des réservistes et des hommes de l'armée territoriale.

L'escrime à la baïonnette, qu'on peut entremêler avec les autres exercices, est une gymnastique qui habitue l'homme à manier dans tous les sens le poids de son arme, poids qui lui semble, après cela, plus léger.

IV

INSTRUCTION DU SOLDAT POUR LE COMBAT.

Tous les exercices précédents ne sont encore qu'une préparation à l'instruction qui va suivre. La formation d'une escouade de 8 à 15 hommes en ordre dispersé est le préliminaire des exercices de guerre, où tout est dominé par l'application de deux règles : l'une réunit dans toutes les circonstances les deux soldats d'une même file, pour qu'ils se renseignent et s'aident réciproquement ; l'autre éloigne les files l'une de l'autre à des intervalles variables qui doivent être fixés sur un champ de manœuvres et demeurer uniformes pour toutes les files, mais qui, dans la réalité de la guerre, varient avec les phases du combat et la nature du terrain. L'intervalle habituel aux exercices d'instruction a été fixé à six pas; mais on habitue l'escouade à ouvrir et à resserrer les intervalles au commandement du chef, de même qu'à s'avancer, à reculer et à marcher dans toutes les directions. Pour relever ou renforcer les tirailleurs, pour leur faire exécuter des feux en visant comme il convient à des distances indiquées, et pour les rallier, on ne fait qu'astreindre les soldats à l'exécution d'ordres faciles à comprendre; mais il en est tout autrement quand on aborde la partie de cette instruction qui a pour objet d'enseigner aux hommes les précautions à prendre individuellement pour combattre avec avantage. Ici l'ennemi doit être présent ou, comme on dit, représenté en face de l'escouade, pour que les hommes puissent bien comprendre ce qu'ils ont à faire quand il s'agit de l'observer et de l'atteindre en évitant ses coups. L'escouade sera exercée, dès le premier simulacre de guerre, à se rapprocher de l'ennemi. Mais, pour éviter les élans imprudents qu'il faut prévenir dans ces luttes sans danger beaucoup plus encore que dans les combats réels, il est absolument interdit aux tirailleurs opposés de s'approcher à moins de 100 mètres l'un de l'autre. Les terrains choisis pour cette instruction ne doivent pas offrir tout d'abord des complications trop grandes. Les accidents de terrain doivent aller en augmentant graduellement, afin que les mouvements de la troupe s'exécutent avec profit pour son instruction. C'est là que l'homme doit apprendre à discerner le parti qu'il peut tirer des formes et des accidents du sol, s'habituer à s'en servir avec sagacité en se portant d'un abri à l'autre. Le soldat apprend là à tenir compte de considérations contradictoires. Il ne doit pas trop s'éloigner du chef d'escouade, afin d'être prêt à se conformer aux ordres qui peuvent le concerner personnellement, et néanmoins il ne doit jamais négliger de se masquer derrière les abris qui se trouvent à sa portée ; sa préoccupation principale doit être de se placer de manière à voir l'ennemi, puis subsidiairement il évite avec grand soin d'en être vu. Il doit surveiller avec attention tout ce qui se passe en face de lui, observer la portée ou l'effet de ses coups, tout en prêtant l'oreille aux paroles de son chef et aux mouvements de ses voisins, car il doit toujours se conformer aux mouvements qu'il voit exécuter par ses camarades de l'escouade, quand il n'a point entendu des ordres donnés et transmis à voix basse. Quelle différence n'y a-t-il pas entre ce soldat dont l'intelligence est sans cesse en action, et celui qui devait demeurer exclusivement obéissant et presque passif dans les rangs serrés de l'ancien ordre de bataille !

Le soldat actuel doit apprendre à distinguer vite et de loin tous les accidents du sol et des cultures qui pourront l'abriter sur une position lui permettant de voir l'ennemi, puis apprécier aussi les accidents qui masqueront sa marche, quand il se portera rapidement d'une position à l'autre. Il distinguera les abris qui, comme les haies, les buissons, les cultures, dérobent à la vue, sans protéger contre les coups, de ceux qui offrent les deux avantages. Quand il aura tiré de derrière une haie, qui l'empêche seulement d'être vu, il aura soin de changer de place immédiatement après le coup, pour éviter les balles que les tirailleurs ennemis ne manqueront pas d'envoyer sur la haie, en guidant leur tir au moyen de la fumée. Il reconnaîtra qu'abrité par un mur élevé ou par tout autre obstacle de même nature, il a avantage à se placer derrière l'extrémité droite plutôt qu'à la gauche, afin de se mieux couvrir quand il met en joue. La même considération le déterminera, quand il aura à tirer par une fenêtre, à se porter derrière le chambranle de gauche. Dans les fossés et les sillons, il tirera à genou. Sur un plateau, pour battre la pente située en avant, il tirera dans la position couchée. Dans tous les cas, il aura soin de baisser la tête dès qu'il aura pu observer l'effet de son coup.

Un homme tire mieux, même en temps de paix, sur un champ de tir, quand il a un point d'appui pour son arme, que quand il la tient à bras franc. L'avantage est plus grand encore pour des soldats fatigués et pour ceux qui viennent de marcher vivement ou même de courir, que pour les autres, surtout quand l'émotion du combat se joint à l'agitation physique. Un petit arbre ou tout autre point d'appui analogue, que les derniers doigts de la main gauche peuvent saisir

10

et embrasser, pendant que le fusil est en joue, offrent au tirailleur un avantage qu'il ne doit point
négliger. Un gros arbre offre, en outre, un abri plus
ou moins complet, pendant que le bras gauche trouve
sur le tronc un solide appui.

Nous n'entreprendrons pas.d'énumérer toutes les
circonstances dont le soldat peut tirer parti ; la liste
en serait d'ailleurs fort inutile ; car, ce qui importe,
ce n'est pas de les compter, mais d'apprendre à les
discerner promptement et à les utiliser. Quand il s'a-
git de s'avancer contre un ennemi posté, il faut presque toujours que le soldat, après avoir choisi de l'œil
la direction où il sera le moins exposé à la vue, et
surtout le moins en butte aux coups de ses adversaires,
prenne des précautions consistant ici à se baisser, là
à ramper, ailleurs à traverser vite les espaces décou-
verts, pendant que l'attention de l'ennemi est attirée
dans une autre direction.

Pour éviter que l'escouade se désunisse, les mouvements des tirailleurs qui se portent en avant ne
doivent pas avoir une trop grande longueur. Les mouvements les plus étendus, exécutés d'un seul bond,
ont été limités par l'expérience à une distance d'environ 60 mètres. Il résulte de là que l'attaque se fait
actuellement au moyen de bonds successifs, qui
permettent au feu de faire son office, puisqu'il reprend à chaque station. On conçoit qu'alors le choix
des points d'arrêt, fait par le caporal, prend une
grande importance. On s'accorde généralement à ad-

mettre que les bonds doivent être de plus en plus
courts à mesure qu'on est plus près de l'ennemi et
que son feu devient plus dangereux. En approchant,
les soldats de l'escouade doivent se coucher prompte-
tement, là où ils ne trouvent aucun abri. C'est dans
ces mouvements, un peu désordonnés par leur nature
même, que les deux hommes d'une même file doivent
agir toujours de concert, et que les diverses files
doivent régler leurs mouvements l'une sur l'autre, en
se conformant aux signes du chef d'escouade, pour
éviter de s'exposer à être prises en flanc. Les files
conservent néanmoins un certain degré d'indépendance, en ce qui concerne les mouvements ; mais cette
liberté d'action dans le choix de l'abri doit être com-
pensée par une discipline très-stricte en ce qui concerne les feux. Plus on est exposé par la nature même
de ce mode de combat à ce que le soldat brûle très-
promptement les cartouches qu'il porte, plus on doit
l'habituer à ménager ses munitions. Pour cela, le
chef d'escouade commence toujours par désigner
nominativement ceux des tirailleurs qui ont à faire
feu, et il se règle pour cela, soit sur leur adresse, soit
sur les avantages de leur position. Le tir s'exécute po-
sément, en observant le point où frappe la balle,
pour rectifier le pointage ; jamais le feu ne devient
rapide sans que l'ordre en ait été donné ; mais il le
devient toujours dans les moments où les deux troupes, rapprochées, sont sur le point de s'aborder. On
familiarise d'ailleurs les soldats avec l'observation des

règles du tir, exécuté à des distances inconnues, et on leur en fait apprécier la juste autorité. Le feu, pour produire son effet, ne doit pas avoir lieu à plus de 250 mètres contre des tirailleurs isolés, à plus de 400 mètres contre une chaîne de tirailleurs à découvert, à plus de 600 mètres sur un soutien ou un renfort quelque peu masqué, à plus de 800 mètres sur un renfort qui est plus considérable, et à plus de 1,000 mètres sur une réserve massée.

Les soldats exercés au combat en tirailleurs, dans lequel ils se sentent solidaires l'un de l'autre, arrivent à comprendre la nécessité de ne pas tirer sans avoir la possibilité d'atteindre; ils reconnaissent qu'il importe de ménager leurs munitions, pour éviter l'obligation où ils seraient, dépourvus de cartouches, de céder le terrain à leurs adversaires. Dans cette méthode d'instruction, où les soldats ne peuvent plus se borner à obéir passivement, l'instruction doit, pour développer chez eux une initiative éclairée, faire appel à leur bonne volonté comme à leurs réflexions. La bienveillance et la patience ont ici beaucoup plus d'effet que la sévérité et la rudesse; car il s'agit de développer, en même temps que l'émulation, la confiance que les soldats doivent prendre en eux-mêmes et les uns dans les autres. Quelques mots de louange et d'encouragement dits à propos et accompagnés de remarques sur ce qu'il y aurait eu de mieux encore à faire dans la circonstance, seront plus utiles que le blâme et les reproches.

La nouvelle tactique a donc pour conséquence une modification dans le principe de la discipline. Il faut obtenir non-seulement l'obéissance du soldat, mais en même temps le concours de son intelligence et de son zèle. Le résultat est d'ailleurs plus facile à atteindre dans une armée qui est la nation en armes, que dans les armées telles que les donnait anciennement le système des engagements volontaires, et plus récemment le recrutement obligatoire, avec la faculté du remplacement.

L'école du soldat contient certainement la partie la plus importante de l'instruction de l'infanterie, quoiqu'elle s'occupe exclusivement des tirailleurs, qui forment seulement l'une des trois parties qui constituent ensemble le nouvel ordre de bataille. L'école de compagnie montre l'ordre de bataille en action, non pas dans son entier, mais avec l'emploi de la chaîne, des renforts et des soutiens.

La compagnie qui a été constituée récemment de manière à devenir l'unité de combat, apprend d'abord à exécuter des manœuvres qui lui sont propres, pour s'exercer, après cela, à combattre en ordre dispersé.

V

INSTRUCTION DE LA COMPAGNIE POUR LE COMBAT.

Dans les manœuvres, les soldats sont placés sur deux rangs, non plus coude à coude, mais avec un intervalle de douze centimètres, destiné à procurer aux hommes plus d'aisance qu'ils n'en avaient auparavant. Les manœuvres de la compagnie sont destinées à lui donner le moyen de marcher avec un front proportionné à la largeur que le terrain présente, et de prendre, en s'arrêtant, la formation la plus convenable aux circonstances. Les nouvelles manœuvres sont simples, faciles à exécuter et peu nombreuses. La colonne serrée par section, qui en est l'élément principal, est parfois remplacée par deux demi-colonnes par section, accolées, qui prennent le nom de colonne par peloton. La colonne par section se change en colonne par demi-section, et celle-ci en colonne par le flanc ou par quatre, à mesure que la largeur doit se rétrécir. La colonne à distance entière ne sert plus que pour les marches. Les inversions entre les sections, de même que le front par le troisième rang, ont été admis comme réguliers, et, par cela même, les mouvements à opérer sont devenus plus prompts. L'apprentissage de ces manœuvres, quand une fois on y sera habitué, n'exigera plus que peu de temps.

Pour prendre la formation de combat, qui est toujours l'ordre dispersé, la compagnie forme trois échelons : le premier échelon est une chaîne des tirailleurs ; le second comprend le renfort destiné à augmenter, dès qu'il en est besoin, le nombre des tirailleurs de la chaîne ; le troisième échelon, le soutien, sert d'appui aux deux premiers ; il renforce ou remplace le renfort, quand celui-ci se porte sur la chaîne en tout ou en partie.

Chacun des trois échelons ne doit avoir que des fractions constituées de la compagnie, c'est-à-dire que l'escouade n'est jamais divisée ; mais le nombre de ces fractions peut varier pour chaque échelon, soit au commencement, soit dans la durée du combat. La compagnie pourra, par exemple, employer une section pour la chaîne, une section en renfort et deux sections en soutien. Les distances d'un échelon à l'autre doivent varier elles-mêmes, suivant les accidents du terrain. Néanmoins, la théorie a cru devoir fixer à 150 mètres le maximum de la distance de la chaîne au renfort, et à 350 mètres la plus grande distance du renfort au soutien. Cet ordre de combat, dont les trois éléments ont des distances variables suivant les circonstances, particulièrement d'après la nature du terrain, ne conserve pas non plus, comme immuables, les forces attribuées tout d'abord aux trois échelons ; au contraire, les rapports de leurs nombres d'hommes changent avec la phase du combat. Le renfort se porte à la hauteur de la chaîne, soit en entier, soit en partie, se développe en tirailleurs ou demeure en ligne, quand son action devient nécessaire pour porter aide aux combattants au moment d'une offensive décisive, ou simplement pour donner plus d'énergie à la défense.

Alors, le soutien se partage pour reconstituer un renfort de force convenable ; et la compagnie se maintient en trois échelons aussi longtemps que possible. Un moment viendra, néanmoins, dans certains cas, où la compagnie, ayant renforcé la chaîne au fur et à mesure des besoins, ne pourra plus avoir qu'un second échelon, celui du soutien. Elle sera même ensuite, si cela devient nécessaire, consacrée tout entière à la lutte qui se continuera entre les deux chaînes adverses.

Les emplacements que doivent prendre le second et le troisième échelon sont réglés par des considérations compliquées et parfois de sens contraires. Le renfort et le soutien ne sont pas ordinairement en situation de faire usage de leurs armes ; on a donc intérêt à les dérober au feu de l'ennemi. Cette considération, si on la consultait seule, conduirait souvent à les placer beaucoup plus loin de la chaîne que la théorie ne le permet. Mais on a besoin de tenir le renfort assez rapproché de la chaîne pour qu'il soit en mesure d'arriver à sa hauteur avant que l'ennemi ait pu la refouler par un effort brusque et décisif.

Le combat en ordre dispersé autorise à conserver et à rétablir, tant qu'on le peut, les trois échelons qui en sont les éléments. Ces trois échelons exécutent leurs mouvements en avant ou en arrière, suivant que l'on gagne ou que l'on perd du terrain ; mais toujours le sort de l'affaire se décide par le succès ou l'insuccès définitif de la chaîne des tirailleurs.

Les dispositions essentielles de l'ordre du combat ne sont pas changées pour repousser les attaques de la cavalerie. La théorie déclare même toutes les formations bonnes dans ce cas, pour les plus petites fractions de troupes, si les hommes savent faire usage de leurs armes et attendre l'ennemi à bonne portée. Elle recommande donc d'éviter toutes les manœuvres, pour ne point amener de trouble dans la troupe et pour ne point perdre du temps.

Comme une compagnie, combattant en ordre dispersé, occupera une profondeur approchant de 500 mètres, son chef n'aura plus la possibilité de diriger simultanément l'action de tous ses hommes, en les faisant agir sous son commandement personnel. Il emploiera l'action des forces dont il dispose sans pouvoir les guider toutes, et il devra laisser aux chefs de peloton, comme les chefs de peloton aux chefs de section, comme ceux-ci aux chefs d'escouade, comme le chef d'escouade au soldat, une liberté d'action comprise dans des limites plus ou moins étendues. D'où il résulte encore qu'on doit, dans la nouvelle tactique, exercer chacun à l'usage d'une initiative devenue nécessaire. La substitution de l'esprit d'initiative à celui d'une stricte obéissance dans le combat, pour tous les degrés de la hiérarchie, et même dans la plus petite unité, devient un des caractères de la guerre actuelle; il faut donc que chaque grade soit mis en mesure de satisfaire à ses attributions nouvelles. Le règlement actuel y pourvoit par de nombreux simulacres de guerre, qui seront exécutés sur des terrains variés.

Dès que la troupe sort de la place d'exercices, on profite de toutes les circonstances pour l'habituer à agir comme si elle était dans le voisinage de l'ennemi. En outre, pour donner aux exercices encore plus d'intérêt et d'utilité, on fait immédiatement des suppositions sur la direction dans laquelle l'ennemi est censé se présenter. Dès que les hommes gradés et les soldats sont familiarisés avec les trois échelons de l'ordre de combat, on opère en présence de l'ennemi figuré, et l'action suit son développement d'après le projet qui a été formé, et en tenant compte des incidents qui se produisent. Les suppositions faites, qui ont besoin d'être simples tout d'abord, arrivent progressivement à motiver des combinaisons compliquées, en demeurant toujours dans la vraisemblance de ce qui se passerait en présence de l'ennemi. Les temps d'arrêt sont utilisés pour indiquer à tous, même aux soldats, le but des divers mouvements.

La conduite de l'action, qui détermine la disposition et le mouvement des troupes, varie suivant que la compagnie est considérée comme isolée ou comme appuyée à droite et à gauche par des troupes placées sur la même ligne de bataille. Les combinaisons varient aussi suivant qu'on prend l'offensive pour chasser l'ennemi de sa position, ou qu'on se borne à entreprendre de conserver le terrain que l'on occupe.

Pour attaquer l'ennemi, les escouades déployées s'approchent jusqu'au point où le feu de l'adversaire devient dangereux ; puis, à partir de là, la marche en avant ne s'exécute plus que par bonds, qui alternent avec les feux. Le renfort et le soutien se conforment, pour prendre leurs positions successives, aux mouvements des tirailleurs, en se dérobant, autant que possible, à la vue et aux coups de l'ennemi. Quand le renfort et le soutien ont à traverser un terrain découvert et dangereux, ils peuvent se porter d'une position à l'autre, escouade par escouade, file par file, ou même homme par homme, de manière à ne point éprouver de pertes inutiles. Lorsque la chaîne ne peut plus avancer, le renfort, ou même le soutien, entrent en action, en cherchant à prendre entre deux feux les parties les plus résistantes de la chaîne des tirailleurs opposés. C'est là un de ces moments où le feu rapide précède l'assaut, que tous les gradés déterminent par le cri de : *En avant!* Si l'attaque réussit, une partie de la chaîne poursuit l'ennemi, pendant que des escouades et des sections se reforment pour se préparer à repousser les retours offensifs.

Les différentes manœuvres de guerre exécutées en terrain varié acquièrent toute leur utilité quand l'ennemi est représenté avec la force qu'il aurait dans la réalité, alors que les deux partis, sans sortir du programme qui leur a été donné, agissent en vue de profiter des avantages offerts par les circonstances; alors que chacun des chefs improvise les dispositions qu'il prend contre un mouvement inattendu de l'adversaire. Alors, chaque parti n'a plus, sur les projets qu'il a à déjouer et sur les forces qui sont en face de lui, d'autres renseignements que ceux dont il parvient à se rendre compte par lui-même. On agit donc dans les conditions de la guerre réelle.

Pour rendre ces manœuvres profitables, en les rapprochant de la réalité, il importe de ne pas opérer avec précipitation, de mettre du temps entre une phase du combat et l'autre, de donner aux officiers et aux sous-officiers, en même temps que les moyens de se rendre compte de ce qui se passe, le loisir de renseigner leurs soldats sur tout ce qui est nécessaire pour diriger convenablement leur tir et leur faire apprécier l'importance de leur coopération. Pendant les pauses, l'exposé des diverses phases de l'action, de ses avantages ou de ses dangers, parviendra facilement à éveiller l'intérêt et à développer l'intelligence dans tous les rangs.

A mesure que l'instruction des compagnies augmente et que l'exécution de leurs opérations s'améliore, une plus grande liberté d'action est laissée aux chefs des deux partis opposés. Le capitaine se réduit souvent au rôle d'arbitre pour arrêter les opérations au moment où elles deviendraient invraisemblables. Il décide du résultat à attribuer aux positions occupées par des troupes auxquelles on a interdit de se rapprocher davantage.

Le rôle d'arbitre permettra d'ailleurs au capitaine de surveiller l'exécution des détails mieux que s'il avait la préoccupation que donne le soin de la direction. Quand les feux seront exécutés, à poudre seulement, bien entendu, il observera s'ils sont faits avec calme et dirigés vers les points convenables. Toute fusillade trop précipitée sera appréciée comme défavorable à la troupe qui l'aura exécutée. Une attaque bien disposée, bien préparée et bien soutenue sera regardée comme ayant réussi, quand l'ennemi sera battu en flanc en même temps qu'abordé de front. Toute troupe dépourvue de réserve sera considérée comme étant à un certain point compromise en présence d'un adversaire mieux garanti contre les éventualités qui rendent nécessaire l'arrivée d'une troupe libre de ses mouvements.

C'est à l'école de compagnie que commenceront à se former ces arbitres destinés à devenir la cheville ouvrière de tous les simulacres de guerre. Ces simulacres s'exécuteront ensuite avec des troupes d'un effectif de plus en plus considérable, jusqu'à la réunion des trois armes dans les plus fortes proportions.

Chacun de ces exercices de guerre de la compagnie est suivi d'une instruction familière faite par le chef, sur le lieu même des opérations. Il réunit autour de lui ses subordonnés principaux, leur expose le plan des opérations et les raisons qui l'ont fait agir ; puis, il signale les remarques qu'il a faites sur les mouvements, bien ou imparfaitement accomplis. Il insiste sur ce qui pourra être amélioré par la suite, et il s'attache à stimuler l'émulation en ne froissant pas l'amour-propre.

L'instruction ainsi donnée sur le lieu même de

l'action simulée, doit devenir une leçon très-profitable.
De tels exercices méthodiquement répétés auront pour
effet d'habituer les officiers et les sous-officiers de la
compagnie à prendre promptement leur parti en toute
circonstance. Quand tous auront appris à diriger
leurs troupes de manière à les faire concourir au but
à atteindre, la compagnie aura acquis la souplesse et
l'agilité qui lui sont indispensables pour tirer de l'ordre dispersé les avantages qu'il peut donner.

Parmi les opérations auxquelles la compagnie doit
être spécialement exercée, on cite la défense et l'attaque d'une position, la défense et l'attaque d'un
défilé, la défense et l'attaque d'un bois, la défense
et l'attaque de lieux habités, la défense et l'attaque
de l'artillerie, la défense contre la cavalerie.

Le règlement distingue avec raison diverses phases
dans chacune de ces opérations. Ainsi, pour l'attaque
d'une position, il expose successivement la manière
d'agir pour opérer : 1º la reconnaissance de la position; 2º la préparation d'attaque; 3º le combat; 4º la
poursuite ou bien la retraite. Mais l'exposé des moyens
d'exécution ne peut contenir que des formules vagues
et d'une généralité qui leur ôte toute valeur instruc-
tive. L'exécution sur le terrain est bien autrement difficile et profitable, parce que là tout est forcément
net et précis, quoique tout y soit compliqué d'inconvénients entremêlés avec des avantages. Quand on
est ainsi pénétré de tout ce qu'il y a non pas seulement d'avantageux, mais d'indispensable dans ces

études pratiques, pour apprendre l'art de combattre, on fait involontairement un triste retour sur le sort auquel étaient fatalement réservées nos braves et malheureuses troupes, quand, au commencement de la dernière guerre, elles marchaient, sans même avoir une idée de tout cet apprentissage, contre des ennemis qui s'étaient efforcés sans cesse et avec ardeur de s'y rendre de plus en plus intelligents et habiles.

VI

EXERCICES DU BATAILLON POUR LE COMBAT.

La simplification des mouvements réglementaires de l'infanterie, autrement dit des manœuvres de champ de Mars, aurait été nécessitée, à défaut d'autre motif, par le temps à donner aux exercices de guerre. Aussi cette simplification a-t-elle été réalisée très-complétement dans l'école de bataillon. Le bataillon est encore appelé à se ranger sur deux rangs, mais cette formation n'a plus d'emploi pendant le combat et elle est regardée comme exceptionnelle. On lui substituera le plus souvent la ligne de colonnes de compagnie, ordre dans lequel chaque compagnie, formée en colonne serrée par section, est séparée par un intervalle de 24 pas de chacune des colonnes voisines.

La colonne double dans laquelle la colonne des deux compagnies de gauche est accolée à la colonne des deux compagnies de droite, donne le moyen de faire tenir le bataillon sur un petit espace et de le dérober plus facilement à la vue de l'ennemi derrière un obstacle de petite dimension.

Le bataillon se met aussi en colonne par section avec les compagnies, l'une derrière l'autre, séparées seulement par une distance de 6 pas. Ce sont là toutes les formations réglementaires pour les manœuvres, car il ne faut pas compter la colonne à distance entière, qui ne sert plus que pour les marches. Le passage d'une formation à l'autre s'exécute uniformément par des ploiements et par des déploiements, c'est-à-dire par des mouvements de flanc. L'école de bataillon est donc aujourd'hui facile et prompte à exécuter et à apprendre; elle se pratique à la voix du chef de bataillon tant que cela est possible; mais il est autorisé aussi à transmettre ses ordres de mouvement aux commandants de compagnie en leur laissant le choix du moyen d'exécution.

Les manœuvres réglementaires que nous venons d'esquisser ne constituent pas la véritable instruction du bataillon, mais elles fournissent les moyens, ou, pour mieux dire, les instruments nécessaires pour l'acquérir ensuite par la pratique des simulacres d'actions de guerre. Un bataillon, placé en présence de l'ennemi, prend pour livrer combat une formation en quatre échelons qui sont la chaîne, le renfort, le soutien, la réserve. Les proportions des troupes qui constituent ces échelons varient avec les circonstances.

Pour fixer les idées, on peut admettre qu'en commençant deux compagnies désignées pour former la première ligne se subdiviseront en tirailleurs, renforts et soutiens, tandis que deux compagnies demeureront en réserve à une certaine distance en arrière des soutiens. L'espace étendu qu'embrasse cette disposition, que compliquent les incidents du combat dans ses diverses phases, montre la nécessité où se trouve le chef de bataillon de laisser aux commandants de compagnie une grande liberté d'action dans l'accomplissement de la tâche parfois très-différente qui leur est assignée. Cela explique aussi pourquoi l'initiative maintenue dans les limites convenables devient une qualité essentielle qu'on doit encourager et développer. Rien ne serait plus nuisible que l'hésitation, parce qu'elle porte avec elle le découragement. Il importe donc beaucoup que les résolutions soient prises avec promptitude et fermeté.

On se fait une idée du mode d'action que le chef de bataillon exerce pendant le combat, en considérant les indications du règlement. Après avoir donné ses instructions aux capitaines, il se porte sur un point d'où il puisse surveiller la marche des événements. Si le terrain ne lui permet pas d'apercevoir toutes ses troupes, il se tient, à l'aide de signaux convenus ou par des ordonnances, en communication avec les fractions qui échappent à sa vue. Suivant l'attitude de l'ennemi, il accélère ou retarde l'entrée au feu des divers groupes, et engage plus ou moins vivement les

différents échelons sans perdre de vue que l'emploi
des réserves est le principal moyen d'intervention
dont il ait à disposer personnellement. Il prend à tâche
de régler l'engagement d'après les vues d'ensemble
qui lui sont personnelles et d'ordonner lui-même
l'acte décisif de l'assaut. En résumé, son intervention
ne peut s'exercer ni sans cesse ni sur tous les points;
il doit éviter de faire lui-même ce qui peut être accompli par ses subordonnés. Son rôle est de développer,
de coordonner et de faire agir avec ensemble tous les
efforts partiels, en jugeant du point et du moment décisifs.

Pour habituer le bataillon au mécanisme du combat,
on commence par lui faire prendre position contre un
ennemi supposé, pour arriver promptement à le faire
manœuvrer contre un ennemi figuré, après quoi on
le met en action contre un ennemi représenté avec
toutes ses forces.

Les premières suppositions que l'on fait sont simples et faciles; puis on augmente les difficultés en
admettant des hypothèses plus compliquées et en opérant sur des terrains de plus en plus accidentés.
Quand on oppose des compagnies du bataillon les unes
aux autres, on fait en sorte que chaque parti ignore
la force, la position et les intentions de l'adversaire.
On se rapproche des circonstances qui se produisent
souvent à la guerre, où de semblables incertitudes
pourraient laisser l'esprit indécis pour celui qui ne
s'y serait pas préparé.

Sans mentionner toutes les indications que le règlement donne pour varier les exercices de guerre, nous pouvons parcourir ici les opérations principales.

Le bataillon peut faire partie de la première ligne et se trouver encadré à droite et à gauche, auquel cas ses deux flancs sont protégés. Il peut avoir reçu, dans cette situation : 1° l'ordre de prendre l'offensive; 2° l'ordre de rester sur la défensive, c'est-à-dire de ne pas quitter la position qu'il occupe pour gagner du terrain en avant; 3° enfin, l'ordre de faire traîner l'engagement en longueur pour gagner du temps. On comprend déjà que la conduite à tenir par les troupes comme la direction imprimée à leur action par le chef de bataillon, ne doivent pas être les mêmes dans ces différents cas.

Supposons le cas de l'offensive.

Dès qu'on est en présence de l'ennemi, à portée et en vue de son artillerie, le bataillon doit éviter de demeurer formé en une seule colonne profonde. Il se fractionnera en colonnes de compagnies qui seront en état de se mouvoir lestement, de s'éloigner ou de se rapprocher l'une de l'autre, et de s'avancer en se prêtant un mutuel appui.

Le bataillon s'étant avancé jusqu'à 2,000 mètres environ de l'artillerie ennemie, prend, sur l'ordre de son chef, la formation de combat. Il n'occupe pas en largeur, dit le règlement, une étendue plus considérable que celle de sa ligne déployée, ce qui, avec les deux demi-intervalles, donne près de 450 mètres pour un bataillon de 1,000 hommes. Le plus souvent, le chef de bataillon emploiera deux compagnies pour garnir cette ligne de combat, et chaque compagnie, déployant une chaîne de tirailleurs dont la longueur sera égale à la moitié de la longueur du front, constituera son ordre de bataille en établissant, à distances convenables, les deux autres échelons qui portent le nom de renfort et de soutien. Les trois échelons de ces compagnies prendront une profondeur de 500 mètres environ, et les deux compagnies restantes formeront réserve à 500 mètres environ en arrière des soutiens, de sorte que le bataillon occupera un rectangle de 540 mètres de largeur et de 1,000 mètres environ de profondeur.

En rapprochant cette formation de la ligne mince, qui constituait naguère l'ordre de combat dans lequel tout s'exécutait à la voix du chef de bataillon, on reconnaît l'étendue du changement qui s'est opéré. Souvent, dans le nouvel ordre, le chef de bataillon ne pourra pas trouver sur le terrain qu'il occupe une position dominante, d'où il voie à la fois toutes ses troupes ; il ne pourra pas suivre de l'œil les opérations de l'ennemi, ni les phases de la lutte. Il ne sera donc informé de ce qui surviendra que par les rapports des capitaines, avec lesquels il communiquera par des ordonnances. De là résulte la nécessité impérieuse que le chef de bataillon laisse aux capitaines une grande latitude dans l'exécution de ses ordres, et qu'il les stimule lui-même à prendre, dans le sens des ordres qu'ils auront reçus, l'initiative nécessaire pour saisir avec à-propos le moment propice au succès. Mais si le chef de bataillon ne dirige plus l'affaire dans ses détails après que la lutte aura commencé, c'est à lui, qui connaît la situation dans son ensemble, à déterminer la direction des attaques, à renforcer les points faibles, à choisir le lieu et le moment décisifs où l'assaut livré vigoureusement décidera du sort de l'affaire. Il ne perd pas de vue l'avantage d'avoir encore des troupes fraîches sous la main, quand l'adversaire a déjà engagé toutes les siennes. Il n'a pas mis toute sa réserve dans la lutte prématurément; il en a même encore gardé une partie sous ses ordres jusqu'à la fin, pour prévoir le cas où l'insuccès de la dernière attaque l'obligerait à ordonner la retraite.

Avant d'en arriver à cette résolution, qui serait la conséquence d'un échec, le chef de bataillon a dû envisager dans son entreprise quatre phases différentes :

1º Reconnaissance des troupes de l'ennemi et de sa position ;

2º Projet et préparation d'attaque ;

3º Exécution du combat ;

4º Poursuite ou retraite.

Un chef de bataillon a donc à conduire une opération compliquée et à jouer un rôle qui n'appartenait guère, antérieurement, qu'à un colonel ou même à un général de brigade.

La défensive donne lieu à des combinaisons aussi variées que celles de l'attaque; mais elle aurait le désavantage, si elle était trop absolue, de disséminer beaucoup les troupes. Il ne faut pas, en vue d'être en état de repousser partout une entreprise, oublier que l'ennemi pourra concentrer l'attaque sur le point qu'il choisira. Pour ne pas subordonner entièrement ses mouvements à ceux de l'ennemi, et pour ne pas lui laisser la faculté de dégarnir impunément une partie de sa ligne, la défensive devra se tenir constamment prête à exécuter des contre-attaques sur les points favorables. Par là, elle conservera à ses troupes la confiance et la force morale que l'on compromettrait en se montrant décidé à ne jamais faire acte de hardiesse.

En résumé, la défensive perdrait son caractère, si elle entreprenait elle-même d'enlever la position de l'ennemi, ou si elle s'abandonnait à une imprévoyante poursuite; mais elle serait timide et inhabile, si elle repoussait à l'avance toute idée de profiter des imprudences et des fautes commises par l'adversaire.

Un bataillon peut recevoir l'ordre d'occuper l'attention de l'ennemi qui est devant lui, pendant que l'attaque réelle se fait sur un autre point. Il peut avoir besoin de gagner du temps, pour donner aux renforts qui sont en marche le temps d'arriver. Dans l'un et l'autre cas, le chef prend pour objet de traîner le combat en longueur. Il doit tendre à faire croire à des projets d'attaque qu'il abandonnera avant leur exécution. Ainsi, il n'engagera pas un feu vif sur la ligne des tirailleurs, mais il pourra faire mouvoir des renforts, des soutiens ou des troupes de réserve, de manière à dessiner une démonstration qui engagera l'ennemi à manœuvrer pour adapter ses dispositions aux attaques dont il est menacé. En renouvelant cette manière d'agir, on fera illusion à l'adversaire pendant quelque temps, et l'on pourra ainsi faire traîner le combat sans avoir engagé plus de troupes qu'il n'en faut à une ligne peu épaisse.

On ne peut pas espérer de tromper ainsi indéfiniment un ennemi intelligent; mais néanmoins il ne pourra guère éviter de perdre un certain temps avant de distinguer la vérité de l'apparence. Laisser voir à l'ennemi des mouvements de troupes correspondant à un plan d'attaque pour lui redoutable, pousser l'exécution du plan assez loin pour que l'adversaire soit contraint d'en tenir compte, et néanmoins ne pas s'engager dans l'exécution assez pour rendre l'affaire décisive, tels sont les caractères distinctifs du combat traîné en longueur.

Dans beaucoup de circonstances de la guerre, par exemple, après une attaque poussée à fond, on a besoin d'opérer le ralliement d'un bataillon, alors que ses éléments sont éparpillés sur une grande étendue de terrain. Aussi cette opération est-elle fréquemment exécutée, en dehors de toute idée de retraite, pendant les exercices de guerre du temps de paix. Le ralliement se fait sous la protection de la réserve, qui prend à cet effet une position favorable contre la poursuite de l'ennemi. Les compagnies se rallient chacune pour son compte, et sont conduites séparément là où elles ont reçu l'ordre de se porter.

L'apparition de la cavalerie est toujours annoncée par un signal convenu, mais le ralliement n'est point nécessairement ordonné pour cela, même dans les compagnies. Dans le cas pourtant où une grande charge de cavalerie est signalée comme imminente, le nombre des groupes doit être diminué, pour augmenter la force de chacun d'eux.

Quand le bataillon n'est pas encadré, il se trouve sans protection pour ses deux flancs, et cela suffit pour donner lieu à des dispositions très-différentes de celles du bataillon encadré, tant dans l'offensive que dans la défensive. Il y a plus d'importance pour le bataillon isolé que pour le bataillon encadré d'avoir encore une réserve prête à agir après le moment décisif. Elle sera employée, en cas de réussite, à occuper sans retard la position conquise, pour s'opposer aux retours offensifs ; en cas d'insuccès, elle entravera la poursuite de l'ennemi et empêchera la retraite de se transformer en déroute. La nécessité où se trouve le bataillon isolé de se faire une loi de conserver jusqu'à la fin des troupes qui ne soient point engagées, conduit à employer peu de troupes dans les premières phases de l'engagement et à demander aux soldats de grandes preuves d'énergie, en supportant des sacrifices commandés par la circonstance.

Un bataillon qui forme l'avant-garde d'un régiment

en marche peut avoir aussi beaucoup à demander à
ses soldats pour donner aux autres bataillons le temps
d'arriver et de prendre leurs dispositions ; mais il
n'est plus dans la nécessité de se ménager une réserve. Il doit, au contraire, prendre le parti d'étendre
beaucoup sa chaîne de tirailleurs, si le terrain s'y
prête, pour éviter d'être pris en flanc et tourné. Il emploiera non-seulement la réserve, mais les renforts
et même les soutiens, à résister obstinément sur place,
sans céder du terrain, afin de laisser aux autres bataillons la liberté de prendre leurs dispositions, comme
il convient, après réflexion. On doit leur éviter, à tout
prix, le trouble et le décousu d'une retraite à impro-
viser sur un terrain inconnu.

Un bataillon formant arrière-garde se trouve encore dans une situation qui diffère des précédentes et
qui a ses difficultés particulières. Il occupe successivement toutes les positions qui sont de nature à lui
permettre d'arrêter quelque temps l'ennemi, tantôt
en soutenant ses attaques, tantôt en lui faisant seulement perdre le temps qui lui est nécessaire pour
prendre les dispositions de combat. Jamais on ne
doit oublier l'avantage, dans une retraite, des retours
offensifs qui peuvent seuls inspirer à la poursuite les
règles d'une prudence qui devient le salut des vaincus. Malgré cela, le bataillon d'arrière-garde ne doit
jamais perdre de vue que s'il s'arrêtait trop longtemps
sur un point et s'il laissait s'établir entre lui et le
gros une distance telle que l'ennemi pût se glisser

entre deux, ce ne serait pas seulement sa sûreté qui serait compromise, mais celle de toute la troupe qu'il est chargé de couvrir. Le rôle d'arrière-garde ne peut être bien rempli qu'en joignant l'habileté à l'abnégation. C'est pour cela qu'on peut beaucoup apprendre en le remplissant fréquemment dans les exercices simulés.

L'école de bataillon ne serait pas complète si, dans les simulacres de guerre, elle ne faisait intervenir ni la cavalerie ni l'artillerie. On arrive donc à envisager des cas où, soit un escadron de cavalerie, soit une section d'artillerie, soit tous deux à la fois, prennent part à la lutte. Tantôt le bataillon les aura devant lui pour le combattre, tantôt il les aura pour auxiliaires, mais toujours les résolutions à prendre résulteront de considérations plus compliquées.

La cavalerie, aujourd'hui moins redoutable dans le combat que par le passé, pourra néanmoins produire encore un grand effet, quand elle agira par surprise contre des troupes en désordre. Elle est donc encore l'arme par excellence pour les poursuites ; mais ce n'est pas tout. Quand on aura de la cavalerie en face, qu'elle soit ou non masquée, on devra prendre des dispositions pour éviter l'effet qu'elle pourrait produire en chargeant en flanc les tirailleurs. Ceux-ci se trouveront d'autant moins en état de résister à ce genre d'attaque, qu'ils seront moins éloignés de leur ennemi et plus près du moment de l'assaillir.

L'artillerie, au contraire, est déjà redoutable de
très-loin, et le chef de bataillon qui doit avoir sans
cesse à la main, du moins autant que cela est possible, la carte topographique du terrain qu'il parcourt,
devra se rendre compte des positions que l'artillerie
ennemie devrait occuper pour tirer contre ses troupes. Alors il disposera ses troupes en conséquence,
de manière à leur éviter des dangers et des pertes.

L'artillerie est redoutable à de très-grandes distances, quand elle tire contre une colonne profonde et
qu'elle peut diriger contre elle le feu d'un grand
nombre de bouches à feu. Le chef de bataillon aura
soin, en approchant de la zone dangereuse, de faire
marcher ses troupes sur un grand front, par petites
colonnes peu profondes, s'il ne peut pas les soustraire
au danger en les masquant complétement pendant
leur trajet.

Avec les grandes portées actuelles des fusils rayés,
une troupe d'infanterie, en ordre dispersé, peut entreprendre de s'approcher de l'artillerie ennemie assez
près pour atteindre les canonniers à leurs postes,
aussi bien que les chevaux des avant-trains. Les tirailleurs s'approchent par bande, comme ils font contre l'infanterie, sans se préoccuper de former une
ligne serrée, mais en prenant grande attention de se
masquer derrière des obstacles, ou de tirer, du moins,
soit à genou, soit couchés.

Lorsqu'un bataillon est appuyé, soit par une troupe
de cavalerie, soit par des pièces d'artillerie, soit à la

fois par des canons et des pelotons de cavalerie, il est
clair que les deux armes, dans le premier cas, et les
trois armes, dans le second, doivent agir de concert.
Le chef de bataillon qui pourra avoir à diriger le
combat, comme étant le plus élevé en grade, aura
donc besoin de connaître les propriétés et la tactique
de la cavalerie et de l'artillerie, pour les faire entrer
dans son plan d'opérations et pour diriger convenablement leur action pendant la lutte. Le rôle du chef
de bataillon, déjà, comme nous l'avons vu, si compliqué, si difficile et si important depuis l'introduction de l'ordre dispersé, grandit encore de toute
l'extension donnée aux combinaisons qu'il peut avoir
à faire par suite de l'adjonction des détachements
de cavalerie et d'artillerie à sa troupe d'infanterie.
Nous n'avons plus besoin d'ajouter, comme conclusion, que le chef de bataillon devra être mis en
mesure, aussi souvent que cela sera possible, de
s'exercer à manier réellement les trois armes dans les
opérations de guerre simulées.

VII

LES TROUPES EN STATION.

Les exercices de combat dont nous venons de parler constituent l'instruction qui sera donnée à l'infanterie, comme application de ses nouvelles manœuvres; mais il y a encore une autre partie d'instruc-

tion de guerre, qui a été fixée par un règlement du 4 octobre 1875, portant le titre de: *Instruction pratique sur le service de l'infanterie en campagne.* Elle comprend ce qui concerne :

1º Les cantonnements et bivouacs ;
2º Le service des avant-postes ;
3º Le service des reconnaissances ;
4º Le service de marche ;
5º Les convois et quelques petites opérations de guerre.

Les exercices qui concernent cette instruction multiple s'exécutent par section. Ils sont précédés d'observations pratiques que le soldat doit apprendre à faire sur les accidents du sol et sur le parti à en tirer. Le soldat doit apprendre à distinguer si le pays est couvert ou découvert, uni ou accidenté, à désigner la plaine, la hauteur, la vallée, le ravin et la terre en culture ; à porter son attention sur les eaux, les routes et chemins, sur les bois, enfin sur les habitations, en distinguant celles qui sont isolées de celles qui sont réunies.

On devra enseigner aussi aux hommes de recrue à s'orienter, pendant le jour, d'après la position et la longueur de l'ombre, et pendant la nuit, par la position de l'étoile polaire. Ces instructions, toutes nouvelles, montrent mieux que des paroles combien l'attention et l'intelligence du soldat sont mises en œuvre dans la nouvelle méthode de guerre, qu'il importe pourtant de ne pas compliquer à plaisir de considérations trop subtiles ou trop scientifiques.

VIII

CANTONNEMENTS. — BIVOUACS. — CAMPEMENTS.

Dans toutes les campagnes antérieures aux guerres de la Révolution française, les armées au repos campaient habituellement sous de grandes tentes, qui étaient transportées sur des voitures, à la suite des troupes. Mais nos armées, après la Révolution, ne furent plus pourvues de tentes, et nos soldats durent s'abriter comme ils le purent, sur le terrain choisi pour le campement. Ils s'endormirent le plus souvent en se chauffant du mieux possible aux feux du bivouac. Beaucoup de maladies furent la conséquence des intempéries ; mais comme nos armées, devenues plus mobiles que quand elles couchaient sous la tente, purent exécuter des entreprises plus étendues, cet avantage obligea toutes les armées de l'Europe à bivouaquer, du moins pendant les marches exécutées à proximité de l'adversaire. Depuis la fin des guerres du premier Empire, nos guerres d'Afrique ont introduit chez nous l'usage d'une petite tente qui garantit le soldat d'une partie des intempéries. Mais le poids de cette tente, quoique peu considérable, quand il est réparti entre plusieurs soldats, s'ajoute au poids du fusil, de la giberne, des cartouches, du sac et des vi-

vres; il paraît avoir amené une surcharge nuisible à
la mobilité de nos troupes pendant la dernière guerre.
La question de savoir si l'usage de la petite tente devra
être conservé ou aboli est actuellement un sujet de
discussion.

Le bivouac, même avec la petite tente, étant souvent fatigant et malsain, on a recours, quand on le
peut, c'est-à-dire quand on n'est pas exposé à une attaque de l'ennemi, au cantonnement, qui consiste à
abriter les troupes dans les villes, dans les villages,
dans les hameaux et dans les fermes. Le cantonnement régulier, celui qui fournit aux soldats de bons
logements, amène la répartition des troupes sur une
si grande surface, qu'elles ne sont plus assez con-
centrées pour être mises promptement en état de combattre. Mais, pendant la dernière guerre, les corps
d'armée prussiens, faisant revivre une pratique de
nos armées du premier Empire, ont eu souvent recours au cantonnement dit resserré, de préférence
au bivouac. Ils logeaient un grand nombre d'hommes,
pour une nuit, dans un village, un hameau ou une
ferme, en ne se préoccupant que de procurer au soldat
un abri sous un toit. On partait de ce principe qu'il
vaut mieux, pour la santé des soldats, dormir sous un
toit, serrés les uns contre les autres, que de passer la
nuit en plein air, exposés aux intempéries.

Notre nouveau règlement admet aussi que le cantonnement resserré sera désormais la règle, et le bivouac l'exception. Ce règlement donne des prescrip-

tions nouvelles et étendues pour les cantonnements, en ce qui concerne l'installation des troupes, la garde de police, le service, les distributions et les cas d'alerte.

Les bivouacs, réservés pour les circonstances où les nécessités de la guerre ne permettent pas de faire autrement, sont l'objet d'un chapitre distinct, qui traite d'abord du choix de la position. Le bivouac est établi, autant que la proximité de l'ennemi le permet, sur des terrains secs et qui ne risquent pas d'être inondés en cas de pluie subite. Il doit, néanmoins, être à portée de l'eau et avoir des chemins pour amener les vivres et les fourrages. Si les troupes peuvent prendre au bivouac des dispositions de combat et demeurer libres de leurs mouvements, tandis que l'ennemi rencontrerait des obstacles à sa marche pour en approcher, la position offrira de bonnes conditions au point de vue militaire.

La règle était autrefois de bivouaquer toujours suivant l'ordre de bataille, c'est-à-dire de manière que la troupe pût se rassembler en ligne mince sur le front de bandière; mais aujourd'hui un bataillon peut bivouaquer en colonne tout comme en ligne. Dans le bivouac du bataillon en colonne, on part de la formation en colonne double : la première compagnie, en colonne par section, se trouve en arrière de la seconde; la quatrième compagnie est en arrière de la troisième. L'espace nécessaire au bataillon pour prendre cette formation reste libre, tandis que les hommes établissent leurs abris à droite et à gauche. Chaque section occupe une rangée, qui forme le prolongement de sa place dans la colonne.

Le bivouac du bataillon en ligne ne comporte que deux rangées d'abris pour les soldats, dont les armes sont placées en faisceaux sur le front de bandière.

Le nom de camp sera réservé, à l'avenir, pour désigner l'installation des troupes destinées à demeurer réunies pendant une certaine durée, par exemple pour le siége ou l'investissement d'une place forte. Pendant la paix, il peut y avoir aussi des camps établis pour l'instruction des troupes.

IX

AVANT-POSTES. — SERVICE DE SURETÉ.

La sécurité d'une troupe établie au bivouac ou en cantonnement s'obtient au moyen de l'organisation des avant-postes. Ils ont la double mission : 1° de protéger les troupes contre toute surprise, en leur donnant le temps de prendre les dispositions de combat; 2° de procurer des renseignements sur la position, les mouvements et les projets de l'ennemi.

Les avant-postes comprennent trois lignes et quelquefois quatre. La première ligne, celle qui est la plus près de l'ennemi, est formée d'une chaîne de sentinelles doubles. Cela veut dire que le service de sentinelle est fait par deux soldats observant simultanément un espace circonscrit.

Les petits postes, qui fournissent et relèvent les sentinelles, forment une seconde ligne. Plusieurs petits postes sont subordonnés à une grand'garde placée en arrière et faisant partie intégrante d'une troisième ligne. Enfin, quand la troupe bivouaquée est considérable et qu'elle a, par exemple, six bataillons ou plus, des troupes de réserve d'avant-poste sont établies sur une quatrième ligne.

Les sentinelles surveillent l'ennemi; elles avertissent de ses mouvements les petits postes dont elle dépendent.

Les petits postes opposent une première résistance en cas d'attaque.

Les grand'gardes arrêtent l'ennemi assez longtemps pour que les troupes elles-mêmes puissent prendre leurs dispositions de combat.

L'intervalle entre deux sentinelles doubles peut être de 200 à 300 mètres. La distance de la ligne des sentinelles à celle des petits postes varie entre les mêmes limites. La grand'garde est à 400 ou 500 mètres en arrière de la ligne des petits postes; la réserve à 600 ou 800 mètres en arrière de la ligne des grand'gardes et à 1,000 ou 1,200 mètres en avant du bivouac. Ainsi, les sentinelles pourront se trouver, à 2,800 mètres du bivouac, en mesure, à ce qu'on pense, d'empêcher le canon ennemi de prendre les positions qui lui permettraient de voir et d'atteindre les troupes au repos. Remarquons, toutefois, que cette condition essentielle pourra n'être pas toujours remplie, si la position du bivouac n'a pas été choisie dans cette vue. L'artillerie de campagne sera en état de tirer désormais à des distances dépassant 4,000 mètres et de jeter la panique, à cette distance ou même au delà, parmi les troupes bivouaquées.

Le service des avant-postes comprend les rondes et les patrouilles. Les rondes parcourent le terrain qui s'étend entre les petits postes et les sentinelles, pour s'assurer que le service se fait exactement. Les patrouilles dépassent la ligne des sentinelles pour aller observer les positions et les mouvements de l'ennemi. On distingue trois sortes de patrouilles : les patrouilles rampantes ou petites patrouilles, composées de trois hommes ; les patrouilles ordinaires, qui comptent de 10 à 20 hommes ; les patrouilles de reconnaissance, qui peuvent comprendre tout l'effectif d'une compagnie.

Quand on se rend compte de l'importance des fonctions que les sentinelles et les patrouilles ont à remplir, on reconnaît combien il est nécessaire d'exercer pendant la paix les soldats, comme les caporaux, les sous-officiers et les officiers de compagnie, à tous les détails de ce service journalier, d'où dépend la sécurité de l'armée.

Les sentinelles ayant pour fonction principale d'observer l'ennemi et de faire connaître ses mouvements, sont placées sur des points d'où elles puissent voir au loin dans la direction propice. On les dérobe autant que possible à la vue de l'ennemi ; mais leur emplacement doit leur permettre aussi de voir les sentinelles voisines à droite et à gauche, ou au moins la plus grande partie du terrain qui les en sépare. L'un des deux soldats de la sentinelle double observe attentivement ce qui se passe en demeurant au point de station, tandis que l'autre cherche à s'assurer que l'ennemi ne s'abrite pas dans les plis du terrain ou derrière les obstacles, arbres, carrières ou murs, qui masquent la vue. Toute sentinelle qu'on relève indique aux hommes qui la remplacent les observations qu'elle a faites, soit au moyen de l'oreille, soit par la vue, concernant les emplacements et les mouvements de l'ennemi.

Des indices que les patrouilles ainsi que les sentinelles peuvent signaler, renseignent sur des choses importantes qu'on ne peut ni voir ni entendre directement. C'est ainsi que des nuages de poussière, quand ils ont une certaine régularité, indiquent des troupes en marche; on peut même en conclure, avec quelque approximation, le nombre et la nature des troupes de la colonne. Le bruit que l'on entend, les traces que l'on reconnaît, donnent aussi des renseignements. Les feux et les fumées des bivouacs sont d'autres témoignages de la présence et du nombre de l'ennemi, qui le décèlent surtout pendant la nuit.

En général, les sentinelles ne restent pas pour la nuit sur les mêmes emplacements que pendant le jour; elles se rapprochent des petits postes, afin de ne pas courir trop de risques d'être enlevées. Le service de ronde, qui a pour objet de s'assurer que les sentinelles sont à leur poste, doit être fait avec beaucoup de vigilance, pour éviter les surprises.

Le petit poste établi en arrière du centre de la ligne des sentinelles qu'il fournit, les soutient et les recueille au besoin. Il s'est placé de manière à communiquer facilement, d'une part avec les sentinelles, de l'autre avec sa grand'garde. Le chef du petit poste communique par des patrouilles avec les petits postes voisins. Il fait observer la règle qui défend de laisser allumer des feux.

Lorsque des coups de feu ou l'avertissement des sentinelles annoncent l'approche de l'ennemi, le petit poste prend les armes sans bruit, en évitant de se faire voir. Son chef fait prévenir le commandant de la grand'garde et prend ses mesures pour arrêter ou retarder la marche de l'ennemi. Si le petit poste est forcé de se retirer, il opère sa retraite le plus lentement possible, en suivant un chemin détourné qui a été convenu d'avance avec le commandant de la grand'garde. Pendant la nuit, tous les hommes du petit poste veillent et sont prêts à prendre les armes.

La grand'garde, placée autant que possible au centre du terrain qu'elle doit surveiller, cherche un endroit couvert et élevé qui se prête à la défensive et qui soit aperçu de loin, sans que l'ennemi puisse se rendre compte du nombre ni de l'emplacement des troupes qui l'occuperont. Le commandant de là grand'garde, responsable de la sécurité du bivouac, doit

12

étudier le terrain qu'il occupe et celui qui le sépare de l'ennemi, non-seulement en vue de rectifier, s'il y a lieu, les emplacements de ses petits postes, mais pour utiliser tout ce qui peut servir à retarder l'approche de l'ennemi. Il peut alors prescrire à ses petits postes ce qu'ils auront à faire, dans cette éventualité, pour que leurs actions se concertent l'une avec l'autre et avec celle de la grand'garde.

Il est permis aux grand'gardes d'allumer des feux et de faire la soupe, mais en ayant bien soin de dérober l'emplacement des feux et de la fumée à la vue de l'ennemi. Elles doivent résister avec énergie à toute attaque directe, mais ne jamais quitter sans ordre l'espace qu'elles surveillent, pour se porter au secours d'une autre grand'garde.

Tandis que les patrouilles rampantes, composées de trois hommes marchant à quelque distance l'un derrière l'autre, sont formées dans les petits postes, les grand'gardes détachent les patrouilles ordinaires, qui sont précédées d'une pointe de trois hommes. Les patrouilles plus considérables se couvrent d'une avant-garde, de flanqueurs et d'une arrière-garde. Les unes et les autres prennent toutes précautions possibles pour avancer sans bruit et pour éviter d'être vues. Si elles découvrent l'ennemi, elles s'arrêtent et l'observent sans se montrer.

Les patrouilles ne doivent pas revenir par le chemin qu'elles ont suivi en allant, afin de ne pas tomber dans des embuscades, et elles ont besoin de savoir s'orienter, pour ne pas s'égarer en suivant des chemins ou des sentiers sinueux et inconnus, ou bien même en passant à travers champs. Ceci explique le soin qui sera donné désormais, dans notre armée, à cette partie de l'instruction individuelle.

X

SERVICE DES RECONNAISSANCES.

Les patrouilles qui exécutent journellement les reconnaissances ordinaires ne peuvent s'acquitter bien de cette fonction que si elles y ont été exercées d'avance. C'est pour cela que ce service est pratiqué, d'après l'instruction, par section d'abord et ensuite par compagnie.

Le chef de section ayant à enseigner la manière d'opérer la reconnaissance d'un village, arrête sa troupe à l'entrée ; il envoie plusieurs patrouilles ayant chacune une mission particulière, telle que : 1° reconnaître l'emplacement de la place principale, de l'église ou du cimetière ; 2° prendre des renseignements sur le chiffre de la population, sur ses ressources en vivres et en fourrages ; 3° s'informer des chemins qui y aboutissent et des localités auxquelles ils conduisent. Chaque patrouille vient rendre compte de sa mission.

D'autres fois, les patrouilles reçoivent l'ordre d'aller reconnaître un chemin, un cours d'eau, un défilé, un bois, une hauteur, une plaine, etc. Les soldats s'habituent à observer ce qu'il importe de savoir, en portant leur attention sur tout ce qui a une propriété militaire.

Un autre exercice, qui offre plus d'intérêt encore, est celui des reconnaissances opérées contre une troupe qui est couverte par ses avant-postes. La reconnaissance cherche à déterminer la position de la troupe adverse en trompant la vigilance de ses sentinelles, de ses patrouilles et de ses petits postes.

Non-seulement une compagnie envoyée tout entière en reconnaissance ne marche pas sans avoir une avant-garde, des flanqueurs et une arrière-garde, mais elle fait arrêter le gros de la compagnie sur un point favorable à la résistance et où il peut se masquer; puis elle envoie des patrouilles chargées de se porter, sous sa protection, là où elle n'aurait pas pu sans imprudence se rendre elle-même.

Le service des reconnaissances est exécuté pendant la nuit comme pendant le jour, en ayant soin de commencer les exercices de nuit en opérant sur un terrain connu des soldats. On arrive ainsi à pénétrer les officiers, les sous-officiers et jusqu'à un certain point la troupe entière, de l'importance des objets complexes qu'il faut avoir en vue et qui sont :

1° De déterminer les emplacements occupés par l'ennemi, la force de ses troupes sur chaque point et les défenses de ses positions;

2° D'observer les préparatifs de l'ennemi, de suivre ses mouvements, et de demeurer en contact avec lui;

3º D'apprécier, d'après la configuration du terrain, les facilités et les obstacles qu'il peut présenter pour l'offensive comme pour la défensive.

Le commandant d'une reconnaissance évite de combattre, toutes les fois que cela pourrait compromettre le résultat qu'il doit avoir en vue, celui de rapporter des renseignements.

XI

SERVICE DE SURETÉ DES TROUPES EN MARCHE.

Une troupe en marche est éclairée et protégée par une avant-garde formée du quart au sixième de l'effectif total.

L'avant-garde forme trois échelons de plus en plus petits en allant vers l'ennemi. Ce sont : le gros de l'avant-garde, la tête de l'avant-garde, et la pointe de l'avant-garde. Si l'avant-garde comprend un bataillon, le gros aura trois compagnies. La tête, qui sera d'une compagnie, détachera une section qui formera la pointe.

La section de pointe aura une escouade à 100 ou 150 mètres en avant de l'autre escouade, et celle qui sera en avant se couvrira par trois hommes dont deux marcheront à la même hauteur, tandis que le troisième se maintiendra à 50 mètres en arrière, pour établir la communication avec l'escouade dont il fait partie, et qu'il précédera de 100 mètres environ. L'autre escouade de la pointe sera à 150 mètres en arrière de la première, de sorte que la pointe occupera en longueur 300 mètres.

La tête peut marcher à 300 mètres en arrière de la partie postérieure de la pointe et le gros à 700 mètres en arrière de la tête. Cela ne donne qu'une distance de 1,300 mètres depuis l'extrémité de la pointe jusqu'au gros de la troupe, ce qui serait très-insuffisant pour une plus forte colonne, surtout si elle était composée de troupes des trois armes. Aussi compte-t-on, dans ce cas, que la distance de l'extrémité de la pointe d'avant-garde au gros de la troupe doit être au moins de 2,500 mètres, afin que le canon de l'ennemi ne puisse pas faire inopinément des ravages dans le gros de la colonne.

La pointe d'avant-garde détache souvent un groupe de trois hommes, soit sur un chemin d'embranchement, soit à droite et à gauche jusqu'à 200 mètres de la route, pour éclairer le terrain et éviter les surprises.

Les deux hommes qui marchent en éclaireurs à l'extrémité de la pointe ont des précautions à prendre, chaque fois qu'ils s'engagent dans un défilé contourné, ou même quand ils gravissent une hauteur. L'un des deux reste en arrière, pendant que l'autre observe avec précaution tout autour de lui. De cette manière, si celui qui est en tête venait à être enlevé, l'autre serait en mesure d'avertir immédiatement le chef de la pointe que l'ennemi se trouve là.

Toutes les circonstances d'obstacles sur la route,

de hauteurs à gravir, de défilés ou de ponts à passer, de bois ou de lieux habités à traverser, appellent l'attention non-seulement des deux éclaireurs de l'avant-pointe, mais du chef de la pointe, qui a, chaque fois, des précautions à prendre pour que la surveillance soit efficace.

Dans le cas où la pointe est prévenue, par les éclaireurs, de la présence de l'ennemi, elle se met en position de résister à l'attaque et informe la tête d'avant-garde, dont le devoir est de soutenir la pointe et de s'engager de suite énergiquement, pour donner aux autres troupes le temps de prendre leurs dispositions. En général, le gros de l'avant-garde doit prendre l'offensive, pour ne pas laisser arrêter complétement la marche de la colonne par un ennemi peu nombreux. La hardiesse est ici de mise, puisque les troupes qui vont bientôt arriver sur le lieu du combat pourront renouveler et redoubler les efforts. L'offensive est d'ailleurs le seul moyen de parvenir promptement à se rendre compte des forces opposées.

Le rôle de l'arrière-garde, au point de vue du service de sûreté, consiste à protéger la colonne contre les ennemis qui pourraient l'attaquer par derrière, et qui ne sont, le plus souvent, que des partisans. C'est pour cela que l'arrière-garde est beaucoup moins forte que l'avant-garde. Elle ne comprend, d'après le règlement, qu'une demi-compagnie ou une section pour un régiment, et même pour une brigade.

L'arrière-garde marche à 200 mètres de distance

du corps principal ou des dernières voitures qui l'accompagnent. Trois hommes, qui sont à 100 mètres plus en arrière, forment la pointe d'arrière-garde.

Dans le cas d'une marche en retraite, l'arrière-garde, dont le rôle défensif offre des difficultés souvent très-grandes et qui a des dangers exceptionnels à braver pour couvrir le mouvement de la colonne principale, est alors composée aussi fortement, pour le moins, qu'une avant-garde. Elle cherche à ralentir, par tous les moyens possibles, la poursuite de l'adversaire, en créant des obstacles à sa marche. Mais elle ne peut pas laisser par trop augmenter la distance qui la sépare du gros, pour ne pas courir le risque que l'ennemi parvienne à la faire dépasser par des détachements qui intercepteraient sa route.

A tous les exercices précédents, qui concernent des services courants et d'un usage général, le règlement a joint des exercices qui portent sur l'attaque et la défense des convois, ainsi que sur d'autres opérations de guerre exceptionnelles. On a mis dans ce nombre : 1° la protection et l'attaque d'une troupe chargée des réquisitions opérées dans des villes ou des villages non occupés; 2° les surprises et les embuscades; 3° la destruction des chemins de fer, particulièrement dans les gares; 4° la destruction des lignes télégraphiques; 5° la destruction des ponts, des canaux et des gués; 6° la destruction du matériel d'artillerie; 7° la destruction des armes portatives et des cartouches. Tout cela nous fait voir combien la guerre à venir demandera d'intelligence et d'acquis à l'officier, au sous-officier et au soldat.

XII

TACTIQUE DE LA CAVALERIE.

Pour combattre, une troupe de cavalerie se place habituellement sur deux rangs serrés. La dernière guerre n'a rien changé à cet ordre de bataille. On a seulement cherché, depuis, à simplifier les manœuvres, pour donner plus de mobilité aux troupes et plus de promptitude à leurs attaques. Les modifications qui ont été apportées à la tactique de la cavalerie sont motivées, nous n'avons pas besoin de le dire, par l'accroissement des portées et des effets des fusils et des canons.

D'après le récent règlement d'exercices, la charge, qui est le mode d'action normal de la cavalerie, est précédée de mouvements aux allures vives, pendant lesquels les cavaliers doivent conserver leur calme et la troupe sa cohésion. L'escadron prend le galop à 700 ou 800 mètres de l'ennemi, au commandement de : *Pour l'attaque*. C'est à 60 ou 80 pas seulement de l'ennemi, et au commandement de : *Chargez*, que les cavaliers, le sabre levé, lancent leurs chevaux au galop le plus vite, sans perdre leur ensemble. Le ralliement, qui s'exécute après la charge, est motivé par la désunion que le combat produit dans les rangs des cavaliers pendant que chacun s'occupe de frapper son adversaire.

La charge en fourrageurs est pratiquée dans les circonstances où le but peut être mieux atteint par des cavaliers dispersés que par une troupe compacte.

Les cavaliers dispersés sont dits en tirailleurs, lorsqu'ils doivent faire usage de l'arme à feu.

Enfin, les cavaliers combattent à pied, en faisant usage de l'arme à feu, quand ils ont à débusquer l'ennemi d'une position inaccessible aux chevaux, ou bien à occuper et à défendre eux-mêmes, faute d'infanterie, un poste favorable au feu de mousqueterie.

L'école d'escadron emploie la colonne par peloton à distance entière, qui a la propriété de se mettre instantanément en bataille sur le flanc. En n'assignant plus aux pelotons une position tout à fait fixe dans l'escadron et en ne tenant plus compte des inversions, le règlement nouveau a simplifié et rendu plus prompts les mouvements à exécuter pour passer de l'ordre en colonne à l'ordre de bataille, et de l'ordre de bataille à l'ordre en colonne. Les préliminaires de l'attaque sont donc abrégés, et l'on a plus de facilité pour exécuter la charge au moment opportun.

La charge s'emploie contre une infanterie ébranlée, dégarnie de ses feux, ou lorsqu'on peut la surprendre avant qu'elle ait eu le temps de se former. Le succès est probable surtout quand la charge, exécutée en ligne déployée, prend en flanc et à revers l'infanterie qu'elle attaque.

La charge se fait en fourrageurs, soit contre une infanterie en ordre qu'on veut arrêter sans espoir de l'enfoncer, soit quand le terrain ne permet pas de marcher en ordre de bataille, soit quand on veut préparer l'attaque à faire par une ligne de cavalerie dont la charge succédera à celle des fourrageurs.

La charge contre une ligne de cavalerie s'exécute toujours en ordre de bataille; mais on met en œuvre toutes les ressources de l'art des manœuvres, en s'efforçant de gagner et de déborder un flanc de l'adversaire pour le tourner, de profiter d'un faux mouvement qu'il exécute pour l'aborder inopinément et le mettre en désordre.

Si la cavalerie ennemie fait demi-tour avant d'être abordée, on la fait poursuivre par des fourrageurs, et l'on conserve une partie de ses forces pour repousser les retours offensifs.

La cavalerie peut, en utilisant sa rapidité, surprendre l'artillerie en marche, alors que celle-ci est sans moyen de se défendre par elle-même. La cavalerie a encore intérêt à charger l'artillerie, pendant le temps employé à mettre les pièces en batterie.

Mais, pendant le feu des canons, l'attaque contre l'artillerie doit se faire en fourrageurs, pour donner moins de prise aux projectiles.

La cavalerie qui attaque l'artillerie doit toujours

se préoccuper de conserver une partie de ses forces contre les soutiens.

Les quatre escadrons d'un régiment sont exercés à manœuvrer ensemble pour se familiariser avec toutes les évolutions, qui donnent le moyen de se former et de se mouvoir :

1º En bataille ;
2º En ligne de colonnes ;
3º En masse ;
4º En colonne avec distance ;
5º En colonne de route par quatre ou par deux.

Le régiment doit savoir passer promptement d'une formation à l'autre, et cela dans toutes les directions.

Pour que l'officier supérieur qui fait exécuter les évolutions ait toujours bien dans sa pensée qu'elles sont faites en vue d'un combat à livrer, il doit sans cesse disposer d'une réserve capable de garantir les escadrons en mouvement contre une attaque qui les surprendrait en flanc ou par derrière. Cette réserve doit être capable aussi de coopérer à une poursuite ou de repousser un retour offensif.

Pour protéger les deux flancs d'une première ligne, on place à 50 mètres en arrière de chacun d'eux un peloton en échelon. Ces deux pelotons sont dits garde-flancs.

Dans les exercices de guerre, qui font partie de l'école de régiment, chaque escadron est précédé, à

200 mètres environ, d'un cavalier chargé de signaler les obstacles qui pourraient entraver la marche. Ces éclaireurs du terrain doivent éviter à la troupe l'inconvénient de charger sur un terrain où elle serait entravée par un obstacle.

Les principes destinés à guider un commandant de cavalerie ont été ainsi formulés dans le règlement que nous analysons : « On doit attaquer le premier, et « si l'on a laissé l'ennemi prendre l'offensive, il faut « le prévenir dans la charge. Chercher à attaquer « par surprise et s'efforcer de prendre l'ennemi de « flanc ou à revers. En toute circonstance, se ménager jusqu'à la fin une réserve, si faible qu'elle « soit.

« La rapidité de la marche et le parti qu'on saura « tirer des couverts et des mouvements du terrain « pour se dérober à la vue de l'ennemi, donneront « les moyens d'attaquer par surprise et de frapper « l'adversaire avant qu'il ait fait ses dispositions. « Une troupe relativement faible peut, en toute confiance, exécuter une attaque de flanc. L'effet moral, « bien plus que le nombre, décide ici du succès. »

Une instruction pratique sur le service de la cavalerie en campagne, qui porte la date du 17 février 1875, contient beaucoup de prescriptions communes avec celles de l'instruction analogue faite pour l'infanterie; mais il y a des différences résultant de ce que les deux armes n'ont pas le même mode d'action.

13

Un régiment de cavalerie peut bivouaquer, soit en colonne par escadron, soit en ordre de bataille.

Le service de sûreté du bivouac est encore fait par les quatre lignes, qui sont : 1º celle des vedettes (nom que portent les sentinelles de cavalerie); 2º celle des petits postes; 3º celle des grand'gardes; 4º et celle des réserves. Mais les distances entre les lignes sont plus grandes pour la cavalerie que pour l'infanterie.

Les vedettes, qui conservent des intervalles de 600 à 800 mètres, sont maintenues à 800 mètres en avant des petits postes. La distance des petits postes aux grand'gardes est de 1,200 mètres, celle des grand'gardes aux réserves de 2,000 mètres, et celle des réserves au corps principal de 1,500 mètres. Le bivouac est donc couvert jusqu'à 5,500 mètres en avant, distance qui varie, naturellement, avec la nature du terrain.

Les vedettes peuvent être simples ou doubles.

La sûreté des marches de la cavalerie s'obtient par les mêmes moyens que pour l'infanterie, et l'on distingue aussi dans l'avant-garde le gros, la tête et la pointe. La pointe est formée par cinq cavaliers, dont deux marchent devant à la même hauteur; un seul à 50 mètres en arrière des deux premiers, les deux derniers à 50 mètres en arrière de celui qui est seul.

La tête de l'avant-garde laisse une distance de 380 mètres entre elle et la pointe. Le gros de l'avant-garde laisse une distance de 600 mètres. Le corps principal laisse une distance de 1,500 mètres. Avec ces dispositions, le corps principal est couvert, en avant, jusqu'à 2,500 mètres. Les patrouilles chargées d'éclairer les flancs peuvent s'écarter jusqu'à 1,000 mètres; l'arrière-garde marche à une distance de 200 mètres. Dans cet ordre, une brigade, avec son convoi de 470 mètres de longueur, qui précède immédiatement l'arrière-garde, occupe 5 kilomètres de long, sans y comprendre l'allongement résultant des incidents de la route.

Habituellement, la cavalerie a l'avantage sur l'infanterie pour le service des reconnaissances, à cause de la facilité qu'elle possède de se porter vite au loin, puis de revenir avec rapidité.

Pour obtenir des renseignements précis sur l'ennemi, on emploie assez souvent, au service de découverte, un officier suivi seulement de deux ou trois cavaliers bien montés. L'officier chargé de cette mission ne se préoccupe pas de ses communications, ne devant pas revenir par le même chemin. Il se guide sur la carte, et il envoie ses rapports par des chemins détournés, quand il doit demeurer absent pendant plusieurs jours.

XIII

TACTIQUE DE L'ARTILLERIE.

A l'inverse de la cavalerie, qui n'agit guère que de près par le moyen du sabre, l'artillerie produit ses effets de loin, à des distances beaucoup plus grandes que celles du feu de l'infanterie, et ses projectiles joignent tous aujourd'hui, à leur effet de choc, celui de leur explosion. L'artillerie a une propriété qui n'appartient qu'à elle, celle de traverser ou parfois même de détruire les obstacles derrière lesquels l'ennemi cherche à s'abriter.

L'ordre de combat de l'artillerie exige d'abord que l'affût sur lequel le canon est porté soit séparé de son avant-train.

D'après le règlement actuellement encore en usage chez nous, chaque canon a derrière lui, dans la même direction, son avant-train et son caisson, tous deux attelés. Mais, en cet état, la batterie de six canons offrirait aux coups de l'ennemi une très-grande surface formée d'hommes, de chevaux et d'un matériel vulnérable. Les Prussiens se sont préoccupés plus tôt que nous du soin de diminuer cette surface, et ils y sont parvenus sans rien ôter à la batterie de sa mobilité. La difficulté provenait de ce que le caisson devait suivre immédiatement sa pièce pour lui fournir, après un trajet parcouru à une allure vive, le nombre de canonniers nécessaires à un service prompt. Or, les coffres du caisson, joints au coffre de l'avant-train, étaient utilisés pour procurer le nombre des siéges indispensables aux canonniers servants. La Prusse imagina de fixer des siéges aux flasques de l'affût et de donner ainsi à la pièce la faculté de transporter à elle seule tous les servants qu'il lui faut. Les avant-

trains sont placés ou derrière des couverts, s'il y en
a tout proche, ou à droite et à gauche des six canons faisant feu ; et l'on a placé aussi de même deux
caissons destinés à fournir des munitions. Les autres
voitures de la batterie, qui sont en plus des six pièces
et de ces deux caissons, ont été éloignées pour être
mises, autant que possible, à l'abri du feu ; de sorte
que la chance d'être atteinte par les projectiles de
l'ennemi a été diminuée, pour la batterie prussienne,
dans une proportion considérable. Les huit voitures
de la batterie, autres que celles dont nous venons de
parler, formant deux groupes, l'un à 100 mètres,
l'autre à 300 ou 400 mètres en arrière de la ligne de
feu, ont pu servir à la réapprovisionner sans se faire
voir de l'ennemi. L'artillerie prussienne a tiré grand
avantage de ces innovations pendant le cours de la
dernière guerre.

Aussi l'artillerie française se prépare-t-elle à ne
plus placer les avant-trains et les caissons derrière
leurs pièces dans l'ordre de combat, ou, suivant l'expression consacrée, dans la mise en batterie. C'est
pour cela qu'on remarque deux siéges fixés à chacun des affûts, dans le matériel de campagne récemment construit.

Les manœuvres des batteries attelées, qui forment
encore aujourd'hui chez nous l'objet d'une instruction très-compliquée, deviendront beaucoup plus simples quand on n'aura plus à faire mouvoir, pour passer des formations en colonne aux formations en

ligne ou réciproquement, que les six pièces de la batterie, sans avoir à se préoccuper des caissons.

Pour pouvoir tirer contre l'ennemi à de grandes distances, l'artillerie a besoin de le voir. A cause de cela, les positions dominantes lui sont favorables, à la condition, pourtant, que le commandement de la hauteur occupée ne soit pas disproportionné avec la distance. S'il y avait un trop grand commandement, le projectile, tombant sur le sol sous un trop grand angle, atteindrait l'ennemi dans une moindre étendue de son parcours, et s'il s'enterrait sans ricocher, son explosion n'aurait plus d'effet utile.

Si les projectiles tombent sur un sol dur, ils ricochent mieux que sur un sol mou. S'ils tombent sur un sol pierreux, les éclats des pierres s'ajouteront à ceux du métal.

Ces considérations, quoique très-incomplètes, suffisent pourtant à donner une idée de l'art qui consiste à placer le canon dans une position favorable à son action, en évitant autant que possible de favoriser l'action des projectiles ennemis, et en cherchant, au contraire, à neutraliser une partie de leurs effets. Une batterie placée au bord d'un escarpement, ou seulement d'une pente un peu forte, n'a rien à craindre des coups tombant en avant d'elle. Si elle avait l'escarpement à dos, elle recevrait, en partie du moins, les éclats des coups trop longs qui seraient arrêtés au point de chute.

Pendant les guerres du premier Empire, alors que

le canon tirait, dans les batailles, à des distances comprises entre 500 et 900 mètres, avec des projectiles dont les déviations étaient considérables, l'artillerie ne pouvait pas faire feu par-dessus les troupes; mais il en sera sans doute autrement dans les batailles à venir. Les canons rayés, tirant à 2,000 mètres, élèvent leurs projectiles si haut que l'infanterie placée devant, à 1,000 mètres, verrait ces projectiles passer à plusieurs centaines de mètres au-dessus de sa tête, en admettant que le terrain soit plan dans toute l'étendue du tir. Dans cette condition, les soldats ne pourront plus concevoir aucune inquiétude pour leur sûreté, et ils ne tarderont pas à reconnaître qu'ils peuvent encore s'avancer vers l'ennemi de 500 mètres, de 600 mètres, et même plus, sans avoir rien à redouter d'un tir bien réglé. Ainsi l'artillerie pourra, sans se déplacer, favoriser efficacement et longtemps l'attaque effectuée par des troupes qui dépasseront sa ligne de bataille sans masquer son feu. Cette combinaison toute nouvelle deviendra très-favorable à ceux qui sauront la mettre à profit.

La tactique de l'artillerie soulève un grand nombre de questions toutes particulières à cette arme, questions qui, pour la plupart, sont chez nous en élaboration; car la dernière guerre nous a plutôt montré comment nous ne devions plus agir, qu'elle ne nous a enseigné les règles à suivre. Nous donnerons une idée de l'état actuel de la tactique de cette arme, rien qu'en énumérant les sujets à traiter:

Quelle est la place à donner aux batteries, dans les colonnes des troupes en marche, au cas où l'on peut rencontrer l'ennemi et avoir à le combattre immédiatement? Quelle place assigner à l'artillerie, dans l'avant-garde, dans le corps de bataille, dans l'arrière-garde, pour une colonne d'une brigade isolée, d'une division, d'un corps d'armée?

Quel sera, dans l'ordre de combat de la batterie, l'espacement des pièces, la place à donner aux munitions, la distance des échelons?

Quelles seront les mesures à prendre, pour que la batterie soit mise en position sans hésitation, sans déplacements, sans perte de temps, et que la distance du but ait été déjà mesurée approximativement, si faire se peut, avant que les pièces s'exposent au feu de l'ennemi?

L'artillerie recevra-t-elle, pendant les batailles, des troupes d'escorte? Comment ces troupes, si on les admet, seront-elles fournies et composées? Quelle place prendront-elles, par rapport à la batterie faisant feu, pour remplir leur rôle?

Avec les portées immenses auxquelles le canon lance actuellement ses projectiles, on éprouve de grandes difficultés à régler le tir sur un but souvent peu visible. La question se réduit à déterminer la position des points de chute par rapport au but; mais cette appréciation, qui se faisait à la vue simple, pendant les guerres de la Révolution, pour des distances de 500 à 900 mètres, devient très-incertaine, même avec de bonnes lunettes d'approche, aux distances de 2,000 à 4,000 mètres. Et pourtant, faute de procédé efficace pour régler son tir, une batterie serait exposée à consommer toutes ses munitions en pure perte.

Notre artillerie de campagne compte des batteries de canons de 4, de canons de 5, de canons de 8, des batteries de canons de 7, des batteries de canons de 95 millimètres et des batteries de mitrailleuses. On a admis, pour chacun des canons, trois sortes de projectiles : l'obus ordinaire, l'obus à balles et la boîte à mitraille.

Le dernier de ces projectiles est destiné aux petites distances, dans des circonstances faciles à déterminer. Mais on ne saurait en dire autant des deux autres, et un commandant de batterie devra employer sa sagacité pour discerner les situations où l'un d'eux sera préférable à l'autre.

Indépendamment du choix à faire entre les projectiles, il y a, pour l'officier d'artillerie, à déterminer quel est le but sur lequel il devra diriger ses coups de préférence. Supposons, en effet, le canon occupant une hauteur qui domine une vaste plaine et apercevant de là, à des distances variables, une chaîne de tirailleurs ennemis, leurs renforts en petits groupes, leurs soutiens un peu plus forts, les réserves plus nombreuses, mais plus éloignées ; puis, ailleurs, des bouches à feu ou des voitures d'artillerie, et, ailleurs encore, des escadrons. Sur laquelle des trou-

13.

pes ennemies devrait-on tirer de préférence? La décision à prendre, subordonnée à l'état de l'engagement, demande une juste appréciation de ce qu'il y a de plus avantageux au succès du combat, et de l'effet que le canon doit produire. Tout ce qu'on peut dire d'incontestable, c'est qu'il faut concentrer le feu des pièces et non le disperser; produire vite une action décisive sur un premier but, pour passer ensuite à un second et à un troisième, au lieu d'entreprendre de les battre tous à la fois. C'est là une règle presque absolue.

Ces considérations suffisent pour faire voir qu'un officier d'artillerie ne saurait s'acquitter convenablement de ses fonctions avec la seule connaissance des détails techniques de sa profession et des effets divers de ses projectiles; il devra savoir discerner, dans la physionomie d'un combat, les considérations principales et leur subordonner sa conduite. L'officier d'artillerie acquerra et développera son aptitude en participant fréquemment aux opérations de guerre simulées, qui seront exécutées par les trois armes.

Le remplacement des munitions, tant sur le champ de bataille que dans tout le cours de la guerre, soulève des questions d'organisation dont nous indiquerons en quelques mots l'importance. Pendant la dernière guerre, l'artillerie prussienne n'a jamais été entravée par le manque de munitions, quoiqu'elle n'eût que 250 coups en tout par bouche à feu, tant dans les colonnes de munitions que dans les batteries, tandis que l'artillerie française traînait 400 coups par pièce.

Les Prussiens ont encore dû cet avantage à une innovation très-habile, qui a perfectionné un mécanisme introduit précédemment dans nos armées par l'empereur Napoléon Ier.

Pour chacun de nos corps d'armée, il y avait, sous le premier Empire, un parc d'artillerie, composé d'un grand nombre de voitures qui marchaient en un seul bloc derrière toutes les troupes. Ce parc était le magasin mobile des munitions. Il se réapprovisionnait au magasin général, qui était également mobile, et qu'on appelait le grand parc d'artillerie de l'armée. La masse énorme des voitures du grand parc se maintenait habituellement à une ou deux journées de marche en arrière des parcs de corps d'armée.

La Prusse a imaginé de fractionner ses parcs d'artillerie, et de donner aux fractions une mobilité et une initiative toutes nouvelles. On a constitué, avec une trentaine de voitures, une unité nommée colonne de munitions, et on lui a donné pour mission, au lieu de demeurer constamment à l'arrière, de s'avancer, au contraire, en entendant le bruit du canon, pour aller remplacer les munitions pendant le combat même. L'initiative donnée ainsi aux colonnes de munitions, placées sous les ordres directs du commandant d'artillerie du corps d'armée, débarrasse les commandants de batterie de ce soin et de cette préoccupation pour les laisser entièrement à leur rôle de combattants. Ces colonnes font encore plus, car elles fournissent aux batteries les ressources nécessaires pour remplacer sur le champ de bataille les chevaux tués ou blessés, ainsi que les voitures mises hors de service; de sorte que la batterie n'étant point paralysée par les pertes qu'elle éprouve, participe énergiquement à la lutte jusqu'à la fin.

XIV

COMBINAISON DES TROIS ARMES.

Les trois armes se complètent et s'aident réciproquement, suivant les circonstances.

Pendant les marches, l'artillerie ne peut avoir de sécurité que par la protection d'une des deux autres armes; l'infanterie ne peut pas s'éclairer seule aussi loin que si elle est secondée par la cavalerie, et la cavalerie n'a par elle-même aucune propriété défensive.

Dans le combat, l'artillerie délogera l'ennemi renfermé dans les maisons ou placé derrière des murs, tandis que l'infanterie n'y parviendrait pas, et que la cavalerie ne pourrait en aucune façon l'entreprendre. L'infanterie, qui peut franchir presque tous les obstacles, combattra sur des terrains et sur des emplacements inaccessibles à l'artillerie et à la cavalerie. L'infanterie, qui peut agir également de loin et de près, par l'offensive ou par la défensive, est, à cause de cela, la principale force des armées. La cavalerie, à son tour, devançant l'ennemi sur la route qu'il suivra dans sa retraite, fera produire à la poursuite des résultats que l'infanterie et l'artillerie n'obtiendraient pas.

La France a été amenée, par ces considérations, à adopter la première, au commencement des guerres de la Révolution, l'organisation de ses armées en divisions. Au lieu de laisser toutes les troupes de la même arme en une seule masse, comme on faisait auparavant, on a réuni des troupes d'infanterie, de cavalerie et d'artillerie dans les proportions favorables aux marches et aux combats. La division de 8,000 à 12,000 hommes a été une unité nouvelle, dans les armées ainsi fractionnées. On a eu aussi des divisions de cavalerie auxquelles des batteries d'artillerie à cheval, de nouvelle création, étaient jointes, et l'extrême mobilité de ces batteries prêta des avantages particuliers à cette combinaison.

Une division eut tout ce qu'il lui fallait pour marcher et combattre, mais elle ne pouvait pas s'isoler du gros de l'armée, derrière lequel marchait le parc d'artillerie, qui est le réservoir de toutes les munitions.

Alors l'empereur Napoléon Ier créa les corps d'armée, qui, comprenant de deux à quatre divisions et comptant de 20,000 à 40,000 hommes, eurent, dans leur organisation, tous les services nécessaires à une action indépendante. Pourtant, en même temps, les chefs des différents services du corps d'armée furent subordonnés à ceux de l'armée, comme le commandant du corps d'armée au général en chef ; de telle sorte que le corps d'armée devint la grande unité des armées. C'est ainsi que l'Empereur arriva à diriger personnellement jusqu'à 300,000 hommes et plus, tandis qu'un siècle auparavant une armée qui dépassait 50,000 hommes devenait lourde et peu maniable pour le général qui la commandait.

Depuis la paix de 1815, la Prusse a fait à son tour une innovation dont elle a tiré de grands avantages, en constituant ses corps d'armée en permanence dès le temps de paix. Chaque corps d'armée, devenu stable sur un territoire dont l'étendue est appropriée, autant que possible, à ses besoins de toute nature, y trouve les hommes qu'il lui faut pour se mettre sur le pied de guerre. Comme les chevaux sont réquisitionnés en même temps que les hommes, que la destination des uns et des autres est prévue d'avance, et que le matériel nécessaire aux hommes, aux chevaux et aux convois est emmagasiné sur les lieux, la mobilisation de tous les corps d'armée peut être opérée simultanément avec une promptitude toute nouvelle, dans laquelle la Prusse a trouvé la principale cause de ses succès récents.

Dans les deux guerres de 1866 et de 1870, elle a pu, prenant chaque fois une prompte offensive, n'avoir à combattre que des armées incomplétement organisées et manquant encore d'une partie des éléments nécessaires aux troupes pour les marches comme pour les combats.

La France, mettant à profit ses défaites, a aussi constitué récemment des corps d'armée permanents dont la composition est uniforme, et qu'il nous faut considérer maintenant au point de vue des marches.

XV

LES MARCHES.

La réunion des troupes de plusieurs armes dans les grandes unités, telles que la division et le corps d'armée, soulève de nombreuses difficultés au point de vue des marches.

L'infanterie, la cavalerie, l'artillerie n'ont point la même vitesse de marche, ce qui fait que chacune d'elles aurait besoin de pouvoir marcher séparément, pour parcourir de longues distances sans trop de fatigue. Mais, quand on est à proximité de l'ennemi, dominé par les considérations de la guerre, on est obligé de faire marcher les trois armes ensemble, dans chaque colonne, en vue du combat qui peut survenir à tout instant. Plus les marches de longues colonnes amènent des fatigues pour les soldats et peuvent leur causer des maladies par les intempéries et par l'irrégularité des repas, plus on doit mettre de sollicitude et d'attention aux dispositions prévoyantes qui diminueront pour le soldat le temps du trajet, ou qui du moins ne tiendront pas chaque corps de troupes en route plus longtemps que cela n'est nécessaire. On doit, pour juger des précautions à prendre dans ce but, songer que le combat qui décide du sort de la guerre est rare, tandis que les marches sont journalières. Si elles sont bien exécutées, elles amèneront des hommes valides et robustes sur le champ de bataille, tandis qu'autrement on n'aura que des effectifs réduits et des soldats affaiblis qui seront presque vaincus d'avance.

Une division d'infanterie qui compte 13 bataillons, 4 batteries et 1 compagnie du génie, occupe en route, avec ses colonnes de munitions et son ambulance, une longueur normale de 7,450 mètres, en y comprenant l'allongement d'un tiers qui se produit habituellement; le convoi de la division, qui se compose des voitures de bagages, d'effets et de subsistances, a une longueur de 2,160 mètres; ce qui fait en tout 9,610 mètres pour une division isolée et complète.

La longueur de la colonne d'un corps d'armée en marche atteint 23 kilomètres; et si deux corps d'armée devaient marcher l'un derrière l'autre sur la même route, le second ne pourrait pas arriver de manière à prendre part tout entier, le jour même, à une bataille commencée, dès le matin, par un engagement sur la tête de colonne.

L'infanterie ne parcourt pas plus de 4 kilomètres par heure, quand elle est en grand nombre, et on ne doit compter que sur 3,600 mètres par heure, en moyenne, quand on tient compte des haltes. Les autres troupes de la colonne ne pourront pas marcher plus vite, quoique l'artillerie fasse isolément 4,500 à 5,000 mètres et la cavalerie 5,500 mètres par heure. Ainsi, six heures ou même plus s'écouleront entre l'arrivée de la tête et l'arrivée de la queue d'un corps d'armée au lieu du bivouac. Comme il faut, pour d'autres motifs, que toutes les troupes soient arrivées assez longtemps avant la nuit close, et que les dernières partent longtemps après les premières, on voit comment la longueur du parcours se trouve limitée. Encore n'avons-nous pas fait entrer en ligne de compte les retards qui se produiront dans la marche, chaque fois que la présence de l'ennemi sera signalée, surtout si l'on est amené, par la situation militaire, à faire sortir quelques-unes des troupes de la route pour prendre des positions et un ordre de combat.

On arrive ainsi à reconnaître non-seulement qu'on a intérêt à ne pas faire marcher plusieurs corps d'armée sur une seule route, mais qu'on doit chercher, pour les deux divisions d'un même corps d'armée, des chemins différents conduisant au même bivouac. On y trouve avantage même en allongeant le parcours à suivre par l'une ou l'autre des deux divisions.

Une armée comprend souvent ou trois, ou cinq corps d'armée. Elle compte 100,000 hommes, en chiffres ronds, dans le premier cas, et près de 170,000 hommes dans le second. Six chemins seraient nécessaires à la première armée et dix à la seconde, pour que chaque division pût suivre un chemin particulier. Le nombre des routes ou chemins est réduit de moitié quand on n'en donne qu'un à chaque corps d'armée. On est amené ainsi à prendre un grand front pour une armée quand elle marche loin de l'ennemi, et à le rétrécir quand on croit être à proximité d'une armée adverse. Le problème à résoudre est double et contradictoire, parce que, d'une part, on a intérêt à marcher vite, et, de l'autre, à se tenir toujours en mesure de faire arriver toutes ses forces dans la même journée sur le champ de bataille, qui sera déterminé par la rencontre de l'ennemi.

Si nous revenons maintenant aux conditions purement matérielles, pour ainsi dire, des marches qui se font en présence de l'ennemi, et aux précautions à prendre pour ménager les troupes en leur évitant toute fatigue qui ne soit pas indispensable, nous aurons à indiquer qu'il ne faut pas que tous les régiments prennent les armes à la fois, mais que, successivement, ils se tiennent prêts à se mettre en marche à leur tour et à entrer dans la colonne quand ils sont dépassés par ceux qui doivent les précéder. On a en effet à considérer que les hommes comme les chevaux portent une charge lourde, et qu'il faut éviter de leur faire porter ce fardeau au delà du temps strictement nécessaire. Par la même raison, on a pour devoir de prendre toutes les précautions qu'on peut imaginer pour diminuer dans la marche les temps d'arrêt résultant de toute autre cause que de la présence de l'ennemi. Il faut, pour cela, s'informer de la nature et des particularités du chemin à suivre, savoir si la route conserve partout la même largeur, car si elle se rétrécit au passage d'un pont, à la traversée d'un village ou sur tout autre point, on devra régler le front de la colonne, dès le départ, sur la partie la moins large, afin de n'avoir pas à effectuer pendant le trajet un dédoublement qui ralentirait ou même arrêterait complétement le mouvement de presque toute la colonne.

On donne pour principe à une colonne de marche que son allure soit régulière ; mais beaucoup de causes viennent entraver l'application de cette règle. Une côte, surtout si elle est roide et longue, se monte lentement par les fantassins et même par les cavaliers, mais surtout par les voitures chargées, de sorte qu'il en résulte un temps d'arrêt pour les troupes, qui s'accumulent au pied de la côte. Le contraire arrive pendant les longues descentes, qui produisent l'allongement des distances. Le moindre mauvais pas qui entrave le mouvement d'une voiture ne peut être franchi par elle qu'au moyen d'un élan qui exige l'accroissement de la distance normale à la voiture ou à la troupe qui précède. Tous ces accroissements, répétés de distance en distance, produisent dans une colonne de voitures un allongement qui persistera jusqu'à la halte ou l'arrivée, à moins qu'on ne la diminue au prix d'une fatigue imposée aux chevaux en les faisant

trotter. L'inconvénient augmente pour les hommes
de pied qui accompagnent la colonne des voitures ou
qui viennent après elle, parce qu'eux souffrent beaucoup plus que les chevaux d'un changement de vitesse dans leur allure.

Par toutes ces causes, il est opportun de faire
prendre, dès le départ, les distances qui s'établiraient
d'elles-mêmes pendant la marche, ce qui ne peut se
faire que si on connaît la route dans ses détails, et de
poser en principe que la régularité de la marche, avec
les ralentissements nécessaires dans les montées, doit
être observée partiellement et par toutes les troupes,
sans qu'elles aient à se préoccuper de garder toujours les distances prescrites dans les manœuvres.
Ainsi, les distances prises au départ, au lieu de
demeurer toujours les mêmes, doivent au contraire
être considérées comme variables, car elles ne sont
établies dans les marches que pour diminuer les fatigues. Sans doute la colonne sera longue; mais cet inconvénient, qui est inévitable, n'est pas aussi grand
aujourd'hui qu'autrefois, au point de vue du combat,
qui se composera désormais, avec l'ordre dispersé,
d'une série d'engagements auxquels les renforts, les
soutiens et les réserves prendront part l'un après
l'autre. La tête d'une colonne pourra donc commencer
le combat avec assurance, quand elle aura derrière
elle des troupes qui viendront sûrement l'appuyer et
la renforcer de plus en plus. Dès le début des hostilités, les Prussiens, dans la dernière guerre et notam-

ment aux batailles de Forbach et de Reichshoffen, ont su tirer ainsi parti de leur nouvelle manière de combattre.

On peut maintenant comprendre combien il importe de développer, par une instruction méthodique, l'aptitude des troupes à marcher en grandes masses. Les exercices de paix pourront apporter, à l'aide de l'observation des marches exécutées par les trois armes, séparément et ensemble, les données expérimentales qui manquent encore.

Les marches de l'armée prussienne ont été beaucoup facilitées, pendant la guerre, par un emploi nouveau et judicieux de la cavalerie. Sans enlever aux corps d'armée tous les régiments de cette arme qui en faisaient partie intégrante pendant la paix, on en a distrait environ la moitié, dont on a formé des divisions indépendantes. Une ou plusieurs de ces divisions, affectées à une armée, ont été employées à la précéder d'une ou de deux marches. Non-seulement la cavalerie précédant chaque armée lui donnait une grande liberté dans ses marches, mais elle masquait ses mouvements et la renseignait sur ceux de l'ennemi. C'est ainsi, à couvert derrière un rideau de cavalerie, que les corps d'armée prussiens ont pu s'établir le plus souvent en cantonnement resserré au lieu de se mettre au bivouac ; ils ont pu occuper assez d'espace, en station comme en marche, pour se nourrir sur les ressources du pays et pour ménager la santé des soldats.

Cette innovation, qui avait eu chez nous des précédents nombreux pendant les guerres du premier Empire, est devenue réglementaire dans notre armée reconstituée sur une nouvelle base.

36 régiments de cavalerie placés, dès le temps de paix, en dehors des corps d'armée, pourront former 9 divisions. Elles seront mises entre les mains des généraux en chef qui les emploieront à se mettre en contact avec l'ennemi et à couvrir les mouvements des corps d'armée.

Les corps d'armée ne marcheront point, malgré cela, sans prendre des précautions par eux-mêmes pour leur sûreté. Chacun formera pour la marche trois fractions : avant-garde, gros et arrière-garde. Une division marchant seule sur une route mettra, par exemple, en avant-garde un peloton de cavalerie, un régiment d'infanterie, une batterie d'artillerie et deux sections du génie. Le peloton de cavalerie et une compagnie d'infanterie formeront la pointe. La tête d'avant-garde aura, en y comprenant la pointe : le peloton de cavalerie, un bataillon d'infanterie et une section du génie, avec une voiture d'outils. Le gros de l'avant-garde, où se trouvera un général de brigade, aura deux bataillons et une batterie. Le gros de la division, qui comprendra trois régiments d'infanterie, trois batteries d'artillerie, des voitures d'ambulance et autres, conservera une distance de 1,000 mètres, au moins, en arrière des dernières troupes de l'avant-garde, toutes les fois qu'on aura à prévoir, comme possible, une attaque soudaine de l'ennemi.

Outre les précautions ordinaires que la division en marche aura à prendre pour s'éclairer sur ses flancs, elle devra se tenir en communication avec les colonnes voisines, pour savoir si elles sont à sa hauteur et pour prendre communication de leurs renseignements. Chaque général de division est intéressé à savoir quel concours il pourrait recevoir des divisions voisines, dans le cas d'une lutte contre l'ennemi, et comment il pourrait lui-même leur porter secours. Chacun doit donc se rendre compte de la nature et de l'état des chemins par lesquels sa colonne peut communiquer avec les autres.

XVI

RENCONTRE DE L'ENNEMI.

Dès que le général commandant la division est informé que l'ennemi est en présence et paraît décidé à mettre obstacle à la marche, il en avertit le général commandant le corps d'armée, tout en prenant immédiatement ses dispositions de combat. Il dispose d'une artillerie nombreuse, puisque la division compte 4 batteries de 6 bouches à feu ; et comme le corps d'armée possède, en outre, 36 bouches à feu, au moins, qui ne sont pas incorporées dans les divisions, le canon devra entrer vivement en action, dès le commencement de l'affaire, pour briser les obstacles derrière lesquels l'ennemi cherchera à s'abriter et pour lui faire abandonner, s'il est possible, sa position avant qu'il ait eu le temps d'y être rejoint par ses renforts.

Pour obtenir un bon effet avec le canon, il faut le placer sur des points favorables à son action, et tels qu'il voie et batte l'espace dont on veut chasser l'ennemi. La concentration du feu de plusieurs pièces sur un seul point et le changement de direction donné au tir de tous les canons à la fois, quand le résultat a été obtenu, devient l'application d'une règle tactique incontestée et simple. Mais il enest autrement de l'emploi simultané ou successif à faire des trois armes combinées, en se servant de chacune d'elles à propos. Utiliser les propriétés qui caractérisent l'infanterie, l'artillerie et la cavalerie suivant la nature du terrain sur lequel on se trouve, suivant la nature et la quantité des forces adverses, ce sont les questions les plus compliquées que présente l'art de la guerre, surtout pour le chef qui arrive à l'improviste sur un terrain inconnu, et qui n'a, sur la position, sur les troupes et sur les projets de son adversaire, que des renseignements incomplets ou même que des appréciations conjecturales.

Avant d'aborder la tâche de donner une idée des grandes luttes qui décident du sort des peuples, en mettant en jeu toutes leurs forces morales et matérielles, nous avons encore, au préalable, à indiquer comment une armée qui rencontre sur son chemin un cours d'eau profond et considérable, parvient à franchir cet obstacle.

XVII

PASSAGE DES RIVIÈRES. — ÉQUIPAGES DE PONTS.

Une armée, pour passer les rivières qu'elle rencontrera, sans être obligée de forcer le défilé des ponts existants, ponts que l'ennemi est d'ailleurs maître de détruire, traîne à sa suite un équipage de pont, dont l'élément principal consiste en bateaux de dimensions uniformes et déterminées.

Ces bateaux sont portés sur des voitures à quatre roues qui sont appelées des haquets. Les autres agrès et matériaux nécessaires à la construction du pont, sont portés par des voitures moins longues et moins embarrassantes que n'est le haquet à bateau.

Les bateaux, déchargés par les pontonniers, sont mis à l'eau et servent de supports flottants. Pour constituer la première travée du pont, le premier bateau s'approche de la rive, en la longeant ; puis il reçoit sept poutrelles, portées transversalement par les deux plats-bords, et ces poutrelles servent, tout d'abord, à l'éloigner de la rive à la distance voulue. Cette distance est telle qu'une extrémité des poutrelles porte sur une pièce de bois dite *corps mort*, fixée à terre et formant culée ; tandis que l'autre extrémité arase le plat-bord qui est le plus éloigné de la rive. Les sept poutrelles sont attachées par des cordes aux crochets

14

de pontage dont le bateau est muni; mais cela ne suffirait pas pour empêcher le bateau de s'éloigner du *corps mort;* aussi a-t-on fixé, sur la rive, deux piquets, l'un en amont et l'autre en aval; le bateau y est retenu par deux cordes d'amarrage, attachées aux poupées d'avant et d'arrière. Les poutrelles reçoivent après cela un plancher, formé par des madriers jointifs posés en travers. Ces madriers sont maintenus en place par deux rangs de poutrelles de guindage, qui limitent la voie à suivre. On a ainsi une première travée, à laquelle les autres travées ressembleront beaucoup. Le mode de construction sera le même, si ce n'est que les poutrelles de la seconde travée et des suivantes porteront sur les quatre plats-bords de deux bateaux. Mais les bateaux eux-mêmes seraient entraînés par le courant, s'il n'y avait rien pour les retenir en place. On emploie, à cet effet, des cordages qui attachent les bateaux à des ancres mouillées, pour la plupart, en amont. Le premier bateau est souvent amarré à un point fixe de la rive, à un arbre, par exemple, s'il s'en trouve à proximité. On emploie encore, pour éviter au pont des mouvements d'oscillation, des ancres placées en aval; mais elles sont presque toujours en beaucoup moins grand nombre que celles d'amont.

Un pont militaire de bateaux livre passage aux troupes des trois armes et à toutes les voitures des équipages militaires, à la condition que les colonnes le traverseront avec calme et régularité. Des mouvements brusques ou seulement la marche au pas, longtemps répétée, de l'infanterie, pourraient produire des mouvements oscillatoires qui compromettraient la solidité des attaches.

Pour rendre l'équipage de pont plus mobile dans les transports sur les routes, la France a adopté, il y a quelques années, des demi-bateaux qui peuvent être pontés séparément, mais qui, le plus souvent, sont assemblés d'avance bout à bout. Le haquet ne portant plus qu'un demi-bateau est devenu moins embarrassant. Les demi-bateaux sont adoptés actuellement pour les corps d'armée; les bateaux entiers, pour l'équipage de réserve, qui restera à la disposition du général en chef. Le bateau formé de plusieurs parties est d'origine autrichienne.

A défaut d'équipage de pont suffisant, on a souvent utilisé des bateaux de commerce, comme supports, pour la construction des ponts, en se procurant des poutrelles, des madriers et tous les autres agrès, dans les magasins où se pourvoit la batellerie. On doit comprendre que les préparatifs de la construction du pont exigent alors beaucoup plus de temps qu'il n'en faut pour jeter le pont. Quand tout le matériel et l'équipage militaire sont disposés sur la rive, les pontonniers, qui sont habiles dans leur art difficile, peuvent confectionner 100 mètres de pont par heure, même sur une grande rivière à courant rapide.

On établit parfois des ponts sur des supports flottants autres que des bateaux, en utilisant les radeaux qui sont sur la rivière, et en les disposant de manière que le poids de l'eau déplacée, au moment du passage des troupes et des voitures de l'armée, laisse encore une certaine quantité ou plutôt un certain volume de bois hors de l'eau. Ce calcul, indispensable, n'est pas difficile à faire; mais, néanmoins, les ponts de radeaux sont d'un emploi beaucoup moins fréquent que les ponts à support fixe établis sur des chevalets. Les ponts de bateaux emploient déjà des chevalets spéciaux pour les parties voisines des rives, et, en général, pour toutes celles où le bateau toucherait le fond. Mais ce n'est pas d'un appendice au matériel des pontonniers que nous voulons parler.

Les ponts de chevalets s'établissent partout, en arrière de l'armée, après que l'équipage de pont a été replié pour aller servir en avant à de nouveaux passages. Ils sont très-utiles toutes les fois que le courant n'est pas trop rapide, et surtout que la profondeur de l'eau n'est pas trop grande. Les troupes du génie sont exercées à jeter cette sorte de ponts, qu'elles savent aussi préparer avec des matériaux trouvés sur place. On se procure presque toujours aisément, ne fût-ce qu'en démolissant la charpente de quelques maisons, des pièces de bois propres à faire des chevalets. Les poutrelles et les madriers sont encore plus faciles à se procurer. Cette branche des travaux militaires exige, néanmoins, qu'on s'y prépare par une instruction théorique, et aussi qu'on s'y exerce à l'avance.

Pendant la retraite de Russie, en 1812, notre armée, ayant quitté la grande route, que les Russes avaient déjà interceptée, arriva sur la rive de la Bérézina, à un point où le pont fixe avait été coupé. Le manque de nourriture, qui avait fait périr le plus grand nombre des chevaux, avait forcé d'abandonner tout l'équipage de pont; mais le directeur des parcs d'artillerie de l'armée, le général Éblé, était pourtant parvenu, en abandonnant des munitions, à conserver quelques-unes des voitures qui portent des outils servant à forger, et qu'à cause de cela on nomme des *forges*. Il avait aussi conservé du fer propre à fabriquer des clameaux, sorte de clous qui s'enfoncent dans deux directions différentes. Ce fut là le moyen de salut des débris de notre armée; car on trouva, dans quelques maisons, les bois nécessaires pour confectionner des chevalets, des poutrelles et des madriers. Les clameaux donnèrent à l'un des trois ponts qui furent jetés sur la Bérésina la solidité nécessaire pour résister jusqu'au bout; les deux autres ne servirent que peu de temps. Grâce à cela, ceux de nos soldats qui avaient conservé quelque force purent éviter la douleur de se rendre prisonniers. Ils continuèrent la lutte pour l'honneur d'un drapeau jusque-là victorieux.

CHAPITRE V.

LES BATAILLES.

I

L'ORDRE DE BATAILLE.

Depuis que l'infanterie a été rangée en ordre mince, les flancs de la ligne sont devenus des points très-faibles. Il suffit à l'ennemi de les tourner pour rendre une position intenable.

Afin d'obvier à cet inconvénient, les troupes d'infanterie, dans les batailles livrées pendant les guerres de la République et de l'Empire, ont été habituellement rangées sur deux lignes ; la seconde, à 300 mètres en arrière de la première, mettait obstacle aux mouvements faits en vue de la tourner. Ces deux lignes ont été très-nettement tracées et régulièrement placées toutes les fois que la nature du terrain l'a permis. En outre, une troisième partie de l'effectif, maintenue en réserve pour être employée à la défensive ou à l'offensive, sur un point ou sur un autre suivant la phase de la lutte, n'a guère eu de place assignée que par la condition de ne pas se laisser voir par l'ennemi. L'effectif des troupes tenues en réserve a varié beaucoup d'une bataille à l'autre, mais l'habile emploi qu'en a su faire l'empereur Napoléon Ier, a montré que, le plus souvent, le vainqueur est celui qui a su se ménager des troupes disponibles alors que son adversaire a engagé toutes les siennes.

Dans les batailles du premier Empire, lorsque le terrain était plan, la première ligne était déployée, c'est-à-dire, comme on disait alors, en *ordre de bataille*. La deuxième ligne avait chacun de ses bataillons formé en colonne, pour être prête à marcher. La réserve était rangée en masses pour être plus facile à masquer et pour se trouver mieux dans la main du chef qui la commandait.

Dans les batailles les plus récentes, l'ordre serré en masse, que les Prussiens ont appelé *ordre de rendez-vous*, a été employé par eux comme formation préliminaire, pour de grandes quantités de troupes de toutes armes, parfois même pour des corps d'armée entiers. Le commandant d'un corps d'armée pouvait avoir, par exemple, une brigade d'infanterie engagée avec l'ennemi ; la chaîne des tirailleurs étant à 1,500 ou 2,000 mètres en avant de lui, sans que pour cela le reste du corps d'armée abandonnât immédiatement la formation de *rendez-vous*. Cet ordre concentré permettait au commandant en chef de prendre les troupes des diverses armes suivant les besoins du moment, et de les envoyer au combat sans avoir de temps à perdre pour leur communiquer ses ordres.

Le combat de l'infanterie en ordre dispersé qui conduit à porter successivement sur la ligne formée par la chaîne des tirailleurs, les renforts d'abord , puis les soutiens et enfin les réserves, rend désirable d'avoir l'un derrière l'autre, d'abord les éléments de la même compagnie, ensuite les éléments d'un même bataillon, puis ceux du même régiment. Il résulte de là, qu'un bataillon pourra occuper parfois une profondeur de 1,000 mètres et le régiment une profondeur de 1,400 ou de 1,500 mètres. Les deux régiments de la même brigade doivent donc, de préférence, combattre accolés et non pas placés l'un derrière l'autre. Par le même motif, les deux brigades d'une division seront accolées, c'est-à-dire placées l'une à côté de l'autre, dans la ligne de bataille.

Le principe de ces dispositions trouvera encore à s'appliquer avec avantage dans les circonstances anormales où il semble rencontrer des obstacles insurmontables à cause des accidents du terrain ou à cause des irrégularités d'une situation exceptionnelle.

II

BATAILLE DE WAGRAM.

Nous chercherons dans l'exposé succinct du plan et des combinaisons tactiques de quelques grandes batailles le moyen de donner une idée de l'art d'employer les trois armes, suivant la nature du terrain et aussi d'après les circonstances.

Nous commencerons par la bataille de Wagram, parce qu'elle offre au point de vue qui nous occupe l'avantage de montrer l'exemple le plus mémorable de l'emploi des équipages de ponts militaires dont nous avons parlé brièvement.

L'empereur Napoléon, parvenu à s'emparer pendant la campagne de 1809, de Vienne, la capitale de l'Autriche, se vit dans l'impossibilité de passer là le Danube, parce que l'armée ennemie occupant en face de lui la rive gauche du fleuve, avait coupé tous les ponts. Il entreprit d'effectuer le passage du fleuve en s'emparant d'une grande île, appelée île Lobau, située à deux lieues et demie au-dessous de Vienne. Cette île n'a pas moins de deux lieues dans sa plus grande longueur et elle a plus d'une lieue dans sa plus grande largeur. L'île est séparée de la rive droite du fleuve, dont on était maître, par un grand bras de plusieurs centaines de mètres de largeur, et de la rive gauche par un petit bras dont la largeur ne dépasse pas cent vingt mètres. On se procura les bateaux, les poutrelles, les madriers et les agrès nécessaires pour jeter un pont sur le grand bras, sans avoir pourtant toutes les ancres nécessaires à la stabilité du pont dans un courant aussi rapide. On dut y suppléer par des moyens d'ancrage fort imparfaits, qui ne donnèrent pas des points d'appui suffisamment solides. Le grand pont établi, on fit passer des troupes dans l'île Lobau ; puis l'équipage du pont réglementaire, qui suffisait pour la largeur du petit bras, ayant été amené sur place et mis à l'eau hors de la vue de l'ennemi, on fit placer dans les bateaux des fantassins qui prirent pied sur la rive gauche ; ils commencèrent à éloigner les tirailleurs ennemis, qui auraient eu sans cela trop grande facilité d'atteindre les pontonniers occupés à établir le pont.

Le lieu choisi pour le passage offrait d'ailleurs une disposition caractéristique que l'on recherche toujours en pareil cas.

La rive gauche du fleuve ne dessinait point une ligne droite ; elle formait, au contraire, une courbe très-prononcée et telle que l'ennemi, placé dans un rentrant, était exposé à recevoir en même temps de face, de droite et de gauche, des coups de canon concentriques. Si le terrain ainsi occupé par l'artillerie française eût été plus élevé que celui de l'autre rive dans une mesure convenable, le point choisi aurait réuni les deux conditions classiques des passages de rivière.

Le pont ayant été jeté avec rapidité et sans entrave, les troupes françaises passèrent sur l'autre rive, gagnèrent du terrain et s'emparèrent des deux villages d'Essling et de Gros-Aspern, situés à une lieue en face du point de passage. Mais l'ennemi survint, attaqua nos troupes avec des forces qui grossirent progressivement et devinrent très-supérieures en nombre. Après une bataille dans laquelle les Français se trouvèrent plusieurs fois en grand péril, à cause des interruptions qui survenaient dans le passage sur le grand pont, ils durent opérer leur retraite dans l'île de Lobau. Ils conservèrent pourtant un poste sur l'autre rive, au point où avait abouti le pont, qui fut replié. Le rentrant prononcé de la rive gauche du fleuve fut plus utile encore, en favorisant la retraite, qu'il ne l'avait été en facilitant la construction du pont.

Cette entreprise, sans succès, avait donné lieu à la bataille d'Essling, livrée les 21 et 22 mai 1809, tandis que la bataille de Wagram, dont nous voulons parler, fut livrée les 5 et 6 juillet suivants.

Les six semaines qui s'écoulèrent dans l'intervalle furent employées à de grands travaux, qui eurent pour objet de recommencer le même passage, presque au même point, en présence d'un ennemi prévenu et mis en mesure de réunir là toutes ses forces. Pour échapper au plus grand inconvénient de la première entreprise, on construisit, sur le grand bras du Danube, un pont de pilotis et, à côté, un pont de bateaux, établi solidement dans des conditions toutes nouvelles. On installa, dans l'île Lobau, des camps avec des magasins de vivres, de la poudre et des munitions. On réunit en arrière de l'île des équipages de pont de bateaux nombreux et munis de tout, en vue de jeter plusieurs ponts à la fois sur le petit bras du Danube. On rassembla de grandes chaloupes, munies d'un parapet défensif pour servir à opérer le passage en bateau qui doit toujours précéder l'établissement des ponts; car l'opération ne peut réussir qu'à la condition d'éloigner l'ennemi de la rive pendant la construction du pont.

Dans la nuit du 5 au 6 juillet, 109 bouches à feu

de siége, établies et postées avantageusement dans l'île Lobau, commencèrent à tirer toutes ensemble; d'abord contre le village d'Enzersdorff, placé à portée, puis contre des postes fortifiés que les Autrichiens occupaient à l'ouest d'Enzersdorff, du côté d'Essling. Le village d'Enzersdorff fut accablé sous les coups des obus et des bombes, qui ajoutèrent l'incendie au choc des boulets et à l'explosion des obus, premiers moyens de destruction.

L'Empereur avait dirigé, la veille, quelques troupes dans le rentrant placé en face d'Essling, et il continua, de ce côté, une démonstration destinée à donner le change à l'ennemi; tandis qu'au contraire, le passage s'opérait au moyen des chaloupes, en partant de l'extrémité orientale de l'île Lobau, c'est-à-dire à deux lieues de là. La brigade d'infanterie, qui débarqua la première, refoula facilement des petits postes peu nombreux, et les ponts de bateaux, dont le nombre fut porté à huit, donnèrent à nos corps d'armée, comprenant des troupes de toutes armes, le moyen de passer le petit bras avec ordre et rapidité.

Après avoir chassé l'ennemi des ruines du village d'Enzersdorff, et avoir canonné, plus à l'est, des maisons, dans lesquelles une troupe d'infanterie s'était retranchée, on força un petit détachement autrichien à se rendre prisonnier, en envoyant des cavaliers lui couper la retraite. On voit là une de ces circonstances où la cavalerie, par sa mobilité, réussit mieux que les deux autres armes ne pourraient le faire.

L'armée française se rangea en bataille, la gauche appuyée au village d'Enzersdorff, et la droite dans la direction de l'est. L'Empereur lui donna une formation très-concentrée; car en arrière de quatre corps d'armée, développés en ordre de bataille sur deux lignes, il y en avait encore quatre autres, développés aussi sur deux lignes; puis encore plus en arrière, vers le centre, un gros corps d'armée de cavalerie.

N'oublions pas qu'il était de règle, à cette époque, de ranger toujours un corps d'armée sur deux lignes, placées à 300 mètres l'une derrière l'autre; la première ligne déployée, la seconde ligne, ou déployée comme la première, ou formée de bataillons en colonnes serrées, à distance de déploiement. Le corps d'armée, quand il était isolé au lieu d'être encadré, comme ici, à sa droite et à sa gauche, se ménageait, en troisième ligne, une réserve que l'on tenait en colonne serrée, pour la masquer plus aisément et la tenir mieux dans la main du commandant de corps d'armée.

Pendant que l'armée française prenait ainsi une position et une formation régulières, à l'est du village d'Enzersdorff, où elle appuyait sa gauche; elle éloignait l'ennemi du village d'Essling, en envoyant de ce côté des détachements qui menaçaient de tourner le village par le nord, pendant que les troupes, venant du rentrant, où s'était réfugiée notre armée après la bataille d'Essling, l'abordaient du côté sud. Le village de Gros-Aspern était aussi évacué par les Autrichiens, et l'armée française n'étant plus débordée sur sa gauche ni sur sa droite, et ne voyant plus d'ennemi devant son front, devenait libre de se porter en avant.

Notre armée avait en face d'elle une chaîne de collines, en avant desquelles les cartes indiquaient un ruisseau, le Rusbach, qui coulait dans cette partie parallèlement au Danube, dont il était séparé par une plaine de trois à quatre lieues. Le ruisseau traversait de l'ouest à l'est: d'abord la petite ville de Wagram, puis les villages de Baumersdorf et Newsiedel, qui se trouvaient former les avancées d'une position très-favorable à la défensive, et où, sans doute, l'ennemi nous attendait, puisqu'il ne nous avait point attaqués près du Danube.

Napoléon, donnant à chacun de ses corps d'armée de première ligne et à l'un de ceux de deuxième ligne une direction particulière, fit avancer son armée en éventail, pour augmenter l'étendue de son front. Trois divisions de cavalerie, portées en avant de la droite, durent la garantir contre la surprise d'un mouvement tournant de ce côté, et le corps du duc de Rivoli, étendant des éclaireurs à sa gauche jusqu'au Danube, devait observer toute cette partie. Remarquons que l'étendue du front qui se présentait devant le duc de Rivoli était beaucoup trop grande pour qu'il pût l'occuper et la défendre, en ordre régulier, contre les attaques imprévues que l'ennemi pourrait tenter. Napoléon avait pris le parti de conserver sous sa main deux corps d'armée entiers, dont l'un était la garde impériale; il disposait, en outre, d'une grande masse de cavalerie indépendante.

Les cinq corps d'armée qui marchaient en ordre de bataille vers la position Wagram, Baumersdorf, Newsiedel, furent ralentis par la nécessité de faire des dispositions d'attaque contre des villages, occupés par l'ennemi, qui se trouvaient sur leurs routes; ils n'atteignirent les abords de cette position que vers le soir; mais, néanmoins, ils tentèrent de l'enlever immédiatement. Les attaques faites contre Wagram, Baumersdorf et Newsiedel échouèrent toutes les trois.

Les troupes du prince Eugène, qui gravirent la colline un peu à l'ouest de Baumersdorf, au delà du ruisseau, trouvèrent l'ennemi en force sur le plateau, et redescendirent les pentes en désordre, après avoir essuyé des pertes notables. Le feu ne cessa que sur les onze heures du soir, et nos troupes campèrent dans leur position de bataille : cinq corps d'armée en ligne face aux collines ; deux corps d'armée et une masse de cavalerie, en réserve, en arrière du centre, près du village de Rachdorf. La droite était éclairée par une division de cavalerie, et la gauche par le corps d'armée du duc de Rivoli. Les avant-postes français se prolongeaient sur une longueur qui dépassait 40 kilomètres; ils suivaient une ligne brisée, formant un angle, presque droit, qui avait son sommet à Aderklaa, village situé sur la route de Vienne à Wagram, à 2 kilomètres de Wagram.

L'armée autrichienne occupa, pendant cette nuit,

du 5 au 6 juillet, la position qu'elle avait prise auparavant dans des camps placés sur une suite de collines, comprises depuis Newsiedel, à l'ouest, jusqu'au
Danube, au-dessus de Vienne, à l'est. La longueur
sur laquelle les camps se prolongeaient approchait
de 34 kilomètres.

Beaucoup moins étendue vers l'est, que l'armée française, et aussi moins compacte à son centre, l'armée
allemande pouvait acquérir l'avantage de nous envelopper, là où la nôtre formait un angle saillant, c'est-
à-dire à Aderklaa.

L'archiduc Charles, voulant profiter des inconvénients qui résultaient pour l'armée française de la
nécessité où elle était de protéger ses ponts, prit le
parti de prendre l'initiative de l'attaque, et il envoya, pendant la nuit, ses ordres en conséquence.
A sa gauche, deux colonnes, sorties de Newsiedel,
attaquèrent, vers quatre heures du matin, le corps
d'armée du duc d'Auerstaedt, qui se trouvait en face.
Napoléon, craignant d'être débordé ou tourné par sa
droite, se porta de ce côté avec une partie des troupes de sa réserve; mais les Autrichiens, renonçant à
cette attaque, reprirent leur position sur la hauteur,
et l'Empereur, ayant reconnu l'extrémité de leur gauche et appris, par les coureurs de sa cavalerie, qu'il
n'y avait pas d'ennemis à l'est, prescrivit au duc
d'Auerstaedt de déborder l'ennemi et de combiner
une attaque de front avec une attaque de flanc. Pendant que Napoléon retournait à son quartier général,

pour prendre connaissance des rapports qui devaient l'éclairer sur les projets de l'ennemi en l'informant de ce qui se passait sur les autres parties du terrain, le village d'Aderklaa, attaqué de deux côtés, nous avait été enlevé, et l'on voyait les troupes autrichiennes quitter les hauteurs, où s'appuyait leur droite, pour descendre dans la vallée, en suivant le cours du fleuve.

La bataille s'engagea vivement des deux parts. Trois fois nos troupes renouvelées reprennent le village d'Aderklaa, non sans de fortes pertes ; mais les Autrichiens, sans se laisser décourager, en restent encore maîtres.

Ils occupent de même le village de Sussenbrunn, qui est à 5 kilomètres d'Aderklaa, dans la direction de Vienne ; et ceux de leurs corps de troupes qui ont longé le Danube ont refoulé nos soldats, très-peu nombreux dans cette partie. Nous perdons les villages de Gros-Aspern et d'Essling. L'ennemi se trouve donc près de notre ligne de retraite, et l'on peut craindre même qu'il ne parvienne à s'emparer des ouvrages de fortification de campagne, que l'Empereur a fait tracer, pendant la matinée de la veille, pour couvrir ses ponts.

La situation était devenue critique ; elle exigeait autant de décision dans le caractère que de lucidité dans les vues. Napoléon se porte vers la gauche de son armée, pour connaître exactement l'étendue du danger, et là son plan est arrêté : la ligne entière va se porter de la droite vers la gauche, et les Autri-

chiens, qui débordent notre droite, vont être menacés
d'être coupés et pris sans pouvoir trouver d'autre refuge que les eaux du fleuve, s'ils tardent un peu trop
à retourner en arrière.

Les ordres de mouvement sont envoyés de tous
côtés, et pendant ce temps le duc d'Istrie est chargé
d'occuper l'ennemi en menaçant sans cesse de l'attaquer avec sa cavalerie. En arrière d'Aderklaa, l'artillerie de la garde, qui a soixante bouches à feu, se porte
au-devant de l'ennemi et se met en batterie à si petite
distance de lui, qu'un grand nombre de canonniers et
de chevaux tombent sous les coups de fusil. Mais
bientôt le feu concentré de soixante bouches à feu
devient irrésistible, et l'ennemi est forcé de s'y dérober. La cavalerie autrichienne essaye de charger, mais
les escadrons sont renversés par la mitraille. La grande
batterie augmente encore, au moyen des pièces que
l'Empereur fait venir de divers côtés, et elle ne compte
pas moins de 100 bouches à feu réunies sur un seul
point d'un champ de bataille pour concourir toutes
au même effet, ce qui ne s'était point encore vu. Sous
cette protection, Napoléon rassemble, en une seule
masse compacte et sous sa main, toutes les troupes
dont il peut disposer.

C'est en avant de Raschdorf, dans la direction
d'Aderklaa, que se forme d'abord une colonne de
huit bataillons déployés à petite distance l'un derrière
l'autre. Sur les deux flancs de cette colonne on place
treize bataillons en colonnes serrées par peloton.

A l'extérieur de cette grosse colonne et de chacun des deux côtés, une division de cuirassiers se place en colonnes serrées par escadron. Derrière cette masse de troupes, formant une seule colonne, deux divisions d'infanterie sont déployées; par derrière encore sont placés les grenadiers à cheval et les bataillons d'infanterie de la garde impériale.

Pour faire usage de cette masse d'hommes conformément au plan qu'il avait conçu, l'Empereur attendait le succès de sa droite contre Newsiedel, succès sans lequel tout mouvement exécuté en avant par la réserve pouvait devenir compromettant pour l'armée entière.

Le maréchal Davoust avait réuni soixante-quatre bouches à feu qui battirent le village de Newsiedel. Après cela, il forma trois colonnes d'attaque qui parvinrent à s'emparer du village et à s'établir sur la hauteur qui est derrière. C'est là ce que l'Empereur attendait. Aussi, dès qu'il eut reconnu, par l'observation de la fumée, que notre canon y était parvenu et qu'il avançait sur le plateau de l'ouest à l'est, c'est-à-dire dans la direction de Wagram, il ordonna au duc de Rivoli, qui était placé, comme on l'a dit, à notre gauche, de marcher vers le Danube, dans la direction d'Essling.

La grande batterie de 100 bouches à feu se porta en avant, refoulant l'ennemi, et elle se partagea en deux pour tirer, à droite sur Aderklaa, à gauche sur Breitenlee, dont l'ennemi s'était aussi emparé. La masse de troupes formées en une colonne énorme, s'avançant tout d'une pièce dans l'espace ouvert entre les deux batteries, se trouva là en butte au feu des canons que les Autrichiens amenèrent, et elle fut un moment dans une position difficile, à cause des ravages qu'y faisaient les boulets. La cavalerie française entreprit de charger l'ennemi; mais ce fut sans succès, et Napoléon ne sortit de cette situation critique qu'en développant une division d'infanterie à droite et à gauche, pour que les troupes eussent moins à souffrir du feu du canon avant de se porter en avant.

Aderklaa, Sussenbrunn et Bretenlee ayant été enlevés par un dernier effort de nos troupes, l'archiduc Charles renonça à disputer la victoire. La gauche de son armée avait perdu ses positions; son centre était forcé et sa droite compromise. Il envoya à sa droite l'ordre de battre en retraite, ce qu'elle fit assez vite pour éviter le désastre qui la menaçait.

L'armée française porta sa droite à Wagram, pendant que sa gauche, appuyée au Danube un peu en amont de Vienne, montait sur les collines d'où l'ennemi était descendu le matin pour prendre l'offensive.

Pendant que la marche des opérations de cette grande bataille avait amené l'armée française à remonter le cours du Danube en faisant face à l'ouest, un corps d'armée ennemi, commandé par l'archiduc Jean, apparaissait à l'est du champ de bataille. Ce corps d'armée arrivait d'Italie, après un détour fait par la Hongrie. Il pouvait entreprendre de marcher vers nos ponts du Danube, dont il n'était pas très-éloigné. Mais ses troupes étaient peu nombreuses, et, dès qu'il fut informé du résultat de la journée, il prit le parti de rétrograder sans rien entreprendre. Napoléon n'avait pas été d'ailleurs sans prévoir l'éventualité de cette arrivée; car il avait eu soin de ne pas engager la garde impériale, qui, sauf son artillerie, demeura en réserve jusqu'à la fin de la journée.

L'armée de l'archiduc Charles, quittant la vallée du Danube, se mit en retraite sur deux routes. L'armée française, hors d'état de se livrer immédiatement à une poursuite très-active, moins encore à cause de ses morts et de ses blessés, dont le nombre était grand, qu'à cause du soin qu'elle devait donner au renouvellement de ses munitions, n'eut pas d'autre avantage que celui d'avoir passé le Danube. Mais, dans la situation où étaient les choses, ce résultat était si considérable, que le gouvernement autrichien sollicita immédiatement un armistice bientôt suivi d'un traité de paix qui augmenta encore la prépondérance déjà si grande de la France sur le continent européen.

L'armée française qui avait combattu sur le champ de bataille de Wagram comptait 150,000 hommes, et l'armée autrichienne à peu près autant, à 10,000 hommes près. Chacune des deux armées avait eu de 24,000 à 25,000 hommes hors de combat. Ainsi, près de 70,000 hommes sur moins de 300,000 combattants avaient été couchés par terre, sans que l'une des deux armées eût perdu sa discipline, son ordre

15.

et son courage. Le monde n'avait point encore vu de lutte aussi gigantesque et aussi savamment organisée. De part et d'autre une armée immense avait obéi, dans tous ses mouvements, aux combinaisons profondément réfléchies ou improvisées de son chef.

L'armée française avait mis à exécution une entreprise qui n'avait point encore été tentée, celle de forcer le passage d'un grand fleuve en présence de l'ennemi, alors que cet ennemi n'était inférieur ni en nombre, ni en organisation, ni en discipline. Le succès fut dû au choix prévoyant du point de passage; car, en s'établissant dans une grande île couverte d'arbres, Napoléon divisait en quelque sorte la tâche qu'il se proposait d'accomplir. En partant de l'île Lobau, il n'avait plus à traverser qu'un bras du Danube d'une largeur à peu près égale à celle de la Seine à Paris. D'autres îles moins considérables, semées çà et là dans cette partie du fleuve, donnaient aussi le moyen de masquer les préparatifs et de se mettre en mesure d'établir avec rapidité un grand nombre de ponts à la fois. Mais la véritable et grande cause du succès fut due à la puissance de l'artillerie mise en œuvre, et à l'habile emploi qui en fut fait. On eut là plus de cent bouches à feu de siége, par conséquent de fort calibre et de grande portée, qui étaient abritées derrière des épaulements et auxquelles l'ennemi n'avait à opposer que des canons de campagne. Les mortiers et les obusiers, tirant sur les couverts d'un village rapproché, opéraient un bombardement destructif qui devait déloger les défenseurs, pendant que les boulets, lancés au loin par des canons de 24, devaient atteindre les troupes placées derrière les retranchements en terre, ainsi que celles qui se tiendraient en seconde ligne ou en réserve dans la plaine. On avait eu soin d'ailleurs, en déterminant les emplacements des bouches à feu, de faire en sorte qu'il y en eût plusieurs préparées à tirer sur le même point; car on savait qu'en concentrant le feu on devait réussir à déloger successivement l'ennemi de toutes les positions où l'on pourrait l'atteindre. L'ennemi aurait au contraire supporté, vraisemblablement sans fléchir, le feu divergent qui aurait été tiré sur tous les points à la fois.

Le soin que Napoléon avait pris d'amener dans l'île Lobau tous les canons de siége qu'il avait pu réunir, eut encore l'avantage de laisser à tous les corps d'armée la libre disposition de leurs canons de campagne, qui leur permirent d'attaquer sans retard, quand ils eurent passé sur l'autre rive, les habitations et les villages où des ennemis restaient logés.

Dès qu'une partie de notre armée avait eu mis le pied sur la rive gauche du Danube, l'Empereur avait fait travailler à des fortifications de campagne destinées à protéger les ponts. Il eut à se féliciter d'avoir pris cette sage précaution quand l'ennemi, maître de Gros-Aspern et d'Essling, sembla prêt à se porter de là contre la tête de pont établie à l'est de l'île Lobau. L'ordre de bataille très-concentré que Napoléon prit

tout d'abord, en appuyant sa gauche au village en
ruine d'Enzersdorf et en envoyant de la cavalerie en
avant de sa droite qui était sans appui, indique qu'il
voulait se mettre en garde contre une attaque immédiate à laquelle l'ennemi devait être préparé de longue
main et qui était vraisemblable.

En voyant que les soldats autrichiens cédaient le
terrain de tous côtés, Napoléon pensa que sans doute
l'archiduc Charles s'était résolu à garder la défensive
et que vraisemblablement on le trouverait retranché
sur les collines qui limitent la vallée et particulièrement
sur celles qui s'étendent de Newsiedel à Wagram. C'est
en vue de pénétrer la résolution de son adversaire, et
pour l'empêcher de s'établir solidement sur cette position s'il n'était pas encore en mesure de la défendre,
que l'Empereur ordonna, dès le soir même du premier
jour, de prendre pied sur la hauteur par des attaques
vigoureuses. Les échecs qui furent la suite de ces tentatives infructueuses ne décidaient pas la question de
savoir si l'ennemi resterait encore le lendemain sur la
défensive. En tous cas, Napoléon décidé à prendre lui-
même l'offensive, quoiqu'il eût à surveiller un front
de six lieues et plus, prit le parti de ne pas étendre
uniformément ses troupes mais de les ranger en face
des hauteurs occupées. Il garda en arrière de son
centre une très-forte réserve, et il étendit ses deux
ailes par des détachements envoyés en observation.

Quand la droite de l'armée française fut attaquée
vivement, le lendemain dès le point du jour, par les

troupes autrichiennes descendues de la hauteur de Newsiedel, Napoléon se porta immédiatement de ce côté avec une partie de ses réserves. Il concourut d'abord à refouler l'ennemi; ensuite il détermina le plan d'attaque des hauteurs. Napoléon s'était porté de ce côté en prévision du cas où l'archiduc Charles aurait eu l'intention de refouler vigoureusement la droite de l'armée française en la débordant; mais tel n'était pas le projet de l'archiduc Charles, qui voulait seulement opérer une diversion de ce côté et y attirer les forces françaises au moment où l'attaque véritable allait s'exécuter par de grandes forces descendant des hauteurs situées à l'ouest de Wagram, et appuyant leur droite au Danube. Ce plan offrait aux Autrichiens des avantages marqués, car il obligeait l'armée française à infléchir sa ligne de bataille dans deux directions faisant l'une avec l'autre un angle à peu près droit. La partie formant pointe allait être forcée de combattre en situation désavantageuse parce que l'artillerie ennemie, en battant la troupe placée en face d'elle avec ses projectiles, allait prendre d'enfilade ou de revers la partie de la ligne française placée dans l'autre direction. C'est par cette cause de supériorité que les Autrichiens parvinrent à reprendre trois fois le village d'Aderklaa, et à refouler les troupes françaises dans cette partie. L'Empereur dut y envoyer des renforts, et pendant ce temps les troupes autrichiennes, descendant la rive gauche du Danube, entraient à trois lieues de là dans Gros-Aspern et dans

Essling. A ce moment, notre armée semblait menacée
d'un immense désastre ; car, si elle eût été coupée de
ses ponts, les munitions lui auraient bientôt manqué.

Le sang-froid et la lucidité d'esprit de l'Empereur
à la vue de cet épouvantable danger furent à la hauteur des circonstances; cent bouches à feu réunies au
point décisif y produisirent un effet irrésistible. Ce fut
l'origine des grandes batteries de réserve employées
dans les batailles qui ont suivi. C'est de là que datent
les exercices des manœuvres pour les batteries attelées. Ces manœuvres, analogues à celles des escadrons
et des bataillons, sont devenues nécessaires pour faire
mouvoir et mettre en batterie, dans une direction quel-
conque, un grand nombre de bouches à feu.

La formation en une seule masse très-concentrée de
toutes les troupes qui vinrent se placer en arrière de
la grande batterie devait permettre à l'empereur Napoléon de les engager promptement et à propos ; mais
le mouvement qui fut imprimé à l'ensemble de la colonne ne fut pas heureux, par deux motifs : d'abord
parce qu'une telle masse était trop difficile à remuer ;
ensuite parce que la profondeur devait rendre les pertes
très-considérables sous le feu de l'ennemi. C'est là, néanmoins, qu'il paraît permis de faire remonter l'ordre de
rendez-vous que l'armée prussienne emploie actuellement au point de départ d'une bataille, pour maintenir, le plus longtemps possible, sous la main du commandant de corps d'armée, les troupes qui ne sont
point encore engagées avec l'ennemi.

Après ce coup d'œil jeté sur les opérations d'ensemble de la bataille de Wagram, nous ferons quelques remarques particulières sur l'emploi des trois armes. Dans une opération qui débutait par un passage de rivière exécuté en bateau, c'est l'infanterie qui devait aborder la première sur la rive ennemie ; c'est elle encore qui devait gagner du terrain en avant. L'artillerie et la cavalerie passaient le fleuve sous sa protection. L'artillerie parvenue à se mettre en ligne fut immédiatement employée à battre l'ennemi dans ses retranchements et à l'atteindre dans les maisons qu'il occupait. La cavalerie dut explorer le terrain du côté où l'ennemi n'était pas tout proche, pour garantir la ligne de bataille de toute attaque inopinée en flanc ou à revers.

La marche, en éventail, de la première position à la seconde, s'exécuta par tous les corps d'armée en partant de l'ordre déployé sur deux lignes, la direction à suivre étant indiquée par un objet visible. Le terrain ne permit que rarement aux bataillons de marcher en ordre de bataille ; et souvent un bataillon ou même un régiment formait une colonne ; mais les colonnes ainsi organisées momentanément conservaient le plus possible les intervalles de déploiement, et chacune se faisait précéder d'une petite avant-garde. La ligne s'arrêtait en approchant d'un village jusqu'à ce que des reconnaissances exécutées avec soin eussent fait savoir si l'ennemi l'occupait. Quand on avait à attaquer le village, on faisait agir l'artil-

lerie pendant qu'on étudiait les moyens d'accès pour
l'infanterie et qu'on formait les colonnes d'assaut. On
les lançait ensuite simultanément, de manière que
l'ennemi fût menacé de voir sa retraite coupée. Parfois aussi, une troupe de cavalerie envoyée d'avance
sur la ligne de retraite pouvait ramener les défenseurs prisonniers, s'ils ne s'étaient mis en retraite
assez à temps.

Pendant le second jour de bataille, l'attaque de
Newsiedel offrit quelques particularités dignes d'intérêt. Les Autrichiens défendirent longtemps ce gros
village avec succès, à cause des avantages que leur
donnaient les pentes et le plateau qu'ils occupaient en
arrière. Le maréchal Davoust ne réussit qu'après
avoir réuni soixante-quatre bouches à feu qui battirent le village de plusieurs côtés. Il fit, en même
temps, tourner la gauche des Autrichiens qui occupaient la hauteur, et les colonnes françaises parvinrent sur le plateau malgré les feux de la ligne autrichienne placée en retour. Ce succès avait une importance considérable, non-seulement pour la prise de
Newsiedel qui n'était plus en état de résister quand
il était dominé par l'assaillant ; mais encore pour
faciliter la prise de possession de tout le plateau, ce
qui devait avoir pour conséquence l'abandon, par les
Autrichiens, de Raumersdorf et même de Wagram.
En effet, les Français établis sur le plateau situé en
arrière de la pente qui fait face à Newsiedel, prenaient
à revers la ligne de bataille des Autrichiens, qui

avaient là à faire face de deux côtés, sans pouvoir éviter d'être pris en flanc. Aussi, les Autrichiens, à partir de ce moment, cherchèrent-ils à gagner du temps en combattant en retraite plus qu'à reprendre le terrain perdu.

Le maréchal Davoust n'aurait pas pu sans imprudence exécuter le mouvement destiné à déborder la position de Newsiedel, s'il n'avait pas été assuré que ses troupes ne seraient pas elles-mêmes prises à dos par des troupes autrichiennes placées plus à l'est. Mais notre cavalerie était employée à éclairer le terrain, et elle s'était portée assez loin pour pouvoir prévenir longtemps d'avance de l'approche des troupes autrichiennes s'il en était venu de ce côté.

La cavalerie française joua encore différents rôles sur d'autres parties du champ de bataille, tant par des démonstrations et des charges faites pour arrêter l'ennemi, que par la protection donnée au corps d'armée de Masséna, duc de Rivoli. Ce maréchal avait reçu de l'Empereur, au milieu de la bataille, l'ordre de marcher des environs de Sussenbrunn vers Breitenlee et vers Gros-Aspern, c'est-à-dire perpendiculairement au Danube, pour arrêter le mouvement tournant qui s'exécutait sur notre gauche; mais cette marche, exposant nos troupes à une attaque de flanc, aurait pu leur être funeste, si notre cavalerie ne les eût protégées, en appelant sur elle-même l'attention et les efforts de l'ennemi.

Voilà comment on pourrait trouver dans l'entreprise, sans pareille, qui a amené la bataille de Wagram, et dans cette grande lutte de deux jours, des exemples nombreux et instructifs de l'emploi que nos généraux ont fait de chacune des trois armes, suivant les propriétés qui la distinguent.

C'est ainsi que l'histoire militaire des événements de guerre, quand elle est racontée avec de grands détails, peut devenir le meilleur des moyens d'instruction.

Si nous portons maintenant nos regards du côté des Autrichiens, pour observer leur plan de défense du Danube, nous voyons que leur armée n'était point concentrée près du fleuve, comme elle n'aurait pas manqué de l'être, si l'archiduc Charles avait eu l'assurance que le passage des troupes françaises s'effectuerait, une seconde fois, par l'île Lobau. Ce prince paraît s'être préoccupé, surtout, d'empêcher Napoléon de tenter le passage en face de Vienne ; là où il aurait trouvé de belles routes pour ses opérations et où sa ligne de communication n'aurait fait aucun détour.

La rapidité extraordinaire avec laquelle l'armée française effectua le passage du petit bras du Danube et prit pied sur la rive gauche, pendant l'obscurité de la nuit, amena l'archiduc à retirer ses troupes de la plaine pour les replacer sur la hauteur, au lieu d'aller livrer, dans la partie basse de la plaine, une bataille offensive, comme il l'avait fait, avec succès, six semaines auparavant. Il resta, ce jour-là, sur une défensive absolue, dans la pensée que la nuit lui servirait à combiner l'attaque du lendemain, et à expédier tous ses ordres avec la précision nécessaire pour éviter les malentendus.

Dans la défense de la ligne de collines, situées entre Wagram et Newsiedel, les Autrichiens ne cherchèrent pas à battre partout les pentes, pour rendre l'accès du plateau inaccessible; mais leurs troupes, rangées en bataille à quelque distance de la crête, réussirent bien, le soir du premier jour, à empêcher les troupes françaises de prendre pied sur le plateau.

La marche des Autrichiens, le long du Danube, les opérations offensives qui furent exécutées contre l'angle saillant que formait la ligne française, enfin l'habile emploi de l'artillerie autrichienne sur cette partie du champ de bataille, montrent que des deux côtés les troupes et les généraux étaient presque également expérimentés et habiles dans l'art de combattre.

L'aperçu qui précède, en donnant une idée de l'ensemble de la bataille de Wagram, ne saurait suffire pour faire connaître la variété des combinaisons mises en jeu dans les grands drames qui décident du sort des nations. Pour montrer combien les batailles diffèrent les unes des autres, nous en analyserons brièvement deux autres qui, avec un moins grand nombre de combattants, ont eu des résultats comparables à ceux de la bataille de Wagram.

III

LA BATAILLE D'AUSTERLITZ.

Pendant la première partie de la campagne de 1805, Napoléon ayant dispersé ou pris dans la haute vallée du Danube les forces autrichiennes, qui avaient été portées en Bavière, s'était rendu maître de Vienne. Il avait marché de là sur la route de Moravie; et étant arrivé à Brunn avec son armée, il avait pris la route d'Olmutz, pour aller à la rencontre de l'armée russe, qui avait recueilli les débris des forces autrichiennes.

La saison était fort avancée, puisqu'on était au commencement de décembre, et Napoléon avait d'autant plus d'intérêt à ne pas s'éloigner davantage de la France, que la Prusse menaçait de se joindre à la coalition, qui déjà réunissait contre la France la Russie, l'Autriche et l'Angleterre.

Pour exciter l'ennemi à prendre l'offensive, notre avant-garde, qui occupait Austerlitz, abandonna cette ville, en reculant avec quelque hâte, dès que les troupes russes s'y présentèrent. Napoléon prit alors les dispositions les mieux calculées pour inspirer au général en chef de l'armée adverse et aux deux empereurs de Russie et d'Autriche, qui étaient présents, un plan d'attaque séduisant, par tous les résultats qu'on en pouvait attendre.

La route de Brunn à Olmutz, qui va de l'ouest à

l'est, est traversée par un ruisseau, coulant du nord au sud. Ce ruisseau, après avoir formé des marécages et de petits lacs, aboutit à une région de lacs beaucoup plus grands. Napoléon ne donnant à son armée que des campements peu étendus, à droite et à gauche de la route, et n'occupant, en avant du ruisseau, qu'une hauteur destinée à protéger sa gauche, semblait avoir des troupes peu nombreuses et placées dans une position où tout point d'appui faisait défaut pour sa droite, qui devenait facile à tourner. Napoléon avait eu soin de placer ses corps d'armée l'un derrière l'autre, pour faire paraître ses troupes peu nombreuses et leur position faible.

Une autre particularité, qui n'échappa point à l'attention et à la sagacité des adversaires, semblait exposer l'armée française à un danger très-grand. La route d'Olmutz à Brunn va de l'est à l'ouest, tandis que la route de Brunn à Vienne va du nord au sud ; ce fait donna aux ennemis le désir et l'espoir d'obtenir le double résultat d'obliger l'armée française à faire retraite sur Brunn, et de lui couper la route de Vienne à Brunn. Or, on sait que quand on parvient à couper la ligne de communication d'une armée, on la réduit promptement au risque de ne pouvoir plus combattre faute de munitions. Napoléon s'était mis à l'abri de cette redoutable éventualité, en préparant une autre ligne de communication et de retraite, qui ne passait plus par Vienne.

Les Russes ne manquèrent pas d'adopter le plan de

bataille que la vue du terrain et l'étude de la carte étaient faits pour leur inspirer.

Occupant depuis la veille, et sur un grand développement, toutes les bonnes positions que le terrain présentait en grand nombre, à l'ouest d'Austerlitz, et qui dominaient le ruisseau dont nous avons parlé, ils arrêtèrent, pendant la nuit, la composition et les mouvements des colonnes de troupes qui durent se mettre en marche le 2 décembre au matin. Une de ces colonnes fut dirigée sur le village de Pontowitz, pour y passer le ruisseau et pour se trouver presque immédiatement dans le flanc droit de la ligne française; une seconde colonne marcha sur le village de Sokolnitz, qui est plus bas, sur le ruisseau, pour le traverser et pour exécuter ensuite, contre notre droite, un mouvement tournant d'un plus grand rayon. Une troisième colonne marcha sur Telnitz, village situé près des grand lacs, pour se diriger de là directement sur Raygern, où elle serait en mesure de couper la ligne de communication de l'armée française, entre Brunn et Vienne.

Disons de suite que le corps d'armée du maréchal Davoust arrivait, pendant ce temps, sur le champ de bataille, précisément par ce chemin qu'il devait parcourir en sens inverse des troupes russes. Ce maréchal avait pour instruction de ne pas marcher trop vite, de laisser les troupes russes s'engager au delà du ruisseau et des lacs, mais de les attaquer à fond et sans relâche quand il verrait nos troupes établies solidement sur un plateau élevé, qui ne pouvait manquer d'être disputé. Ce plateau fut désigné sous le nom de hauteur de Prazen, à cause du village qui est situé au pied.

Le plan de bataille de Napoléon consistait, en effet, à prendre l'offensive, après que l'ennemi aurait étendu démesurément son front; à porter la ligne de bataille en avant, sur la route de Brunn à Olmutz, à refouler l'ennemi pour disjoindre sa ligne de bataille; puis à profiter de l'occasion qui s'offrirait de couper la retraite aux troupes russes, engagées au delà du ruisseau, en faisant descendre, vers les lacs, les troupes qu'on aurait gardées en réserve.

Tout se passa comme Napoléon l'avait prévu, et jamais, croyons-nous, un plan de bataille aussi étendu n'a été aussi exactement exécuté.

La hauteur du Santon, qui était en avant du ruisseau, sur la rive gauche, avait été fortifiée et garnie de canons. Elle servit d'abord d'appui à la gauche de l'armée française, et facilita la défense du village de Rosenitz. Ensuite, le maréchal Lannes fit exécuter une marche en bataille à ses deux divisions déployées en avant du ruisseau. Les corps d'armée, qui étaient en arrière du corps de Lannes, se développèrent à sa droite dans l'ordre suivant :

La cavalerie de Murat, le corps d'armée de Bernadotte, puis le corps d'armée de Soult. Ce dernier, qui occupait la droite, eut la tâche d'emporter les hauteurs de Prazen, qui furent encore plus opiniâtrément disputées que les autres parties de ce champ de bataille. Le succès ne fut définitif, qu'après des luttes renouvelées pendant deux heures. Le général en chef de l'armée russe, qui avait reconnu les conséquences que Napoléon pourrait tirer de la prise de possession de cette hauteur, y avait engagé ses dernières réserves ; et les plaines environnantes avaient été le théâtre de grandes luttes engagées entre les cavaleries des deux armées, qui firent charger tous leurs escadrons jusqu'au dernier.

Pendant ce temps, le corps d'armée du maréchal Soult avait déjà marché vers l'étang de Telnitz, et il était arrivé, dans cette partie du champ de bataille, assez tôt pour entraver la retraite des troupes russes, qui se virent dans l'impossibilité de revenir par les chemins qu'elles avaient suivis le matin. Déjà 8,000 Russes avaient été forcés de déposer les armes, loin de là, sur les bords de l'étang de Kobelnitz. Une colonne essaya de rétrograder plus loin, entre les deux grands étangs de Telnitz et de Menitz ; mais l'artillerie française de la garde impériale, réunie tout entière non loin de Telnitz, fit éprouver de telles pertes à la colonne russe, engagée sur cette chaussée, qu'une partie, changeant de route et trouvant le village de Menitz occupé, s'engagea sur la glace de l'étang, qui fut brisée par le canon. Plus de 1,000 hommes furent engloutis dans ces étangs et beaucoup d'autres furent faits prisonniers.

Après cette défaite, l'armée russe ne pouvait plus

aspirer qu'à retourner dans son pays. L'empereur d'Autriche, n'ayant plus d'armée organisée, signa le rigoureux traité de paix dicté par le vainqueur.

IV

BATAILLE DE FRIEDLAND.

Pour achever de donner une connaissance élémentaire du même sujet, nous dirons encore quelques mots d'une autre bataille qui fut livrée par l'empereur Napoléon Ier dans des conditions très-différentes des précédentes.

Après avoir dissous ou anéanti à Iéna la majeure partie des forces de la Prusse, Napoléon en avait poursuivi les débris vers le Nord. Le gouvernement russe, voulant empêcher que la Prusse fût complétement écrasée, s'était décidé à entreprendre une nouvelle lutte. L'armée française, ayant pris ses quartiers d'hiver en Pologne, avait été attaquée inopinément par une armée familiarisée avec la température rigoureuse de ce climat. La bataille d'Eylau avait été livrée au milieu des neiges.

A la suite de cela, les Russes avaient exécuté divers mouvements pour secourir la place de Kœnigsberg, et Napoléon avait manœuvré de manière à les empêcher d'arriver jusqu'à cette place. Sur ces entrefaites, le général Beningsen prit possession de la ville de Friedland, qui a un pont sur l'Alle, avec la résolution de passer cette rivière et de faire suivre à son armée la route qui, de là, mène à Kœnigsberg. Son but était de débloquer cette place, ainsi que les troupes prussiennes qui s'y trouvaient. Les deux armées opposées n'ayant pas conservé le contact, aucun des deux généraux ne connaissait exactement la position des forces de son adversaire, lorsque le maréchal Lannes, dirigé vers Friedland, apprit, dans la nuit du 14 au 15 juin, que des troupes russes étaient entrées dans cette ville. Il informa l'Empereur de ce fait d'autant plus important que l'armée russe était là tout entière, tandis que le maréchal Lannes n'avait sous la main, au point du jour, qu'une vingtaine de mille hommes.

Le général Beningsen, loin de renoncer à son projet en se trouvant en présence des troupes françaises, prit des dispositions méthodiques pour en assurer l'exécution. Il fit jeter sur l'Alle trois ponts de bateaux, l'un en amont et deux en aval du pont fixe, plaça deux batteries sur une colline de la rive droite, qui domine la rive gauche, et faisant défiler ses troupes avec le plus de rapidité possible sur les quatre ponts, il rangea ses corps de troupes sur la rive gauche, suivant une ligne circulaire dont Friedland était le centre. Le général russe, ayant reconnu que des troupes françaises se trouvaient en face de son armée sur presque tout son front, prit des dispositions, d'abord pour reconnaître si les forces qui pouvaient entraver sa marche étaient considérables, et ensuite pour ne pas laisser aux mains des Français le village de

Heinrichsdorff, que traverse la route qui mène de Friedland à Kœnigsberg.

Le maréchal Lannes avait sa ligne de communication suivant la route de Domnau à Friedland, c'est-à-dire à l'est de la route de Kœnigsberg. Il avait étendu sa gauche jusqu'au village de Heinrichsdorff, qu'il avait fait occuper. Il avait appuyé sa droite à un bois considérable qui s'étendait jusqu'à proximité des bords de l'Alle. En déplaçant fréquemment sa cavalerie, qui se montrait partout prête à charger, il prenait ses mesures pour traîner le combat en longueur sans laisser l'ennemi s'apercevoir qu'il avait devant lui un faible rideau facile à percer. La situation du maréchal Lannes était fort précaire, parce qu'un effort décidé de l'ennemi aurait facilement mis en état de dispersion ses troupes, étendues sur une longueur très-grande par rapport à leur effectif. Aussi le maréchal envoyait-il vers l'Empereur aide de camp sur aide de camp, pour l'engager à hâter la marche de son armée.

Pendant ce temps, Napoléon mettait en mouvement quatre corps d'armée : celui du maréchal Ney, celui du maréchal Mortier, celui du général Victor et la garde impériale. Arrivé avant les troupes, l'Empereur se plaça sur une colline voisine du village de Posthenen, situé sur la route de Domnau, que l'armée suivait, et il put de là, apercevant l'ensemble du terrain occupé par l'ennemi, apprécier rapidement toutes les considérations qui devaient influer sur son plan de bataille

L'Alle forme autour de Friedland un rentrant très-prononcé, et comme les collines de la rive droite, qui sont très-rapprochées du fleuve, dominent le rentrant de la rive gauche, le général Beningsen avait trouvé là les circonstances les plus favorables à l'opération du passage. L'angle rentrant était lui-même divisé en deux parties inégales par un ruisseau et un lac rapprochés du fleuve, vers l'amont de la ville. L'espace compris entre cette partie du fleuve et le lac n'avait pas plus d'un kilomètre en largeur sur une longueur de deux kilomètres. Le lac entravait la communication entre la gauche des Russes, appuyée à la partie supérieure de l'Alle, et les autres parties de leur ligne, qui se déployait en cercle dans la plaine. Cette circonstance devait exercer une grande influence sur les résultats de la journée.

Napoléon fit ranger ses corps d'armée dans l'ordre suivant : à droite le corps de Ney ; à sa gauche le corps de Lannes, concentré à droite et à gauche de la route qui va de Posthenen à Friedland. A la gauche de Lannes, le corps de Mortier ; enfin, à l'aile gauche de l'armée, deux divisions de cavalerie. Le corps d'armée de Ney et le corps d'armée de Lannes, qui étaient à la droite, eurent chacun une division de cavalerie qui fut placée en arrière de leur seconde ligne. Enfin Napoléon conservait en réserve, en arrière du village de Posthenen, et par conséquent en arrière de sa droite, le corps d'armée du général Victor, la garde impériale et une division de cavalerie.

Ces dispositions prises, Napoléon dicta et adressa aux commandants des corps d'armée un ordre de bataille laconique et simple où il prescrivait, au signal donné par l'artillerie placée en avant de Posthenen, de prendre l'offensive sur tout le front, mais d'avancer lentement au centre et à la gauche, pour se laisser devancer par la droite, à laquelle revenait l'initiative de la marche en avant. Le plan de l'Empereur était bien manifeste. Si la droite de son armée poussait les Russes devant elle jusqu'à Friedland, s'emparait de cette ville et interceptait l'accès des ponts, toutes les troupes de l'armée russe qui n'auraient pas repassé le fleuve auparavant se trouveraient dans une situation désespérée. Pour que l'entreprise produisit tous ses résultats, le centre et la gauche de l'armée française devaient s'attacher à combattre les troupes qui étaient devant eux, pour les empêcher de se dégarnir par des détachements, mais sans les refouler jusqu'à Friedland avant que la ville et les ponts fussent tombés en notre pouvoir.

Le centre et la gauche de l'armée française exécutèrent sans difficulté les ordres reçus; mais la droite rencontra dans l'accomplissement de sa tâche de très-grandes difficultés. Le maréchal Ney, qui avait déployé ses deux divisions dans une plaine basse, les porta en avant avec vigueur, et fit reculer les Russes jusqu'à un coude de l'Alle, où beaucoup d'hommes se noyèrent; mais bientôt des canons russes, placés sur la rive droite, firent éprouver des pertes à notre in-

16.

fanterie, et la cavalerie russe en profita pour attaquer. Un commencement de désordre se produisit dans les rangs des deux divisions de Ney, malgré le secours de sa cavalerie, qui s'avança pour combattre celle de l'ennemi.

Pendant que les deux divisions de Ney exécutaient leur attaque contre l'extrême gauche de l'armée russe, Napoléon avait fait avancer, au delà du village de Posthenen, le corps d'armée de Victor, qui appuya sa gauche au ruisseau, faisant face au long défilé de 1,000 mètres de largeur, dont nous avons parlé. De cette position rapprochée on pouvait voir les Russes, redoublant leurs efforts contre les troupes de Ney, parvenir à les mettre dans un état de désordre très-inquiétant. C'est alors que le général Sénarmont, qui commandait l'artillerie du corps de Victor, prit l'initiative d'une attaque hardie, qui décida promptement le succès de la bataille.

Chaque corps d'armée avait dès lors des batteries, marchant avec les divisions, et d'autres batteries, formant l'artillerie de réserve du corps d'armée. Celles-ci étaient les seules qui fussent toujours sous le commandement personnel du général de l'arme.

Mais, dans cette circonstance, le général Sénarmont se fit suivre des trente-six bouches à feu, qui comprenaient les deux fractions de l'artillerie du corps d'armée. Il les porta en avant et les mit en batterie à portée de canon de l'ennemi.

Les généraux, qui commandaient les divisions du

corps de Victor, allèrent porter plainte à l'Empereur de ce qu'on leur avait enlevé leurs canons, dont ils allaient avoir besoin bientôt, quand leurs troupes seraient engagées contre l'ennemi. L'Empereur n'avait pas été lui-même sans préoccupation, quand il avait vu, de la position où il observait le combat, des batteries marcher à l'ennemi sans escorte et se porter rapidement au loin, avec une hardiesse qui semblait imprudente. Mais quand il les eut vues commencer le feu, il apprécia bientôt l'effet à en attendre, et il répondit, aux plaintes vives qui lui étaient exprimées, ces simples mots : « Ce sont de mauvaises têtes, laissons-les faire. »

L'effet des trente-six bouches à feu de Sénarmont fut d'autant plus considérable, qu'en arrière de la ligne d'infanterie, sur laquelle elles dirigeaient leurs coups, il y avait d'autres troupes que les boulets atteignirent. La cavalerie russe s'avança pour charger les batteries meurtrières ; mais Sénarmont l'attendant à bonne portée, avec sans-froid, accueillit les escadrons par une salve à mitraille, qui leur fit tourner bride. Non content d'avoir arrêté sur ce point les attaques des Russes, Sénarmont, qui avait jugé lui aussi l'ensemble de la situation des deux armées et apprécié le plan de l'Empereur, voulut concourir à son exécution. Voyant l'infanterie russe ébranlée, il en rapprocha ses batteries pour la battre de plus près. Animé d'un surcroît d'audace à l'aspect des effets qu'il produisait, il s'approcha plus près encore, et s'engagea, à la suite

des Russes, qui reculaient, dans le défilé compris entre l'Alle et l'étang. Ce défilé était d'autant plus difficile
à forcer qu'on pouvait, en s'y avançant, être pris en
flanc des deux côtés ; de l'un, par les batteries de la
rive droite de l'Alle ; et de l'autre, par les canons que
les Russes pourraient amener sur la rive opposée du
ruisseau et de l'étang. Ces dangers n'arrêtèrent point
Sénarmont, qui se borna à recommander que les six
pièces de sa droite et les six pièces de sa gauche se
tinssent prêtes à contre-battre les feux de flanc, et qui
consacra vingt-quatre de ses trente-six bouches à feu
à son attaque de front. A mesure que l'artillerie française pénétrait plus avant dans le défilé, les troupes
russes, reculant toujours, s'accumulaient davantage,
et chaque coup de canon faisait de plus grands ravages. Nos batteries, en s'approchant ainsi, pour tirer
de très-près, parvenaient à se mieux dérober aux feux
de la rive droite de l'Alle, parce que les Russes ne
pouvaient plus, de loin, être sûrs de bien distinguer les
deux partis aux prises.

Bref, l'audace et le sang-froid poussés jusqu'à un
point qui ne s'était encore jamais vu, dans le maniement des batteries, produisirent, sur les masses
russes, un effet comparable à celui d'un mur qui s'ef-
fondre.

L'obstacle qui s'était opposé jusque-là au progrès
de nos troupes disparut. Les troupes de Victor avaient
suivi l'artillerie ; mais Ney, qui avait rallié ses troupes, prit les devants ; il entra le premier dans Fried-

land, sans laisser aux Russes le temps d'en organiser la défense.

Le corps d'armée de Lannes, ayant passé sur la rive droite du fleuve, se rendit maître des débouchés des ponts russes.

Le centre et la droite de l'armée russe, ayant perdu leur ligne de retraite, éprouvèrent de grandes pertes, en luttant vaillamment pour éviter de se rendre prisonnières. Les troupes errèrent sur les bords du fleuve. Les unes parvinrent à le franchir, après être descendues beaucoup plus bas; tandis que d'autres furent assez heureuses pour trouver quelques gués praticables, qu'elles traversèrent en abandonnant voitures et canons.

La véritable bataille, livrée après l'arrivée de Napoléon, avait commencé à cinq heures après midi et elle finissait à dix et demie du soir. 25,000 Russes tués, blessés ou noyés, et 80 bouches à feu abandonnées sur le champ de bataille, avaient désorganisé l'armée russe.

La victoire de Friedland, l'une des plus importantes et des plus glorieuses parmi toutes celles de ces longues guerres, eut pour conséquence la paix de Tilsitt, qui marqua l'ère de la grandeur suprême de la France. Cette ère devait durer bien peu d'années, puisqu'elle cessa au désastre de 1812.

Si maintenant nous cherchons le caractère commun aux trois batailles que nous venons d'esquisser, nous voyons que le succès dépend de l'exécution d'un plan tracé d'après une vue d'ensemble, inspirée par les lieux et les circonstances de la lutte. Le plan arrêté et l'exécution commencée, toutes les résolutions incidentes et tous les mouvements secondaires doivent être subordonnés à l'idée principale. Celui qui commande a besoin de posséder la force d'âme et l'étendue de vues nécessaires pour n'être jamais détourné de son but par les incidents secondaires, quelque dramatiques qu'ils soient.

Un homme ne saurait être digne et capable de commander en chef une armée sans avoir l'âme assez forte pour porter le poids de la plus lourde des responsabilités. Souvent il ne saura que peu de chose sur la situation de son adversaire, sur ses projets, sur ses moyens d'action, et l'inconnu aura une large part dans chacune de ses résolutions; il pourra se trouver très-inférieur en forces à un adversaire, dont les ressources ne lui étaient pas connues, et pourtant s'il échoue, s'il est vaincu, il deviendra l'objet des mépris de la foule ignorante.

Les généraux faits pour commander en chef avec le sang-froid et la clairvoyance que leur grand rôle réclame, sans se laisser influencer par la terrible éventualité de la défaite, sont des hommes rares. Mais, heureusement, tous les officiers n'ont pas besoin, pour remplir leurs fonctions avec honneur, de qualités aussi exceptionnelles. Chaque grade, dans sa sphère limitée, trouve occasion de déployer le savoir professionnel, l'énergie et le sang-froid en exerçant, une initiative limitée par les instructions reçues et, surtout, par l'objet à remplir. Si les officiers des grades inférieurs n'ont chacun, en particulier, sur le résultat favorable ou contraire qu'une influence peu étendue, tout repose, néanmoins, sur le sentiment d'honneur, qui donne à tous le courage de braver le danger. C'est pour cela que la carrière militaire sait utiliser tous les hommes de cœur, tous ceux qui obéissent au sentiment du devoir. On peut dire aussi, avec autant de vérité, que l'art de la guerre peut utiliser toutes les intelligences, et qu'il a besoin des capacités intellectuelles de tous genres.

CHAPITRE VI.

LA FORTIFICATION PASSAGÈRE.

I

NATURE DES OUVRAGES.

Nous avons déjà vu, dans la tactique, comment les troupes profitent, sur les champs de bataille, de tous les accidents du sol pour se masquer aux vues de l'ennemi et comment les obstacles existants, arbres, fossés, murs, sont utilisés par les combattants pour se garantir des coups. Quand le combat s'engage, et ce cas est fréquent, sur un terrain qui ne présente ni abris, ni obstacles, ou qui n'en présente pas de suffisants, l'art peut y suppléer soit en les créant de toutes pièces, soit en améliorant ceux qui existent. Nous avons eu précédemment à mentionner des travaux de cette sorte exécutés avant la bataille d'Austerlitz, sur la hauteur du Santon, et aussi des ouvrages commencés sur la rive droite du Danube, le matin du premier jour de la bataille de Wagram, pour couvrir les ponts jetés par l'armée française.

Les travaux d'un usage temporaire exécutés ainsi en vue de donner des avantages aux troupes appelées à les défendre, appartiennent à la fortification passagère qui est un art auxiliaire de la tactique. Son nom la distingue de la fortification permanente, autre branche de l'art de la guerre, qui comporte tous les ouvrages de longue durée, conservés pendant les périodes de paix, quelque longues qu'elles soient, pour remplir en temps de guerre leur important office de préservation.

C'est à la fortification passagère qu'appartiennent un grand nombre de petits travaux, devenus de plus en plus fréquents, tels que l'écrêtement d'un mur ou le percement d'un créneau, le creusement d'un fossé ou simplement l'approfondissement d'un fossé insuffisant. Mais, quoique l'art dont nous nous occupons comporte ainsi une foule de travaux minimes qui s'approprient particulièrement bien au combat en ordre dispersé et qui acquièrent de nos jours une importance toute nouvelle, on ne doit pourtant pas ignorer que la fortification passagère comporte aussi des travaux plus considérables et construit souvent des ouvrages destinés à une résistance plus énergique ou plus sûre.

Dans les temps très-anciens, tant que les armes de jet eurent peu d'efficacité, et que le sort des combats se décida par des luttes corps à corps, la fortification passagère eut dans les opérations de guerre un rôle plus prépondérant qu'aujourd'hui. Elle avait alors un emploi plus habituel qu'elle ne l'a eu depuis. Une légion romaine campait rarement sans être entourée et protégée par un retranchement. Le développement de l'ouvrage n'était pas considérable par rapport au

17

nombre des troupes, parce qu'il n'y avait point alors d'inconvénient à lés ranger sur un ordre profond. Le retranchement consistait dans un massif de terre continu qui était tiré d'un fossé creusé du côté de l'ennemi. Quand le camp était attaqué, les défenseurs s'établissaient sur la partie supérieure du massif de terre, formant plate-forme, et ils combattaient avec grand avantage leurs ennemis, obligés, après être descendus dans le fossé, de s'aider des pieds et des mains pour gravir une sorte de petit escarpement artificiel. Les défenseurs, placés au-dessus des assaillants, les frappaient impunément à l'arme blanche pendant leur ascension.

Quand l'artillerie eut fait des progrès suffisants, quand les armes à feu portatives eurent acquis assez d'efficacité pour être données à tous les fantassins, c'est-à-dire après que le fusil à baïonnette fut devenu d'un usage général, le massif de terre dont nous venons de parler fut employé d'une autre manière. Il servit d'obstacle interposé pour garantir les défenseurs, placés derrière, des boulets et des balles tirés contre eux. Pour que les défenseurs pussent eux-mêmes se servir de leur fusil, une banquette fut ménagée à 1^m,30 au-dessous de la partie supérieure du massif de terre, et les soldats placés debout sur la banquette purent tirer par-dessus le parapet. Dans le cas où l'assaillant parvenait à se jeter dans le fossé, le défenseur devait monter comme auparavant sur le parapet pour repousser l'escalade à la baïonnette. Les nouveaux progrès dans la justesse et la rapidité du tir ainsi que dans l'étendue des portées ont fait tomber en désuétude cette vieille pratique de la défense par l'arme blanche, et actuellement les défenseurs se tiennent jusqu'à la fin de la lutte à l'abri du feu, le plus possible, derrière leur parapet.

Le profil régulier, que l'on peut dire classique, de la fortification passagère, comprend le fossé et le massif des terres provenant de l'excavation. On y distingue les éléments suivants, en commençant par l'extérieur :

La contrescarpe ;
Le fond du fossé ;
L'escarpe ;
La berme ;
Le talus extérieur ;
La plongée ;
Le talus intérieur ;
La banquette ;
Le talus de banquette ;
Le terre-plein.

Quand on considère la fortification, non plus relativement à son profil, mais au point de vue de son tracé, c'est-à-dire, de la ligne parcourue par le profil, on distingue encore :

Le sommet de la contrescarpe ;
Le pied de la contrescarpe ;

Le pied de l'escarpe ;

Le sommet de l'escarpe ;

Le pied du talus extérieur ;

La crête extérieure ;

La crête intérieure ou ligne de feu ;

Le pied du talus intérieur ;

L'arête de banquette ;

Le pied du talus de banquette ;

La hauteur du parapet, qui se mesure par la longueur de la verticale abaissée de la crête intérieure sur le terrain naturel ;

Enfin, l'épaisseur du parapet, qui se compte au moyen de la distance comprise entre les deux verticales abaissées de la crête intérieure et de la crête extérieure d'un même profil.

Nous n'avons pas pensé devoir comprendre le glacis dans le profil normal dont nous nous occupons, parce qu'il n'est réellement qu'un appendice rarement utilisable.

Avant de discuter les dispositions à adopter pour les diverses parties du profil de la fortification passagère, nous devons dire qu'elles dépendent en partie de la nature de la terre, nous voulons dire du maximum de pente sous lequel la terre peut se soutenir quand elle a été déblayée. Les terres légères ne se soutiennent pas sur une pente plus grande que 2 de hauteur pour 3 de base. Les terres ordinaires se maintiennent sous le talus de 1 de hauteur pour 1 de base,

et les terres fortes sous le talus de 3 de hauteur sur
2 de base.

Ceci posé, la contrescarpe taillée dans une terre
rassise peut être maintenue sous une forte inclinaison qui a été déterminée par expérience et qui est
telle que la base n'a que la moitié de la longueur
qu'elle aurait en suivant le talus naturel des terres.
L'escarpe qu'on aurait plus d'intérêt encore à maintenir sur une forte inclinaison pour faire obstacle à
l'escalade ne peut pas en supporter une aussi grande,
à cause de la pression exercée par le poids des terres
du parapet. Le pied du talus d'escarpe est déterminé
par la condition que la base soit égale aux deux tiers
de celle du talus naturel des terres.

Le fossé doit fournir toutes les terres du parapet,
et ses dimensions en largeur et en profondeur sont
calculées en conséquence; mais on doit, toutefois,
tenir compte de ce qu'on nomme le foisonnement. La
terre qu'on retire d'un trou ne peut plus s'y loger
tout entière, même en prenant soin de la damer
fortement. Si le trou est d'un mètre de profondeur et
que le remblai surmonte la cavité de 1 décimètre, on
dira que le foisonnement de cette terre est de 1/10.

Ainsi, quand on déterminera les dimensions du
fossé nécessaire pour fournir les terres du parapet,
on comptera avec ce fait que les terres extraites fourniront au parapet leur volume, plus un dixième de ce
volume.

La berme qui sépare le haut de l'escarpe du pied

du talus extérieur reçoit souvent une largeur de cinquante centimètres. Elle a pour objet d'empêcher l'escarpe de s'ébouler sous le poids des terres du parapet. Mais, comme la berme facilite l'escalade en donnant un palier aux assaillants quand ils ont passé le fossé, on est amené à diminuer et même à supprimer la berme, quand les terres sont assez fortes pour que les éboulements ne soient point à redouter.

Le talus extérieur, qui vient après la berme, a reçu jusqu'à présent une inclinaison égale à celle du talus naturel des terres. L'épaisseur du parapet, qui peut beaucoup varier, a été fixée jusqu'ici à 4 mètres, quand on a voulu se mettre en état de résister au tir de l'artillerie mobile, c'est-à-dire d'empêcher les boulets des plus gros calibres employés par l'artillerie de campagne de traverser le parapet.

La hauteur de la crête au-dessus du sol a une grande importance, parce que c'est de là que dépend la protection donnée aux défenseurs contre les projectiles qui arasent la crête intérieure. Cette hauteur a varié le plus souvent entre 2 mètres ou même 1^m,80, limite minimum, et la hauteur de 2^m,50. Il suffit de réfléchir quelque peu sur la forme du profil du parapet, profil terminé à l'avant et à l'arrière par deux talus doux en sens inverse l'un de l'autre, pour reconnaître que la quantité de terre à fournir pour le remblai augmente beaucoup pour un petit accroissement de hauteur donné à la crête intérieure. L'augmentation du travail exigerait un plus grand nombre de travailleurs et entraînerait à une durée de construction plus longue dans des circonstances où on ne dispose souvent ni des hommes ni du temps. Cela empêche presque toujours de porter la masse couvrante à toute la hautéur qui serait désirable. Quelle que soit la hauteur déterminée, on donne au plan qui va de la crête intérieure à la crête extérieure l'inclinaison de 1 de hauteur pour 6 de base, ou 1/6, ce qui détermine la hauteur de la crête extérieure, et par suite la longueur du talus extérieur. D'autre part, la banquette se place à 1ᵐ,30 au-dessous de la crête intérieure, pour que les fantassins de petite taille puissent tirer par-dessus la plongée. Le talus intérieur est maintenu par des moyens artificiels, sous la forte inclinaison de 3 de hauteur pour 1 de base, afin que ces mêmes fantassins n'aient pas le haut du corps trop éloigné de la crête et qu'ils puissent tirer suivant la plongée. Disons de suite que le talus de banquette est à l'inclinaison de 1 de hauteur pour 2 de base, afin de ne pas s'ébouler sous les pas.

L'inclinaison de la plongée au sixième est faite pour que l'ennemi ne soit pas dérobé aux coups de fusil quand il arrive près du bord de la contrescarpe. On a admis comme règle que le plan de la plongée ne doit pas passer à plus d'un mètre au-dessus du sommet de la contrescarpe, ce qui impose déjà une condition à la largeur du fossé. La profondeur du fossé doit être, d'après une autre règle, de 2 mètres au moins, pour présenter un obstacle suffisamment difficile à franchir, et de 4 mètres au plus, pour que le travail du déblai à faire n'entraîne pas trop de complications et de lenteurs.

Quand on s'est décidé à établir un ouvrage de fortification passagère sur un emplacement fixé, on peut, après avoir mesuré le talus naturel des terres et leur foisonnement, trouver dans un aide-mémoire du génie un profil remplissant les conditions réglementaires. La largeur et la profondeur du fossé, ainsi que l'épaisseur totale du parapet, seront par là déterminées. Ceci arrêté, le tracé sur le terrain se fera en commençant par la crête intérieure, qui est aussi dénommée la ligne des feux. On établira, perpendiculairement à son tracé, deux profils pour chaque côté en ligne droite; puis on tracera à la pioche deux lignes marquant les emplacements des deux arêtes de l'escarpe et de la contrescarpe. On fixera aussi les profils des angles et des extrémités. Ces dispositions permettront de former les ateliers, de répartir les travailleurs et de les mettre à la besogne.

Un atelier se composera de piocheurs, de pelleteurs, de régaleurs et de dameurs.

Les piocheurs auront soin, en creusant le fossé, de ne pas entamer les talus d'escarpe et de contrescarpe; les pelleteurs prendront la terre du fossé pour la jeter dans l'espace marqué pour le parapet; les régaleurs égaliseront la terre du remblai par lits superposés; les dameurs la tasseront en couches minces pour donner au parapet la solidité qu'il lui faut.

Quand ce parapet sera arrivé à la hauteur de la

banquette, de nouveaux travailleurs seront employés à la confection du revêtement nécessaire au talus inté- rieur, pour qu'il reste à la pente réglementaire. Ce talus ne peut être maintenu sous l'inclinaison de 3 de hauteur pour 1 de base qu'à l'aide de matériaux par- ticuliers qui sont disposés suivant les règles d'un art dont l'expérience a fixé les pratiques. On emploie pour cela soit des fascines, qui sont des cylindres pleins de 22 centimètres de diamètre, faits avec des brins de bois longs et minces ; soit des gabions, qui sont des cylindres creux de 60 centimètres, faits avec de menus branchages enlacés autour de piquets équidistants que l'on a placés sur une circonférence de cercle ; soit des claies qui sont faites par le même procédé, mais avec des piquets placés sur une ligne droite et enlacés de brins de bois flexibles qui don- nent à la claie une forme plane. Suivant que l'on choisit l'un ou l'autre de ces modes de revêtement, on place fascines, gabions ou claies sous l'inclinaison que le talus intérieur doit avoir, et on les y maintient avec des harts d'osier dont l'autre bout est attaché à un piquet planté dans les terres du parapet.

Un mode de revêtement différent des précédents se fait avec des gazons que l'on enlève dans une prairie au-dessous des racines, après avoir fauché l'herbe. On les place ensuite par lits superposés, comme des pierres de taille, et l'on parvient à obtenir un revête- ment solide et durable en établissant une solidarité entre le revêtement et le massif des terres.

17.

La nécessité de revêtir le talus intérieur d'un parapet entrave la prompte exécution de la fortification passagère à profil régulier, car on est dans la nécessité de se procurer et de mettre en œuvre des matériaux, menus bois ou gazons, qui ne se trouvent pas partout. En mettant de côté cette cause de retard, les travaux de terrassement d'un ouvrage régulier tel que celui dont nous parlons peuvent être faits en deux jours, ou même en un seul jour, pourvu que l'on ait soin de renouveler fréquemment les ateliers des soldats employés à ce travail, qui est pour eux inaccoutumé.

Les différents ouvrages de la fortification passagère varient surtout par leur tracé, qui est, comme nous l'avons dit, le chemin parcouru par le profil ou, pour mieux dire, le développement de la ligne des feux.

Le tracé d'un ouvrage sur une seule ligne droite est très-exceptionnellement employé; il ne s'applique guère qu'au cas où l'on veut barrer une route en chaussée ou une digue. L'ouvrage porte alors le nom de coupure. Un retranchement de cette forme offrirait, dans tout autre cas, l'inconvénient d'être facilement pris en flanc ou à revers. Ses défenseurs ne pourraient plus l'occuper, dès que les attaquants seraient parvenus à se placer sur son prolongement ou en arrière de son prolongement, à portée de fusil ou même à portée de canon.

Voilà le motif pour lequel on emploie beaucoup plus souvent le tracé formé de deux lignes droites, faisant un angle saillant, que le tracé en une seule ligne droite. L'ouvrage porte alors le nom de redan.

Nous avons vu que l'armée française construisit plusieurs ouvrages de cette sorte, dès qu'elle eut pris pied sur la rive gauche du Danube, avant de livrer la bataille de Wagram. Les deux extrémités du redan étaient alors appuyées au fleuve, qui empêchait que l'ennemi pût les tourner. Dans d'autres circonstances, on ferme l'arrière du redan, qui est nommé la gorge, par un obstacle continu, que l'on forme au moyen d'une palissade ou d'une palanque, construite avec des pièces de bois prises dans le voisinage.

Lorsqu'on ajoute aux deux faces du redan deux autres côtés, dont la direction se rapproche de la bisextrice de son angle saillant, on a un ouvrage qui porte le nom de lunette. La gorge de la lunette peut encore être fermée et défendue au moyen d'une palissade ou d'une palanque. Les deux côtés ajoutés au tracé du redan, pour le transformer ainsi, se nomment les flancs de la lunette. Ils servent souvent à défendre les angles saillants d'autres ouvrages, situés à droite et à gauche.

Quand on considère le profil de la fortification passagère et la situation où se trouve le premier rang des défenseurs, placés de mètre en mètre sur la banquette, on reconnaît que les soldats ne pourront tirer suivant la plongée, qu'à la condition de placer leur fusil perpendiculairement à la crête, ou très-peu obliquement. Pour éviter qu'ils se gênent les uns les autres, on leur donne d'habitude pour instruction de se placer perpendiculairement à la ligne de feu. Il résulte de là, que devant un angle saillant se trouve un espace, appelé secteur privé de feux, qui n'est point battu par les coups de fusil des défenseurs. On remédie à cet inconvénient de deux manières différentes, soit en faisant, comme on dit, flanquer le secteur privé de feux directs par des feux latéraux, soit en le battant directement par une pièce de canon, qui tirera suivant la bissextrice de l'angle saillant. On pratique, à cet effet, un pan coupé, derrière lequel la pièce est abritée.

La lunette, le redan, et la flèche, qui est un redan de petite dimension, sont des ouvrages ouverts à la gorge; mais il y a des circonstances où des ouvrages fermés sur tout leur pourtour, par un parapet ou par un fossé, sont préférables ou même nécessaires. Ces ouvrages fermés portent le nom de redoutes. Il y a des redoutes carrées ou rectangulaires, pentagonales ou même ayant plus de cinq côtés. On les fait rarement de forme entièrement symétrique, parce que la nature du terrain environnant influe tout naturellement sur la direction donnée aux côtés.

La fortification passagère, appliquée à une position d'assez grande longueur pour qu'il faille employer plusieurs ouvrages, prend le nom de ligne. Les lignes de fortification passagère peuvent donner lieu à des combinaisons très-variées : elles se partagent en deux classes, dites lignes continues et lignes à intervalles.

Les lignes continues comprennent :

La ligne à redans, composée de redans éloignés habituellement de 240 mètres environ l'un de l'autre, et reliés entre eux par une partie en ligne droite nommée courtine.

La ligne bastionnée, formée de lunettes, dont les saillants sont également distants de 240 mètres, et dont les flancs sont reliés l'un à l'autre par des courtines.

La ligne à tenaille, formée de grands redans à angle droit, dont les rentrants sont occupés par des flancs de petite dimension. Ces flancs ne peuvent guère être attaqués en même temps que les saillants, et ils remplissent bien la condition de leur efficacité, parce que la troupe d'attaque qui s'avancerait jusqu'au rentrant, avant que les deux saillants voisins eussent été pris, serait battue de tous les côtés à la fois par des feux concentriques.

A l'inverse de la ligne à tenaille, la ligne à crémaillère a très-peu de profondeur. Elle est composée de lignes droites ou faces de 50 mètres de longueur au moins ; et chaque face est protégée par un flanc très-court. La ligne à crémaillère s'adapte bien aux terrains qui ont peu de profondeur, surtout quand ils sont protégés sur leur front par un obstacle artificiel. En arrière d'un cours d'eau ou d'un marais, la ligne à crémaillère peut acquérir une grande valeur.

Les lignes à intervalles peuvent être formées de simples redans, convenablement espacés, qui concourent tous à la défense d'une même position; mais les lignes à lunettes détachées et les lignes à redoutes détachées sont beaucoup plus classiques.

La ligne à lunettes détachées peut avoir trois rangs d'ouvrages. Le premier rang sera formé, par exemple, de lunettes, dont les saillants seront distants de 250 mètres l'un de l'autre. Chacun des flancs aura la direction la plus favorable à la protection du saillant qui lui correspond. Au second rang, en arrière et au milieu des intervalles du premier rang, sont placées d'autres lunettes, qui flanquent les premières avec d'autant plus d'avantage qu'elles se trouvent dans un rentrant trop prononcé pour être attaquées dans le même temps. En troisième rang sont les redans, qui servent surtout à abriter des réserves. On augmente la force de cette ligne en fermant la gorge de chaque lunette par des palissades ou des palanques. Placées dans cette situation, les défenses en bois auront l'avantage sur les parapets en terre, qui les remplaceraient; car elles empêcheront l'ennemi de pénétrer, sans pour cela mettre obstacle à ce que, s'il y est entré par escalade, il en puisse être chassé par le canon. Les projectiles de l'artillerie, en effet, traverseront facilement la palissade ou la palanque.

La ligne à redoutes détachées pourra de même comprendre trois rangs d'ouvrages. Il y aura, par exemple, un rang de redoutes carrées de 40 mètres de côté, qui tourneront vers l'ennemi un angle saillant, afin de se flanquer déjà l'une l'autre. En arrière des intervalles seront placés de petits redans, qui flanqueront les faces d'attaque, et qui seront armés chacun de trois pièces de canon sur chaque côté. En troisième rang, il y aura des parapets en ligne droite ayant 2^m,50 de hauteur, pour abriter des troupes de cavalerie, qui sortiront de là pour charger les colonnes d'assaut.

Remarquons, à ce propos, que ce n'est pas dans cette circonstance seulement que les troupes, abritées derrière le troisième rang d'ouvrage, pourront avoir l'occasion de quitter les abris qui les couvrent; car les lignes à intervalles sont précisément faites pour favoriser l'offensive. Si on les compare, en effet, aux lignes continues, on trouve entre les deux une différence fondamentale : les troupes placées derrière une ligne continue ne pourraient pas se porter en avant sans compromettre leur retraite en cas d'insuccès, puisqu'il y a seulement pour sortir ou rentrer des passages étroits, contournés et défendus de manière que l'ennemi n'en puisse jamais profiter. A ce point de vue de l'offensive, l'avantage est donc aux lignes à intervalles, qui ont encore une autre cause de supériorité : avec elles l'ennemi pourra s'emparer d'une lunette ou d'une redoute isolée sans devenir, pour cela, maître de tous les autres ouvrages. Quand, au contraire, l'ennemi a pénétré sur un point d'une ligne continue, la défense est réduite, faute de pouvoir le refouler immédiatement, à évacuer toute la ligne pour éviter que ses soldats soient pris à revers.

En compensation de ces inconvénients la ligne continue a un avantage considérable, parce qu'elle seule présente partout à l'ennemi un obstacle difficile à franchir sous le feu des défenseurs ; tandis que avec une ligne à intervalles, des troupes peu solides peuvent craindre que l'ennemi ne passe entre les ouvrages. Ceci explique pourquoi l'on verra dans la pratique de la guerre, qu'une ligne de fortification passagère sera continue dans une certaine étendue et discontinue sur d'autres points. Elle sera continue, par exemple, dans les parties où la défense n'aurait point avantage à prendre l'offensive.

La considération du travail long et pénible que des lignes de fortification passagère exigent, quand on les construit avec un profil régulier, mise en regard de la mobilité acquise, sous le premier Empire, par les armées belligérantes, avait amené le général Rogniat à proposer, immédiatement après les guerres, l'emploi d'une ligne bastionnée, ayant un profil très-réduit. Le parapet n'a pas plus de 1^m,30 d'épaisseur ; sa hauteur est de 2 mètres. Le fossé a 2 mètres de profondeur, mais sa largeur ne dépasse guère 3 mètres.

La courtine est remplacée par un épaulement destiné à quelques pièces de canon, et par un bout de tranchée servant d'abri aux soldats qui franchiront le parapet pour repousser l'ennemi à la baïonnette.

Il est une circonstance particulière et importante où l'ouvrage de fortification reçoit son nom de sa destination spéciale : c'est quand il s'agit de protéger le passage d'une rivière effectué par une armée, soit en avant, soit en retraite; l'ouvrage de fortification est alors appelé tête de pont. Il y a des têtes de ponts de toutes les formes et de toutes les grandeurs; elles ont pour caractère commun d'être tracées de manière à être protégées par des canons, placés sur l'autre rive, qui concourent efficacement à la défense. Tantôt, une tête de pont ne comprendra qu'un simple redan ou une lunette, tantôt elle sera formée, au contraire, d'une vaste enceinte, appuyée à la rivière en amont et en aval, dont le tracé sera assez étendu pour embrasser plusieurs ponts éloignés l'un de l'autre. Souvent, dans cette dernière circonstance, on devra prévoir le cas où les défenseurs ne seraient plus assez nombreux pour occuper la grande enceinte, et l'on construira différents petits ouvrages, servant de réduit, pour empêcher encore l'accès des ponts; en vue de favoriser le passage de la rivière, en cas de retraite, jusqu'au dernier moment.

II

DÉFENSES ACCESSOIRES.

Abatis. — Après avoir parcouru la série des ouvrages de fortification passagère qu'on peut appeler classiques, il nous reste à énumérer les moyens de les compléter par différents obstacles qui portent le nom collectif de défenses accessoires.

Au premier rang de ces obstacles nous pouvons placer les abatis que l'on forme, en général, avec des troncs d'arbres, en enlevant les menues branches et en épointant les plus fortes. Les troncs sont placés parallèlement l'un à l'autre et fixés au sol par des harts et des piquets; les branches qui s'entrelacent entravent le passage de l'ennemi, qui est forcé de demeurer sous le feu pendant le temps nécessaire pour ébrancher ou déplacer ces arbres. Si l'abatis doit être placé à proximité d'une contrescarpe, pour arrêter l'ennemi sous un feu rapproché, on prend soin, autant que possible, de l'abriter des coups de canon, au moyen d'un massif de terre en pente douce qui se nomme glacis, parce qu'il ressemble à la partie de la fortification d'une place forte qui borde la campagne.

Les abatis servent aussi comme un moyen de défense qui se suffit à lui-même, soit quand on abat l'un vers l'autre les arbres qui bordent une route pour retarder la marche de l'ennemi, soit quand on fait des rangées d'abatis dans une futaie, soit quand on coupe à hauteur de ceinture et qu'on enchevêtre l'une à l'autre les pousses et les branches de petits bois taillis.

Les *trous de loup*, cavités circulaires de 2 mètres environ de diamètre avec 1^m,50 de profondeur et 0^m,50 de diamètre, au fond, sont placés sur plusieurs rangées en avant d'un angle saillant. Les intervalles couverts de la terre provenant des excavations ont des arêtes saillantes qui suivent des directions contournées; alors des assaillants qui marchent en troupe ne peu-

vent que difficilement éviter de tomber dans les trous
au fond desquels se trouvent des piquets appointés par
le haut.

Des *petits piquets* en bois enfoncés à peu de distance
l'un de l'autre et appointés par le haut ont aussi été
employés autrefois, plus fréquemment qu'aujour-
d'hui, pour entraver les abords d'une contrescarpe.
On les a placés parfois, dans l'intervalle de deux ouvrages pour en interdire l'accès à la cavalerie.

Les *chausse-trapes* en bois ou en fer, que l'on sème
sur le terrain et qui ont une ou plusieurs pointes en
l'air suivant la disposition adoptée dans leur confection, ont souvent servi dans les siècles précédents,
très-rarement dans le nôtre.

Les *fils de fer* qui sont employés fréquemment aujourd'hui dans les clôtures et dans les jardins, et qui se
trouvent par conséquent sous la main, ont été utilisés
par les Allemands pendant la dernière guerre, pour
entraver l'accès des ouvrages de fortification passagère. Ils les tendaient en grand nombre de 30 à 40
centimètres au-dessus du sol. Les assaillants qui seraient arrivés à la hâte sur cet obstacle, sans l'avoir
aperçu de loin, sans être informés de sa nature et
sans avoir fait aucun préparatif pour le détruire, auraient éprouvé des embarras et des retards avant de
le franchir. Les fils de fer ont la propriété précieuse
de présenter peu de prise au canon et leur emploi
sera vraisemblablement fréquent dans l'avenir.

Les *palissades* comptent au nombre des défenses

accessoires les plus importantes. Pour les faire, on divise longitudinalement un tronc d'arbre, coupé à la longueur de 3 mètres au moins, en quatre parties égales, et l'on obtient ainsi des pièces de bois triangulaires. On les enfonce en terre à 1 mètre de profondeur. Rangés en ligne droite, puis chevillés à un liteau horizontal, ils forment un obstacle très-résistant que les projectiles de l'artillerie traversent, mais sans les renverser ni même les ébranler. On appointe la partie supérieure des pieux pour augmenter la difficulté de les franchir. Souvent les palissades ont été placées au pied de la contrescarpe, dans le fond du fossé, de manière à n'être point vues de l'ennemi.

Nous avons dit déjà qu'on s'en sert surtout pour fermer la gorge des ouvrages ouverts, particulièrement de ceux qui font partie d'une ligne à intervalles.

On appelle *fraises* des palissades placées tout différemment. Les fraises sont presque horizontales, bien que les pointes aient quelque inclinaison vers le bas. Elles surmontent l'escarpe et sont en surplomb au-dessus du fossé, tandis que leur pied s'enfonce sous le talus intérieur du parapet. On les a très-rarement employées pendant les guerres de la République et de l'Empire, à cause du travail et du temps que leur construction exige.

Les *palanques* qui remplacent avec avantage les palissades de gorge, sont faites avec des pièces de bois qui sont équarries sur les faces accolées. Des créneaux sont ménagés à la hauteur et à l'écartement convenables, pour favoriser le feu des fantassins.

Nous ne dirons rien ici des fougasses, sortes de petites mines qui restent classées parmi les défenses accessoires, dans les livres classiques, quoique tombées absolument en désuétude.

Les canons placés dans les ouvrages de fortification passagère y sont installés de deux manières différentes. Habituellement le canon qui tire en capitale est élevé sur un massif de terre appelé barbette, dont la partie supérieure, qui est plane, se trouve à 0^m,80 au-dessous de la crête intérieure. Une rampe inclinée au sixième réunit la barbette au terre-plein et permet de monter la pièce pour faire feu, ou de la descendre pour la soustraire au feu de l'ennemi. L'établissement d'une barbette nécessite un travail très-considérable, qui a pour objet de procurer au canon l'avantage d'un champ de tir étendu dans le sens horizontal ; mais la pièce et surtout ses roues sont, ainsi que les canonniers, à découvert et sans protection sur une partie de leur hauteur. On évite cet inconvénient quand on place le canon dans une embrasure, qui est une ouverture faite dans le parapet pour y laisser entrer la volée de la pièce de manière que le coup puisse être lancé.

L'embrasure forme une ouverture très-petite dans le talus intérieur du parapet, mais beaucoup plus grande dans le talus extérieur. La terre est maintenue de chaque côté par un revêtement qui s'épanouit en éventail. Les joues d'embrasure sont établies avec les précautions nécessaires pour résister au souffle de la pièce, même quand on donne quelque obliquité au tir vers la droite ou vers la gauche. Néanmoins, le champ de tir d'un canon est beaucoup plus limité quand on tire en embrasure que quand la pièce est montée sur une barbette.

Attaque des ouvrages. — Pour attaquer un ouvrage de fortification passagère, quelles que soient son étendue et sa nature, on s'attache d'abord à le reconnaître en se portant sur les points d'où l'on peut le mieux en observer et la disposition, et les moyens de défense, et les approches. Si l'on peut trouver, à portée de fusil ou de canon, quelque point dominant d'où l'on aperçoive l'intérieur de l'ouvrage, on ne manquera pas d'y mettre du canon pour tirer contre les défenseurs, qui n'auront plus l'avantage de la protection d'un parapet. En tout cas, l'attaquant, après avoir déterminé les meilleurs emplacements à prendre pour son artillerie, tirera d'abord contre les canons de la défense, en dirigeant plusieurs bouches à feu contre une seule. Il s'efforcera de démonter les canons placés en barbette et de démanteler les revêtements des embrasures. Après avoir réduit au silence les canons de la défense, l'artillerie de l'attaque dirigera ses coups contre les accessoires, fraises ou palissades, puis contre le massif du parapet et contre l'escarpe, pour en faire ébouler les terres. Cet effet sera produit sûrement par le moyen des projectiles explosifs, qu'on dirigera après cela dans l'intérieur de l'ouvrage. Ils y arriveront en plongeant, par suite de la courbure de la trajectoire, qui sera suffisamment prononcée pourvu que la distance soit convenable.

Pendant que l'artillerie s'efforcera de remplir sa tâche, les colonnes se formeront pour l'assaut. La colonne principale suivra la capitale et s'avancera ainsi vers le saillant, à moins que le terrain ne fournisse ailleurs des couverts favorables. Deux autres colonnes moins considérables partiront en même temps, l'une à droite, l'autre à gauche, pour attaquer les parties de la fortification qui sont disposées de manière à battre en flanc la colonne principale, ou sinon pour tourner l'ouvrage même et l'assaillir par la gorge. L'artillerie redoublera son feu le plus longtemps possible, pour protéger la marche des colonnes, qui se feront précéder par des tirailleurs. Ceux-ci dirigeront leur tir contre ceux des défenseurs qui se feront voir par-dessus la crête intérieure, et ils opéreront ainsi une diversion favorable à la marche des colonnes, qui s'avanceront à pas pressés. Elles auront en tête des soldats portant les uns des claies ou des fascines, les autres des haches, des serpes, des pelles, des pioches, ou en général des outils et des ustensiles utilisables contre les obstacles qu'on peut rencontrer.

La première colonne, divisée déjà en plusieurs parties organisées pour des efforts successifs, sera remplacée, si elle échoue, par une seconde et par une troisième tenues en réserve. Ces dispositions sont prises

pour fatiguer les défenseurs et pour obtenir, à force
de persévérance, un succès longtemps disputé.

Les tirailleurs qui précèdent ou flanquent chaque
colonne d'attaque s'arrêtent à la contrescarpe, pour
faire de là un feu nourri sur les défenseurs. Pendant
ce temps les sapeurs, munis d'outils, se laissent glisser
dans le fossé pour ouvrir le chemin à la colonne qui
les suit. Cette colonne s'est abritée un moment derrière un pli de terrain rapproché, pour s'élancer de là
avec une nouvelle ardeur. Elle descend dans le fossé,
où les soldats se répandent, cherchant un endroit
favorable à l'escalade. Ils le trouvent là où la pioche,
à défaut des projectiles, a fait ébouler les terres, ou
bien dans les angles rentrants, où la montée plus
douce de l'escarpe est franchie plus aisément. Les
assaillants s'aident en se prêtant appui l'un à l'autre.
Celui qui est parvenu sur la berme tend le bout de
son fusil à celui qui veut monter, puis ensemble ils
escaladent la plongée, où ils sont un moment arrêtés
par des défenseurs qui accourent de la réserve pour
parer au danger le plus pressant. Mais le vide s'est
fait sur quelques parties de la banquette, et là des
assaillants sont descendus du parapet; ils ont envahi
les terre-plein. Les défenseurs, pris à revers, ont été
forcés de reculer et de dégarnir la ligne de feu. D'autres assaillants ont sauté à leur tour sur la banquette.
Mais la dernière réserve de la défense survient; elle
s'avance à la baïonnette; elle fait refluer une partie
des assaillants, qui redescendent dans le fossé en

toute hâte, regardant la partie comme perdue. Pendant ce temps, d'autres assaillants sont survenus, qui ont pris à dos la dernière troupe de la défense. Ils ont mis le désordre parmi les ennemis, qui n'ont plus d'autre ressource que de combattre individuellement, sans aucun espoir de vaincre, ou de se résigner à fuir.

Devenu maître de l'ouvrage attaqué, l'assaillant s'occupera de s'y mettre en état de défense; il commencera un travail de terrassement, qui sera d'abord une simple tranchée, pour fermer la gorge; il remettra sur le parapet les terres éboulées, et s'occupera de rendre au profil sa forme régulière.

Le succès de l'attaque ne sera pas toujours dû à la colonne principale. D'autres fois les défenseurs, dirigeant contre la colonne d'attaque principale un feu concentré, seront parvenus à l'empêcher d'avancer. Mais tout à coup ils auront eux-mêmes lâché pied en se voyant tournés. Le succès est déterminé par une colonne secondaire qui est entrée par la gorge.

Défense des retranchements. — La défense aura plus ou moins d'avantage, suivant que la nature du terrain favorisera plus ou moins l'action des retranchements. Elle aura donc à se préoccuper à l'avance du soin de ne laisser à l'assaillant aucun couvert, aucun abri qu'on puisse lui ôter. Ainsi, les haies, les vergers, les murs et les maisons devront être rasés, autant que possible, jusqu'à portée de canon.

Le défenseur cherchera à prévoir le plan d'attaque

de l'ennemi, pour se rendre compte de la distance des points à battre à mesure que les colonnes avanceront. On évitera les surprises, qui sont à craindre au point du jour encore plus que pendant la nuit. On emploiera à cet effet des petits postes, des sentinelles, et surtout des patrouilles. L'artillerie restera en position sur les barbettes et dans les embrasures, prête à tirer sur tous les groupes dès qu'elle aura pu en apprécier la distance. Pourtant, si elle voit l'attaque mettre en batterie des canons beaucoup plus nombreux, et qu'elle ne puisse pas conserver l'espoir de lutter contre eux avec avantage, elle fera descendre ses pièces des barbettes et les retirera des embrasures pour ne pas les sacrifier sans profit.

Chaque canon abrité près de son emplacement sera promptement remis en batterie, dès qu'on verra les colonnes d'attaque se former et s'avancer. Alors la défense ne songera plus à ménager son canon; elle l'emploiera coûte que coûte à tirer contre les colonnes de l'ennemi, sans répondre au feu de l'artillerie. Si l'on parvient à empêcher l'infanterie d'avancer, le succès est obtenu. Le feu du canon doit prendre dans cette circonstance toute la vivacité possible. Il n'y a plus rien à ménager, alors que le quart d'heure qui va suivre doit décider de tout. Les boîtes à mitraille doivent être tenues prêtes pour être tirées au moment où l'ennemi arrivera à la distance convenable.

Pendant ce temps, les fantassins de la défense sont sur le terre-plein, l'arme au pied, dans les positions où ils peuvent être le moins exposés au feu du canon. Quelques sentinelles seulement stationnent sur la banquette, près des angles saillants, de préférence, pour surveiller une grande étendue du terrain environnant. Dès que les colonnes d'attaque se mettent en mouvement pour marcher à l'assaut, les défenseurs vont se ranger au pied du talus de banquette, près des places qui leur sont désignées. Ils montent sur la banquette quand l'ennemi n'est pas loin d'arriver à portée de mousqueterie.

Tant qu'on a fait usage de fusils se chargeant par la bouche, on a placé deux rangs de défenseurs sur la banquette, à laquelle on donnait, à cet effet, 1^m,20 de largeur. On gardait en outre un tiers de la troupe en réserve. On déterminait donc la garnison d'un ouvrage en comptant 3 hommes par mètre courant de parapet. La surface intérieure du terre-plein devait suffire au campement de sa garnison à raison d'un mètre carré et demi par homme. Avec cette double condition, il y avait un minimum de développement facile à déterminer pour la crête d'un ouvrage de forme régulière, tel qu'une redoute carrée, par exemple.

Les progrès récents de l'artillerie et des armes à feu portatives influeront sur l'attaque comme sur la défense des retranchements. Les progrès opérés récemment tendent même à transformer radicalement le profil et le tracé de la fortification passagère.

Dans l'attaque, l'artillerie est devenue plus puissante; d'abord, parce qu'elle agit efficacement de beaucoup plus loin et qu'elle peut utiliser des positions dominantes, situées sur une zone beaucoup plus étendue; puis, parce que tous ses projectiles étant explosifs, ont plus d'action contre les hommes et même aussi contre les massifs de terre pour les faire ébouler. Toutefois, ce dernier genre d'action sera encore faible, à cause du peu de poids et de force de la charge de poudre intérieure. En revanche, l'étendue des portées donne aux fusils et aux canons rayés une propriété toute nouvelle, qui sera très-préjudiciable à la défense.

Considérons d'abord l'effet qui sera produit par les fusils actuels et, comme exemple, par notre fusil modèle 1866, en admettant que le terrain de l'attaque est un plane, et situé à la même hauteur que le terrain sur lequel l'ouvrage a été construit. Supposons donc que chaque tirailleur de l'attaque, placé à loisir, bien posté pour tirer sur appui, mais n'apercevant aucun défenseur qui dépasse la crête, reçoive pour instruction de faire feu, en visant avec soin un point de la crête situé en face de lui; sans rien changer à la hausse qui convient à la distance. La balle, après avoir rasé la crête, que nous supposerons élevée de 2 mètres au-dessus du sol, ira frapper le terre-plein à 29 mètres au delà, si la distance est de 800 mètres; à 24 mètres, si la distance est de 900 mètres ; à 21 mètres, si elle est de 1,000 mètres; et à 17 mètres, si elle est de 1,200 mètres. Mais le défenseur n'est pas à l'abri de cette balle sur tout son parcours en arrière de la crête; car dès qu'elle se sera abaissée de 40 centimètres au-dessous de la crête, elle pourra l'atteindre s'il est debout. La largeur de l'espace où les défenseurs seront couverts par la crête est réduite au quart des chiffres précédents, c'est-à-dire à 7 mètres, pour le tir exécuté d'une distance de 800 mètres; à 6 mètres, pour la distance de 900 mètres; à 5 mètres, pour la distance de 1,000 mètres; et à 4 mètres, pour la distance de 1,200 mètres.

L'espace où le défenseur peut être considéré comme abrité contre les coups de fusil, sera encore plus étroit, si le plan vertical de la trajectoire coupe obliquement la ligne de crête comme cela arrive, naturellement, toutes les fois qu'un ouvrage présente à l'ennemi son angle saillant, ce qui est le cas habituel.

Donc l'attaque ne manquera pas de faire pleuvoir, à l'avenir, dans l'intérieur des ouvrages de fortification passagère, une grêle de balles, qui seront très-meurtrières, si le défenseur n'a pas des abris meilleurs que ceux dont nous avons donné la description.

On a proposé, avec beaucoup de raison, de faire produire à ce dernier moyen d'attaque toute son efficacité, en donnant pour instruction à chaque tirailleur de viser avec une hausse un peu plus grande que celle de la distance. On utilisera mieux, de cette manière, la gerbe de dispersion des balles, car on pourra les faire toutes arriver sur la surface du terreplein; tandis qu'en visant un point de la crête avec

18.

la hausse exacte de la distance, la moitié de la gerbe serait arrêtée par le parapet. En prenant pour règle d'exécuter ce tir plongeant en augmentant les hausses uniformément de 1 millimètre, par exemple, la hauteur du point moyen de la gerbe au-dessus de la crête s'accroîtrait proportionnellement à la distance. Cette règle, simple et facile à retenir, serait peut-être suffisamment exacte pour la pratique. Il y a là une question, dont il est possible de se rendre compte exactement par des expériences du temps de paix.

Le même tir plongeant devient applicable aussi à l'artillerie. A la distance de 2,000 mètres, les projectiles des canons français de 5 et de 7, des Allemands de 8 et de 9 centimètres, ainsi que du canon français de 95 millimètres, ont des angles de chute dont la tangente est comprise entre 1/10e et 1/12e. A cette distance les déviations latérales moyennes ne dépassent pas 2 mètres : et la moitié des coups porte dans un rectangle dont la longueur est de 34 mètres. On pourra donc faire arriver, dans l'intérieur d'un ouvrage, une pluie de projectiles, dont les éclats se disperseront après que l'explosion se sera produite à partir du point de chute.

On obtiendrait peut-être plus d'effet encore avec les obus shrapnels, munis de bonnes fusées à temps, réglées de manière à les faire éclater en avant de la crête, pour diriger les éclats dans l'intérieur de l'ouvrage. Cela demande encore des expériences à exécuter dans les conditions où l'on se trouverait à la guerre; et il sera bon, si ce n'est nécessaire, de comparer entre eux, sous ce rapport, les divers canons de notre artillerie, et de se rendre compte aussi des effets que produiraient, dans les mêmes circonstances, les obus à balles de l'artillerie anglaise et les obus à segments de l'artillerie allemande. Il va sans dire que le tir du canon serait encore plus plongeant aux distances dépassant 2,000 mètres.

Que l'on considère l'effet du tir des fusils ou celui des canons, il est hors de doute qu'un ouvrage de fortification passagère deviendra un réceptacle de projectiles. Les défenseurs d'une redoute, construite comme on a fait jusqu'à présent, étant placés dans leur position de combat, c'est-à-dire les deux tiers sur les banquettes, pour garnir les crêtes, et un tiers en réserve, ceux des banquettes seront, pour la plupart, frappés de dos ou de flanc, pendant que la réserve se trouvera sans aucune protection contre le danger.

On a proposé de procurer un abri à la réserve au moyen d'un massif de terre, sans banquette, tiré d'une tranchée, qui serait creusée pour cet objet. Il y aurait donc un surcroît de travail à faire, sans compter l'extension à donner au terre-plein, pour lui restituer la surface enlevée. Pourtant, ces inconvénients ne seraient comptés pour rien, si l'on pouvait, à ce prix, rendre à la fortification passagère son ancienne puissance.

C'est ici le lieu de faire observer que déjà, dans la dernière guerre, deux innovations ont été mises en

pratique : celle des tranchées-abris, par les Français;
celle des épaulements rapides, par les Allemands.

La tranchée-abri se composait d'un fossé ayant 1 mètre de profondeur et 1 mètre de largeur au fond, qui
était précédé d'un remblai ayant 0^m,90 de hauteur et
0^m,80 d'épaisseur au sommet, avec des talus à terre
coulante. Elle était destinée à abriter une ligne d'infanterie, rangée dans l'ancien ordre de bataille, contre les feux de l'infanterie ennemie et pour la garantir
aussi, en partie, des projectiles de l'artillerie. Si la
tranchée-abri n'a point eu tous les avantages qu'on
s'en était promis, c'est qu'elle a servi d'auxiliaire à
une tactique surannée. Elle n'en sera pas moins utilisable désormais, en y apportant des modifications
légères. On en fera une tranchée défensive, en ménageant une banquette à la distance convenable au-dessous de la partie supérieure du remblai, qui formera
un parapet; au lieu de placer dans la tranchée de
longues lignes d'une infanterie inerte et compacte, on
y mettra une troupe développée sur un rang avec des
intervalles. Cette troupe abritée, avec le tir rapide, arrêtera les progrès de l'ennemi, quand il arrivera à découvert dans la zone du feu.

Bien adaptés à la nouvelle tactique, les épaulements
rapides ont montré, tout d'abord, leurs avantages,
qui ne sont point contestés. Pour mettre l'artillerie en
batterie sur un emplacement découvert, on creuse
pour une pièce un talus légèrement incliné, vers l'a-
vant, dont la profondeur, quoique très-faible, suffit

pour fournir un petit parapet en terre, capable d'arrêter les balles de fusil. Le canon tire en barbette par-dessus ce parapet, et les canonniers trouvent un abri plus complet dans les fossés de deux petites tranchées, creusées à droite et à gauche, de manière que leurs parapets forment les retours de l'épaulement. Les pièces de canon ainsi protégées chacune isolément conservent la liberté de garder entre elles des intervalles considérables, et de se placer sur les points qui conviennent le mieux au tir.

Depuis la guerre de 1870, il a été fait à l'étranger des essais tendant à modifier le profil de la fortification passagère, même pour les ouvrages fermés. On a abaissé le terre-plein sur une certaine largeur, en creusant un fossé en arrière de la banquette, sur laquelle on monte alors par des gradins. On peut, sans augmenter le travail, puisqu'on diminue d'autant le volume des terres tirées du fossé de devant, creuser cette tranchée autant qu'il faut pour garantir, contre le tir plongeant, les défenseurs placés debout au fond de cette excavation. Cela n'est, toutefois, obtenu que pour la face de l'ouvrage tournée vers l'ennemi, s'il y en a une qui soit en face; car les défenseurs des flancs et de la gorge ne seront point mis par là hors du danger d'être atteints par les projectiles plongeants.

La situation est, en effet, différente pour les défenseurs des diverses faces; et c'est pour cela qu'à la suite d'expériences de tir, exécutées en Russie, contre

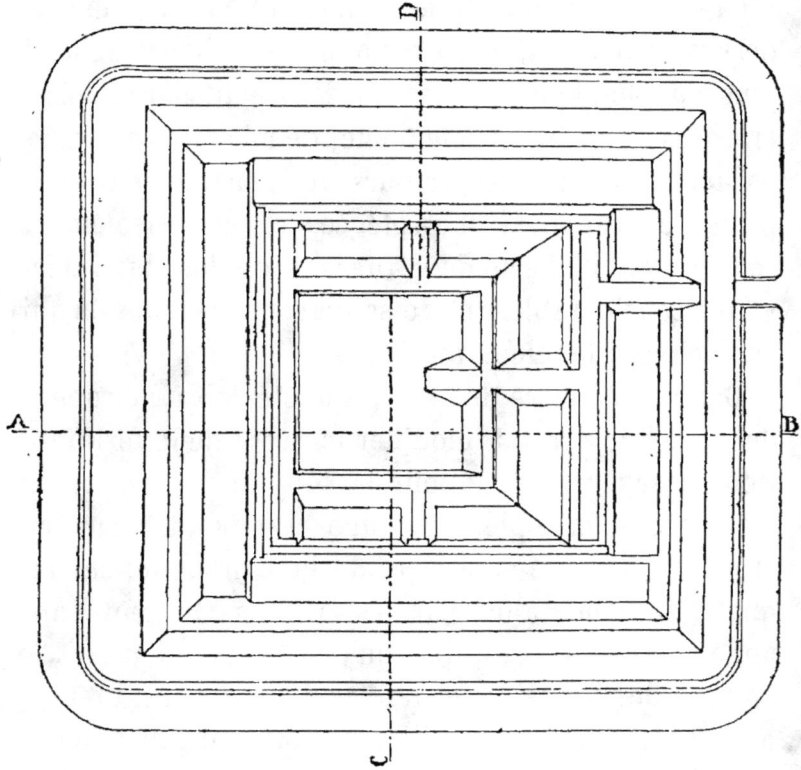

Fig. 7 Coupe A.B.

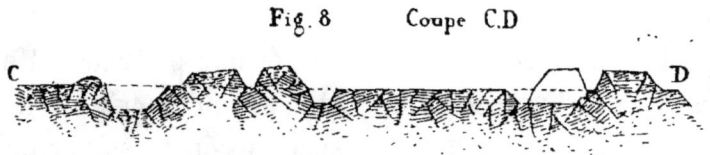

Fig. 8 Coupe C.D

des redoutes, dont les dispositions étaient nouvelles et exécutées à titre d'essai, le général Todtleben a donné la préférence, paraît-il, à une redoute, dont le profil ne reste plus le même sur les quatre faces, comme on peut le reconnaître sur les figures de la page 322, particulièrement en regardant les deux coupes.

Sur la face de tête A, le profil est celui dont nous venons de parler. Il y a, à l'extérieur, un fossé qui a peu de largeur et peu de profondeur (voir la coupe A B). Ensuite, vient un parapet, qui a 1ᵐ,80 de hauteur; plus en arrière, immédiatement après, une tranchée de 1 mètre de profondeur, dont les deux gradins continuent le gradin situé au-dessous de la banquette.

La face de gorge a aussi un fossé extérieur ; mais le parapet, qui est en arrière et qui a seulement 0ᵐ,30 au-dessus du sol, est suivi de deux gradins descendants, ayant chacun 0ᵐ,50 de hauteur. Le second gradin forme le fond de la tranchée, et c'est là que se tiennent les défenseurs de cette face qui, par suite d'une disposition remarquable, sont protégés à dos par le moyen d'un massif de terre, qui surmonte de 0ᵐ,50 le parapet par-dessus lequel ils tirent.

Les défenseurs des deux faces latérales sont placés entre leur parapet, dont la hauteur égale celle du parapet de face, et un parados, dont la hauteur est un peu plus grande (voir la coupe C D). Le parados est très-rapproché du parapet ; car ils ne sont séparés à

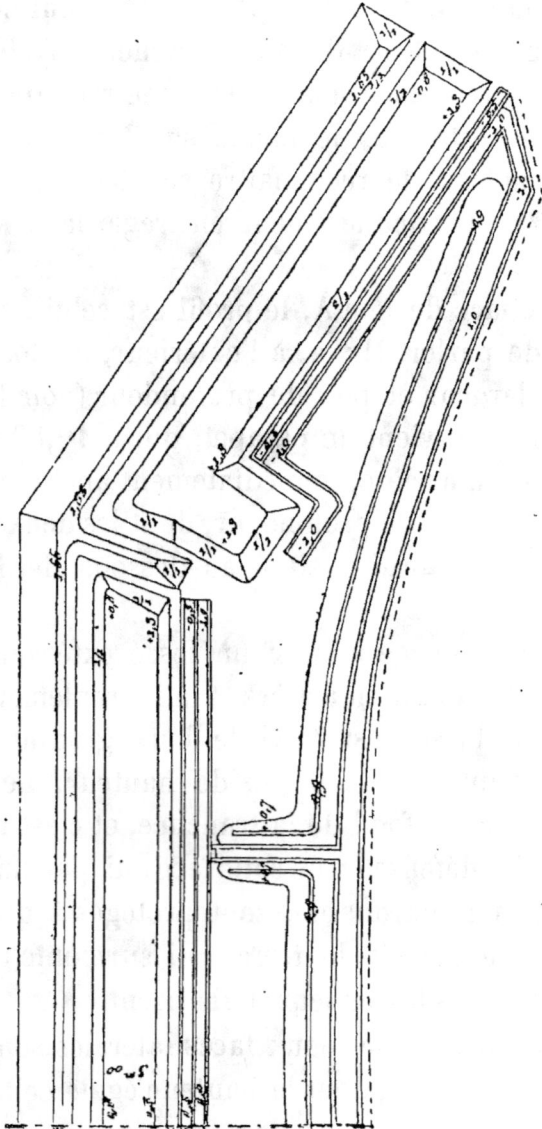

leur pied que par la banquette, dont la largeur est de 0ᵐ,50.

Dans les études faites à l'étranger sur les changements que la fortification passagère est appelée à subir, on ne s'est pas contenté d'en modifier les reliefs et les profils, comme nous venons de le voir, et l'on s'est aussi attaqué au tracé même des ouvrages. On a eu pour cela deux motifs. Le premier vient de ce que les défenseurs ne peuvent plus demeurer debout, à l'intérieur de l'ouvrage et sur son terre-plein, sans être atteints par tous les feux plongeants de la mousqueterie et de l'artillerie. Le second motif vient de ce que les défenseurs, même ceux de la redoute russe, sur laquelle nous venons d'appeler l'attention, ne sont pas tous dans une situation favorable. Nous avons vu, en effet, que les défenseurs de la face A ainsi que ceux de la gorge B ont été garantis avec tout le soin possible contre les feux auxquels ils sont exposés; mais les défenseurs des deux côtés C et D de la redoute, quoique protégés contre les éclats des projectiles, demeurent exposés aux feux plongeants qui les prendront en flanc, dans toute la longueur qu'ils occupent. Si l'on admet donc que le terre-plein est devenu inutile, parce que les défenseurs auront leur bivouac en arrière et non à l'intérieur de l'ouvrage, on peut être amené à réduire sa surface au minimum.

C'est ainsi qu'on a fait pour un ouvrage dont la moitié droite est représentée en tracé sur la page 324. Le profil qui y est joint donne bien l'indication des

19

idées qui ont dirigé l'inventeur. Vers l'ennemi, un petit fossé fait pour fournir des terres, mais qui n'est plus un obstacle défensif; ensuite le parapet, peu élevé et peu épais, qui garantit seulement contre les balles. En arrière du parapet, la banquette, placée au niveau du sol et communiquant par deux gradins avec le fond d'une tranchée, où les défenseurs se tiennnent assis, si cela est nécessaire, pour éviter des pertes inutiles, jusqu'au moment où l'attaque met ses hommes à découvert et les fait avancer à la portée efficace du fusil.

Jusque-là les innovations ne dépasseraient pas celles que nous avons vues. Seulement, ici le terre-plein est réduit à une bande de terrain qui a quelques mètres seulement de largeur. La gorge est protégée par une tranchée qui n'a qu'un petit bourrelet de terre du côté de l'ennemi, mais qui a, du côté de la face, un parados suffisamment haut et assez épais pour garantir les défenseurs de la gorge contre les coups de fusil plongeants, qui les atteindraient par derrière.

La tranchée de la face et celle de la gorge communiquent l'une avec l'autre, pour que les défenseurs ne soient point obligés de se faire voir de l'ennemi en passant sur le terre-plein, qui est au niveau du terrain naturel.

Rien n'est plus intéressant et plus instructif que ces essais d'innovation appliqués à un art appelé à subir, semble-t-il, une transformation complète.

Nous avons vu, pendant la défense de Paris, des

troupes allemandes faire usage, pour circuler à couvert, de tranchées étroites ayant $1^m,80$ de profondeur. Une tranchée pareille a souvent servi de refuge aux défenseurs de maisons isolées qui étaient à portée de notre canon. Les défenseurs se réfugiaient dans la tranchée toutes les fois que le canon tirait sur la maison, et ils rentraient dans la maison quand le feu de notre artillerie cessait. Dans chacune de ces circonstances, les tranchées n'étaient que des abris; mais on peut se demander s'il n'y aurait pas moyen d'utiliser ces sortes de tranchées comme ouvrages de défense. Sur cette profondeur de $1^m,80$ en déblai, on peut, le plus souvent, maintenir les terres verticalement; de sorte que, sans avoir une largeur beaucoup plus grande que 1 mètre, on y pourrait ménager, de distance en distance, à $1^m,30$ de profondeur, une banquette ayant $0^m,50$ de largeur. Le fond de la tranchée serait de $0^m,50$ au-dessous. Les défenseurs placés en bas échapperaient presque sûrement aux éclats des projectiles et n'auraient que très-peu de chances d'être atteints par le tir direct du canon. Les hommes qui seraient sur la banquette donneraient peu de prise aux coups d'un ennemi qui ne les verrait guère, surtout si les terres du remblai, rejetées du côté opposé, fournissaient un fond de couleur sombre. Ces tranchées sans parapet auraient l'inconvénient de ne point s'élever au-dessus du terrain naturel; aussi faudrait-il leur donner des emplacements particuliers pour leur assurer la propriété de dominer le terrain situé du côté de l'ennemi. Des fils de fer tendus en avant de ces tranchées suffiraient, croyons-nous, pour les rendre bien difficiles à forcer, quand leur situation serait favorable au feu qui en sortirait.

Les armes actuelles assurent aux défenseurs d'une maison de si grands avantages, qu'un ennemi dépourvu d'artillerie ne pourra jamais s'en emparer au moyen d'une attaque de vive force. Ce résultat peut être regardé comme assuré, pourvu que les dispositions de la mise en état de défense aient été bien prises.

Le blockhaus, qui a servi aux troupes françaises dans nos guerres contre les Arabes, et qui a toujours résisté aux attaques d'un ennemi dépourvu de canon, offre le type des dispositions à adopter pour la défense d'une maison. Le rez-de-chaussée sera percé de mètre en mètre, sur une ligne horizontale placée à une hauteur convenable, par des créneaux étroits à l'extérieur et plus larges à l'intérieur, ce qui augmentera le champ de tir de chaque soldat. Un autre rang de créneaux, organisés de la même manière au premier étage, permettra de voir l'ennemi de loin, tandis qu'une disposition particulière empruntée aux mâchicoulis du moyen âge donnera, si l'on a le temps et les matériaux nécessaires, le moyen de battre partout le pied du mur et d'empêcher l'ennemi d'en approcher. On sait que, dans le blockhaus, le premier étage dépasse, tout autour, le rez-de-chaussée qu'il surplombe. Une

planche mobile recouvre de distance en distance une
ouverture propre à observer et à tirer de haut en bas.
Ceci peut se faire pour une maison en s'aidant des
balcons, s'il en existe, ou en y suppléant par des pièces
de bois horizontales que les planchers supporteront.

Ainsi, pour organiser défensivement une maison
ordinaire, on peut d'abord percer des créneaux dans
les murs, puis ménager d'autres créneaux dans les
fortes planches avec lesquelles on fermera les fenêtres
et les portes. On organisera, si on le peut, un balcon
en saillie, pour observer le pied de la muraille, car il
importe d'empêcher l'ennemi de l'enfoncer avec un
sac de poudre ou avec une charge de dynamite. Etant
donné qu'une maison acquerra facilement beaucoup
de valeur et d'importance, au point de vue défensif,
toutes les fois qu'elle sera placée de telle sorte que
l'ennemi ne puisse pas l'attaquer avec du canon, il
importe de faire observer que cette propriété appartient à toute maison située sur un plateau précédé
d'une pente descendante, quand la pente commence à
portée de fusil, car alors les défenseurs de la maison
mettraient hors de combat les canonniers avant qu'ils
eussent eu le temps de mettre en batterie et de faire
feu.

Les villages, qui jouent un rôle considérable dans
les batailles, ne doivent pas être considérés seulement
comme un amas de maisons. Il y a autour des villages
des cours et des jardins dont les clôtures, murs, fossés ou haies, peuvent servir à former une première

ligne de défense. Cette ligne sera d'autant meilleure qu'on y aura plus ménagé de parties rentrantes capables de concourir à la défense des parties saillantes pour placer l'ennemi, quelque parti qu'il prenne, entre deux feux. En arrière de la première ligne, on aura eu soin de placer des renforts et des soutiens dans des postes abrités qui communiqueront avec la première ligne. On aura ouvert pour cela des ouvertures dans les murs et dans les haies.

Pour la défense d'un village, on partage la ligne en secteurs, de manière que chaque peloton, chaque compagnie, chaque bataillon soit chargé d'une partie bien déterminée. Des percées latérales établiront néanmoins la communication d'un secteur à l'autre, pour que chacun soit immédiatement informé du succès que l'attaque aurait remporté contre un secteur voisin. Chacun des commandants de secteur sera informé d'avance de ce qu'il aura à faire dans chaque éventualité.

On a recommandé jusqu'à présent de barrer les rues d'un village par des obstacles faciles à établir, par exemple au moyen de charrettes dont on enlève les roues et qu'on remplit de fumier.

Si ces barricades sont placées à un détour de rue, elles pourront être abritées du feu de l'artillerie. Si elles sont en même temps flanquées par des fantassins placés dans une maison crénelée, elles deviendront infranchissables par une attaque directe. Pour le choix des maisons à occuper ou à défendre, on peut se laisser guider par une observation qui ne manque pas d'importance. Les projectiles de l'artillerie de campagne sont munis actuellement de fusées percutantes qui les font éclater au premier choc. Quand ils frappent un mur, ils le traversent en éclatant de telle sorte que les fragments se dispersent à la sortie. Les défenseurs d'une maison n'ont donc point de protection contre le canon ennemi, quand ils en sont séparés par un seul mur, mais ils en sont complétement abrités toutes les fois que le projectile a deux murs à traverser pour les atteindre, les éclats ne conservant en effet, après l'explosion, qu'une très-petite force de pénétration.

L'organisation défensive d'un village ne serait pas complète s'il n'y avait pas au centre ou à la partie postérieure, près du chemin de la retraite, un réduit organisé pour servir d'abri à la réserve. Cette réserve acquiert ainsi le moyen de prolonger la résistance pour attendre l'arrivée des secours, qui permettront de reprendre l'offensive et de chasser l'ennemi des parties du village dont il se serait emparé. L'église, avec le cimetière entouré de murs qui y est attenant habituellement, se prête à ce rôle de réduit, surtout quand elle est un peu isolée ou du moins séparée des maisons par une place publique. On ne doit pas perdre de vue que l'incendie est un des moyens d'attaque les plus dangereux. La défense doit faire en sorte de ne pas s'appuyer sur des bâtiments voisins de matières combustibles, telles que la paille et le foin, qui sont emmagasinés en grande quantité dans les villages.

La défense doit encore se préoccuper du cas où l'ennemi, parvenant à tourner le village, menacerait de couper la retraite aux défenseurs, car c'est là une manœuvre ordinaire. On ne peut y obvier complétement que par l'action d'une troupe placée en arrière du village pour concourir indirectement à sa défense; mais il y a néanmoins une bonne mesure à prendre en occupant fortement et en disposant avec soin quelque bâtiment situé à l'arrière du village.

Toutes ces généralités un peu vagues sur une des opérations de guerre les plus importantes ne sauraient suffire pour donner une idée nette des dispositions à prendre. Elles varient avec des éléments qui diffèrent beaucoup d'un village à l'autre. Tout officier désireux de s'instruire sur ce sujet peut étudier en se promenant un projet de défense détaillé d'un village voisin de sa garnison. Rien n'est plus instructif et plus fructueux que de tels exercices; celui qui emploiera ainsi ses moments de loisir acquerra du goût pour son art et apprendra la pratique de la guerre beaucoup mieux que dans les livres. Quand un village occupe une situation telle que l'artillerie ne peut pas le battre sans se mettre à portée du fusil, il devient facilement inexpugnable pour toutes les attaques directes.

Nous ne dirons rien de l'art d'appliquer les ouvrages de la fortification passagère à des terrains variés et de disposer le tracé et le relief des ouvrages suivant les circonstances. C'est encore un art auxiliaire de la tactique, qui doit tenir compte des propriétés et des modes d'action particuliers à chacune des trois armes. La meilleure manière de s'en instruire sera d'étudier et de discuter les exemples les plus récents de cette application. Les lignes de Torrès Vedras, qui ont été construites par l'armée anglaise dans le but de protéger la capitale du Portugal, peuvent encore donner un enseignement utile, surtout en s'attachant à déterminer les modifications qu'il y faudrait apporter actuellement. On aurait à tenir compte de l'accroissement de portée et de justesse que les fusils et les canons ont obtenu, depuis les guerres du premier Empire, pour reconnaître quels sont ceux des ouvrages construits à cette époque qui ne pourraient plus, en occasion semblable, conserver le même emplacement.

On pourra trouver un moyen d'instruction encore plus utile en cherchant à se rendre compte avec précision des motifs du tracé et de la construction des travaux de toute nature exécutés autour de Paris par l'armée allemande. On aurait à y remarquer particulièrement les précautions prises et les dispositions adoptées dans certaines parties de la ligne d'investissement pour amener les assiégés, dans leurs attaques, à s'engager dans un rentrant pris entre deux feux.

Les travaux du bombardement de Paris contribueront, tout comme ceux de la contrevallation, à fournir des exemples instructifs; car les Allemands y ont

19.

particulièrement recherché les moyens d'empêcher les défenseurs de pouvoir régler le tir de leur artillerie. Ils masquaient leurs travaux derrière des arbres ou des maisons ; et ils les plaçaient assez loin en arrière pour empêcher les coups pointés sur le rideau d'atteindre les défenseurs du parapet ou de l'épaulement.

Leurs batteries n'avaient plus aucune de ces embrasures qui fournissent à l'adversaire un point de mire très-distinct et un but favorable.

Les ouvrages n'avaient plus ces arêtes saillantes et ces formes régulières qui les dénoncent à l'œil de très-loin.

Parfois, enfin, des terres remuées à quelque cent mètres en avant d'une batterie trompaient les officiers d'artillerie de la place ; car ils croyaient leurs projectiles efficaces, quand ils les voyaient tomber sur les terres remuées, qui se confondaient à l'œil avec l'épaulement de la batterie ennemie.

Nous n'avons pas besoin de dire que cette ruse est aussi à l'usage de la fortification passagère. Elle est fondée, en effet, sur la considération de la grande distance où seront, presque toujours, l'une de l'autre, dorénavant, les artilleries adverses.

CHAPITRE VII.

LA FORTIFICATION PERMANENTE.

———

I

LES DIVERSES PHASES DE LA FORTIFICATION EN PRÉSENCE
DES CANONS LISSES.

La fortification permanente comporte, comme son nom l'indique, des travaux de défense préparés de longue main, qui subsistent durant la paix, pour être utilisés dans le temps de guerre. Ces travaux ne se distinguent pas seulement par leur durée et leur solidité, mais aussi par des dispositions qui leur donnent une grande force de résistance.

Ils sont, en effet, destinés à braver, si faire se peut, tous les assauts, toutes les approches, tous les efforts de l'attaque. La fortification permanente s'efforce, en un mot, d'empêcher que le faible ne tombe à la merci du fort. Sa tâche est de mettre un petit nombre de combattants en état de résister à l'armée la plus considérable et la mieux pourvue en approvisionnements de guerre de tous genres.

Le premier objet des places fortifiées, celui qui les rend tout d'abord indispensables à tout Etat entouré de voisins belliqueux, consiste à garantir la sûreté des dépôts d'armes, d'artillerie, de munitions, d'approvisionnements de toute espèce, qui sont indispensables pour les guerres actuelles, et qui constituent la richesse militaire d'une nation. Les forteresses ont, en outre, divers objets secondaires, tels que : conserver la disposition du passage d'un fleuve, en l'enlevant à l'ennemi ; intercepter plusieurs routes et chemins de fer, en prenant possession du nœud où ils se rencontrent ; empêcher que l'ennemi ne prenne possession ou ne détruise par le feu de son artillerie les richesses d'un grand port de guerre ou de commerce, d'une capitale de province ou de la capitale de l'Etat.

Les forteresses parviennent à rendre parfois, en pays de montagne, des services plus importants encore, quand elles interceptent les seules routes qui soient carrossables et qu'elles ferment tout accès aux armées ennemies. Dans leur ensemble, les places fortes servent encore de refuge aux troupes d'une armée vaincue, leur donnent le moyen de se réorganiser et de rentrer de nouveau en campagne, pour faire obstacle à la marche de l'ennemi. Leur utilité ne se borne pas au cas de la défensive, car elles servent à abriter tout ce qu'il faut aux armées qui s'éloignent de la frontière en prenant l'offensive.

Le seul but de préserver les récoltes de l'année et les richesses mobilières contre la rapacité des peuplades ou des nations voisines, a donné naissance, dès les temps les plus reculés de l'histoire, à des travaux de fortification permanente. Cet art avait déjà

acquis un développement considérable à l'époque où
Rome entrait en lutte contre des nations de l'Europe,
de l'Asie et de l'Afrique. La hauteur, l'épaisseur et la
solidité des murailles qui entouraient les villes, formaient l'élément principal de leur force. Tantôt des
matériaux de remplissage contenus entre deux murs,
tantôt des étages de voûtes superposées, qui étaient
adossées à la muraille, donnaient à la partie supérieure, où se tenaient les défenseurs, une largeur considérable, qui était comparable, sous ce rapport, aux
terre-pleins des remparts actuels. Les défenseurs s'y
trouvaient abrités par un petit mur placé du côté de
la campagne, et dans lequel étaient pratiquées de larges échancrures, nommées créneaux. C'est par ces
créneaux que l'on pouvait surveiller le pied de la muraille, tirer l'arc ou l'arbalète et laisser tomber sur
les assaillants des corps assez pesants pour les renverser avec leurs échelles.

Pour ajouter encore aux difficultés de l'attaque, le
rempart d'une forteresse était interrompu, de distance
en distance, par des tours qui le surmontaient. L'assaillant, parvenu au haut du rempart, ne pouvait pas
descendre du côté intérieur avant de s'être emparé
d'une tour, parce que là seulement se trouvait un
escalier.

Le moyen âge a construit en très-grand nombre des
forteresses, qui ont différé de celles de l'antiquité par
des détails de construction. C'est ainsi que le petit
parapet garni de créneaux a été porté en surplomb de

la muraille, au moyen de petites voûtes en encorbellement, qui ont donné naissance aux mâchicoulis. Ces ouvertures ont donné aux défenseurs plus de facilité pour laisser tomber les corps pesants destinés à agir par leur masse et par la vitesse de leur chute.

Les fossés en avant des murailles devinrent plus fréquents dans le moyen âge que dans l'antiquité; mais la fortification tira toujours sa principale force de la hauteur des murailles et des tours.

Trois moyens d'attaque différents étaient alors en usage :

Le premier, qui demandait moins de préparatifs et de temps que les deux autres, consistait dans l'escalade. Des échelles, munies de divers mécanismes qui servaient à les dresser, étaient approchées de la muraille au moyen de roues. Quand elles étaient en place et dressées, les hommes d'armes y montaient pour aller combattre les défenseurs avec l'épée, en s'efforçant de passer par l'ouverture d'un créneau, pour prendre pied sur le terre-plein.

Le second moyen d'attaque consistait à établir sur roues de hautes tours en bois qui dominaient les murailles et que l'on approchait des tours à l'aide de treuils, de cordes et de leviers. Les assaillants pouvaient arriver ainsi à lutter de plain-pied même avec les défenseurs de l'étage le plus élevé de la tour. Pendant ce temps, des ouvriers munis de pics et abrités par des toitures faites exprès, sapaient le pied de la muraille pour y ouvrir une brèche.

Quand les deux moyens précédents ne réussissaient pas, on avait recours au troisième procédé, qui consistait à creuser sous les fondations du rempart ou d'une tour de grandes cavités, appelées mines, dans lesquelles on soutenait la muraille par des étais en bois ; puis, quand ce travail souterrain avait pris tout le développement convenable, on mettait le feu aux étais, qui, en brûlant, amenaient l'éboulement du mur. La mine pouvait aussi conduire l'assiégeant jusqu'à l'intérieur de la forteresse ; mais, le plus souvent, le défenseur travaillait de son côté pour entraver le mineur assiégeant, et de fréquentes luttes s'engageaient sous terre.

On peut comprendre, après cet exposé succinct, comment l'art de fortifier dut changer de direction quand le canon lançant des boulets en fer fut parvenu à abattre de loin les murailles, et cela d'autant plus facilement qu'elles étaient plus hautes.

Le premier changement qui fut fait à la fortification consista donc à enfoncer la muraille du rempart dans un fossé profond, pour empêcher qu'elle pût être abattue de loin. On supprima, pour le même motif, la surélévation des tours. Cela fait, on dut encore songer à adapter le profil de la fortification à l'emploi du canon, ce qui conduisit à établir un terre-plein horizontal pour recevoir le canon, et aussi un parapet en terre, assez épais pour garantir les bouches à feu et les défenseurs. Enfin, après avoir limité le fossé entre un mur d'escarpe et un mur de contrescarpe, on s'oc-

cupa des moyens à employer pour porter l'action de
la défense au delà du fossé. On ne pouvait pas, en
effet, renfermer complétement la garnison dans l'intérieur d'une place, sans lui laisser quelque initiative
contre les assiégeants.

On mit donc, en avant de la contrescarpe, un terre-
plein précédé d'un talus de banquette, d'une banquette,
d'un talus intérieur, d'une crête et d'un glacis. Le
glacis, en pente assez douce pour que son plan prolongé passât au-dessous de la crête intérieure du corps
de place, fit office de parapet pour les défenseurs,
sans offrir aucun couvert pour l'assiégeant. La disposition adoptée pour porter la défense au delà de la
contrescarpe reçut le nom de chemin couvert; et la
crête du chemin couvert fut assez élevée pour cacher
le haut du mur d'escarpe aux vues de l'assiégeant
placé dans la campagne, ou du moins pour ne le lui
laisser voir que sur une petite étendue à partir du
sommet. On réussit ainsi à empêcher l'assiégeant de
pouvoir battre en brèche de loin.

Le tracé de la fortification subit ensuite des modifications qui furent la conséquence du nouveau profil.
Le défenseur du corps de place ne pouvait plus ni voir
ni défendre directement le pied de la muraille d'escarpe; de là vint la nécessité de faire surveiller et
battre le fossé par des vues et par des feux de flanc.
On en est venu ainsi au tracé bastionné, qui peut être
considéré comme formé de lunettes réunies par des
courtines. Le flanc de chaque lunette dut à la fois

pouvoir battre le fossé de la face de la lunette voisine et la moitié la plus éloignée du fossé de la courtine attenante. Si cette double condition est remplie, il n'y aura, dans les fossés, aucun point qui ne soit vu des défenseurs placés sur les banquettes du corps de place et qui ne puisse être atteint par leurs feux. Telle est la propriété essentielle du tracé bastionné ; c'est elle qui en a fait, pendant plusieurs siècles, le fondement de la fortification permanente.

Avec le nouveau profil, l'assiégeant, qui devait presque renoncer, à mesure que l'artillerie acquérait plus de puissance, à l'espoir de prendre les places par escalade, était forcé, pour faire brèche, de venir placer des canons sur le bord du chemin couvert. Il y parvint au moyen de travaux de terrassement ; car, en creusant des tranchées dirigées alternativement à droite et à gauche de la place, c'est-à-dire la laissant chaque fois entièrement d'un même côté, et en jetant les terres de manière à former remblai, l'assiégeant arrivait à couvert jusqu'au point où il pouvait construire une batterie de brèche.

Dans les premiers temps, l'assiégeant avait avantage à ouvrir la brèche dans la courtine plutôt qu'à l'une des deux faces des bastions, pour éviter que le défenseur construisît à la gorge du bastion attaqué un retranchement qui aurait prolongé la résistance. Mais alors les ingénieurs établirent en avant de la courtine, dans son fossé, la tenaille destinée à couvrir la courtine et à empêcher d'y faire brèche. Des considérations semblables conduisirent les ingénieurs, par suite des progrès opérés par l'art des siéges dans sa nouvelle direction, à augmenter le nombre et l'étendue des ouvrages. C'est ainsi que la fortification, acquérant une profondeur auparavant inusitée, s'étendit sur une surface de plus en plus grande.

Ceci dit, nous pouvons, sans autre transition, décrire brièvement la fortification connue sous le nom de *premier système* de Vauban. Ce grand ingénieur n'a écrit aucun traité de l'art de fortifier; mais, comme il a travaillé à réparer et à construire un très-grand nombre de places fortes, ses successeurs ont distingué dans ses travaux trois systèmes différents. Ils ont donné une préférence marquée à son premier système sur les deux autres.

Pour fortifier une place, Vauban commençait par entourer la ville d'un polygone dont les sommets, placés sur des points importants, devaient être distants de 180 toises, c'est-à-dire de 360 mètres environ l'un de l'autre. Sur chacun de ces côtés était établi un front dont les deux demi-bastions prenaient un grand développement qui diminuait beaucoup la longueur de la courtine. Les flancs des bastions avaient acquis une longueur considérable, d'après laquelle on peut juger de l'importance attribuée à leur rôle. La courtine se trouvait par cela même reportée dans un rentrant très-prononcé. A l'imitation de ses prédécesseurs, Vauban plaça parfois les flancs des bastions dans un rentrant arrondi, en les couvrant par le moyen des *orillons ;* mais il finit par renoncer à cette disposition, qui n'a pas été renouvelée depuis.

Les ouvrages portés en avant du corps de place, mais communiquant avec son fossé, et qu'on appelle pour cela ouvrages extérieurs, comprenaient, pour un front, la tenaille placée en avant de la courtine, la demi-lune faisant angle saillant en avant de la tenaille, et le chemin couvert, qui suit la direction de la contrescarpe de la face du bastion, pour changer ensuite de direction et se prolonger parallèlement à la contrescarpe de la demi-lune.

Vauban attacha une grande importance à l'organisation des défenses du chemin couvert. Il lui donna tout à la fois des propriétés offensives et des propriétés défensives. Des places d'armes ménagées dans les parties saillantes et dans les parties rentrantes du chemin couvert donnèrent la possibilité d'y rassembler des troupes assez nombreuses pour entreprendre d'agir avec énergie contre l'ennemi, tandis que des traverses, formées d'un parapet de six mètres d'épaisseur avec une banquette en arrière, furent disposées pour servir à deux fins. Si l'ennemi, plaçant, à l'imitation de ce qu'avait fait Vauban, une batterie à ricochet sur le prolongement du chemin couvert, lançait à petite charge des boulets destinés à tomber sur le terre-plein, ces boulets seraient arrêtés par les massifs de terre des traverses et produiraient peu de mal. Mais si plus tard l'assiégeant, attaquant le chemin couvert de la demi-lune, chassait les assiégés de la place d'armes saillante, les défenseurs se réfugieraient derrière la traverse voisine pour entraver de nouveaux progrès. Des passages ménagés pour les sorties, en interrompant la crête du chemin couvert, ouvraient aux défenseurs la voie nécessaire pour se porter à découvert vers l'assiégeant. La demi-lune, en permettant de donner au chemin couvert le grand développement et les propriétés qu'on vient de voir, aurait déjà été suffisamment motivée; mais son introduction imposait en outre à l'assiégeant l'obligation de s'en emparer et de s'y loger avant de pouvoir attaquer les faces du bastion. La face de la demi-lune, en effet, prend en flanc l'assiégeant quand il s'approche du saillant du chemin couvert du bastion, et si les défenseurs de la demi-lune y demeuraient pour diriger de là leur feu contre l'assiégeant, l'attaque serait exposée à être arrêtée là sans pouvoir aller plus avant. C'est ainsi que l'introduction de la demi-lune a une utilité incontestable, puisque l'assiégeant doit s'en emparer avant d'entrer dans la place.

La tenaille a des propriétés différentes, car son rôle est pour ainsi dire uniquement passif. Cet ouvrage est en relief au-dessus du fossé du corps de place, qui l'entoure de tous les côtés. Il masque complétement aux vues et aux coups de l'assiégeant le débouché de la poterne, qui passe sous le milieu de la courtine et que les défenseurs traversent pour aller dans le fossé et de là dans les ouvrages extérieurs. Puis, si les défenseurs ont à agir avec vigueur contre les assiégeants parvenus dans le fossé, ils se réunissent et se forment en ordre derrière la tenaille. Ils partent de là en contournant la tenaille pour agir avec ensemble.

Cet ouvrage a encore un autre rôle passif, dont nous avons déjà dit un mot, et qui consiste à empêcher l'assiégeant de pouvoir faire brèche à la courtine, même après qu'il est devenu maître de la demi-lune et qu'il s'est mis en état d'y placer des canons dirigés contre les remparts du corps de la place. Dans cette phase du siége, la tenaille fait usage des feux de son parapet. Ils sont employés, simultanément avec ceux de la courtine, à retarder les progrès de tout établissement stable que l'assiégeant veut faire sur le terreplein de la demi-lune.

La tenaille protége encore les communications qui conduisent les défenseurs depuis l'intérieur de la place jusqu'aux parties les plus avancées des ouvrages extérieurs.

La poterne, qui passe sous le milieu de la courtine, aboutit, au fond du fossé, derrière la tenaille. Une seconde poterne passe sous la tenaille : les défenseurs qui l'ont traversée sont encore dérobés à la vue de l'ennemi, même après qu'il s'est logé sur le bord des chemins couverts et des contrescarpes; car la poterne de la tenaille est prolongée par une double caponnière, qui est une sorte de chemin couvert établi au fond du fossé, avec banquette, talus intérieur et glacis de deux côtés.

Arrivé au bout de la double caponnière, le défen-

seur voit devant lui un escalier qui mène au terre-
plein de la demi-lune. Il a, à droite et à gauche, deux
passages qui lui permettent aussi de se diriger vers la
gorge de l'une ou de l'autre des deux places d'armes
rentrantes de droite et de gauche du chemin couvert.
Avant d'arriver là, le défenseur, au moment où il
quitte l'abri que lui donnait le massif de la demi-lune
tant qu'il passait au pied de la gorge, trouve une caponnière simple qu'il longe et qui lui permet de traverser le fossé de la demi-lune sans être vu de l'ennemi, même après que l'assiégeant s'est établi au
sommet de la contrescarpe de la place d'armes saillante du chemin couvert de la demi-lune.

Le défenseur monte, par un escalier en pierre,
dans la place d'arme rentrante ; il peut aller de là,
soit dans le chemin couvert du bastion, soit dans le
chemin couvert de la demi-lune, en contournant les
traverses. Quand l'assiégeant n'est pas encore logé
sur le glacis, le défenseur peut longer tout le fossé
de la demi-lune et monter dans la place d'armes saillante du chemin couvert directement, au moyen d'un
escalier en pierre ménagé dans la partie arrondie qui
forme le bout du fossé.

Pendant la seconde moitié du règne de Louis XIV,
l'emploi des bombes dans la guerre de siége avait
pris une grande extension ; aussi Vauban, pour tenir
compte de ces feux tombant sous de grands angles,
avait-il introduit, dans la fortification des dernières
places par lui construites, des voûtes destinées à abri-

ter quelques canons dont il voulait réserver l'action pour la dernière période de la défense. Les abris voûtés, ouverts du côté de l'extérieur par une embrasure, prirent le nom de casemates à canon.

Les casemates de Vauban, placées dans les flancs des bastions, étaient destinées à conserver quelques bouches à feu pour entraver le passage du fossé, au moment de l'assaut livré par l'assiégeant à la brèche du corps de place. Le corps des ingénieurs français n'a pas suivi Vauban dans cette nouvelle voie. Il a préféré chercher le progrès de la fortification dans de nouveaux développements donnés au tracé, et dans la multiplication des ouvrages, sans sortir de la défense à ciel ouvert.

Cormontaingne, ingénieur dont les écrits sont devenus classiques, donna à la demi-lune une plus large gorge et une plus grande saillie ; puis il établit, à l'intérieur, un nouvel ouvrage, appelé réduit de demi-lune, que Vauban avait déjà admis auparavant. Les réduits de place d'armes rentrante, petits ouvrages avec escarpe maçonnée, qui sont destinés à soutenir la défense des chemins couverts en lui donnant plus d'énergie, sont la principale des innovations dues à Cormontaingne. Après lui, on a proposé l'adoption d'un masque à établir dans le fossé de la demi-lune, près de sa gorge, pour empêcher l'assiégeant de battre en brèche le corps de place, en tirant par la trouée du fossé de demi-lune dans le sens de sa longueur. On améliora les communications, entre la place et les dehors, en masquant mieux les défenseurs dans le trajet. On s'attacha encore à trouver le moyen d'obliger l'assiégeant à s'emparer du réduit de demi-lune avant de livrer l'assaut à la brèche faite à la face du bastion ; mais on n'admit rien, en France, des réformes radicales proposées vers la fin du xviiie siècle et au commencement du xixe, par Montalembert et par Carnot.

Avant de faire connaître les idées de ces deux hommes célèbres, nous avons encore à dire les noms des divers ouvrages particuliers de la fortification qui ont été construits, tant à l'intérieur qu'à l'extérieur des places.

A l'intérieur, on trouve parfois des retranchements préparés en arrière du point où l'ennemi est supposé devoir faire brèche. On rencontre plus souvent le cavalier, ouvrage assez élevé pour que son artillerie tire par-dessus le rempart du corps de place ; la citadelle, ouvrage fermé, qui constitue une petite place à l'intérieur de la grande, et qui est établi à la double fin de contenir les habitants de la ville et de donner à l'assiégeant l'alternative, ou d'attaquer la place par le point le plus fort, ou d'avoir l'embarras d'un second siége succédant au premier.

Aux ouvrages extérieurs, tels que la tenaille et la demi-lune qui sont attenants aux fossés du corps de place, on peut ajouter d'abord la contre-garde qui recouvre les faces d'un bastion par des remparts qui leur sont parallèles, et qui donnent un ouvrage de plus à prendre par l'assiégeant avant de pénétrer dans la place. L'ouvrage à cornes est formé par un front bastionné limité, à droite et à gauche, par deux longues branches dont les fossés communiquent avec ceux de la place. L'ouvrage à cornes comprend une surface plus grande que les ouvrages mentionnés jusqu'ici; mais l'ouvrage à couronne a une capacité plus grande encore, car il comprend deux fronts terminés, à droite et à gauche, par de longues branches. La double couronne contient trois fronts qui se terminent, de même, par deux longues branches. Ces sortes d'ouvrages, qui portent la défense très en dehors du corps de place et qui sont néanmoins protégés par son flanquement, prennent le nom d'ouvrages avancés. La fortification permanente a construit souvent de simples lunettes, et parfois des redoutes comme ouvrages avancés.

Quand les ouvrages sont portés plus au loin, qu'ils sont fermés à la gorge, et qu'ils doivent devenir l'objet d'un siége séparé de celui de la place, on les appelle forts détachés.

La fortification construite autour de Paris, en 1841, se composait d'une enceinte continue, formée d'un corps de place à tracé bastionné, sans aucun ouvrage extérieur, même sans chemin couvert; mais avec un grand nombre de forts détachés dont la distance à l'enceinte variait depuis 2 jusqu'à 8 ou 10 kilomètres. On ajoute actuellement, aux ouvrages de 1841, des forts nouveaux, qui sont portés jusqu'à 20 kilomètres

20

du corps de place et même au delà. Le tracé et les dispositions de ces nouveaux forts diffèrent beaucoup de tous ceux qui ont été construits antérieurement.

Les nouveaux forts détachés pourront servir à constituer des camps retranchés ; car des brigades, des divisions ou des corps d'armée s'établissant ou au bivouac, ou sous la tente, ou même en cantonnement resserré en arrière des forts, recevront protection du canon des forts, en cas de défensive.

Ces troupes seront en état de prendre une offensive hardie, précisément parce qu'elles auront toujours, en cas d'échec, une retraite assurée sous la protection des forts.

C'est, avons-nous dit, vers la fin du xviiie siècle et dans les premières années du xixe que se sont produites des idées qui ne tendaient à rien moins qu'à changer, dès lors, complétement la fortification permanente dans son tracé et dans son profil. Le peu de durée des siéges, le peu de résistance des places les mieux pourvues d'ouvrages construits suivant le système admis, en un mot, l'impuissance de la fortification en usage, avait inspiré l'idée de recourir à des combinaisons nouvelles. Montalembert, le premier, crut avoir trouvé moyen de rendre à la fortification son ancienne prépondérance sur l'attaque, en appuyant la défense sur une artillerie mieux préservée et plus habilement postée. En recherchant les causes de l'état d'infériorité où la fortification était tombée, il avait cru voir la cause du mal dans le tracé bastionné. Il lui repro-

chait d'exposer les faces des bastions au tir à ricochet, leur direction s'éloignant de celle du côté extérieur pour se diriger vers l'assiégeant, comme si cela
était fait tout exprès pour lui donner la facilité de
construire ses batteries d'enfilade. Ces mêmes batteries à ricochet de l'attaque sont plus dangereuses
encore pour les défenseurs du flanc, qui sont pris de
revers, que pour ceux de la face. La courtine seule est
garantie presque toujours de cet inconvénient, ce
qui montre, d'après Montalembert, tout l'avantage
que l'on aurait à laisser au tracé de l'enceinte sa
forme primitive et simple, en adoptant, pour l'enceinte du corps de place, le tracé polygonal. Sans
doute, ce tracé n'a point, comme le tracé bastionné,
l'avantage de flanquer et de défendre les fossés par
lui-même ; mais on y peut suppléer facilement par
des ouvrages extérieurs.

Au milieu et en avant de chaque côté de l'enceinte,
on placera un ouvrage en forme de lunette, qui
n'aura que le tracé de commun avec l'ouvrage de ce
nom, car il sera formé de deux étages de voûtes superposées avec une couche de terre au-dessus. Sous
chacune des voûtes ouvertes à l'extérieur par une embrasure et vers l'intérieur par un plus grand vide, il
y aura un canon. Tous les canons des deux étages
dirigées contre la batterie que l'assiégeant établira
près de la crête du glacis, pourront prendre sur elle
la supériorité du feu, puisqu'ils auront l'avantage du
nombre. Ils parviendront ainsi, non-seulement à re-

tarder, mais même à entraver et à arrêter l'attaque. La fortification polygonale appuyée, de la sorte, sur des caponnières armées d'une forte artillerie, ne sera pas seulement flanquée de manière à ne point redouter les attaques de vive force, mais elle sera capable d'empêcher les progrès de l'attaque avant que la brèche puisse être faite à la muraille du corps de place.

Carnot, après Montalembert, critiqua la plupart des autres dispositions de la fortification classique ; ainsi, il reprocha au mur d'escarpe d'être employé à soutenir un massif de terre qui contribue à sa chute quand il est battu par le canon, et qui, inconvénient majeur, forme une pente douce et praticable pour les colonnes d'assaut. Carnot proposa, pour remédier à ces inconvénients, d'isoler le mur d'escarpe et de laisser même un petit espace libre entre ce mur et le pied du talus extérieur, qui devait se prolonger jusqu'en bas. Il formait à la partie inférieure une banquette pour des soldats qui battaient le fossé à travers des créneaux percés dans le mur d'escarpe détaché.

Carnot trouvait surtout la principale cause de faiblesse des places modernes dans les difficultés que les défenseurs rencontrent pour prendre l'offensive. Pour lui, le chemin couvert, avec ses passages de sortie étroits et peu nombreux, avec ses palissades et ses traverses, qui placent les défenseurs dans des sortes de cellules, devenait un obstacle à toute entreprise prompte et hardie demandant le concours d'une partie notable de la garnison. Toutes ces entraves à l'initiative des défenseurs pouvaient disparaître, à la condition de supprimer le chemin couvert et de remplacer la contrescarpe par un talus montant en pente douce depuis le fond du fossé jusqu'à l'arête du glacis. En entourant, en outre, tout le corps de place de contre-gardes, qui laisseraient entre elles des intervalles suffisamment larges, on aurait, dans le fossé du corps de place, des lieux de rassemblement vastes et bien couverts, d'où les défenseurs partiraient pour se jeter sur l'ennemi, tantôt en grande troupe, tantôt en petit nombre. L'assiégeant ainsi exposé à des attaques redoutables, serait forcé de placer dans ses tranchées des gardes nombreuses, surtout quand ses travaux seraient arrivés sur le glacis. Alors la défense prendrait sur lui des avantages décisifs.

Carnot avait eu aussi l'idée nouvelle de construire en arrière du rempart, dans l'intérieur de la place, des casemates pour mortiers. Ces bouches à feu, qui tirent sous de grands angles, garanties ainsi contre les coups des assiégeants, devaient faire pleuvoir sur les tranchées rapprochées leurs projectiles explosifs, destinés à éclater, après leur chute, à la surface du sol. L'attaque devait par là se trouver dans cette alternative, ou de mettre peu de monde dans ses tranchées, pour ne pas éprouver, par l'effet des bombes, des pertes trop considérables, alors des sorties opérées par un grand nombre de soldats réussiraient à chasser l'assiégeant de ses tranchées et à détruire ses travaux ; ou bien l'attaque mettrait dans ses tranchées

20.

des gardes très-nombreuses ; dans ce cas, les mortiers de la défense, en sûreté sous les casemates, causeraient journellement des pertes si considérables, que le succès du siége serait compromis.

L'appréciation des idées de Montalembert et de Carnot présentait des difficultés très-grandes, parce que, indépendamment des places soumises à un siége en règle, l'expérience en montrait beaucoup qui succombaient par d'autres causes. Celles qui s'étaient rendues par la seule crainte du bombardement étaient déjà nombreuses, et d'autres, sous les coups d'une artillerie nombreuse et bien approvisionnée, n'avaient fait qu'une résistance très-courte. En présence de ces complications, les officiers du génie des diverses puissances de l'Europe se divisèrent en deux camps. Tandis qu'en France on repoussait les innovations proposées par Montalembert et par Carnot, à l'étranger on les étudia, on les discuta et on les combina l'une avec l'autre, en vue d'en faire des applications utiles.

En Allemagne, en Russie, en Angleterre et en Belgique, on a construit, depuis 1815, des fortifications polygonales, qui n'ont point été établies d'après un type unique. Dans chacun de ces pays, l'ingénieur auquel était confié le soin d'élaborer le projet et de faire exécuter les travaux, y apportait le résultat de ses réflexions personnelles. On voit ici un exemple de la divergence qui se produit dans les vues des hommes les plus compétents, quand on est amené à apporter des modifications dans une des branches de l'art militaire, avant que l'expérience de la guerre ait prononcé sur la valeur de l'innovation même. Aujourd'hui, aucune place forte, construite d'après le système polygonal inspiré par Montalembert et par Carnot, n'a encore eu l'occasion de subir l'épreuve d'un siége en règle.

II

LA FORTIFICATION EN PRÉSENCE DES CANONS RAYÉS.

Après l'introduction des canons rayés, on a reconnu, en France même, la nécessité d'avoir des abris voûtés sur les remparts. On a établi des traverses analogues à celles du chemin couvert sur les terrepleins de l'enceinte du corps de place, en y ajoutant un abri formé par une voûte en maçonnerie ménagée sous la traverse.

En outre, dans les forts détachés qui ont été construits par la France autour de Metz, et dont le projet a été arrêté un peu avant 1866, on avait introduit des casemates, non pas il est vrai pour des canons et comme ouvrages de défense, mais comme une protection devenue nécessaire contre les projectiles explosifs de l'artillerie rayée. Les forts dont nous parlons eurent toujours une enceinte bastionnée; mais en arrière de cette enceinte classique on éleva des casernes voûtées, qui furent mises à l'abri du bombardement au moyen d'un parapet relié au terre-plein du bas par un long talus à terre coulante. Le terre-plein du haut fut pré-

paré pour recevoir une nombreuse artillerie, destinée
à tirer par-dessus l'enceinte. On eut ainsi, dans chaque
fort, un cavalier établi au-dessus d'une caserne. Ce
n'était encore là, toutefois, qu'une innovation timide.
Elle faisait suite, en quelque sorte, aux abris voûtés
qu'on avait parfois ménagés sous des courtines.

Cette disposition a été conservée dans les nouveaux
forts qui se construisent actuellement autour de Paris,
mais on y a joint quelques dispositions plus radicales.
D'abord, les canons qui sont mis en batterie sur le
cavalier sont compris chacun entre deux traverses.
Chaque traverse est un abri voûté, à l'épreuve de la
bombe, où les défenseurs les plus proches peuvent se
réfugier momentanément, quand il en est besoin. De
plus, c'est sous cette casemate que les projectiles et
la poudre parviennent à la bouche à feu, au moyen
d'un mécanisme qui les monte sur le rempart après
les avoir pris à la partie inférieure. Les mouvements
du matériel et du personnel s'opèrent dans des espaces voûtés qui sont sous terre et qui n'ont rien à redouter du feu de l'ennemi. Les défenseurs ont le
moyen de se dérober au danger, toutes les fois
qu'ils n'ont pas à combattre l'ennemi personnellement, en concourant au service du canon ou en faisant
usage du fusil.

Le siége de Strasbourg, fait par les Allemands
en 1870, ayant montré la facilité avec laquelle l'artillerie rayée peut faire brèche de loin aux remparts des
places existantes, la fortification ne peut plus conser-

ver le même profil que par le passé. La largeur donnée jusque-là au fossé du corps de place permet, en
effet, au projectile oblong, franchissant déjà la crête
du chemin couvert, dans la branche descendante de
la trajectoire, de frapper la muraille du rempart aussi
bas qu'il faut pour opérer une brèche praticable.

C'est pour cela que, dans les nouveaux forts actuellement en construction, on a diminué la largeur du
fossé. On a même été parfois jusqu'à supprimer entièrement le mur d'escarpe, considérant la contrescarpe
comme étant à elle seule un obstacle suffisant pour
rendre impossible le succès des tentatives d'escalade.
Peut-être aussi, étant pressé par le temps, s'est-on
réservé de construire plus tard un mur d'escarpe.
Dans des parties où ce mur a été construit, on l'a
isolé du rempart, comme Carnot l'avait proposé. On
a eu soin de diminuer assez la largeur du fossé pour
que les projectiles de l'assiégeant, arrivant sous l'inclinaison du quart, c'est-à-dire de un de hauteur pour
quatre de base, ne puissent pas faire une brèche praticable. La contrescarpe, plus haute que l'escarpe, et
encore un peu surélevée par un talus qui se termine à
l'arête du glacis, forme une masse couvrante qui concourt à empêcher la brèche. Avec ces dispositions, les
défenseurs n'ont plus aucun moyen de sortir du fort
autrement que par la gorge. Les forts ne sont plus,
pour ainsi dire, que des batteries de nouvelle forme,
munies de leurs canons rayés à grande portée.

On a aussi, pour certains forts, et peut-être même

pour tous ceux qui sont neufs, renoncé complétement au tracé bastionné. On effectue le flanquement au moyen de casemates qui font saillie en avant de l'escarpe et qui communiquent par une large poterne avec l'intérieur du fort. Ces casemates de flanquement sont de véritables caponnières, quoiqu'elles diffèrent beaucoup, n'ayant qu'un étage, des ouvrages casematés qui portent ce nom dans la fortification étrangère. Il y a, dans les nouveaux forts, des caponnières doubles, qui battent des deux côtés, et des caponnières simples, qui battent dans une seule direction.

Le côté du fort qui fait face au dehors comprend une première enceinte basse, qui est destinée à l'emploi de la mousqueterie. En arrière, vient le cavalier destiné à l'usage de l'artillerie. En arrière du cavalier vient le parados nécessaire pour protéger, contre les feux de revers, les défenseurs de la gorge. On a utilisé parfois ce parados en ménageant dans sa partie inférieure des casemates à canon. Les bouches à feu qui seront placées dans ces casemates tireront pardessus le cavalier en employant des feux courbes ; elles ne verront pas le but à atteindre, mais elles mettront en usage le tir indirect. Ce sont là des emplacements tout faits pour des mortiers rayés, quand on en aura adopté un ou plusieurs modèles.

On doit introduire dans plusieurs des forts construits autour de Paris l'application du fer à la fortification, pour quelques circonstances particulières. Certains canons du cavalier, qui ont des vues directes sur la campagne, seront placés sous des casemates qui les déroberont au tir plongeant. Cette disposition aurait peu d'avantage, si ces casemates présentaient aux coups de l'ennemi des ouvertures faites dans la maçonnerie ou des embrasures pratiquées dans les parapets en terre. On veut tenter d'éviter l'inconvénient de donner trop de prise aux projectiles en construisant avec du fer le mur de face de la casemate, dont l'épaisseur sera peu considérable; alors l'ouverture réservée à la bouche de la pièce pourra devenir beaucoup plus petite.

Il ne faut pourtant pas se dissimuler qu'une muraille en fer, battue par le canon, ne résistera pas à des coups tombant l'un près de l'autre. En d'autres termes, on commettrait une grave erreur en considérant une muraille de fer comme étant capable d'une longue résistance sous les coups des batteries fixes.

L'Angleterre a fait usage du fer pour la fortification, dans une situation mieux appropriée à sa résistance. Elle l'a employé à la construction de quelques forts, destinés seulement à supporter le feu des navires. Les canons flottants de l'attaque ne sauraient alors grouper les coups en les rapprochant l'un de l'autre, aussi bien que le feraient des bouches à feu fixes. Les forts, dont nous parlons, sont construits en mer, suivant un tracé circulaire et sans aucun flanquement. La hauteur de la muraille, au-dessus de l'eau, a paru donner une protection suffisante contre les tentatives d'escalade. La muraille en fer est soutenue, en arrière, par un massif en béton, qui n'existe plus devant les canons. Chaque bouche à feu tire à travers un sabord, qui n'est pas plus large à l'extérieur qu'en dedans. On a pu rétrécir ce sabord sans diminuer le champ de tir de la pièce, en faisant tourner l'affût autour d'une cheville ouvrière, placée près de la muraille.

Les forts en fer, que l'on construit dans la mer pour protéger les ports militaires, notamment celui de Portsmouth, donnent lieu à des dépenses extrêmement considérables; mais l'Angleterre ne ménage pas les sacrifices quand il s'agit de sauvegarder ses grands ports militaires, qui sont les colonnes sur lesquelles repose sa puissance maritime.

Si les efforts des ingénieurs français se sont portés tout d'abord sur les dispositions à adopter pour les forts détachés, c'est que là étaient les questions les plus urgentes. Ce n'est pas seulement à Paris que l'on travaille en toute hâte à élever ces sortes d'ouvrages, c'est encore autour des places de Verdun, de Langres, de Besançon, de Grenoble, de Lyon, etc. Partout, on prend pour tâche d'empêcher que l'ennemi puisse établir des batteries à moins de dix kilomètres de l'enceinte. Tel est l'enseignement que nos ingénieurs ont puisé dans le bombardement de Paris, que les Prussiens ont effectué en tirant par-dessus les anciens forts. Le siége de Strasbourg, pendant lequel un tiers des maisons de la ville ont été renversées par les projectiles ou détruites par les incendies, a montré, plus encore, la puissance actuelle du bombardement.

Les places entourées de ces camps retranchés immenses, qui sont considérées comme indispensables, exigeront pour leur défense des troupes très-nombreuses, et aussi des armements et des approvisionnements beaucoup plus considérables qu'auparavant. Le nombre de ces places ne saurait donc être beaucoup augmenté, sans qu'on ait à se rendre compte des inconvénients du surcroît des charges à imposer au pays, et de l'affaiblissement qui en peut résulter dans l'armée active. Nous arrivons ainsi à une nouvelle conclusion ; car ce n'est plus seulement l'art de la fortification qui est appelé à reviser ses tracés, ses profils, ses dispositions ; c'est la protection, la défense de l'État qu'il faut asseoir sur de nouvelles bases, en décidant si le plus grand nombre des places fortes existantes ne devront pas être rasées, pour éviter de les voir succomber à un court bombardement, dans l'impuissance où l'on serait de les couvrir par une ceinture de forts détachés.

Avant de consacrer quelques instants à la grande question de la défense de nos frontières, nous conclurons, de tout ce que nous venons de dire sur la fortification permanente, ceci :

L'art de fortifier n'est plus en rapport avec la puissance et les effets de l'artillerie, ni avec les portées, la justesse et la rapidité de tir des armes portatives.

Cet art devra probablement, pour remplir sa mission, subir des modifications très-radicales. Peut-être devra-t-il, au lieu d'augmenter l'élévation, l'épaisseur et la force de ses remparts, pour augmenter la résistance passive de la défense, chercher son efficacité dans des moyens opposés. Abaisser ses reliefs, ne créer que des abris bas et souterrains, mais donner aux défenseurs des moyens d'offensive en leur procurant la facilité de s'approcher à couvert des travailleurs assiégeants.

III

DÉFENSE DES FRONTIÈRES.

Les frontières de la France se trouvent dans des conditions très-différentes. Il faut distinguer la frontière de l'est; celle du nord; celle de l'ouest; celle du sud et celle du sud-ouest.

A l'est, où la frontière de la France était protégée par deux barrières, placées l'une derrière l'autre, par le Rhin et par la chaîne des Vosges, il n'y a plus actuellement aucun obstacle naturel. Ce n'est pas encore dans cette partie la principale cause de faiblesse; car la Prusse, comptant Metz dans son territoire, non-seulement tourne les deux barrières dont nous venons de parler, mais tient sur la Moselle une tête de pont, précédée d'un vaste camp retranché, qui est fait pour favoriser des opérations offensives.

Toute l'étendue de la frontière qui est comprise

entre Montmédy, au nord, et Besançon, au sud, a donc essentiellement besoin d'être protégée par toutes les ressources et toutes les prévoyances de l'art.

Ici, la fortification prendra pour premier objet le soin d'intercepter les chemins de fer et les routes. On placera, de préférence, les forts aux points de jonction de deux chemins de fer et aux lieux de rencontre de plusieurs routes, pour avoir un moindre nombre de forteresses à construire. On en établira aussi sur les cours d'eau et, de préférence, là où il existe des ponts, afin d'intercepter les passages existants.

La place de Verdun, située sur la Meuse, là où passent la route et le chemin de fer de Paris à Metz, sera, pour cela même, conservée. On l'entourera des forts détachés qui sont nécessaires pour soustraire la ville aux bombardements. On agira de même, par des raisons analogues, pour Toul et pour Langres. Mais on aura beau créer ainsi, sur cette frontière, ces trois grands camps retranchés et y ajouter encore ceux de Belfort, de Besançon et de Dijon, on ne pourra ni intercepter toutes les routes, ni protéger tous les ponts qui existent sur les rivières coulant, soit parallèlement, soit perpendiculairement à la frontière.

Afin de ne pas laisser entièrement à l'ennemi l'usage d'un seul de nos chemins de fer, on choisira, pour les intercepter, des emplacements propices à la construction de forts isolés, qui porteront le nom de forts d'arrêt, à cause de leur destination. Si l'ennemi, profitant de tous les chemins carrossables, dont le nombre augmente sans cesse avec la richesse des populations, dépasse les forts d'arrêt, et porte ses opérations au delà, il sera du moins privé des avantages qu'il retirerait d'un chemin de fer pour communiquer avec son pays, et en tirer promptement tout le matériel de guerre qui est indispensable au succès de son entreprise.

A partir de Besançon jusqu'à la mer, la frontière est protégée par la chaîne du Jura et par le massif des Alpes; à cette barrière montagneuse, interrompue seulement par la vallée du Rhône, se joint la neutralité de la Suisse, proclamée par des traités qui seront plus ou moins bien observés, suivant les intérêts militaires et les circonstances politiques. La fortification ne doit pas négliger d'ajouter ses garanties à ce motif insuffisant de sécurité. Elle s'efforcera de commander et d'intercepter les routes importantes, mais, surtout, les chemins de fer, qui sont là très-peu nombreux. La nature et les formes d'un terrain très-accidenté placeront l'ingénieur dans des conditions très-différentes de celles où il est dans les pays de plaines, et il aura à développer les ressources de son art, en modifiant la forme, le tracé et le relief des ouvrages d'après la nature du sol sur lequel ils sont assis et les accidents du terrain environnant.

De Nice à Port-Vendres est la frontière maritime. Elle exigera une protection puissante et efficace pour le port militaire de Toulon, ainsi que pour le grand port commercial de Marseille. Ce n'est qu'après entière satisfaction donnée à la sûreté de ces deux grands centres de la puissance et de la richesse nationale, qu'on pourra s'occuper de la protection à donner aux petits ports de commerce ou de pêche, et aussi, dans la mesure du possible, aux plages sur lesquelles l'ennemi pourrait trouver des facilités de débarquement.

Les batteries destinées à battre soit les mouillages, soit l'entrée des ports et des rades, peuvent être faites en terre avec un fossé devant l'épaulement. On peut aussi mettre les canons sous des casemates en maçonnerie, pour les garantir du tir plongeant. Plusieurs étages de casemates établies sur des emplacements où l'espace fait défaut, réalisent avec avantage l'idée fondamentale de Montalembert.

Si les batteries tirant vers la mer deviennent, dans ces circonstances, la partie essentielle de la fortification, le soin de garantir leur action et leur sécurité dans le cas d'une attaque par terre conduit parfois à développer de nombreux ouvrages de ce côté. C'est là, ne l'oublions pas, que les forts détachés ont d'abord pris naissance pour protéger les arsenaux maritimes et les points de refuge des navires à flot contre les bombardements opérés du côté de la terre. Un grand port exige ainsi pour sa défense, en outre de batteries de mer, une enceinte de terre et des forts détachés. Ces forts doivent être assez rapprochés l'un de l'autre et assez éloignés de l'enceinte pour garantir la ville et le port contre l'effet des projectiles que les canons rayés lanceraient à toute volée.

Pour empêcher des débarquements de l'ennemi dans les endroits où ils sont le plus à redouter, de simples batteries de côte, isolées l'une de l'autre, sont établies sur des points convenables. Leur objet est d'éloigner les navires ou les embarcations des troupes. Elles doivent être en état de lutter contre les canonnières qui viendraient les attaquer. Une batterie de côte ne comprend le plus souvent qu'un épaulement avec ses plates-formes et ses pièces de canon; mais, en arrière de l'épaulement et à très-petite distance, il y a un bâtiment en maçonnerie qui est le réduit de batterie de côte. Il sert de caserne en même temps que de magasin, et il est organisé défensivement. Ce réduit, garanti par la batterie même contre les projectiles tirés de la mer, est fait pour résister seulement à une attaque de vive force exécutée par une troupe de débarquement, et ses dispositions défensives sont organisées en conséquence. A la partie supérieure du bâtiment se trouve une plate-forme garnie de mâchicoulis et de créneaux semblables à ceux du moyen âge. Ces anciennes défenses retrouvent leur efficacité dans une circonstance où l'ennemi ne peut pas les battre avec du canon.

Notre frontière du sud, après avoir longé le rivage de la Méditerranée, se prolonge le long de la chaîne des Pyrénées. Elle pourrait être protégée, dans cette partie, par les mêmes moyens dont on se sert pour la défense des Alpes, où l'on améliore toutes les anciennes fortifications par un grand nombre de nouveaux ouvrages. Mais la sécurité de la France ne semble pas avoir autant à redouter actuellement du côté de l'Espagne que du côté de l'Italie.

La frontière de l'ouest s'étend sur une très-grande longueur de côtes, et il y aurait là des ouvrages très-nombreux de fortification à élever avant d'être assuré de garantir contre les moyens de destruction actuellement en usage des ports tels que ceux de Cherbourg et du Havre. Mais la France, réduite à employer toutes ses ressources pour retarder les progrès des invasions qui la menacent sur toute sa frontière de l'est, ne peut songer à distraire de là une partie de ses forces pour soutenir à l'ouest une autre lutte contre les flottes de la Grande-Bretagne.

Notre frontière du nord est parsemée d'un grand nombre de places dont la construction remonte à deux siècles ou à un siècle et demi pour le moins. Ces places ont été munies, pour la plupart, d'un grand nombre d'ouvrages extérieurs et même, sur quelques points, d'ouvrages avancés; mais elles n'ont point la ceinture des forts détachés qui seraient nécessaires pour les préserver des bombardements. On ne peut pas songer, nous l'avons déjà dit, à élever assez de forts détachés pour les couvrir de toutes parts, tant à cause des dépenses de construction et d'armement, qui seraient écrasantes, que pour ne pas conserver et neutraliser autant de troupes qu'il en faudrait pour garder tant de camps retranchés. Mais les places existantes peuvent-elles demeurer sans inconvénient dans l'état où elles sont? Ne doit-on pas les raser plutôt que d'y laisser des armements onéreux et des garnisons inutiles? Nous signalons cette question sans la traiter.

Notre frontière du nord étant d'ailleurs, d'après le droit public de l'Europe, couverte par la neutralité de la Belgique, il est permis de considérer une agression comme étant moins à redouter de ce côté que sur la frontière de l'est. Toutes les dépenses ne se pouvant pas faire à la fois, on peut avoir un double motif d'ajourner le remaniement de toutes les dispositions défensives de la frontière du nord, tout en reconnaissant que, sans ce remaniement, toutes ces places, quoique formant une triple ligne de défense, ne donnent plus aucune sécurité.

Les places de la frontière du nord, situées pour la plupart sur un terrain plat, ne sont dominées par aucune hauteur, et la plaine s'étend tout autour à perte de vue. La fortification semblerait devoir puiser en elle-même tous ses moyens de résistance et de force; mais il n'en est point ainsi, car elle trouve souvent, dans ces plaines basses, le puissant auxiliaire de l'eau.

Tantôt le fossé du corps de place est au-dessous du niveau naturel de l'eau, tantôt on peut y faire entrer de l'eau élevée artificiellement. Dans l'un et l'autre cas, les fossés, quand ils ont au moins deux mètres de profondeur d'eau et qu'ils ne peuvent pas être traversés à gué, offrent beaucoup de sécurité contre les tentatives d'attaque de vive force. On a souvent profité de cette protection pour ménager la dépense des fortifications, en supprimant le mur d'escarpe. Dans ce cas, le talus extérieur du rempart a son pied sur une berme ménagée au bord de l'eau, et sur laquelle on a planté une haie. Cette disposition offre de graves inconvénients pendant la période des grands froids, alors que l'eau gèle sur une grande profondeur, parce que la place n'a plus de protection suffisante contre les attaques de vive force.

Les fossés pleins d'eau sont ordinairement moins profonds et plus larges que les fossés secs. On évite le travail qui serait le plus difficile et le plus coûteux en ne les creusant pas plus bas qu'il n'est nécessaire pour avoir deux mètres de profondeur d'eau. Mais, comme la terre retirée du fossé doit fournir le remblai du rempart, on est amené naturellement à augmenter la largeur du fossé à mesure qu'on diminue sa profondeur.

L'assiégeant, quand il a un fossé plein d'eau à traverser, le passe sur une digue dont la construction exige un temps proportionné à la largeur du fossé, et la défense obtient un avantage sous ce rapport. Mais, d'un autre côté, les chemins couverts, qui sont plus éloignés du corps de place, et les communications beaucoup plus difficiles à travers les fossés pleins d'eau qu'à travers les fossés secs, ôtent aux défenseurs du chemin couvert de leur sécurité. L'initiative des

21.

troupes, pour les sorties à effectuer sur les glacis et au delà, est affaiblie et compromise, ce qui diminue la valeur des chemins couverts, même au point de vue défensif. Il y a là des considérations entre lesquelles s'établit une sorte de compensation qui peut faire douter s'il vaut mieux, pour une place, avoir ses fossés secs ou ses fossés pleins d'eau.

Le doute n'existe plus quand on peut avoir les fossés ou secs ou pleins d'eau, suivant les circonstances, c'est-à-dire suivant ce qui convient le mieux à la défense. S'il y a, de plus, des barrages et des écluses organisés de telle sorte qu'on puisse faire passer dans certains fossés un grand courant d'eau continu, ou seulement des courants interrompus qu'on nomme des chasses d'eau, la place acquiert dans cette partie de l'enceinte une force de résistance extraordinaire.

Les manœuvres d'eau sont encore employées par les ingénieurs militaires d'une autre manière, qui a tout autant d'importance. Ils s'en servent pour tendre des inondations. Imaginons en effet une place forte traversée par une rivière sur laquelle des ponts ont été construits. En établissant dans chaque pile du pont deux paires de rainures destinées à recevoir des poutrelles superposées, puis en remplissant avec des matériaux l'intervalle compris entre les deux rangs de poutrelles appuyées sur la même pile, on aura formé un barrage qui élèvera l'eau en amont jusqu'à la hauteur des piles. La rivière, si ses rives sont plates, pourra étendre au loin l'inondation. L'attaque

sera presque impossible à mener dans cette partie,
parce que ses tranchées seraient remplies d'eau. Elles
se rempliront encore d'eau par infiltration, partout où
le terrain n'aura pas sa surface à un mètre plus haut
que l'inondation, et les assiégeants n'y pourraient pas
séjourner, après les avoir creusées dans l'eau, sans
perdre beaucoup d'hommes par l'effet des maladies.

Ces généralités sur le concours que l'emploi des
eaux apporte à la fortification peuvent suffire pour
faire comprendre comment il y a là une branche de
l'art des fortifications dont l'importance est caractérisée par ce fait que des ingénieurs hollandais, notamment Coëhorn, le plus célèbre d'entre eux, y ont
acquis la gloire d'avoir mieux fait que tous les autres.
Coëhorn ménageait d'abord, près de l'enceinte, des
fossés secs et à fleur d'eau, puis au delà, par-devant
les ouvrages extérieurs, des fossés pleins d'eau. De
cette manière, les défenseurs acquéraient l'avantage
de pouvoir effectuer des sorties dans les fossés du
corps de place, là où les assiégeants n'arrivaient
qu'en traversant une digue étroite, et où ils ne pouvaient pas creuser la terre pour se couvrir sans être
obligés de travailler et de séjourner dans l'eau. Des
contre-gardes, qui enveloppaient partout les ouvrages
du corps de place, étaient de construction très-peu
coûteuse ; elles avaient si peu d'épaisseur, que l'assiégeant n'y devait pas trouver l'espace nécessaire à
l'établissement de sa batterie de brèche. Ces combinaisons ingénieuses étaient faites pour donner beau-

coup de difficultés et d'incertitudes aux dernières opérations de l'assiégeant, et leur but était atteint.

Les terrains rocheux que l'on rencontre dans les pays accidentés, surtout en pays de montagnes, donnent lieu, pour l'art de fortifier, à des combinaisons toutes différentes de celles de l'hydraulique. Un glacis taillé dans un terrain de rochers, puis recouvert d'une légère couche de terre végétale destinée à tromper l'ennemi, offre à la défense deux avantages. Le premier, consiste dans la lenteur du travail que l'assiégeant devra exécuter pour creuser ses tranchées sur un sol aussi dur; le second, dans ce fait que les projectiles lancés par l'artillerie de la place contre les parapets formés de rocs et de pierres, en détacheront de nombreux éclats qui seront plus dangereux aux travailleurs ou aux soldats de garde dans des tranchées que les projectiles mêmes. Quand ce n'est pas seulement le glacis, mais une grande étendue du terrain situé au delà qui est rocheux, le travail d'approche devient impraticable pour l'assiégeant.

Si maintenant nous portons notre pensée sur un fossé, soit du corps de place, soit d'un ouvrage extérieur qui soit creusé dans le roc, puis recouvert d'un placage de maçonnerie, empêchant de voir ce qu'il y a derrière, nous reconnaîtrons que l'assiégeant aura beau tirer avec tous les canons d'une batterie, placée même sur le bord de la contrescarpe, il ne parviendra jamais à obtenir une brèche praticable. Il y a plus, car si la contrescarpe et le chemin couvert ont été de même taillés dans le roc, l'assiégeant ne pourra plus songer à établir sa batterie de brèche dans la position la plus favorable à son action.

L'étendue de la fortification à établir en terrain varié doit tenir compte de toutes les circonstances qui gênent l'attaque ou qui favorisent la défense et par conséquent du terrain de roc, de la présence des eaux, tout comme des positions relativement basses ou élevées du sol.

Mais si nous pouvons signaler la complication des problèmes que l'ingénieur militaire est appelé à étudier et à résoudre dans les applications de son art, nous sommes impuissant à en donner une idée quelque peu précise. Disons donc seulement qu'en faisant le tour d'une place forte, on voit souvent des parties dont les défenses ne montrent pas autre chose qu'un corps de place, tandis que d'autres parties font voir une longue série d'ouvrages extérieurs placés les uns derrière les autres. Ces différences proviennent, presque toujours, de ce que les parties de l'enceinte, où la fortification est simple, sont protégées par des circonstances spéciales, telles que celles d'une inondation que la défense pourra tendre, ou d'un terrain rocheux sur lequel l'assiégeant ne pourra pas cheminer ; tandis que les ouvrages accumulés dénoncent presque toujours le point d'attaque, par la préoccupation où a été l'ingénieur de le renforcer.

CHAPITRE VIII.

L'ATTAQUE DES PLACES FORTES.

I

DIVERS MODES D'ATTAQUE.

Il y a différents moyens de s'emparer d'une place forte. On peut la prendre : 1º par surprise ; 2º de vive force ; 3º par blocus ; 4º par bombardement ; 5º par les opérations d'un siége régulier.

Les tentatives d'attaque par surprise ont été fréquentes pendant le moyen âge, à l'époque du régime féodal, sous lequel le droit de guerre était exercé par un grand nombre de seigneurs devenus chefs de très-petites souverainetés voisines les unes des autres. Mais de nos jours, il n'y a presque plus eu d'exemple de place forte attaquée par surprise. Une surveillance, quelque peu active met facilement à l'abri de ce danger.

Les guerres du premier Empire ont fait voir quelques places fortes prises par des attaques de vive force. L'armée anglaise s'est emparée par escalade, durant la guerre d'Espagne, de plusieurs forteresses qui n'avaient que des garnisons peu nombreuses. Les deux dernières guerres, celles de 1866 et de 1870, n'ont plus donné lieu à aucune entreprise de cette sorte, quoique le vainqueur eût acquis beaucoup de confiance dans sa force et un grand ascendant sur l'adversaire. S'il ne l'a pas tenté, cela provient sans doute de ce qu'il a pensé aux pertes trop considérables que les fusils rayés à tir rapide lui pourraient faire éprouver. Par ce motif, l'attaque de vive force peut être regardée comme étant dorénavant moins à redouter que par le passé.

Le blocus, au contraire, a été fréquemment employé dans la dernière guerre, et les camps retranchés de Metz et de Paris ont capitulé par suite du manque de vivres, après avoir consommé jusqu'au dernier morceau de pain. Dans l'une et dans l'autre de ces deux entreprises, les armées de blocus ont établi des ouvrages de fortification passagère tournés contre la place, pour repousser les entreprises des armées renfermées dans la ville et dans le camp retranché qui s'étendait tout autour.

Le bombardement a été employé contre Paris concurremment avec le blocus arrivé à sa dernière période, mais ce moyen de destruction n'a pas avancé d'une heure la prise de cette place immense. Le bombardement a réussi pourtant, par lui seul, à déterminer la reddition de plusieurs places fortes dont l'étendue n'était pas aussi considérable. Quand on consulte les résultats des guerres, on reconnaît que le bombardement, quoique agissant plus contre les habitants et leurs biens que contre les défenseurs, est un moyen d'attaque qui a souvent suffi pour faire rendre les places et qui est devenu de plus en plus efficace.

De notre temps, l'artillerie rayée, dont les projectiles sont tous explosifs et incendiaires, donne aux bombardements un tel accroissement de puissance destructive contre les habitations, que la fortification se trouve forcée de construire autour des places de nombreux forts détachés qui sont portés beaucoup plus loin de l'enceinte qu'auparavant.

Le blocus est un moyen lent mais sûr de prendre les places; tandis que le bombardement n'agissant point contre la fortification, mais seulement contre les habitations, est un moyen d'attaque dont le succès, quelque vraisemblable qu'il soit, demeure pourtant incertain. C'est par ce motif qu'on recourt aux travaux et aux moyens méthodiques du siége régulier.

II

SIÉGE RÉGULIER D'APRÈS LA MÉTHODE VAUBAN.

Il faut, pour pouvoir entreprendre un siége, disposer d'un matériel d'artillerie considérable. Un parc de siége compte souvent 100 bouches à feu et 1,000 coups par bouches à feu, sans parler d'une très-grande quantité d'agrès.

Des attelages très-nombreux, avec un personnel proportionné, sont nécessaires pour conduire ce matériel devant la place à assiéger. Ce sont là des préparatifs auxquels on doit avoir pourvu d'avance, car cette prévoyance est inhérente au projet même de l'entreprise.

Si l'on peut tromper l'ennemi sur le projet qu'on a conçu, soit en le lui laissant ignorer, soit en lui faisant croire, par de fausses apparences, à une autre entreprise, on en retirera de grands avantages; car l'ennemi n'aura pas muni aussi fortement d'hommes, d'artillerie, de munitions, d'approvisionnements et de vivres la place qu'on a en vue, s'il ne la croit pas directement menacée. On cherche donc à opérer subitement et par surprise l'investissement, qui a pour objet d'abord de couper toute communication entre la place et le dehors; ensuite, d'empêcher la garnison de faire entrer à l'intérieur les vivres qui sont dans les villages voisins.

La cavalerie est particulièrement apte à opérer l'investissement, à cause de sa vitesse, en interceptant les routes et les chemins de tous les côtés à la fois. La ligne des vedettes s'approche de la place à la chute du jour, pour resserrer le plus possible l'investissement pendant toute la durée de la nuit; elle s'en éloigne ensuite avec prudence pendant le jour. La cavalerie a, de plus, contre les sorties de la garnison, l'avantage de pouvoir céder du terrain, en ne s'engageant qu'autant qu'elle le juge convenable, c'est-à-dire quand elle y trouve avantage.

Le gros de l'armée de siége arrive ensuite, et établit ses camps autour de la place. On prend soin, dès

le premier jour, de fouiller tous les villages et toutes
les fermes des environs, pour s'emparer des bestiaux
et des vivres, afin qu'ils ne soient point conduits dans
la place pendant la nuit.

L'armée qui fait un siége a besoin d'être garantie
contre les attaques venant du dehors ; aussi est-elle
souvent protégée contre l'armée de secours par une
armée d'observation. Ainsi, l'armée qui a bloqué Paris en 1870 a été couverte par plusieurs armées d'observation, opérant à la fois contre diverses armées de
secours. A défaut d'armée d'observation, on a vu souvent, autrefois, une armée de siége enfermer ses camps
entre deux lignes de fortification passagère, dont l'une,
tournée vers le dehors, était appelée ligne de circonvallation, tandis que l'autre, tournée vers la place,
prenait le nom de ligne de contrevallation. L'armée
qui a bloqué Paris a élevé du côté de la place, sur
tout le pourtour de ses postes et avant-postes, les
travaux discontinus d'une ligne de contrevallation ;
mais elle n'a pas jugé nécessaire de construire une
ligne de circonvallation.

Dès l'arrivée de ses premières troupes d'investissement, l'assiégeant s'occupe de reconnaître la place,
pour déterminer son point d'attaque. Il fait un plan
du siége après avoir fixé la partie de l'enceinte du
corps de place où le canon devra opérer une brèche
praticable. La partie la plus faible de la place est naturellement choisie de préférence comme objet de
l'attaque ; mais elle est difficile à déterminer de loin,

par le seul secours de la vue, si on n'a pas connaissance à l'avance de la nature du terrain sur lequel on
devra creuser les tranchées, du nombre et de la disposition des ouvrages à prendre, de la largeur et de
la profondeur de leurs fossés. L'intérêt qu'il y a à
obtenir d'avance des renseignements précis sur tous
ces points est tel, que quand il se construit en Europe
une place forte, ou que seulement de nouveaux ouvrages sont ajoutés à une place existante, les principales
puissances de l'Europe envoient sur les lieux des
hommes spéciaux et compétents, pour observer secrètement tout ce qui se fait.

A l'aide de ces renseignements recueillis à l'avance
et de ceux qu'on s'est procurés sur place, le général
commandant le génie et le général commandant l'artillerie font, chacun de leur côté, la détermination du
point d'attaque. Ils exposent ensuite leurs idées devant le général commandant le siége, qui prononce sur
cette question primordiale. De cette résolution dépendent les emplacements à donner au parc de l'artillerie
et au parc du génie. On détermine donc les terrains
sur lesquels le matériel de l'artillerie et celui du génie
viendront se placer. Tous les objets qui constituent les
parcs de siége y seront placés avec ordre et régularité.

Pendant que les canons, les munitions et les agrès
sont amenés, les soldats des diverses armes sont employés à confectionner des fascinages, qui joueront
un rôle important dans les travaux du siége. Des menus branchages, coupés dans tous les bois du voisi-

nage, sont amenés dans les camps, et les soldats les transforment en fascines, en gabions, en claies, en gabions farcis et en saucissons. Chaque régiment a sa tâche, qui est répartie d'abord entre les bataillons et ensuite entre les compagnies. Les uns travaillent pour le génie, les autres pour l'artillerie, les fascinages différant, au moins par leurs dimensions, dans les deux services. Le génie emploie la fascine à tracer, dont la longueur est de $1^m,30$, pour un diamètre de 17 centimètres; la fascine de couronnement, ayant de longueur 2 mètres, pour un diamètre de 22 centimètres; le fagot de sape, de $0^m,80$ sur 22 centimètres; le gabion, de $0^m,80$ de hauteur sur $0^m,65$ de diamètre extérieur; le gabion farci, qui a $2^m,30$ de longueur pour $1^m,30$ de diamètre; enfin, la claie, qui a 2 mètres de longueur sur $0^m,80$ de hauteur. L'artillerie n'emploie qu'un seul modèle de gabion, ayant 1 mètre de hauteur pour $0^m,56$ de diamètre, et un modèle de saucisson ayant 6 mètres de longueur sur 30 centimètres de diamètre; mais ces deux objets doivent être confectionnés avec un grand soin, et réunir à une solidité indispensable une exactitude dans les dimensions qui n'est guère moins nécessaire.

Les fascinages confectionnés sont transportés à des dépôts de tranchée plus rapprochés de la place que les parcs, mais comme eux dérobés à la vue des défenseurs. Si le gouverneur de la place parvient, en effet, à se renseigner sur les emplacements des dépôts de tranchée ou des parcs, il pourra en conclure quel sera le point d'attaque, et diriger ses préparatifs en conséquence. L'assiégeant ne pourra plus, dès lors, parvenir à dérober au défenseur le point marqué pour l'ouverture de la tranchée. Les premiers travaux du siége, exposés à l'insuccès, occasionneraient peut-être inutilement de trop grandes pertes.

Pendant ce temps, les officiers du génie ont été chargés de lever à grande échelle le plan du terrain des attaques. Ils ont marqué sur le sol, au moyen de piquets, distingués par un bouchon de paille pendant le jour ou par une mèche allumée pendant la nuit, les prolongements des capitales, et ils ont eu soin de prendre des points de repère pour le tracé du travail à exécuter la première nuit. La partie essentielle de ce travail consistera dans une tranchée très-longue, qui sera tracée parallèlement à la place et qui l'enveloppera, sur le terrain des attaques, dans toute la partie correspondante aux ouvrages de la place qui pourront concourir à la défense, en se tenant à 500 ou 600 mètres des parties saillantes des chemins couverts. L'exécution de cette grande tranchée, qui porte le nom de première parallèle, se fera au moyen des précautions suivantes : Des soldats commandés pour le travail seront conduits aux dépôts de tranchée, où chacun, ayant placé son fusil en bandoulière, recevra une pioche, une pelle et une fascine à tracer. Puis, à la nuit tombante, ils s'avanceront sur deux files vers la place, en suivant la direction d'une capitale. Arrivées sur l'emplacement où la première parallèle doit être tracée, les deux files iront, l'une à droite, l'autre à gauche, et elles se placeront sur une seule ligne, face à la place, par le mouvement de sur la gauche par file en bataille, pour la file de droite ; et sur la droite par file en bataille, pour la file de gauche. Chaque soldat, en arrivant sur la ligne, présentera sa fascine à l'officier ou au sous-officier du génie chargé du tracé, et celui-ci, tournant le dos à la place, mettra les fascines bout à bout, dans la direction voulue. Les travailleurs se coucheront sur leur fascine en silence, jusqu'à ce que le tracé soit fait sur tout le développement ; puis, sur l'ordre donné, ils commenceront à piocher tous ensemble, en recreusant la terre près de la fascine, pour la jeter du côté de la place. Ils ont intérêt à se couvrir le plus promptement possible, en s'enfonçant jusqu'à 1 mètre de profondeur. Ils donnent 1 mètre de largeur au fossé, que chacun prolonge sur la longueur de sa fascine. Cette tranchée doit, au jour, se trouver faite sans interruption, pour qu'on puisse déjà la parcourir à couvert. On a eu soin d'y faire entrer les troupes qui étaient chargées de protéger le travail, et qui s'étaient couchées ventre à terre à 40 ou 50 mètres en avant des travailleurs. Ces troupes se gardent au moyen de sentinelles postées en avant vers la place.

Si toutes les précautions ont été bien prises ; qu'on ait évité tout bruit, ou bien qu'on ait attiré l'attention de l'ennemi sur un autre point ; on aura pu avoir ainsi creusé la tranchée sans que l'assiégé s'en soit aperçu, sans qu'il ait tiré, sur les travailleurs, ni un coup de canon, ni un coup de fusil. En relevant au jour les travailleurs de la nuit, on pourra, pendant la journée qui suivra, faire porter, à 3 mètres de largeur, le fond du fossé de la parallèle dont le parapet sera grossi, mais conservera la hauteur de 1^m,30, qui convient pour qu'un fantassin de petite taille puisse tirer pardessus. Afin que les travailleurs de jour puissent arriver dans la première parallèle sans se montrer à la vue de la place qui ne manquerait pas de tirer contre eux, l'assiégeant a eu soin de tracer et de construire, en même temps que la première parallèle, les boyaux de tranchées nécessaires pour y arriver à couvert. En d'autres termes, l'assiégeant a établi un chemin en zigzags qui, partant de derrière un pli de terrain que la place ne peut pas voir, aboutit à la première parallèle.

Ces zigzags étant le moyen dont l'assiégeant se servira pour arriver ensuite graduellement jusque dans la place même, doivent être expliqués ici suffisamment pour être bien compris. Ils sont tracés à la fascine et creusés de même que la première parallèle, dont ils ne diffèrent, au premier abord du moins, que pour la direction. Le premier, le plus éloigné de la place, partant d'un point voisin d'une capitale, est destiné à s'avancer vers la place le plus directement possible. Mais, pour que les assiégeants, parcourant la tranchée, soient couverts par son parapet, il faut que sa direction n'aille pas ficher dans un des ouvrages de la place. On satisfera à cette condition, si la direction donnée au boyau de tranchée, laissant tous les ouvrages de la place d'un même côté, à droite, par exemple, va raser le chemin couvert le plus avancé. On arrêtera ce premier boyau quand il aura une longueur de 60 ou 70 mètres, et l'on en tracera symétriquement un second dont la direction est telle, qu'il laissera tous les ouvrages de la place à sa gauche ; le troisième zigzag laissera la place à sa droite ; le quatrième à sa gauche, et ainsi de suite.

Les zigzags conduisant à la première parallèle peuvent être tracés et creusés sur 1 mètre de profondeur avec 1 mètre de largeur dès la première nuit ; puis mis à leur largeur de 2^m,30 pendant la journée suivante. Dans le même temps, on pratique sur certaines parties de la première parallèle, de distance en distance, une banquette pour la fusillade. Cette banquette est à la hauteur du terrain naturel, mais on y monte du fond de la tranchée au moyen de deux gradins ayant chacun 0^m,50 de hauteur. D'autres parties de la tranchée sont disposées pour cinq gradins qui donnent le moyen de franchir facilement le parapet. C'est là que sont placées les troupes destinées à repousser les sorties au moyen de l'attaque à l'arme blanche. Les tirailleurs placés sur les banquettes ont agi, auparavant, par la fusillade, dès que la sortie s'est mise à portée de leur feu ; les troupes destinées à franchir le parapet ont attendu, au contraire, que la sortie se soit beaucoup engagée, c'est-à-dire qu'elle se soit assez avancée pour qu'on puisse entreprendre de la couper de la place en l'attaquant de plusieurs côtés à la fois.

Dès que la première parallèle est achevée et qu'elle est en état de protéger les travaux qui seront établis en avant, l'artillerie s'occupe de tracer, d'élever et d'armer des batteries destinées à contre-battre et à ricocher tous les ouvrages qui ont des vues sur les travaux de l'attaque. Toutes ces batteries peuvent trouver place en avant et à proximité de la première parallèle, qui les protégera contre les sorties des assiégés. Cette parallèle devra s'étendre sur une ligne circulaire assez longue pour remplir cet office, et ses extrémités seront disposées de manière à se soustraire au danger des mouvements tournants. Si, par exemple, l'attaque doit marcher sur les capitales de deux bastions d'un même front, ce qui suppose que l'on prendra aussi la demi-lune du front, on établira deux batteries à ricochet dans le prolongement des deux faces de cette demi-lune; deux dans le prolongement des deux faces de chacun des bastions d'attaque, ce qui fait six ; puis, encore une sur le prolongement de la face de la demi-lune de chacun des fronts latéraux, qui peuvent tirer sur les attaques. Cela fait en tout huit batteries à ricochet, qui seront toutes disposées de manière à tirer dans les chemins couverts en même temps que dans les faces d'ouvrage placées en arrière. Ces huit batteries, bien que placées en vue du tir à ricochet, ce qui fixe leur position, quisqu'elles doivent en même temps se trouver tout près et en avant de la

22

première parallèle, contre-battront très-bien la face de l'ouvrage latéral, la face qui flanque celle dont la batterie opère le ricochet. Si nous ajoutons que des batteries de mortiers seront placées à côté des batteries de canons, pour éviter qu'elles aient besoin de gardes particulières, nous aurons donné une idée du développement donné aux différentes batteries qui vont bientôt tonner contre la place.

Chaque batterie comprend un fossé d'où sont tirées les terres du massif, appelé épaulement, qui couvre les canons ainsi que les canonniers. L'épaulement est percé d'embrasures, du moins dans les batteries de canons; les pièces sont toujours placées sur les plates-formes. Si nous ajoutons que chaque batterie a un ou plusieurs magasins à poudre, de petite dimension, qu'on garantit le mieux possible des projectiles ennemis, nous aurons donné un aperçu des travaux qui incombent à l'artillerie dans ce moment du siége. Les canons sont amenés dans les batteries, à travers champs, à la tombée de la nuit ou assez au matin pour que les défenseurs du rempart ne les aperçoivent pas. Les voies doivent être préparées avec soin pour que les voitures n'éprouvent pas d'arrêt pendant le trajet.

L'assiégeant attend que les batteries soient toutes armées et approvisionnées avant d'ouvrir le feu. Il le commence avec tous ses canons à la fois en démasquant les embrasures. Il tire directement ou, comme on dit, de plein fouet contre les canons qu'il aperçoit sur les remparts. Il s'efforce de les démonter en

frappant la pièce et l'affût. Il peut, sans y réussir complétement, réduire néanmoins les bouches à feu à l'impuissance, momentanément, en endommageant les
embrasures ou en mettant des canonniers hors de
combat. Si l'artillerie de la place entreprend de lutter
contre celle de l'assiégeant, la canonnade intense
qui s'engage peut durer plusieurs heures, ou même
tout un jour. Si le feu de la place obtenait la supériorité sur le feu des batteries de siége, l'attaque
pourrait être contrainte à construire de nouvelles
batteries et à augmenter le nombre de ses canons
avant de pousser ses tranchées plus près de la place.
Mais nous admettons que les batteries de siége aient
réduit au silence l'artillerie de la défense; celle qui
garnit les faces des bastions et des demi-lunes dont
nous avons parlé, ou encore la courtine du front.
Alors le tir à ricochet commencera son office, les
terre-pleins de tous les ouvrages qui ont vue sur l'attaque, y compris les terre-pleins des chemins couverts, seront incessamment parcourus par les ricochets, qui ne discontinueront plus de jour et de nuit
jusqu'à la fin du siége. En même temps, le tir des
bombes, encore plus plongeant, tourmentera les défenseurs dans l'intérieur des bastions et des demi-
lunes, ou, en général, sur les points où l'on jugera
qu'il faut entraver les travaux et les préparatifs de la
défense.

Vauban ne conseillait pas de tirer les bombes sur
les édifices et les maisons de la ville, parce qu'il pré-

férait que tous les feux de l'attaque fussent concentrés sur les défenses. Mais, quand l'approvisionnement du parc de siége en projectiles explosifs ou incendiaires sera plus que suffisant pour ce dernier objet, le bombardement de la ville deviendra un moyen d'accélérer la reddition en privant les habitants et les défenseurs de leurs refuges, ou même de leurs vivres et de leurs approvisionnements.

Sous la protection de la pluie incessante de projectiles lancés par les batteries de la première parallèle, les boyaux de tranchée sont tracés et creusés pendant les nuits qui suivent, dirigés, dans chaque attaque, sur la capitale qu'ils dépassent, à droite et à gauche, en se défilant comme nous l'avons expliqué. Au détour de la tranchée, c'est-à-dire, au point de passage d'un boyau à l'autre, le défilement s'obtient par le recouvrement du boyau suivant, dont le parapet est prolongé quelque peu à cet effet.

Si la place ne tire plus que la nuit, inopinément et par surprise, avec quelques canons placés sur des points imprévus du rempart, les tranchées marchent à la sape volante jusqu'à 250 mètres environ de la première parallèle, c'est-à-dire jusqu'à 350 mètres du chemin couvert de la place.

Les sorties des assiégés deviendraient trop dangereuses aux travailleurs de l'attaque, si les tranchées étaient menées plus en avant, sans autre protection que celle de la garde placée dans la première parallèle, aidées par quelques avant-postes établis dans les tranchées. Tel est le motif pour lequel l'assiégeant va procéder au tracé et à la construction d'une deuxième parallèle.

En terrain horizontal, cette deuxième, ligne de forme circulaire, à grand rayon, où seront transportées les gardes des tranchées, sera parallèle à la première; mais on étendra moins ses deux extrémités, pour que l'ennemi ne puisse pas entreprendre inopinément de la tourner et de la prendre en flanc. La droite et la gauche, qui sont les parties faibles de la ligne, seront donc débordées et flanquées par les extrémités de la première parallèle.

La deuxième parallèle est tracée à la fascine si le feu de la place n'est pas trop dangereux ; on y ménage des gradins pour la banquette de fusillade, ainsi que des gradins pour le franchissement, aux mêmes fins que dans la première parallèle. On a, quelquefois, construit des batteries en avant de la deuxième parallèle, en remplacement des batteries de la première parallèle ; on avait en vue de rapprocher les canons tirant à ricochet, de même que les batteries de mortier, afin d'en obtenir plus de justesse. Le travail devenait plus considérable et plus long ; c'est pour cela que, le plus souvent, les batteries de l'assiégeant n'ont été construites que sur l'une ou l'autre des deux parallèles.

Les zigzags sont continués ainsi en avant de la deuxième parallèle jusqu'à 250 ou 200 mètres du chemin couvert. Disons plutôt, pour parler exactement, jusqu'à ce que la fusillade du chemin couvert devienne trop dangereuse aux travailleurs; alors on change le tracé à la fascine pour exécuter le tracé de la tranchée à la sape volante.

Chaque travailleur porte un gabion qu'il place à terre les pointes en haut sur un emplacement déterminé, puis, il le remplit de terre, en travaillant à genoux, et il se trouve ainsi garanti des coups de fusil, beaucoup plus rapidement que s'il employait le tracé à la fascine.

Des demi-places d'armes, sorte de bouts parallèles, qui laissent entre elles des intervalles, servent à rapprocher une partie des troupes de garde de la tête des tranchées, pour éviter que les travailleurs de cette tête puissent être en butte à des attaques trop fréquentes. L'expérience des siéges montre qu'au moyen de ce procédé, on empêche les défenseurs d'opérer impunément des sorties partant du chemin couvert qui est en face.

Mais bientôt la sape volante devient elle-même un mode de travail trop dangereux, du moins si la fusillade, partant du chemin couvert, est active pendant la nuit et dirigée aussi bien qu'elle peut l'être dans l'obscurité. La tranchée se construit alors à la sape pleine, qui marche lentement, mais qui chemine le jour comme la nuit sur beaucoup de points à la fois, sans qu'aucun travailleur se découvre jamais aux vues, ni aux coups de la défense.

La sape pleine est couverte en tête par un gros gabion, farci de fascines, qui a 1^m,30 de diamètre et

$2^m,30$ de longueur. Il est placé de telle manière qu'on puisse le faire rouler sans un grand effort. Quatre sapeurs, placés l'un derrière l'autre, creusent le fossé de la tranchée jusqu'à 1 mètre de profondeur et 1 mètre de largeur, en jetant les terres latéralement dans les gabions et sur le parapet de la tranchée. Le premier sapeur porte la cuirasse et le pot en tête pour n'être pas blessé par les balles qui peuvent l'atteindre; il creuse un fossé de $0^m,50$ de profondeur sur $0^m,38$ de largeur. Le deuxième sapeur, protégé de la même manière, approfondit de $0^m,17$, en élargissant de $0^m,21$. Le troisième et le quatrième sapeur font de même ; mais, comme ils ne portent pas d'armes défensives, le travail est, pour eux, moins fatigant. Les quatre sapeurs changent de poste à tour de rôle. Pour ajouter un gabion à la tranchée, on pousse le gabion farci en avant avec des crochets à long manche et, le premier sapeur, prenant un gabion ordinaire au bout d'une fourche, le met debout les pointes en haut dans l'ouverture. Après cela, il le remplit de terre, sans s'avancer assez pour s'exposer aux balles que le défenseur, bien avisé, ne manquera pas de diriger sur cette tête de sape pendant toute l'opération.

On construit une troisième parallèle à 40, 50 ou 60 mètres du chemin couvert, au moyen du procédé de la sape pleine, et l'on met des batteries de mortiers et de pierriers dans cette parallèle, pour tourmenter de plus près et avec plus de précision les défenseurs placés

tant dans la place d'arme saillante du chemin couvert, que derrière la traverse la plus voisine et dans
l'ouvrage de fortification placé derrière. L'assiégeant
monte alors jusqu'à l'arête saillante du glacis, au
moyen de deux sapes pleines qui, débouchant de la
troisième parallèle, marchent l'une vers l'autre en
décrivant une ligne courbe. Cette tranchée prend; à
à cause de cela, le nom de portion circulaire. Elle est
caractérisée par cette circonstance que c'est là où finit
le travail à la sape pleine.

La tranchée en zigzags ne pouvant plus avancer
parce que les boyaux dirigés alternativement, à
droite et à gauche, auraient presque la même direction, on a recours au travail de la sape double.

Cette sape double marche directement vers la place
au moyen de deux gabions farcis qui sont placés bout
à bout. Puis, deux brigades de sapeurs suivies de
simples travailleurs, construisent deux sapes doubles;
et, quant toute la terre a été enlevée, on a une tranchée de 1 mètre de profondeur avec 4 mètres de largeur, protégée, en tête, par les gabions farcis, à
droite comme à gauche par un parapet de 1^m,30 au-
dessus du sol naturel et de 2^m,30 au-dessus du fond
de la tranchée. Tout va bien ainsi dans une certaine
longueur; mais il vient un moment où le défenseur
placé à la partie éloignée de la tranchée serait vu de
la place si l'on poussait les deux gabions farcis plus
en avant. Aussi, les arrête-t-on à ce point pour commencer une sape simple dans une direction per-

pendiculaire à celle de la sape double ; mais, bientôt
après, on construit une sape double parallèle à la première et marchant, par conséquent, directement vers
la place. Une sape simple lui succédera dans une direction perpendiculaire ; puis, une sape double reviendra dans la direction exacte de la première, mais
après trois détours. Ce travail, quoique très-lent, à
mené vers la place, et la distance où l'assiégeant se
trouve de la crête du chemin couvert n'est plus longue.
Si les défenseurs n'osent plus occuper leur chemin
couvert de peur d'y être en butte à des attaques de
vive force, l'assiégeant pourra continuer sans entrave
sa marche à la sape double ; puis effectuer le couronnement du chemin couvert. Ce couronnement consiste dans une tranchée qui côtoie la crête à 4 mètres
de distance, en établissant des traverses et des gabion-
nades pour le défilement. On fait usage, dans cette
circonstance, de la sape demi-double, qui a deux parapets, l'un à droite et l'autre à gauche, comme la sape
double, mais avec la largeur de la sape simple. Le
couronnement a pour double objet de garantir l'assiégeant contre le retour des défenseurs dans le chemin couvert et de lui fournir des emplacements pour
la batterie de brèche et pour la contre-batterie.

Le chemin couvert n'est pas habituellement facile
à prendre pied à pied, parce que les défenseurs se
sont ménagé un moyen d'y demeurer ou d'y revenir,
en établissant à la gorge de la place d'arme saillante
même, un retranchement ou un tambour qui couvre

l'escalier par lequel on communique avec le fond du fossé. L'assiégeant ne pourra plus alors couronner, pied à pied, le chemin couvert qu'après avoir élevé des cavaliers de tranchée, au moyen desquels il dominera la position des défenseurs.

Chaque cavalier de tranchée est tracé perpendiculairement à la crête du chemin couvert, et défilé latéralement par une branche en retour d'égale hauteur. Quand il est terminé, six gradins ayant chacun 0m,50 de hauteur conduisent du fond de la tranchée à la banquette, qui est à 1m,30 au-dessous de la crête du parapet. Ce parapet domine alors la crête du chemin couvert. Les défenseurs de la place ne peuvent plus rentrer dans la place d'arme saillante sans se mettre à découvert, et sans être exposés à des coups de feu rapprochés.

Les cavaliers de tranchée ont été imaginés par Vauban pour donner à l'attaque le moyen de couronner le chemin couvert par un travail continu, sans montrer aucun travailleur ni aucun soldat à découvert. Leur construction est lente, mais elle assure la prise du chemin couvert sans beaucoup de perte. Ce travail de l'assiégeant, de même que la plupart de ceux dont la description va suivre, et de même aussi que les sapes doubles, dont nous avons fait mention, ne pourrait pas s'exécuter sous le feu de l'artillerie. La méthode d'attaque que nous exposons, et qui est le chef-d'œuvre du génie de Vauban, repose entièrement sur ce que l'assiégé ne peut plus, depuis long-

temps déjà, conserver des canons en batterie sur le
front d'attaque; ceux qu'il entreprend d'y placer
étant promptement réduits au silence à cause de tous
les moyens d'action dont l'assiégeant dispose. Il y a
néanmoins des circonstances où la construction des
cavaliers de tranchée rencontre des obstacles exceptionnels, et d'autres où la grande pente du glacis obligerait à leur donner une hauteur excessive. Quand
cet effet se produit, on est forcé de recourir à un autre
mode d'attaque, parce que le cavalier de tranchée ne
peut être rapproché du chemin couvert autant qu'on
le voudrait. Les défenseurs peuvent, en effet, sans se
découvrir, lancer à la main, jusqu'à la distance de
25 mètres, des grenades dont les éclats deviennent
très-redoutables pour les travailleurs assiégeants. Ces
travailleurs n'en sont garantis que quand le cavalier
de tranchée se construit à 30 mètres, au moins, du
chemin couvert.

Quand l'assiégeant se trouve contraint d'attaquer
un chemin couvert de vive force, il rassemble dans
la troisième parallèle des troupes et des travailleurs.
Les troupes se portent sur la crête du glacis pour
tirer contre les défenseurs, et descendent même dans
le chemin couvert, si elles ne sont pas arrêtées par
les palissades. Pendant ce temps, les travailleurs portant chacun un gabion, s'avancent hors des tranchées,
se placent en ligne à 4 mètres de la crête du glacis,
et se hâtent de remplir leurs gabions pour se garantir contre les balles de fusil.

Si l'assiégé est à bout de force ou découragé, l'entreprise peut réussir, mais autrement l'assiégeant, qui hasarde une attaque de vive force, peut se trouver exposé à de très-fortes pertes sans être assuré de réussir à creuser une tranchée capable de couvrir des hommes de garde.

Nous supposerons, néanmoins, que l'assiégeant soit parvenu à couronner le chemin couvert. Les parties de cette tranchée qui sont destinées à l'emplacement des contre-batteries et des batteries de brèche seront livrées à l'artillerie, qui élèvera ses épaulements, ménagera les embrasures, élèvera des traverses, construira des plates-formes et des petits magasins à poudre. La destination d'une batterie de brèche est indiquée par son nom même. La contre-batterie est destinée à protéger la batterie de brèche contre le canon de la place. Ainsi, si nous considérons une batterie de brèche devant une face de demi-lune, elle sera protégée par une contre-batterie placée dans le prolongement du fossé de la face de demi-lune battue en brèche. La contre-batterie garantira le flanc de la batterie de brèche contre les feux des canons placés sur la face du bastion. Cette tâche étant remplie, la contre-batterie peut entreprendre elle-même de faire brèche à l'escarpe de la face du bastion, parce qu'elle voit la muraille jusqu'au bas dans la partie correspondante à la trouée de la demi-lune.

Pour faire une brèche, on commence par couper la muraille suivant une tranchée horizontale ; après cela, on pratique deux autres tranchées verticales dans la maçonnerie, aux extrémités de la première. La tranchée horizontale doit être tracée au tiers à peu près de la hauteur d'escarpe, à partir du fond du fossé, pour que l'éboulement des terres du rempart puisse produire une rampe praticable. Chaque bouche à feu tire d'abord droit devant elle, et les trous des projectiles ont le même écartement que les pièces ; puis on tire, après, au milieu de l'intervalle des coups précédents, de manière à frapper toujours la maçonnerie aux points de sa plus grande épaisseur. On reconnaît que la tranchée horizontale est arrivée à la profondeur voulue, quand la poussière qui en sort prend la couleur de la terre, au lieu de la couleur de la maçonnerie qu'elle avait eue jusque-là.

La tranchée horizontale étant achevée, on dirige la moitié des canons de la batterie sur la tranchée verticale de droite et l'autre moitié sur la tranchée verticale de gauche. On procède comme pour la tranchée horizontale, si ce n'est qu'on tire moins vers le haut que vers le bas. Il n'est pas rare que le mur d'escarpe tombe d'un seul bloc, en tournant autour de la tranchée horizontale, avant que les deux tranchées verticales soient achevées. Si cet effet ne se produit pas, on tire sur le mur par salves, c'est-à-dire tous les coups à la fois, et le mur, ébranlé, tombe en un ou plusieurs gros blocs. Le plus souvent, les contre-forts en maçonnerie qui sont en arrière de l'escarpe ne tombent pas entièrement en même temps qu'elle ;

23

mais quelques coups de canon les ont bientôt fait disparaître. Les terres ne prennent pas partout le talus doux qui est nécessaire à une brèche praticable, mais on l'obtient à la suite du tir d'un certain nombre de projectiles creux. Cet effet sera produit désormais sans difficulté ni retard, puisque tous les projectiles sont devenus explosifs. Les tranchées dans la maçonnerie seront de même pratiquées beaucoup plus promptement avec les projectiles oblongs et explosifs, qu'elles ne pouvaient l'être avec les boulets pleins.

Pendant que la batterie de brèche est construite ou armée, et pendant qu'elle fonctionne, l'assiégeant exécute un travail non moins indispensable pour parvenir au fond du fossé. Ce travail, qui prend le nom de descente du fossé, consiste en une galerie en bois, creusée suivant la pente et à l'endroit convenables, par-dessous le chemin couvert, pour aboutir, après avoir percé l'escarpe, à la profondeur de 1 mètre au-dessous du fond du fossé.

La descente, qui a partout 2 mètres de hauteur sur 2 mètres de largeur, se compose de deux parties, qui diffèrent par le mode de construction. La première, qui est près de la surface du sol, est protégée contre l'effet des bombes par des rangs de fascines superposées, tandis que la seconde partie est suffisamment garantie par l'épaisseur de terre qui la recouvre.

La descente du fossé doit, avant de percer le parement de la contrescarpe, s'étendre en arrière du mur, à droite et à gauche, de manière à protéger le débou-

ché au moyen de créneaux pratiqués dans cette contrescarpe. Sous cette protection, la sape commence
au débouché de la descente, pour traverser le fossé,
en se dirigeant vers l'angle de la brèche qui est le
plus voisin du corps de place.

On a souvent pris la demi-lune de vive force en
livrant l'assaut au moment même où la brèche était
devenue praticable. Quand l'assiégeant a cette résolution, il ne démasque la descente du fossé qu'au
moment où elle doit donner passage à la colonne
d'assaut. Cette entreprise peut réussir par une sorte
de surprise, surtout lorsqu'elle est favorisée par l'effet
des projectiles lancés sans relâche dans l'intérieur de
l'ouvrage. Mais, néanmoins, comme le succès n'en est
point assuré, Vauban préférait, là comme ailleurs,
l'effet plus sûr de la sape, travail de taupe, avançant
à couvert avec continuité.

La tranchée du passage de fossé s'exécute à la sape
pleine, en donnant au parapet une hauteur suffisante
pour défiler la tranchée, qui est dominée de très-haut
par le rempart, et en élargissant son fossé, pour avoir
les terres nécessaires au parapet. Ce travail différe-
rait très-peu de ceux qui précèdent, sans la difficulté
de faire passer les matériaux, et particulièrement les
gabions farcis, par la descente du fossé. La situation
de l'assiégeant se trouve ici particulièrement critique
en cas d'attaque de vive force tentée par l'assiégé.
L'attaque aura de grandes difficultés à protéger le
débouché de la descente souterraine, parce que ce

passage étroit se trouvera encombré. Aussi l'assiégeant pourra-t-il être amené à se loger sur le bord
de la contrescarpe de la place d'armes saillante. Il
pourra mettre là des troupes dominant le fossé, pouvant atteindre de loin les sorties de l'assiégé et les
empêcher d'arriver jusqu'au débouché de la descente.
Après cette précaution prise, la tranchée qui constitue le passage du fossé avance sur le terrain plat qui
forme le fond du fossé, puis s'élève sur la rampe de
la brèche, sous la protection de quelques hommes armés, qui se tiennent à proximité de la tête du travail.

Les défenseurs ne sauraient descendre le talus de
la brèche sans s'exposer à découvert au feu du couronnement du chemin couvert; mais, à un certain
moment, la tête de sape monte assez haut pour les
masquer en partie, et ils peuvent se hasarder à venir
fusiller de près les sapeurs de l'attaque. Dans ce cas,
Vauban a donné pour règle à l'assiégeant de faire retirer ses sapeurs temporairement et de reprendre la
pluie de projectiles qui décidera la défense à ne plus
se maintenir dans un ouvrage désemparé, où elle
éprouverait des pertes considérables. L'assiégeant
parviendra donc à couronner le nid-de-pie, qui est la
partie du rempart de forme semi-circulaire qui est
voisine de l'éboulement. Il dominera de là l'intérieur
de la demi-lune, placera une garde pour empêcher
la défense de remonter sur cet ouvrage, avancera dans
l'épaisseur du parapet et poussera ses tranchées jusqu'à la gorge.

Le siége aura marché pendant ce temps contre chacun des deux bastions du front d'attaque, et l'on aura,
par les mêmes procédés, construit des cavaliers de
tranchée, couronné les chemins couverts, établi des
batteries de brèche, ainsi que des contre-batteries,
opéré la descente ainsi que le passage du fossé, et
enfin couronné le haut de la brèche, après que l'assiégé aura été chassé des ouvrages extérieurs qui,
comme la demi-lune et le réduit de demi-lune, auraient battu à revers les travaux de l'assiégeant. A
partir de ce moment, la défense est dominée, et si
elle n'a pas construit des retranchements dans les
bastions d'attaque, le terme de la résistance est arrivé,
car elle s'exposerait en pure perte à tous les inconvénients d'un assaut, dans lequel le vainqueur ne garde
plus aucun ménagement, même à l'égard des non-
combattants. En parlant ainsi, nous laissons de côté
le cas exceptionnel où les habitants sont résolus,
comme dans Saragosse, à défendre les maisons jusqu'à la dernière extrémité.

L'assiégeant n'a pas manqué, pour empêcher l'assiégé de se retrancher en arrière des brèches, de faire
tomber des bombes à l'intérieur des deux bastions,
sans discontinuer, depuis l'établissement de ses premières batteries jusqu'au couronnement de la brèche.
L'assiégé n'a donc pas pu travailler à des retranchements sans éprouver de grandes pertes. S'il a, néanmoins, établi malgré tout des retranchements dans
les bastions d'attaque, et qu'il entreprenne de les dé-

fendre encore après que l'assiégeant se sera logé sur
les brèches du corps de place, l'assiégeant continuera
à cheminer pied à pied, toujours par la même méthode, sans livrer au hasard d'une attaque de vive
force le succès définitif, qui est bien assuré avec de
la patience ; dût-on amener du canon par les descentes
du fossé et le faire monter par-dessus les brèches,
pour tirer contre les retranchements.

D'ailleurs, cette méthode d'attaque pied à pied n'est
bien longue qu'en apparence ; car, appliquée avec
sagacité, elle conduit à la prise de la place aussi
promptement que sûrement. L'assiégé, harassé, découragé, affamé, n'oppose pas à l'avancement du
siége toutes les résistances qui seraient possibles dans
une situation normale, car ses forces physiques et ses
forces morales sont loin d'être intactes.

Quand Vauban a exposé, dans son *Traité de l'attaque des places*, la méthode que nous venons de résumer, il s'est d'abord placé dans une supposition
idéale, en admettant que le terrain des environs de la
place était horizontal de même que celui des forti-
cations. Mais Vauban s'est efforcé après cela d'indiquer les applications de sa méthode à des places existantes ; et il a pris pour exemples des siéges
faits de son temps. C'est, en effet, dans l'histoire des
siéges qu'il faut puiser les éléments de l'art d'employer cette méthode avec sagacité dans toutes les
circonstances.

Les jeunes ingénieurs ont à s'exercer, en outre, aux

détails de leur profession, dès le temps de paix, pour savoir diriger l'établissement des tranchées, des parallèle est des autres travaux, en profitant des avantages que le terrain présente ou que la défense laisse prendre pour avancer plus vite et avec moins de pertes. Vauban plaçait la première parallèle à 600 mètres (300 toises) des ouvrages les plus avancés de la place, quand il supposait que le terrain situé en avant était parfaitement horizontal ; mais il a eu bien soin de définir toutes les propriétés de cette parallèle afin de guider l'ingénieur sur le choix de son emplacement, quelles que soient les circonstances. Le feu qui sort de son parapet doit battre les sorties ; ainsi la parallèle ne devra jamais être tracée dans un bas-fond où son feu serait masqué par un relief de terrain. L'avantage de se dérober au feu de la place ne saurait entrer en comparaison, pour la parallèle, avec la nécessité de battre le terrain situé en avant d'elle.

Quand il s'agira du tracé d'une tranchée, les considérations décisives deviendront tout autres, car le principal but sera d'avoir un passage qui soit à couvert des vues de la place.

Tout ce qui facilite la construction des travaux ou le transport des matériaux doit être utilisé avec grand soin, car le succès du siége est souvent dépendant de la durée nécessaire aux travaux d'approche, le feu du canon de l'attaque pouvant être d'autant plus intense qu'il ne devra pas durer pendant un trop grand nombre de jours.

Il est nécessaire que les officiers d'artillerie soient exercés, de même que les ingénieurs, aux différents travaux qu'ils auront à établir dans un siége. Le choix de l'emplacement des batteries et les mesures à prendre pour leur bonne et prompte exécution importent beaucoup au succès de l'opération, car c'est de là que dépend l'effet du canon sans lequel la place ne saurait être prise.

Des simulacres de siége fréquents et bien exécutés sont aussi nécessaires, pour enseigner l'attaque des places aux troupes spéciales destinées à la pratiquer, que les simulacres de guerre en rase campagne pour les troupes destinées à livrer des batailles. Ceci serait d'une vérité incontestable, quand bien même l'art de l'attaque des places n'aurait pas changé depuis que Vauban en a fondé les bases, mais les simulacres de siége sont bien plus utiles encore dans la période où nous sommes, parce qu'ils offrent le moyen d'étudier, par la pratique, les modifications que les propriétés des canons et des fusils rayés doivent apporter à une méthode d'attaque qui a subsisté pendant cent cinquante ans et même plus sans aucun changement appréciable.

III

DES CHANGEMENTS A FAIRE DANS L'ART D'ATTAQUER LES PLACES.

L'art d'attaquer les places n'est pas destiné à demeurer complétement immobile, en présence des changements opérés dans les canons et dans les armes portatives. Les ingénieurs et les officiers d'artillerie ont déjà recherché quelles sont les modifications que l'art d'attaquer les places devra subir par suite du progrès de l'artillerie et de la mousqueterie, et l'on s'est accordé, en France, sur deux points. Les premières batteries de siége doivent être placées beaucoup plus loin des feux d'attaque que ne faisait Vauban, et leur éloignement les garantissant contre les sorties, dispensera d'établir près d'elles une parallèle dont le rôle se bornerait à les protéger. La construction de la première parallèle, à 600 mètres des ouvrages, occasionnerait dorénavant des pertes trop considérables, à cause de la longue portée des fusils rayés et de l'éclatement des projectiles creux lancés par les canons; on a donc émis l'opinion qu'il conviendrait de l'établir à 1000 mètres des saillants des chemins couverts. On a conclu de là qu'il faudrait construire quatre ou cinq parallèles, au lieu de trois, avant d'arriver au couronnement du chemin couvert, mais l'expérience pourra bien démentir cette prévision.

Les deux changements prévus jusqu'ici, dans l'art d'attaquer les places, laissent subsister complétement et dans tous ses principes la belle méthode de Vauban, par laquelle l'assiégeant avance pied à pied jusqu'à l'intérieur de la place. Le succès de cette méthode a été fondé sur un habile emploi de l'artillerie qui porte le danger, le désordre et la destruction

23.

sur tous les remparts susceptibles d'exercer une action efficace, et qui rend, par là, les défenseurs impuissants à entraver les progrès de l'attaque. Or, la nouvelle artillerie obtiendra ces effets beaucoup mieux encore que l'ancienne.

Essayons, à notre tour, de nous rendre compte de l'influence que les bouches à feu et les armes rayées pourront exercer sur l'art des siéges.

Nous aurons à considérer :

1º La propriété acquise par les canons rayés de faire brèche de loin aux murailles des remparts sans avoir besoin de les voir ;

2º La difficulté, pour ne pas dire l'impossibilité, où sera la défense de placer ses canons en embrasure à cause de la justesse et de la faculté explosive des projectiles oblongs, qui mettront promptement les embrasures hors de service ;

3º Le tir à ricochet et le tir plongeant, par une justesse plus grande, seront en état d'aller atteindre les défenseurs dans tous les recoins du rempart, qui seront à découvert. Le projectile, arrêté entre deux traverses, exercera, par son explosion, une action redoutable pour les hommes qui s'y trouveront ;

4º La régularité du tir des fusils rayés, que l'assiégeant pourra tirer sur appui, leur portée et leur rapidité de tir, ne permettront plus aux défenseurs de sortir de la place ou de se montrer au-dessus du parapet autant que par le passé ;

5º Les fusils rayés, placés sur le prolongement des

faces, pourront faire usage du tir à ricochet. Ils pourront aussi employer le tir plongeant dans toute autre direction, pour tourmenter les défenseurs partout où ils se tiendront à ciel ouvert. Ce tir pourra devenir d'autant plus gênant pour la défense que les balles employées à cet usage seront en beaucoup plus grand nombre que les projectiles de l'artillerie.

Les portées actuelles des fusils rayés dépassant celle des canons lisses, ce tir plongeant des petites armes pourra, si l'assiégeant le juge utile, être mis en usage dès le commencement du siége par des tireurs dispersés et peu exposés au feu de la place.

Les brèches qui ont été pratiquées dans les ouvrages de Strasbourg, ont été faites par des batteries dont la distance à la muraille n'atteignait pas 600 mètres ; mais, l'exemple du tir exécuté contre plusieurs des forts de Paris, a établi que les batteries prussiennes auraient pu exécuter des brèches à des distances plus grandes que 2,000 mètres, si elles avaient poursuivi cette entreprise à l'exclusion du bombardement. Les bouches à feu rayées de gros calibres ont encore fait, depuis, des progrès de justesse, de portée et d'efficacité. On peut donc admettre que toutes les fortifications dont la construction datera d'une époque antérieure à 1870, et qui n'auront point été modifiées depuis, seront exposées désormais à des brèches opérées de distances très-grandes. Des brèches faites de loin ne forcent pas une place à se rendre immédiatement, mais elles l'y décident souvent, en décourageant la garnison.

Il est à remarquer que pour ces batteries, destinées à faire brèche de loin, de même, au reste, que pour un grand nombre des autres, l'assiégeant pourra rechercher des emplacements dérobés par des plis de terrain aux vues de la place.

Les canons du siége faisant usage du pointage indirect ne perdront rien des effets de leur tir, tandis que l'artillerie de la défense n'ayant, pour régler le sien, que des moyens imparfaits, perdra sans doute de son efficacité.

L'artillerie de l'attaque lançant à forte charge ses gros projectiles oblongs et explosifs, pourra entreprendre de bouleverser la terre du parapet là où il y aura utilité à le faire. Car, ce qui n'était pas possible au canon lisse, dont l'action contre les massifs de terre était petite, le devient pour le canon rayé, dont le projectile a d'abord une pénétration beaucoup plus grande et produit, en outre, l'effet d'un fourneau de mine.

A l'inverse de l'effet précédent, l'artillerie de siége peut aussi lancer des obus à balles, dont les fusées sont faciles à régler, quand la distance est connue. Le projectile, éclatant à propos, lance une gerbe de balles qui parcourent les terre-pleins et les rendent presque inhabitables.

Les balles des fusils produiront le même effet sur toutes les parties du rempart qui ne seront pas battues par les obus à balles. Les tirailleurs auront toute facilité tant pour tirer sur appui que pour se tenir éloignés les uns des autres, de manière à ne pas donner prise au canon de la place.

Tous ces moyens d'action réunis rendront fort périlleux, pour les assiégés, de se tenir à ciel ouvert sur les banquettes ou les terre-pleins. En les réduisant à demeurer blottis sous leurs casemates, on les mettrait hors d'état d'entraver les travaux d'approche, qui s'exécuteraient alors très-rapidement.

CHAPITRE IX.

LA DÉFENSE DES PLACES FORTES.

I

PRÉPARATIFS ET DISPOSITIONS DE LA DÉFENSE DES PLACES.

La défense des places est l'art d'utiliser la fortification pour résister le mieux possible aux différents procédés de l'attaque.

On ne peut pas munir toujours, pendant la paix, les villes fortifiées et les forts de tous les soldats ni de tous les approvisionnements nécessaires en cas de siége. De là est venue la nécessité d'attribuer au gouverneur d'une place menacée ou investie de pouvoirs extraordinaires sur les personnes et sur les propriétés, afin de le mettre en état de se procurer les ressources qui sont à sa portée et d'exécuter les travaux indispensables ou seulement utiles pour prolonger la résistance. Notre législation a établi, pour les places fortes, trois situations différentes : l'état de paix, l'état de guerre et l'état de siége. Les pouvoirs du gouverneur, les obligations de la municipalité et des habitants sont plus grands dans l'état de guerre que dans l'état de paix, et beaucoup plus étendus encore

dans l'état de siége qu'en état de guerre. A défaut
d'un décret du pouvoir exécutif, une place forte est
en état de guerre par le fait seul de la présence d'un
ennemi à cinq journées de marche ; elle est en état de
siége quand l'ennemi a mis le pied dans le rayon de
trois journées de marche, c'est-à-dire à trois étapes,
qui font environ quatre-vingts kilomètres.

Dès que des détachements de troupes ennemies pé-
nètrent dans la zone qui comporte l'état de guerre, le
gouverneur s'empresse d'en donner avis au gouvernement. Il demande : 1° que sa garnison soit portée au
chiffre réglementaire ; 2° que ses approvisionnements
en matériel et en munitions d'artillerie soient complétés. Il s'occupe de faire rentrer dans la place les
vivres des environs. Il doit, d'après les règlements
en vigueur, faire sortir toutes les bouches inutiles, et
du moins mettre dehors tous ceux des habitants qui
ne sont pas munis de vivres pour six mois. Cette
question des vivres domine toutes les autres, car si
les approvisionnements de la garnison et de la population sont peu considérables, l'ennemi pourra prendre la place par blocus, en s'efforçant d'accélérer la
reddition au moyen d'un bombardement; mais il
n'aura pas besoin pour cela d'amener devant la place
ni parc complet d'artillerie, ni armée de siége.

On a vu peu d'exemples, pendant la dernière
guerre, de gouverneurs qui aient fait sortir les
bouches inutiles pour s'en débarrasser et pour résister plus longtemps. Sur ce point, les anciens règle-

ments n'ont point été exécutés. Cela paraît provenir des sentiments d'humanité, plus développés que dans les temps passés, qui ne permettent pas de chasser les familles pauvres de leur domicile, pour les rendre errantes et sans asile. Mais une législation, qui est à faire, pourrait prévoir le cas qui se présente et donner à ces familles le droit d'être logées aux frais de l'État dans les villes et dans les villages qui sont hors du théâtre de la guerre. On aurait pu, si l'on eût employé ce procédé de répartition, faire sortir de Paris, au mois de septembre 1870, cinq cent mille âmes, ou même beaucoup plus. On aurait ainsi prolongé de plusieurs mois la durée de la résistance. Les armées de Paris et celles des provinces, ayant plus de temps pour s'organiser et s'instruire, auraient entrepris la lutte avec des chances de succès qui ont fait défaut.

On compte, pour la garnison la plus convenable d'une place forte, de 500 à 800 hommes par bastion, y compris un dixième en cavalerie. Si la garnison dépasse ce chiffre maximum de 800 hommes par bastion, elle aura des forces en excédant pour l'offensive, mais si les logements, les approvisionnements et surtout les vivres ne se trouvent pas, dans la place, en proportion suffisante, ou si seulement ils ne sont pas à l'abri de la destruction, la défense pourra devenir moins longue, au lieu de durer plus longtemps.

Les premières précautions à prendre par le gouverneur, avant l'arrivée de l'ennemi, consistent à se précautionner contre les surprises. Il devra visiter

lui-même toutes les issues, telles que poternes ou entrées et sorties d'eau, qui donnent accès dans la
place, pour les faire surveiller avec une vigilance qui
ne soit jamais en défaut un seul instant jusqu'à la fin
du siége. Nous n'avons pas besoin de dire que les
portes et leurs abords seront l'objet d'une surveillance
incessante.

Répartir la garnison entre tous les postes, de manière à ce qu'elle puisse satisfaire aux travaux comme
aux services; affecter à l'artillerie des hommes d'infanterie qui la seconderont jusqu'à la fin, et qui seront
mis au courant de leurs nouvelles fonctions; telles
sont les premières mesures d'une préparation qui
convient au cas d'un blocus ou d'un bombardement
tout comme à celui d'un siége en règle.

Le service du génie commence immédiatement à
s'occuper de remplir sa tâche laborieuse. Les travaux
qu'il aura à exécuter sont si considérables, qu'ils
pourraient entrer en comparaison avec ceux de l'attaque, quoiqu'ils soient de nature différente.

Tailler les parapets pour donner aux différentes
parties de leur profil les dimensions réglementaires,
ainsi, placer les banquettes à la hauteur voulue au-
dessous de la crète intérieure; remettre en état les
rampes et les barbettes que le temps a déformées;
apporter sur les terre-pleins des remparts les amas de
terre nécessaires à la confection des traverses qui sont
devenues nécessaires pour diminuer les effets du tir
à ricochet et des éclats de projectiles.

Le palissadement du chemin couvert est une opération réglementaire et obligatoire pour laquelle les approvisionnements de bois sont faits d'avance, au moins habituellement; mais il faut se procurer des bois de charpente et de fascinage pour confectionner de nombreux abris capables de résister aux bombes, ou, en général, aux projectiles creux. Ces blindages se construisent pour hôpitaux, pour magasins à poudre, pour magasins aux vivres et au matériel, pour les logements des hommes, pour les puits et les citernes, et enfin pour des batteries de canons ou de mortiers. Les uns sont établis loin du point d'attaque, les autres, au contraire, près des fronts menacés. Leur construction varie beaucoup. Il y a des blindages formés par un toit horizontal, d'autres par un toit incliné. Les uns sont appuyés contre un mur d'escarpe ou de contrescarpe, les autres sont formés de pièces de bois qui s'arc-boutent l'une contre l'autre. Outre les bois de charpente qui forment la carcasse du blindage, il y a presque toujours, à la partie supérieure, plusieurs lits de pièces de bois superposées. Puis, par-dessus les bois de charpente, on place encore une ou plusieurs couches de fascines ou de saucissons recouvertes de terre sur un mètre d'épaisseur pour le moins. Cette terre, dans laquelle le projectile, tombant presque verticalement, pénètre tout d'abord, diminue sa vitesse, et les bois de fascinage, auxquels le choc est transmis, ont une élasticité qui fait éprouver un effet moins brusque à la charpente. Quand le toit est assez incliné pour que le projectile ne puisse pas s'y arrêter, le blindage est moins sujet à être défoncé, parce qu'il n'a pas à supporter l'effet redoutable de l'explosion.

A tous les travaux de l'intérieur de la place il faut joindre ceux qui sont à exécuter sur les glacis et au delà pour détruire tous les couverts dont l'assiégeant ne manquerait pas de profiter. Il faut pour cela abattre bâtiments, murs et clôtures qu'on a permis d'élever, sous la condition qu'ils seraient rasés dès que la place serait mise en état de guerre, dans la zone des servitudes. Il faut aussi faire abattre les arbres et les haies; niveler les fossés et les excavations jusqu'à portée de canon.

Indépendamment de toutes ces précautions, prises pour empêcher l'attaque de masquer ses approches, le génie aura encore à élever, s'il en a le temps, au pied du glacis ou même au delà, quelques ouvrages en forme de flèche ou de lunette pour éloigner les premières tranchées de l'assiégeant ou pour rendre leur défilement plus difficile.

D'autres travaux de fortification, plus importants que ceux du glacis, seront commencés à l'intérieur de la place dès qu'on aura pu deviner le point d'attaque. Ils auront pour objet la construction de retranchements fermant à la gorge les bastions où l'assiégeant projettera de faire brèche. Le gouverneur est tenu, d'après la loi française, de veiller à leur établissement pour pouvoir, sans imprudence pour le sort des femmes et des enfants, soutenir au moins un assaut aux brèches du corps de place.

Le service du génie est encore chargé de l'établissement des contre-mines qui sont à construire, si l'on veut employer la défense souterraine, plus efficace parfois que la défense à ciel ouvert. Mais nous en parlerons ci-après.

Le service de l'artillerie n'est pas moins laborieusement occupé que celui du génie. Il doit exécuter d'abord en grande hâte l'armement de sûreté.

Cet armement, regardé comme nécessaire pour mettre la place en état de repousser toutes les attaques de vive force, consiste à armer d'abord chacun des flancs de bastion avec deux canons de petit calibre, à placer trois canons en barbette sur chacun des saillants de bastion et un canon en barbette sur chacun des ouvrages extérieurs. Ce travail comporte la confection des plates-formes, des embrasures, des revêtements du talus intérieur et la contruction des magasins à munitions, sans parler de tout le mouvement du matériel à faire sortir des magasins pour le transporter sur le rempart.

Pendant ce temps, les troupes ennemies se présentent devant la place pour en opérer l'investissement. Le gouverneur y met obstacle par des détachements de sa garnison qu'il envoie au dehors aussi longtemps qu'il le peut faire, sans trop de risques ou d'inconvénients. Tant qu'il y a des vivres à faire rentrer, des approvisionnements ou des renforts à atten-

dre, des renseignements importants à donner ou à
recevoir, la garnison peut lutter pour ce résultat
contre des troupes d'investissement très-clair semées ;
mais dès qu'il n'y a plus un grand intérêt à sauvegarder, en occupant des postes à l'extérieur, le gouverneur se préoccupe du soin de conserver, pour la
défense de la fortification, toutes les troupes dont il
dispose, et il les fait mettre à l'abri derrière les remparts. Le soin d'éviter de compromettre ses troupes
ne l'empêche pas toutefois d'envoyer, dans plusieurs
directions, des patrouilles chargées d'explorer ce qui
se fait du côté de l'assiégeant. On peut espérer, en
observant la direction prise par les voitures chargées
de canons, de munitions, de poudres, de plates-formes
et de bois de fascinage, de parvenir à reconnaître où
se forment les parcs de siége et les dépôts de tranchées, pour en conclure quel sera le point d'attaque.

Avec de la vigilance, le gouverneur ne doit pas se
laisser dérober l'ouverture de la tranchée. Si elle
s'ouvre à 500 ou 600 mètres, comme par le passé, il
fait tirer à mitraille, pendant les deux premières
heures de la nuit, par tous les canons qui ont des
vues sur ce terrain. Il s'est efforcé auparavant, s'il a
pu deviner les projets de l'assiégeant, de mettre en
batterie, sur les remparts, toutes les bouches à feu
dont il dispose. Il effectue, à ce moment, ce qu'on
nomme l'armement de défense.

Cet armement comprend le plus habituellement,
par chaque bastion d'attaque, 11 bouches à feu, 7

par cavalier; 10 pour la demi-lune; 9 pour chacun des bastions latéraux, sans compter les 4 pièces des flancs; 6 pièces sur la face de chaque demi-lune latérale qui est tournée vers l'attaque; 16 obusiers répartis dans les places d'armes, et 20 mortiers mis, partie sur la courtine, partie sur le réduit de demi-lune. Voilà un armement de défense d'une place importante tel qu'on le constituait avant l'invention des canons rayés, alors qu'il n'y avait point de forts détachés.

Si l'armement de défense, qui demande un travail très-considérable, a pu être effectué avant l'ouverture de la tranchée, le tir à mitraille devra occasionner de grandes pertes parmi les troupes et les travailleurs de l'assiégeant; mais cela ne saurait suffire pour empêcher l'exécution de la parallèle. On y réussira mieux au moyen de quelques sorties peu nombreuses. La cavalerie surtout peut parvenir, par un temps de galop, à répandre la panique parmi les travailleurs, que les officiers ne pourront pas rallier dans l'obscurité. Ce sera donc, en ce cas, une nuit de perdue pour l'assiégeant.

Pendant les nuits suivantes, on tirera encore les canons à mitraille vers les points des capitales où les tranchées devront passer. Le tir pourra être rectifié au moyen de balles à feu, lancées de la place, qui éclaireront le terrain de l'attaque et feront voir ses travailleurs. Quelques sorties, alternant avec le canon, concourront à entraver les progrès des tranchées.

Pendant ce temps, l'assiégeant s'occupe de la construction des batteries de la première parallèle. Si la place en peut distinguer l'emplacement, les canons de la défense tireront pour entraver le travail, surtout pendant le jour, et l'on obtiendra ainsi une augmentation dans la durée du siége. Mais il vient un moment où l'assiégeant ouvre à la fois le feu de toutes ses batteries, et la place doit avoir tout préparé pour obtenir un feu capable de lutter contre celui de l'attaque. On fait des deux côtés un feu vif, soutenu, mais pointé néanmoins avec le plus grand soin ; car le succès, pour la défense comme pour l'attaque, dépend du résultat de cette lutte. Si l'artillerie de la place prend la supériorité sur celle du siége, les travaux de l'attaque ne pourront pas marcher bien longtemps en avant sans être entravés. Ainsi, l'assiégeant n'a rien de mieux à faire, dans ce cas, que d'interrompre ses travaux jusqu'à ce qu'il soit en état de mettre en batterie un plus grand nombre de bouches à feu. C'est ainsi que les Français, ayant d'abord emmené en Crimée un équipage de siége composé de 58 bouches à feu seulement, eurent l'infériorité du feu, au premier jour de la lutte contre l'artillerie de Sébastopol. On fut obligé de suspendre les opérations du siége et de désarmer les batteries d'attaque jusqu'à l'arrivée d'un nouveau matériel d'artillerie de siége.

Si, pendant le combat des deux artilleries, le gouverneur reconnaît que la prolongation de cette lutte amènerait la destruction d'un matériel précieux sans donner espoir d'éteindre le feu de l'assiégeant, il donne l'ordre de cesser le feu et de mettre les pièces hors des embrasures pour les dérober à la vue de l'assiégeant. Il diminue l'armement de la place en retirant du rempart une bouche à feu sur deux. C'est la bouche à feu montée sur affût de siége, la plus éloignée de la traverse protectrice, celle aussi dont l'embrasure a le plus de profondeur, que l'on retire complétement, tandis que le canon monté sur affût de place est mis seulement hors de son embrasure, peu profonde et facile à masquer. La place ne renonce point pour cela à faire usage de ses canons, mais, au contraire, elle les remettra en batterie avec beaucoup d'activité pour tirer à l'improviste sur les têtes de sapes, tantôt d'un point du rempart, tantôt de l'autre. On s'efforcera d'arrêter ainsi les progrès de la tranchée sans exposer par trop les bouches à feu au risque d'être démontées. En règle générale, la place ne tirera pas contre les tranchées faites, mais seulement contre les parties en construction.

Un moment vient où le feu des fantassins placés dans le chemin couvert peut être efficace contre les travailleurs de l'assiégeant. Le gouverneur de la place doit se préoccuper du soin de faire diriger la fusillade, pendant la nuit, au moyen de précautions prises pendant le jour. On peut, à cet effet, placer sur la crête du glacis des fourchettes servant d'appui et disposées de manière à diriger le tir sur l'espace où les travailleurs de l'attaque viendront tracer et creuser leurs nouvelles tranchées.

La place a aussi la ressource des sorties destinées à chasser les travailleurs, à arracher les gabions et à combler des bouts de tranchées. Ces sortes d'entreprises, qui auraient peu de succès en présence d'un assiégeant imbu de tous les principes de Vauban, auront plus de réussite contre un ennemi peu instruit, malhabile, négligent ou présomptueux.

La troisième parallèle masque, le plus souvent, un grand nombre des batteries de l'attaque, qui sont en arrière, et l'assiégé doit profiter de cette circonstance pour remettre des canons en batterie sur les emplacements devenus favorables. Ces canons, tirant sur les têtes de sape pleine ou de sape double, pourront espérer de réussir à en entraver complétement la marche, car les sapeurs de la tête, garantis des balles du fusil, ne sont point mis à l'abri des projectiles de l'artillerie par les faibles obstacles du gabion farci ou du gabion ordinaire rempli de terre. A partir de ce moment et jusqu'à la fin du siége, tout canon que la défense sera en état de tirer produira des effets importants. Cela montre bien quelle faute on aurait commise auparavant, si l'on avait laissé démonter toutes les pièces ou consommer toutes les munitions dans la première période du siége. Cela montre aussi l'utilité des travaux consacrés à réparer sans cesse les remparts avec persévérance, et à remettre toujours des canons en batterie sans se laisser décourager par les effets destructeurs des projectiles lancés par l'assiégeant.

Le feu de l'infanterie doit concourir à entraver la sape pleine et la sape double, car les travailleurs ne laissent pas d'être par moments fort insuffisamment garantis contre les balles. Les tireurs intelligents peuvent apprendre à saisir le défaut de la cuirasse, et à faire payer cher, aux sapeurs assiégeants, des progrès bien lents.

L'attaque du chemin couvert a souvent offert à l'armée de siége des difficultés qui n'ont pas été surmontées sans une immense perte d'hommes. Cela peut se reproduire toutes les fois que l'attaque ne parviendra pas à établir ses cavaliers de tranchée et que les défenseurs se maintiendront obstinément dans les chemins couverts. C'est là qu'un tambour en palissade, établi dans la place d'armes saillante pour couvrir l'escalier qui descend dans le fossé, pourra jouer un rôle considérable, de même que le palissadement du chemin couvert appelé à donner aux défenseurs, dans cette période du siége, une protection nécessaire contre les surprises. Sans les palissades, les défenseurs du chemin couvert ont à craindre qu'un détachement assiégeant, sortant des tranchées, ne se jette inopinément dans le chemin couvert, et, s'emparant de l'étroit passage qui sépare une traverse du glacis, ne coupe la retraite à ceux qui seront plus avancés. La défense évitera cette éventualité à la condition d'avoir palissadé les chemins couverts dès les

premiers préparatifs, de réparer activement les dégâts
faits par les ricochets et les bombes, de manière à
maintenir toujours le palissadement en état de rendre
le service qu'on attend de lui, service qui consiste à
empêcher les soldats assiégeants de descendre dans
les chemins couverts. A cette condition, la défense
aura le moyen de faire un mauvais parti aux agres-
seurs qui se mettront à découvert pour venir jusqu'à
la crête du glacis. Le tambour palissadé, qui aura
aussi à souffrir de l'effet des projectiles d'artillerie,
devra être réparé avec persévérance, énergie et sollicitude, fût-ce au prix des plus grands sacrifices, car
c'est de lui que dépend la possession du chemin couvert, c'est par lui que la défense peut y revenir après
l'avoir momentanément abandonné.

On a parfois, dans les guerres du xviie et du xviiie
siècle, garni le chemin couvert du front d'attaque
d'une place assiégée, d'un double rang de palissades ;
le premier rang était placé au pied du talus intérieur,
et le deuxième rang près de l'arête du talus de banquette. Les troupes de garde renfermées dans une
clôture dont un officier avait la clef étaient garanties
contre les effets d'une panique ; inabordables ailleurs
que sur leur front, elles combattaient avec une énergie difficile à vaincre. Aujourd'hui, une telle disposition serait encore aussi avantageuse que par le passé,
mais la difficulté de conserver deux rangs de palissades en bon état est devenue plus grande qu'autrefois ; la destruction opérée par le canon de l'assiégeant

contre les palissades, étant devenue beaucoup plus active. Le danger provenant des éclats de bois comme des éclats de projectile est devenu aussi plus redoutable pour les défenseurs que dans les temps passés.

Le tir du canon de l'assiégeant cesse d'agir un peu avant qu'il entreprenne le couronnement du chemin couvert, parce que les tranchées en sont trop proches ; l'assiégé doit savoir saisir le moment où le tir plongeant cesse d'agir, pour travailler activement à renforcer son chemin couvert, en y mettant une garnison plus nombreuse. A défaut de tambour en charpente, la défense pourra établir, dans la place d'armes saillante, une simple tranchée qui lui permettra de tenter des retours offensifs pour réoccuper l'angle saillant du chemin couvert.

Les places d'armes rentrantes auront aussi une utilité importante, si le défenseur s'en sert avec intelligence pour flanquer les parties saillantes attaquées tout d'abord par l'assiégeant ; et pour opérer des retours offensifs tant dans les parties du chemin couvert, où les soldats de l'assiégeant seraient déjà descendus, que sur les glacis, pour leur couper la retraite. Le réduit de place d'armes rentrante offre à la défense le double avantage d'un refuge assuré contre les attaques de vive force, et d'un feu rapproché qui prend l'attaque en flanc sans nuire en rien aux feux de face et à la résistance directe. Ce réduit soutient encore les défenseurs de la place d'armes rentrante, en les protégeant contre toute attaque de vive force. Il leur donne l'occasion de prendre avantageusement l'offensive quand l'assiégeant a subi des pertes considérables.

Le rôle de la place d'armes rentrante et de son réduit ne change pas, quand le chemin couvert est défendu d'après le procédé qui convient au cas où le chemin couvert n'est pas palissadé. Les troupes de garde ne maintiennent plus dans le chemin couvert qu'un nombre de tirailleurs très-limité. Ces tirailleurs sont destinés à entraver les progrès des travaux de sape ; mais, dès que les troupes de l'assiégeant sortent en force de leurs couverts pour favoriser le couronnement que des travailleurs assiégeants entreprennent à découvert, les tirailleurs du chemin couvert se retirent pour laisser toute liberté aux feux de l'ouvrage situé en arrière. Ainsi, en supposant que les troupes assiégeantes s'élancent à l'attaque du chemin couvert de la demi-lune, les troupes de la défense, qui sont sur le terre-plein de cet ouvrage, monteront sur la banquette et exécuteront par-dessus la crête un feu vif qui sera encore très-efficace contre des soldats à découvert, quoiqu'il parte d'une quarantaine de mètres en arrière de la crête du chemin couvert, et qu'il frappe le sol sous une incidence un peu trop forte. Si les troupes de la défense ont pu demeurer sur la demi-lune sans éprouver trop de pertes par les feux plongeants de l'artillerie de siége, et si la place d'armes rentrante a été mise en mesure de seconder l'action de la fusillade directe par des feux de flanc, on a tout lieu

24.

d'espérer que l'assiégeant ne réussira pas à effectuer son couronnement ; et qu'il aura perdu un nombre très-considérable de ses meilleurs soldats sans autre résultat que d'avoir posé quelques gabions abandonnés avant d'avoir été remplis de terre.

Ces indications suffisent pour faire connaître l'intérêt qu'a la défense à entraver, par tous les moyens possibles, le succès d'une attaque pied à pied. Un grand nombre d'expédients ont été mis en pratique ou proposés pour arriver à cette fin. On a réussi parfois en élevant un canon de campagne assez haut pour qu'il pût tirer par-dessus le pan coupé du saillant du chemin couvert, puis en l'abaissant bientôt après pour le dérober aux coups. On recommençait à s'en servir dès que le moment était redevenu favorable. On a proposé des flèches incendiaires, des fusées à la Congrève, et d'autres artifices pour brûler ou détruire les gabions farcis. Tout moyen est bon pourvu qu'il soit adapté aux circonstances. Les chicanes qui s'attaquent au gabion farci sont utilisables même après le couronnement du saillant du chemin couvert, quand le défenseur se retranche successivement derrière chaque traverse pour entraver les progrès de la sape demi-double qui doit s'étendre sur toute la longueur de la crête.

Admettons, maintenant, que l'assiégeant parvenu à ses fins s'occupe d'élever la batterie de brèche et la contre-batterie ; l'assiégé trouvera encore là une occasion favorable à la défense, pourvu qu'il déploie

son activité au travail en même temps que son courage. Le gouverneur fera réarmer les parties du rempart qui ont vue sur la batterie de brèche en construction ; on s'attachera moins à placer du canon
sur les parties du rempart qui seraient les plus avantageuses, au point de vue du tir, qu'à choisir les
emplacements qui se déroberont le mieux aux coups
de l'ennemi. Les mortiers seront aptes à rendre, à ce
moment, des services particuliers, parce qu'ils pourront être mis en dedans de la ville, en arrière du rempart, se dérobant mieux que les canons à la vue de l'assiégeant. On a même lieu d'espérer, si le gouverneur a
fait construire une batterie blindée pour mortiers, en
vue de ce moment, qu'elle suffira pour détruire la batterie de brèche et pour arrêter les progrès de l'attaque,
sur ce point, aussi longtemps qu'elle aura des bombes
à lancer. La difficulté ne réside pas pour la défense
dans la privation de tous les moyens d'action, mais
dans la difficulté de mettre ceux qui lui restent en
œuvre sous un feu incessant. Le temps dont la défense dispose est très-court en regard de tout ce qu'il
lui faut accomplir. Nous n'avons parlé que de la destruction de la batterie de brèche, parce que là est
l'objet essentiel, mais cela ne veut pas dire qu'il n'y ait
aucun effort à faire pour neutraliser la contre-batterie,
qui se transformerait elle-même en batterie de brèche
si elle n'avait point à lutter contre le canon de la
place.

Supposons l'assiégeant parvenu, ici encore, à ses

fins ; la brèche est ouverte et la descente du fossé a percé la contrescarpe ; mais l'assiégé trouve pour prendre l'offensive une occasion beaucoup plus favorable que précédemment. Le travailleur assiégeant, qui va déboucher à 1 mètre au-dessous du fond du fossé, n'est plus protégé par le feu d'une parallèle ni par une garde prête à franchir des gradins ; il est isolé, car c'est à peine si quelques hommes chargés de le protéger peuvent se tenir dans la galerie de descente sans entraver les transports des matériaux. A ce moment donc, les sorties exécutées dans le fossé pour aller incendier les châssis de la descente auront des chances de succès, si les défenseurs chargés de cette opération n'ont point perdu leur énergie, si leur santé a résisté aux fatigues et aux privations, si leur moral s'est maintenu sous des dangers incessants et prolongés.

Si l'assiégeant, après avoir exécuté la tranchée qui porte le nom de passage du fossé, entreprend de monter sur la brèche pied à pied, le meilleur moyen que puisse employer le défenseur pour s'y opposer consistera à se loger, lui-même, très-promptement sur le haut de la brèche, en évitant de se laisser voir. Au moyen d'un auget en bois incliné vers le bas, l'assiégé fera rouler de là des bombes, des obus ou des grenades qui éclateront près du travailleur assiégeant et qui retarderont la marche de la tranchée. La difficulté, pour les défenseurs, consistera surtout à s'approvisionner suffisamment de projectiles creux sur un espace étroit contre lequel le feu de l'assiégeant ne manquera pas de se concentrer. Dans le cas où l'assiégeant prendrait le parti de donner l'assaut à la brèche au lieu d'y monter à couvert et pied à pied, l'assiégé se trouverait avoir à choisir entre deux partis différents : ou bien défendre la brèche directement en plaçant ses troupes à la partie supérieure, ou bien défendre le sommet de la brèche seulement par le feu des ouvrages qui sont en arrière. S'agit-il de défendre la brèche faite dans la demi-lune, on peut ou répartir les défenseurs entre la partie supérieure de la brèche et les terre-pleins hauts et bas· pour s'opposer directement à la colonne d'assaut; ou bien ne placer derrière la brèche que des sentinelles chargées de faire connaître le moment de l'assaut, et, en se retirant avec promptitude, de démasquer le feu des ouvrages en arrière, soit du réduit de demi-lune, s'il y en a un, soit de la tenaille et de la courtine. A ce moment, le canon placé sur la courtine peut acquérir une influence décisive, à cause de la nécessité où se trouve l'assiégeant d'établir des logements à l'intérieur de l'ouvrage dont il veut demeurer maître.

Les assauts ont de tout temps été célébrés ; ils sont regardés, non sans motifs, comme étant celle des actions de guerre qui exige le plus d'entrain, de vigueur, d'intrépidité. A cause de cela même, la défense aura un grand élément de succès si, par une sortie exécutée vigoureusement dans le fossé et prenant la colonne d'assaut en flanc ou à revers, elle acquiert l'avantage moral d'une offensive inattendue.

Dans tous les temps, on a déployé une grande fertilité de moyens d'action dans la défense des brèches. On a allumé et alimenté un grand feu soit au bas, soit au haut de la brèche; on a enterré des bombes et même des chapelets de bombes pour faire éclater des projectiles creux sous les pas de la colonne d'assaut. Mais aucun de ces moyens ne peut avoir autant d'efficacité qu'un bon flanquement provenant de la fortification même. C'est ce qui a lieu quand la brèche est prise à revers par un ouvrage qui ne saurait être mis en brèche en même temps que celui auquel il donne protection. C'est pour cette défense de la brèche que l'ingénieur chargé de construire la place a dû réunir toutes les ressources, toutes les combinaisons de son art. C'est ainsi que les flancs du réduit de demi-lune ont été tracés de manière à battre de revers les brèches faites aux faces adjacentes des bastions voisins.

Le gouverneur devra faire usage de cette propriété du réduit en obligeant pour le moins l'assiégeant à se loger dans le réduit avant d'entreprendre de s'emparer du bastion. Par là, les opérations du siége deviendront plus longues et plus compliquées, parce qu'il faudra faire monter sur la demi-lune les canons nécessaires pour faire brèche au réduit, après les avoir fait passer par l'étroite galerie souterraine qui constitue la descente du fossé. Le réduit de la demi-lune est peu éloigné de la courtine et de la tenaille qui le défendent par des feux simultanés ; l'assiégeant devra donc éprouver des pertes considérables avant de parvenir à se loger sur le haut de la brèche faite au réduit, brèche dont l'accès aura été entravé par tous les obstacles qu'on aura pu imaginer et mettre en pratique.

La continuation des opérations du siége ne comprend plus que descentes et passages de fossé, attaques de brèche et logements dans l'intérieur des ouvrages ; les actes de la défense ont donc tous en vue les objets que nous venons d'assigner à ces dernières dispositions. Le but à atteindre reste le même; mais que de variété dans les travaux à exécuter, dans la défense à préparer, dans les attaques à tenter ! Le moment est venu pour les assiégés de conquérir une gloire immortelle en joignant le savoir à la réflexion, l'industrie, en un mot, à l'intrépidité. N'oublions pas, néanmoins, que le rôle à remplir après tant de fatigues, de dangers et de pertes, exige, de la part des officiers comme des soldats, des qualités plus qu'ordinaires. On ne devra donc espérer ces efforts héroïques, même avec un gouverneur intrépide et habile en son art, que s'il est secondé par d'excellentes troupes.

En ne considérant que la facilité de défendre les places contre les tentatives d'escalade, on est trop souvent porté à croire qu'il est suffisant d'y renfermer les troupes improvisées de l'armée territoriale.

On obtient ainsi l'avantage de conserver toutes les troupes de l'armée active pour tenir la campagne; mais aussi on s'expose à ce que les places assiégées ne fassent qu'une médiocre résistance pour devenir ensuite très-dangereuses et très-nuisibles, quand elles seront tombées aux mains de l'ennemi.

La prescription réglementaire qui ordonne au gouverneur de construire des retranchements en arrière des brèches du corps de place, est maintenant devenue facile à comprendre; elle se lie à l'obligation qui lui est aussi imposée d'avoir repoussé un assaut, au moins, livré au corps de place, avant de signer la capitulation. En arrêtant l'ennemi à cette brèche, le gouverneur peut encore sauver la place. En construisant un retranchement en arrière, il pourra, sans imprudence et sans inhumanité, tenter le suprême effort de la résistance, qui consiste dans la défense de la brèche, car les habitants de la place ne seront pas exposés aux horreurs qui ont été trop souvent la suite inévitable d'une prise d'assaut.

On a vu parfois la défense faire encore plus et mieux que de défendre la brèche; et l'exemple de Saragosse n'est pas encore bien loin de nous : là, les habitants ont défendu les couvents et les maisons de l'intérieur de la ville, en résistant pied à pied; si bien que les assiégeants ont consacré plus de temps et subi plus de pertes pour devenir maîtres de l'intérieur de la ville que pour entrer dans l'enceinte. L'admiration que cette résistance héroïque a partout obtenue doit engager à imiter, en semblable occasion, une conduite si belle.

Les fatigues infligées à la garnison d'une place assiégée deviennent souvent une cause qui abrége la résistance; aussi, le gouverneur doit-il attacher beaucoup d'importance à régler le service des troupes avec une grande prévoyance. On met le plus souvent un tiers des troupes au service de garde, un tiers au piquet et un tiers au repos. Le piquet fournit les patrouilles, les reconnaissances, les sorties et les soldats de travail. On a vu souvent une garnison, affaiblie par les pertes, les blessures et les maladies, devenir incapable d'exécuter les travaux qui se renouvellent incessamment, et manquant de repos nécessaire à la réparation des forces, ne pouvoir plus prolonger une résistance jusque-là très-énergique. Le gouverneur doit donc préserver soigneusement la force et la santé des soldats, en vue des dernières luttes, qui sont les plus décisives. Les événements du dehors, que les défenseurs ne peuvent pas connaître entièrement, donnent parfois une importance extrême à ce que la capitulation, devenue inévitable, ne soit pas avancée, fût-ce de vingt-quatre heures. On doit songer qu'une fois signée et exécutée, elle rendra à l'armée de siége sa liberté d'action. Le gouverneur ne devra donc rendre la place qu'à la dernière extrémité, sans se laisser séduire par les conditions que l'assiégeant lui offrira comme honorables. Celle de sortir librement, sans que la garnison de-

25

vienne prisonnière, est bien séduisante, mais elle
doit être refusée toutes les fois qu'elle peut provenir
de difficultés de la situation où se trouvent les ennemis, tant que la garnison n'a pas encore épuisé
toutes ses ressources.

II

LES MINES.

Les mines sont employées dans l'attaque comme
dans la défense des places; elles constituent même un
art difficile et compliqué. On distingue celles de la
défense par le nom de contre-mines.

C'est dans l'attaque des places que les mines, qui
agissent par l'explosion de la poudre, ont été substi-
tuées aux mines à étançons de bois dont le moyen
âge avait fait un très-fréquent usage. Les nouvelles
mines ont été tout d'abord employées principalement
à faire brèche, soit de préférence au canon, soit concurremment avec lui. Cela a duré jusqu'au moment
où l'artillerie a pris la supériorité sous ce rapport, en
apprenant à exécuter sûrement une brèche praticable
dans une partie déterminée d'un rempart.

Si les mines sont devenues un instrument de moins
en moins employé dans l'attaque, la défense n'a pas
cessé de tirer grand parti de l'art des contre-mines,
dont nous devons essayer de donner ici une idée sommaire, mais nette et précise.

Une enveloppe en bois remplie de poudre et placée sous terre constitue un fourneau de mine. La distance du fourneau à la surface du sol, supposée horizontale, prend le nom de la ligne de moindre résistance. Quand la quantité de poudre du fourneau a été convenablement déterminée, son explosion produit un entonnoir déterminé par le volume et la forme des terres soulevées. Si le rayon de l'entonnoir, mesuré à la surface du sol, est égal à la ligne de moindre résistance, on dit que le fourneau a reçu la charge ordinaire. Le fourneau est dit surchargé quand il a une quantité de poudre plus considérable ; le rayon de l'entonnoir est alors plus grand que la ligne de moindre résistance. Le fourneau est dit sous-chargé quand la quantité de poudre est moindre que la charge ordinaire ; auquel cas le rayon de l'entonnoir est plus petit que la ligne de moindre résistance.

Au moment où un fourneau fait explosion, les gaz de la poudre, qui agissent dans tous les sens, compriment la terre qui n'est pas soulevée. Ils produisent ainsi, jusqu'à une certaine distance, la rupture d'une galerie de mine, construite en bois. Le fourneau surchargé a son rayon de rupture plus long que le fourneau ordinaire, et celui-ci l'a plus long que le fourneau sous-chargé. Quand on diminue suffisamment la charge d'un fourneau, il n'y a plus du tout d'entonnoir ; la terre est seulement comprimée dans tous les sens, assez pour qu'une galerie de mine en bois puisse être crevée jusqu'à une distance qu'on a intérêt à connaître d'avance. Cet effet de rupture, sans qu'il y ait entonnoir, est souvent recherché dans la guerre souterraine, où il prend le nom de camouflet.

Pour établir un fourneau de mine là où la défense d'une place prévoit qu'il sera de son intérêt de le faire sauter, on établit sous les glacis, à partir du fond du fossé, un système de galeries de mines plus ou moins étendu. Les unes avancent sous les capitales ou parallèlement à elles, tandis que les autres, qui relient entre elles la précédente, sont construites parallèlement à la contrescarpe. Le système adopté pour les contre-mines fait parfois partie de la fortification même ; les galeries sont alors construites en maçonnerie ; plus souvent, les galeries sont à établir au moment où la place est menacée, et on les construit sur les points d'attaque supposés ; elles sont alors revêtues en bois.

Quand le chemin souterrain qui conduit depuis l'entrée de la mine jusqu'au fourneau, est un peu long, ses dimensions diminuent à mesure qu'il approche de la charge. Cette disposition est motivée impérieusement par une considération relative aux effets de la poudre. En effet, si les gaz trouvaient au moment de l'explosion une issue ouverte vers la galerie, ils se dirigeraient de ce côté, ils ne soulèveraient pas les terres d'un entonnoir et n'auraient plus d'action pour la rupture des galeries de l'ennemi. L'effet du fourneau serait préjudiciable au lieu d'être utile à celui qui l'aurait fait partir.

On évitera cet inconvénient par le travail du bourrage, qui consiste à fermer l'issue aux gaz au moyen de
terre, de gazons, de sacs à terre et d'arcs-boutants, qui
feront obstacle à l'entrée des gaz dans la galerie. Mais
le bourrage sera d'autant plus considérable et plus lent
qu'il s'opérera dans une galerie plus haute et plus
large; d'où résulte qu'il y a grand intérêt à diminuer
le plus possible la hauteur et la largeur de la partie
du chemin souterrain qui aboutit au fourneau.

Ces considérations, auxquelles on doit ajouter en
sens inverse l'intérêt qui s'attache à avoir des galeries de mine de grande dimension au point de départ
pour obtenir que l'aération s'opère bien, feront comprendre les données suivantes :

La galerie majeure a 2^m de haut sur $1^m,50$ de large.
La grande galerie. . 1 85   —   1   —
La demi-galerie. . . 1 50   —   1   —
Le rameau.. . . . . 0 65   —   0 80   —

Le travail de percement d'une longue galerie est
facilité par des puits de mine garnis de châssis, qui
favorisent l'aération et qui permettent de retirer les
terres commodément. On utilise parfois aussi un puits
de mine pour faire sauter deux fois le même terrain.
A cet effet, on établit deux fourneaux, l'un à la moitié de la hauteur du puits et l'autre en bas; ensuite le
puits est bouché complétement. Le moment venu, on
fait sauter d'abord le fourneau du haut, quand, par
exemple, l'ennemi s'est établi au-dessus. Si ensuite

l'ennemi y revient avec l'idée qu'il n'y a plus de fourneaux dans cette partie, la seconde explosion le détrompe en renversant ses travaux.

Indiquons maintenant l'effet d'un entonnoir produit par un fourneau ordinaire. Une partie des terres projetées retombe dans l'entonnoir; le reste retombe sur ses bords, où se produit un exhaussement circulaire qui se termine, du côté extérieur, par un talus plus doux que celui de l'excavation. L'ennemi qui se sera trouvé sur la surface de l'entonnoir, aura été soulevé, renversé et immédiatement enterré vivant. Ceci explique pourquoi ce genre de danger, qui agit vivement sur l'imagination, est plus redouté qu'aucun autre.

L'assiégé n'a pas, en général, intérêt à produire des entonnoirs profonds, qui donneraient des couverts à l'assiégeant et qui favoriseraient par là ses logements; aussi préfère-t-il employer des fourneaux sous-chargés pour faire retomber presque toute la terre soulevée, dans le trou même qui la fournit, ou qui, en d'autres termes, ne fassent que retourner la surface du sol.

Lorsque l'assiégeant a mis le pied sur un terrain contre-miné, il ne peut plus compter sur le progrès de ses tranchées tracées à ciel ouvert avant d'avoir chassé les défenseurs de leurs contre-mines.

Le mineur assiégeant creuse en arrière ses puits de mine pour entrer en galerie à la profondeur convenable. Il s'avance ensuite sous terre pour établir des

fourneaux capables de rompre les galeries de contre-
mine. Pendant ce temps, le mineur de la place ne
demeure pas inactif. S'il est placé dans des galeries
construites d'avance, qu'il ait préparé des rameaux et
qu'il ait l'avantage d'occuper le dessous du terrain,
il n'aura plus qu'à épier la marche du mineur assiégeant pour lui donner le camouflet. Si l'entreprise
réussit, le mineur assiégeant sera enterré dans son
rameau ou dans sa galerie, sa communication étant
interrompue. La guerre souterraine est ici pleine de
ruses éclairées par des pratiques qu'une longue expérience a enseignées. Ainsi, des balles de liége sur un
tambour ou de l'eau dans une jatte dénoncent, par de
légers mouvements, un travail souterrain encore im-
perceptible à l'oreille. Le mineur apprend même à
apprécier la distance qui le sépare du travailleur
adverse.

Les avantages seraient tout entiers du côté de la
défense sans une invention, datant du siècle dernier,
qui a fourni un moyen de rompre les galeries de
contre-mines sans avoir besoin de passer par les lenteurs du bourrage. Les mineurs de l'attaque creusent
très-rapidement, en avant des tranchées, des puits
peu profonds; ils y placent des charges de poudre
très-considérables, qui dispensent de bourrer; ils y
mettent le feu en s'éloignant, pour crever les rameaux
ou intercepter la communication du feu aux fourneaux déjà chargés et bourrés. L'attaque à la Gillot,
car ce procédé porte le nom de l'inventeur, est fondée

sur ce qu'on peut obtenir, sans bourrage, un rayon
d'explosion très-étendu, pourvu qu'on augmente suffisamment la charge du fourneau.

Plusieurs moyens sont employés pour communiquer
le feu aux fourneaux de mine. La pile électrique a
donné naissance au procédé le plus nouveau, sans
pourtant faire disparaître complétement les plus anciens. Le plus usité auparavant portait le nom de
saucisson; il consistait en poudre tassée dans une
enveloppe en toile de grande longueur et de très-petit
diamètre. Le saucisson était attaché solidement, par
une de ses extrémités, dans la chambre à poudre,
afin qu'il n'en fût pas arraché trop facilement. Il sor-
tait de la chambre à poudre dans un auget en bois
destiné à le garantir de l'humidité. Il était mis en
place, avec soin, avant que le bourrage fût effectué,
et l'extrémité libre aboutissait à une traînée de poudre sur laquelle on plaçait un cône en amadou appelé moine. Le mineur qui mettait le feu allumait, en
même temps que le moine, un cône semblable appelé
témoin. Il s'éloignait en emportant le témoin, qui faisait connaître à quel moment le feu serait communi-
qué au saucisson, et, par suite, à quel moment il
parviendrait au fourneau. On évitait, au moyen du
moine et du témoin, les accidents qui seraient survenus sans cela. D'une part, le moine donnait au mineur
le temps de s'éloigner, et le témoin évitait les inconvénients d'une impatience portant à croire prématurément que l'amorce avait raté. La mise du feu est une

des difficultés de l'art des mines, à cause du temps considérable qui s'écoule parfois entre le moment du chargement d'un fourneau et le moment où on le fait partir. La poudre d'amorce demeure, pendant ce temps, exposée à l'humidité.

La mine est encore employée parfois, dans l'attaque d'une place, à ouvrir une brèche. Cela a été fait en 1832, au siége d'Anvers, pour une brèche pratiquée à la lunette Saint-Laurent. L'assaut fut livré au moment même où l'on venait de faire sauter la mine, et il réussit sans peine contre un ennemi surpris, qui n'avait rien préparé en vue de cette attaque.

Le mineur attaché vers le milieu d'une face a besoin d'être protégé par le canon contre le feu d'artillerie de la place ; il doit, en outre, être protégé par une garde de 20 à 30 hommes placée au débouché de la descente du fossé, qui a dû être terminé auparavant. Le mineur perce l'escarpe, s'avance dans les terres et tourne à angle droit pour placer un fourneau à la queue d'un contre-fort. Pour que la mine renverse l'escarpe, il faut que la moindre résistance soit dans cette direction et non pas en arrière du rempart. Avec un seul fourneau convenablement placé, on peut renverser l'escarpe dans le fossé, mais il est à craindre que les terres du rempart ne restent sous une trop forte inclinaison. C'est pour cela que le plus souvent on dispose trois fourneaux ; deux, qui sont en arrière des contre-forts, renversent la maçonnerie d'escarpe par leurs explosions simultanées ; le troisième, plus

25.

en arrière, agit contre les terres qui sont demeurées en place après la double explosion : il les soulève et les renverse de manière à les mettre sous une faible inclinaison. On emploie là un fourneau sous-chargé contenant une quantité de poudre déterminée d'après l'épaisseur et aussi d'après la nature des terres à remuer.

Les indications qui précèdent suffisent pour faire apprécier les complications et les incertitudes contre lesquelles les ingénieurs ont à lutter dans la pratique des mines. Néanmoins, on peut dire que cet art est actuellement plus favorable à la défense qu'à l'attaque des places, de sorte qu'un gouverneur ne doit rien négliger, à la veille d'un siége, pour établir un système de contre-mines. Il fait construire les galeries sur les points d'attaque, dans le cas où l'on peut les connaître d'avance, et, dans le cas contraire, sur tous les fronts dont les fossés sont secs. On doit être animé, dans l'entreprise laborieuse d'un système de contre-mines, par la pensée qu'il suffirait d'un fourneau placé sous un cavalier de tranchée ou sous une batterie de brèche pour que les travaux du siége fussent retardés notablement ou même pour que le succès en fût entièrement compromis.

III

Les places fortes seront défendues à l'avenir au moyen de canons rayés lançant à de très-grandes distances leurs projectiles explosifs, au moyen de fusils chargés par la culasse, qui peuvent faire arriver cinq ou six fois plus loin qu'auparavant, des balles tirées beaucoup plus vite. On peut, avec certitude, conclure de là que les attaques brusquées, les tentatives d'escalade contre des remparts intacts, seront, à l'avenir, d'un succès tout à fait improbable, si ce n'est impossible. La fortification étendant l'action de ses canons à des distances beaucoup plus grandes que par le passé, les forts détachés pourront être plus éloignés l'un de l'autre, ainsi que du corps de place, de sorte que la ligne d'investissement d'une place ainsi fortifiée, deviendra plus longue. Cela est encore incontestable. Mais, quand on cherche à se rendre compte de l'influence que le nouvel armement pourra exercer sur l'art de défendre une place contre une attaque en règle, les prévisions deviennent difficiles. Si nous essayons, malgré tout, d'aller au-devant de l'avenir pour préjuger les modifications dont la défense devra tirer parti, nous reconnaîtrons d'abord que les canons à balles, dits mitrailleuses, sont appelés à un rôle tout nouveau. En effet, l'armement de sûreté d'une place forte sera beaucoup simplifié en employant des canons à balles pour tous les flanquements. Cette nouvelle bouche à feu tire à peu près cent balles à la minute, et rien ne sera plus facile que de la monter, quand on le voudra, sur un affût permettant de donner au tir des balles toute la divergence désirable. Si l'affût de campagne ordinaire, sur lequel le canon à balles est actuellement placé, n'a pas cette propriété, c'est parce qu'on s'est préoccupé surtout du tir aux grandes distances et non pas du tir à exécuter pour des distances de flanquement, ne dépassant pas 500 mètres. En plaçant donc le canon à balles sur un affût convenable, on suppléera avec avantage, au moyen d'une seule bouche à feu, non-seulement aux deux canons qui constituent l'armement d'un flanc, mais encore aux fantassins qui trouvaient encore place sur le même flanc, ce qui permettra de diminuer notablement la partie de la garnison consacrée à assurer la sécurité de la place.

Ce n'est pas encore là tout le parti qu'on peut tirer du canon à balles, car cette bouche à feu offre sur les remparts mêmes des avantages marqués; n'ayant point de recul et pouvant se passer de plate-forme, elle sera moins exposée que les autres bouches à feu aux coups tombant sur le terre-plein. La défense aura beaucoup plus de facilité pour la couvrir contre le tir à ricochet ou, en général, contre les coups plongeants. Quand l'artillerie devra agir contre les tranchées de l'assiégeant pour en entraver les progrès, sa règle de conduite ne sera pas changée : la défense ne tirera point le canon contre les parapets des tranchées achevées, mais seulement contre les parties en voie d'exécution et surtout, quand le moment sera venu, contre les têtes de sape. Pour cela, le canon à balles offre beaucoup plus d'avantages que le canon ordinaire, parce que chaque balle, ayant la force de pénétration nécessaire pour traverser un gabion rempli de terre ou un gabion farci, suffit pour l'effet à produire. Le nombre des projectiles efficaces deviendra beaucoup plus grand avec le canon à balles qu'avec les autres bouches à feu. Si nous ajoutons que le canon à balles, vu sa légèreté, pourra être placé sur un affût capable de l'élever par-dessus le parapet pendant le tir et de l'abaisser ensuite pour le soustraire à la vue de l'assiégeant; que cet affût, dispensant d'embrasure comme de plate-forme, se déplacera d'un point du rempart à l'autre, avec une promptitude et une facilité qu'on n'a point encore obtenues, on admettra sans doute que le canon à balles donnera à la défense des places, contre une attaque en règle, aussi bien que contre une attaque de vive force, des avantages que les plus puissants canons ne lui donneraient point. Les canons à balles participeront efficacement à la lutte contre les premières batteries de l'assiégeant, quand le gouverneur l'aura jugée convenable, à cause de leur effet puissant contre les hommes.

L'introduction du canon à balles ne saurait dispenser les assiégés de faire bon usage du fusil rayé, dont la balle a non-seulement plus de justesse, mais aussi plus de pénétration que n'en avait la balle ronde.

On devra se rendre compte, au moyen d'expériences qui sont faciles à exécuter, de tous les effets qu'on doit attendre de cette pénétration, dans les circonstances très-variées où les travailleurs de l'assiégeant se trouvent placés.

On ne peut plus admettre que les fantassins placés sur les banquettes dépasseront la crête intérieure de toute la tête, car ils seraient bientôt atteints par les balles des assiégeants; des sacs à terre devront donc être placés sur tous les parapets des ouvrages attaqués et de leurs chemins couverts, sur une hauteur assez grande pour couvrir complétement les défenseurs, y compris la coiffure.

Cette précaution indispensable exigerait une quantité de sacs à terre bien considérable, et nous pensons que le perfectionnement des armes devra conduire la défense ou même la fortification à une nouvelle disposition normale. On pourrait, par exemple, couvrir entièrement les défenseurs et empêcher qu'ils soient vus, en prolongeant les talus intérieurs dans le haut, au moyen de planches garnies de tôle et impénétrables à la balle. Les créneaux, ménagés de distance en distance, s'ouvrant et se fermant à volonté, donneraient aux fantassins le moyen de faire feu en se découvrant le moins possible. On peindrait ces planches de la couleur qui remplirait le mieux la condition qu'on ne pût pas les distinguer au loin des

objets environnants. Quoi qu'il en soit de la valeur de
cette proposition, dont nous faisons bon marché, elle
offre l'avantage de préciser une question, qu'il faut
s'occuper de résoudre dès le temps de paix et à
l'avance, en se rendant compte des procédés à employer pour couvrir mieux que par le passé les défenseurs des remparts et des chemins couverts.

Ces recherches du perfectionnement ne doivent pas
faire perdre de vue que la défense reste exposée à ne
pas profiter, autant que l'attaque, du progrès des
bouches à feu. L'artillerie de l'assiégeant pourra
toujours régler son tir de jour par l'observation de la
chute de ses projectiles, tandis que l'artillerie de la
défense, ayant à tirer, pendant la nuit, contre des
travaux qu'elle supposera en voie d'exécution, sera
exposée à se tromper dans ses conjectures. Il y a là,
pour la défense, un inconvénient inévitable, auquel
l'attaque pourra encore ajouter de nouvelles difficultés
en plaçant ses batteries de tir plongeant sur des emplacements qui ne soient pas vus de la place. Le tir
de ces batteries sera dirigé par des observateurs fa-
vorablement placés.

La défense éprouvera plus de difficultés encore
pour couvrir ses canons que ses hommes. On a parlé
de placer chaque canon de gros calibre sous une casemate en maçonnerie, élevée au-dessus du terre-
plein, et de construire en fer le mur de devant de la
casemate, celui qui sera exposé aux coups et dans
lequel l'embrasure aura été percée. Ce moyen de pro-

tection si coûteux serait-il bien efficace ? Il est
permis d'en douter ; car, les projectiles des batteries
de l'attaque frappant directement la paroi en fer
sur laquelle ils se concentreront, en auront bientôt
raison.

Il serait, croyons-nous, préférable, surtout quand
la place est grande, de construire à l'intérieur, sur des
emplacements bien choisis, des batteries de tir indirect. Ces batteries ne verraient jamais, il est vrai, le
but qu'elles auraient à atteindre ; mais elles sauraient
régler leur tir par des procédés de pointage analogues
à celui que les Prussiens ont mis en usage pour faire
brèche pendant le siége de Strasbourg. Ainsi, les meilleurs emplacements à adopter pour les canons, seront
plus bas que les remparts, là où l'assiégeant ne pourra
pas les voir. L'artillerie de la défense recherchera
donc, comme celle de l'attaque, des positions que
l'ennemi ne puisse pas déterminer. Elle se servira des
remparts comme d'un masque et d'une masse couvrante, et sera amenée ainsi à tirer sous des angles
plus grands que par le passé. La disposition des affûts devra être réglée en conséquence.

Après avoir reconnu que l'artillerie de la défense
sera amenée par la grande efficacité du canon de
l'attaque à abandonner, en partie du moins, les terre-
pleins de la fortification pour dérober ses emplacements à la connaissance de l'ennemi, on peut se demander si l'on ne pourrait pas appliquer le même
principe à l'infanterie, en évitant de laisser les défen-

seurs en permanence sur les banquettes, où ils ont à
subir une pluie incessante de projectiles, dont les
éclats multipliés, si ce n'est les balles, seront beaucoup plus dangereux que par le passé.

Nous avons publié, en 1841, il y a trente-six ans,
un *Nouveau système de défense des places fortes*, qui
était basé sur cette idée fondamentale. Quelques mots
suffiront pour en faire comprendre le dispositif et le
procédé.

Des tranchées faites pour être employées par la défense partent des chemins couverts et se dirigent en
zigzags vers la campagne. Ces tranchées diffèrent de
celles que construira l'assiégeant par leur direction
comme par leur profil. Au lieu d'être défilées de la
place, elles en sont, au contraire, enfilées, c'est-à-dire
que leur direction aboutit toujours à quelque point
de la crête intérieure d'un ouvrage de la place, de
sorte que les assiégeants, s'ils entraient dans une de
ces tranchées, n'y trouvaient aucun couvert. Le feu
de la place serait, au contraire, tout prêt à diriger
contre eux des coups efficaces.

Les fantassins de la défense trouveront, eux, dans
ces tranchées, un couvert contre les vues de l'assiégeant, même après qu'il aura établi parallèles, batteries et tranchées sur le terrain qui précède. Ils pourront donc sortir du chemin couvert, puis, sans être
vus, s'approcher, pendant la nuit, du travailleur
assiégeant, et par un feu devenu plus efficace parce
qu'il partira de moins loin, l'empêcher d'avancer vite

en se mettant à découvert comme il fait dans le tracé à la fascine ou même dans la sape volante. Ajoutons que les tranchées de la défense sortant du chemin couvert, sur les fronts latéraux au front d'attaque, rendront difficile, si ce n'est impossible, à l'assiégeant, de défiler ses tranchées.

Les tranchées défensives peuvent s'exécuter, soit avant, soit pendant l'investissement de la place. Leur profil est petit, de sorte que la quantité de terre à remuer est peu considérable. Un fossé ayant un mètre de profondeur avec un mètre de largeur fournit les terres d'un bourrelet suffisant pour couvrir des hommes qui passent ou stationnent dans le fossé, pourvu qu'il y ait, à chacun des changements de direction, un recouvrement formé par le prolongement de la tranchée qui suit. Un gradin placé de distance en distance donne au tirailleur facilité de tirer par-dessus le parapet.

La défense n'est point dans l'obligation d'occuper ces tranchées en permanence, mais elle doit pouvoir s'en servir très-avantageusement en y appliquant les procédés de la nouvelle tactique, c'est-à-dire les dispositions du combat en ordre dispersé. Les fantassins trouveront dans ces luttes de tous les instants, qu'ils seront maîtres d'engager plus ou moins loin, outre le stimulant et la hardiesse, qui se développent par l'offensive, la satisfaction d'éviter la pluie incessante des projectiles qui tombent sur eux quand ils stationnent jour et nuit derrière les parapets.

Treize ou quatorze ans après la publication du livre

que je viens de résumer, les Russes ont construit des tranchées défensives en avant des ouvrages en terre de fort profil improvisés pour protéger Sébastopol. Plusieurs de leurs tranchées, bien enfilées des ouvrages en arrière, ont fait éprouver de grandes pertes aux assiégeants, et les ont forcés de travailler à découvert, sous un feu rapproché, pour détruire ces abris, qui étaient si peu considérables qu'on les avait désignés sous le nom d'embuscades. Il suffirait, croyons-nous, d'étudier avec soin les incidents auxquels ces embuscades ont donné lieu, et d'en discuter les causes avec soin, pour fonder aujourd'hui, sur la base de faits incontestables, un système de défense des places analogue à celui que nous avons proposé en 1841.

Malheureusement, cette branche de l'art de la guerre, qui n'est plus depuis longtemps, en France, l'objet d'aucun simulacre, a été plus négligée que toutes les autres. C'est dans l'espoir qu'il n'en sera pas toujours ainsi, c'est pour ramener sur elle l'attention et l'intérêt des officiers laborieux, que nous avons écrit les lignes qui précèdent; nous n'avons plus qu'un mot à y ajouter.

L'art de défendre les places importe surtout aux nations qui ont subi des revers, car il peut les sauver.

CHAPITRE X.

LA STRATÉGIE.

———

I

LES COMBINAISONS DE LA STRATÉGIE.

La stratégie est la science qui dirige les mouvements des armées, d'abord ceux qui s'opèrent loin de
l'ennemi, puis ceux qui s'en rapprochent et qui déterminent les rencontres. La stratégie trace ses plans de
campagne en suivant les indications de la politique,
qui détermine la nature des résultats à poursuivre et
à obtenir.

Pour donner une première idée de la stratégie, supposons la France en état de lutter seule contre l'empire d'Allemagne, ce qui malheureusement est loin,
aujourd'hui, de la réalité. La France veut reprendre
l'Alsace et la Lorraine, mais elle ne peut espérer d'y
parvenir qu'en réduisant son ennemi à la nécessité
de subir ses conditions. Il est facile de comprendre
quels avantages l'armée française pourrait acquérir
en passant le Rhin de manière à devenir maîtresse
du cours du Mein. Avec des têtes de pont sur cette
rivière, on séparerait l'Allemagne du Nord des États
du Sud, et ceux-ci pourraient être tentés de signer

une paix particulière, de telle sorte que l'armée de la Prusse affaiblie aurait à se préoccuper de couvrir sa capitale, qui serait à la merci d'une bataille.

Pour réaliser ce plan, qui a déjà précédemment été conçu comme dans un rêve, que de difficultés et d'obstacles ! que de combinaisons, d'études et de succès préliminaires !

Il est clair que nos armées devraient, au préalable, se concentrer sur notre frontière de l'Est, et que le point de concentration serait déjà subordonné aux projets ultérieurs. Ceux-ci exigent qu'on ait fait l'étude de la constitution politique de la puissance allemande, de l'organisation et des ressources de son état militaire, des ressources que le pays présentera à l'envahisseur en subsistances, en moyens de communication et en avantages pour le combat. Les places fortes que l'Allemagne a établies ou étendues près de sa frontière de l'ouest, interceptant les lignes ferrées, se trouvent placées au nœud des routes ordinaires, et sont devenues, par leurs forts détachés au loin, capables de renfermer des forces considérables. Ces places devront donc fixer particulièrement l'attention.

Considérons, en particulier, la place de Metz, qui donne à l'ennemi une tête de pont sur la Moselle. Cette place sera une grande entrave aux projets offensifs de la France tant contre l'Alsace que contre les anciennes provinces rhénanes. Si l'armée française veut marcher de Nancy vers Strasbourg et forcer les passages des Vosges pour entrer en Alsace, elle pourra sans doute réaliser cette entreprise, pourvu qu'elle ait une supériorité numérique suffisante ; mais, quand elle aura pénétré en Alsace, les routes qui vont de Nancy à Strasbourg pourront être interceptées promptement par un ennemi venant de Metz. L'armée française d'Alsace verrait ainsi sa ligne de communication par Nancy interceptée , peut-être même toute ligne de retraite lui serait-elle enlevée. L'armée française destinée à opérer en Alsace ne devra donc pas traverser les Vosges sans être garantie contre ce danger par une armée française observant Metz et disposée à combattre l'ennemi qui en déboucherait.

Mais si l'ennemi, maître de Thionville comme de Metz, amène le gros de ses forces entre la Moselle et le versant occidental des Vosges sans se préoccuper beaucoup de quelques incursions en Alsace, l'armée française d'observation aura toutes les forces de l'ennemi sur les bras, et, si elle était forcée à la retraite, notre armée d'Alsace serait exposée à un désastre. Ainsi, le passage des Vosges, dans la direction de Nancy à Strasbourg, ne devrait pas s'opérer de prime abord avec des forces considérables, pour éviter que ces forces soient exposées à faire défaut sur le terrain où se livrerait une bataille décisive.

Si les armées françaises, dirigeant d'abord toutes leurs forces vers Metz et Thionville, passent sur la rive droite de la Moselle pour investir les deux camps retranchés et pousser au delà en cherchant l'ennemi,

pourront-elles marcher vers Mayence pour chasser les
armées ennemies des provinces rhénanes, puis passer
le Rhin et s'emparer du cours du Mein? Cette marche
pourrait encore devenir très-dangereuse si l'ennemi,
occupant l'Alsace avec de grandes forces en s'appuyant sur Strasbourg, qui forme maintenant tête de
pont sur les deux rives du Rhin, allait traverser les
Vosges et couper les chemins par lesquels nos armées
des provinces rhénanes et de la Lorraine communi-
queraient avec l'intérieur de la France.

Supposons, néanmoins, que les circonstances ou
plutôt les renseignements obtenus sur la mobilisation, la répartition et la destination des troupes allemandes, permettent de commencer l'exécution de
ce plan au moyen de marches prévues et arrêtées
d'avance. Bientôt on apprendra la présence de l'ennemi, soit d'un côté, soit de l'autre, et comme il faut
marcher vers lui et le combattre, afin de le mettre
hors d'état d'entraver la suite des opérations, il en
résulte qu'on aura dès lors à exécuter des marches
et à faire des combinaisons dépendant de l'adversaire, et conséquemment impossibles à prévoir et à
concerter par avance. La poursuite de l'ennemi, après
une victoire, mettrait encore plus le vainqueur dans
le cas de subordonner ses mouvements à ceux de
l'adversaire pour le désagréger; mais, que l'armée
offensive marche à l'ennemi, qu'elle manœuvre contre
lui ou qu'elle le poursuive, elle ne perdra pas entièrement de vue, pour cela, l'objectif secondaire fixé par

le plan de campagne; cet objectif secondaire pourra être soit de passer le Rhin en observant la place de Mayence pour la paralyser, soit d'investir et d'attaquer Mayence, soit d'investir et d'attaquer à la fois Mayence et Coblentz.

Sans aller plus loin dans l'exécution de ce plan de campagne, ayant pour objectif la possession du Mein, nous pouvons revenir sur quelques-unes des conditions à remplir préalablement à son exécution.

Il faut d'abord, par des mesures concertées dans tous les détails d'une immense complication, réunir, le plus promptement possible, les éléments qui constitueront au complet de guerre les régiments, les brigades, les divisions, les corps d'armée, les armées, avec tous les services accessoires qui entrent dans l'organisation.

Ces services, sans constituer des forces à mettre en ligne dans le combat, n'en sont pas moins des rouages indispensables aux mouvements de la machine, et sans lesquels l'armée n'aurait plus qu'un fonctionnement défectueux. Ainsi, ce qui constitue la mobilisation doit être exécuté conformément aux instructions données d'avance, et le résultat obtenu dira quelle a été la prévoyance des mesures prises et la valeur de l'organisation militaire de l'Etat. Les lieux de rassemblement des armées dépendront du plan de campagne.

Les troupes opérant leur concentration devront trouver à leur arrivée tout ce qui est nécessaire à

leurs besoins avec les ordres et indications nécessaires au choix de leurs cantonnements, bivouacs ou
campements.

A peine les troupes auront-elles pris pied sur leur
première position, qu'elles en partiront pour entrer sur
le territoire ennemi. La guerre commence, et les opérations s'exécutent avec les soins et les précautions
nécessaires pour maintenir toujours la régularité et
l'ordre qui doivent se concilier avec la rapidité.

Une armée, quand elle est en passe de rencontrer
l'ennemi, occupe dans sa marche un front dont l'étendue est, autant que possible, proportionnée à la longueur de la ligne qu'elle serait capable d'occuper
dans le combat. Les colonnes s'avancent parallèlement sur autant de routes ou de chemins qu'on en a
pu trouver. Les combattants marchent d'abord avec
les précautions nécessitées par leur sûreté. Des voitures d'artillerie et quelques autres de différents services sont intercalées dans les colonnes de troupes
d'infanterie ou de cavalerie; mais en général le gros
des bagages marche en arrière de toutes les troupes,
suivant un ordre déterminé, et occupe une longueur
considérable par rapport à celle de la colonne des
troupes.

L'armée, après quelques marches en pays ennemi,
peut avoir des combats à livrer, et elle a impérieusement besoin de communiquer sans cesse avec les magasins établis sur son propre territoire pour pouvoir
s'y réapprovisionner en munitions. Les localités où les

magasins destinés à pourvoir aux besoins de l'armée
ont été formés, prennent, dans leur ensemble, le nom
de base d'opération. Plus en avant, à mesure que
l'armée gagne du terrain, d'autres magasins s'éche-
lonnent en se rapprochant de la position occupée par
l'armée. L'espace qui s'étend en arrière du front de
l'armée jusqu'aux extrémités de sa base d'opération,
porte le nom de ligne d'opération. Cet espace, qui
peut devenir très-considérable, contiendra parfois des
places bloquées ou assiégées conformément au plan
arrêté d'avance.

L'armée a besoin d'entretenir avec son pays des
relations incessantes, non pas seulement pour renouveler ses munitions, mais encore pour recevoir des
renseignements ou des instructions ; pour évacuer des
blessés, des malades, des prisonniers, du matériel ;
pour réparer les pertes d'hommes et les consomma-
tions de matériel ; pour ne pas manquer des ressources financières qui sont, comme l'on dit, le nerf
de la guerre. Ce mouvement qui relie l'armée avec
les ressources préparées à l'arrière, s'exécute par des
routes ou des chemins de fer sur lesquels des gîtes
d'étapes sont formés. L'espace qui comprend l'armée
et ses voies de communication ou routes d'étapes,
reçoit le nom de ligne de communication.

Quand la ligne d'opération a fait un ou plusieurs
détours pour atteindre des objectifs secondaires, la
ligne de communication devient souvent plus courte
que la ligne d'opération avec laquelle elle ne se con-

fond plus. C'est donc à bon droit que la stratégie les distingue l'une de l'autre.

L'élaboration des plans de campagne et la déter-mination des opérations qui sont décidées pendant le cours de la guerre, ne peuvent se faire qu'en se pré-occupant à la fois de conserver sa propre ligne de communication, et de menacer ou même de couper celle de l'adversaire. Les précautions à prendre, tant pour protéger sa propre ligne de communication contre les partisans ou les insurrections, que pour établir l'ordre dans le service essentiel et compliqué de l'arrière, constituent un service aussi difficile qu'important. Ce service, qui embrasse le gouverne-ment des populations du pays ennemi, et l'adminis-tration du territoire, parfois très-étendu, devient alors une branche de l'organisation militaire.

L'armée prussienne a suivi, en cela, la voie ouverte par l'empereur Napoléon Ier, et elle a organisé sur sa ligne d'opération le service des étapes avec une pré-voyante habileté qui a beaucoup concouru à ses suc-cès prodigieux. Ce résultat est dû à la sollicitude constante avec laquelle son corps d'état-major s'est occupé pendant la paix de tout ce qui regarde la stratégie pratique.

Les explications qui précèdent suffiront, du moins nous l'espérons, pour que nous puissions faire res-sortir par un exemple, le mérite, la difficulté et l'im-portance qui s'attachent à la conception comme à la réalisation des grandes combinaisons de la stratégie.

Nous choisirons de préférence la campagne de l'année 1800, en Italie, celle qui a donné lieu à la bataille de Marengo. Car jamais on n'a vu d'exemple plus frappant de grands résultats dus à une conception aussi simple que profonde.

II

LE PLAN DE CAMPAGNE DES ARMÉES FRANÇAISES EN 1800.

La campagne de 1799 n'avait pas tourné à l'avantage de la France, mais la guerre s'était encore faite entièrement sur le territoire étranger. Nos troupes avaient dû évacuer l'Allemagne pour se replier sur la rive gauche du Rhin, qu'elles occupaient de Strasbourg à Huningue. Au sud du Rhin, la Suisse était restée tout entière en notre pouvoir; mais notre armée d'Italie, sans avoir repassé entièrement la frontière, se trouvait, vis-à-vis d'un ennemi supérieur en forces, dans une situation assez critique. Elle avait à défendre la chaîne des Apennins depuis Gênes, où elle appuyait sa droite, jusqu'aux sources du Var. L'étendue de cette ligne de défense, peu proportionnée aux forces numériques de l'armée française, l'exposait aux inconvénients provenant de ce qu'elle était adossée à la mer. La flotte anglaise, croisant dans ces parages, interceptait les communications par mer, et l'armée communiquant avec le territoire de la France par une seule route parallèle à son front, se trouvait exposée à perdre tout moyen de retraite si les Apennins étaient forcés sur un seul point.

Bonaparte, devenu Premier Consul, dirigea toutes les mesures administratives de son gouvernement en vue de créer de nouvelles forces militaires et de les pourvoir du matériel nécessaire à leur action ; puis, il conçut un plan de campagne remarquable par la nouveauté et l'imprévu de ses combinaisons. Au lieu de courir au danger le plus pressant en renforçant en grande hâte l'armée de Masséna, pour la mettre en état de résister au danger qu'elle courait dans les Apennins, il ne lui envoya aucun renfort. Il savait d'ailleurs pouvoir compter sur l'énergie du chef comme sur la valeur des soldats pour obtenir une résistance prolongée dans cette partie du théâtre de la guerre.

Les premières ressources qu'on se procura en hommes, matériel et vivres furent dirigées sur le Rhin pour former ou compléter l'armée du Rhin, destinée à prendre l'offensive en Allemagne sous le commandement de Moreau. La formation d'une troisième armée, dite armée de réserve, fut décrétée avec ostentation, et la ville de Dijon fut désignée pour l'emplacement du quartier général. On eut soin de n'y envoyer que peu de soldats, ce qui réussit, en donnant le change à l'opinion publique en France et en Europe, à lui faire croire que cette troisième armée n'existait pas. Néanmoins, tous ses éléments étaient dirigés, parties par parties, vers la Suisse

sans attirer l'attention, car ils semblaient aller de ce
côté pour compléter l'aile droite de l'armée de Moreau,
qui avait naturellement pour tâche d'empêcher l'en-
vahissement du territoire helvétique.

En réalité donc, le Premier Consul voulait se servir
de la Suisse pour avoir, sur son territoire, les bases
très-rapprochées de deux lignes d'opérations divergentes. Il fonda son plan de campagne sur la forme
du territoire de la Suisse vu sur une carte géographique.

La Suisse présente une saillie prononcée vers l'est,
par rapport à la crête des Alpes françaises et au
cours du Rhin, qui sont deux lignes situées dans le
prolongement l'une de l'autre, dont la direction est
celle du sud au nord. La Suisse est donc, par rapport
aux deux parties de la frontière française, comme un
bastion en saillie sur deux courtines.

L'observation de ce fait donna naissance au double
plan d'opérations que nous allons exposer.

Le Rhin qui, de Bâle à Strasbourg, coule du sud au
nord dans la même direction que les Alpes, vient du
lac de Constance à Bâle dans la direction de l'est à
l'ouest. En concentrant rapidement toute notre armée
d'Allemagne vers le lac de Constance pour passer le
Rhin à Schaffhouse, puis la dirigeant rapidement de
là vers le haut Danube, on obtenait d'abord le double
avantage de tourner deux grands obstacles, celui du
Rhin et celui de la forêt Noire, au lieu d'avoir à les
forcer ; on avait, en outre, la chance d'arriver dans la

vallée du Danube avant l'ennemi ; de s'emparer de
ses magasins et de couper sa ligne de communication
qui devait suivre naturellement la route de Vienne.
Ainsi, l'armée autrichienne privée, du premier coup,
des ressources les plus indispensables à ses opérations, serait réduite à la nécessité d'opérer sa retraite.
Elle se retirerait, au moyen d'un grand détour, par
des chemins où elle ne trouverait rien de préparé
pour satisfaire à ses besoins, à moins qu'elle ne prît
le parti de s'ouvrir un chemin à travers les troupes
françaises les armes à la main. Elle aurait à combattre, en ce cas, dans une situation bien périlleuse,
puisqu'elle courrait le risque de se trouver sans munitions et de ne pas pouvoir les renouveler.

Le Premier Consul fit proposer à Moreau d'exécuter
ce plan ; il lui donnait cent cinquante mille hommes
pour ouvrir la campagne, en y comprenant un renfort
de vingt à trente mille hommes appartenant à l'armée
d'Italie ; ces dernières troupes devraient ensuite, en traversant les Alpes par le Simplon, rejoindre leur armée
dès que celle de Moreau aurait obtenu un succès assez
décisif pour garantir la base d'opération de l'armée
d'Italie contre toute attaque ultérieure de l'armée autrichienne opérant en Allemagne. Cette seconde base
d'opération, qui devait être aussi placée en Suisse, se
trouvait donc couverte contre toute agression.

Moreau ne consentit pas à exécuter le plan du Premier Consul de la manière qui lui était indiquée, mais
il s'engagea à arriver presque au même but par des

moyens un peu différents. Son objection principale portait sur l'appréhension de trouver toute l'armée ennemie en face de Schaffhouse, s'il entreprenait d'effectuer le passage du Rhin sur ce seul point. En fait, Moreau conserva sa liberté d'action, pour ses opérations, à la condition de couvrir constamment le territoire de la Suisse contre les envahissements de l'armée autrichienne placée en face de lui.

Moreau sut accomplir sa promesse par l'exécution des mouvements qu'il imprima à ses troupes, et que nous n'avons pas l'intention d'exposer. Il éloigna l'armée allemande de la frontière de Suisse, et parvint même, à la suite de plusieurs combats heureux, à la rejeter dans la vallée du Danube.

Pendant ce temps, le Premier Consul concentrait en Suisse le gros de l'armée d'Italie; embarquait sur le lac de Genève son matériel et ses approvisionnements de toute nature, qui avaient été amenés jusqu'à ce point de différents côtés. On les débarquait à Villeneuve, située près de l'autre extrémité du lac; puis, à l'aide de moyens de transport réunis avec grand soin, on conduisait tout jusqu'au village de Martigny. On était là dans les montagnes, à l'entrée d'un chemin de mulets servant à passer les Alpes. C'est par ce chemin que l'armée française devait entrer en Italie, par suite de cette idée bien simple que des milliers d'hommes et de chevaux pourront traverser là où un homme et un cheval passent, pourvu qu'on y mette le temps nécessaire et que les vivres et les fourrages ne manquent pas. Le caractère extraordinaire de l'entreprise se manifestait là pour l'artillerie, qui ne pouvait traverser les Alpes en laissant les canons sur leurs affûts, ni les affûts sur leurs roues. On avait prévu cette circonstance, et le matériel d'artillerie, décomposé dans ses éléments les plus simples, fut transporté partie à dos de mulet, partie sur des traîneaux étroits. Les canons, renfermés chacun dans un tronc d'arbre fendu longitudinalement et creusé convenablement, furent traînés à bras par les soldats sans avoir aucune détérioration à subir par suite des chocs contre les rochers. Les munitions furent placées dans des caisses portatives que l'on accrochait des deux côtés d'un bât.

Les voitures nécessaires au génie et aux divers services administratifs furent démontées et transportées, ainsi que leur chargement, par des moyens analogues. On eut soin seulement de réduire le plus possible la composition des parcs, avec l'intention de les compléter ou même de les constituer avec les ressources du pays envahi, quand on serait arrivé dans les plaines fertiles de l'Italie.

Mais, après avoir heureusement fait l'ascension du grand Saint-Bernard et opéré la descente du côté de l'Italie, nos troupes devaient trouver tout à coup un obstacle insurmontable, quand toutes les autres difficultés avaient été aplanies par la plus active prévoyance. Les voitures d'artillerie, rétablies sur leurs roues, accompagnaient l'infanterie d'avant-garde sur une route carrossable, quand on se trouva sous le feu des canons d'un fort élevé sur un rocher, dont la saillie réduisait à un étroit défilé la vallée que suivait la route. L'armée française se heurtait au fort de Bard, établi depuis longtemps pour commander ce passage.

Quoi qu'en ait dit le célèbre historien du Consulat et de l'Empire, le Premier Consul ne pouvait pas ignorer l'existence et l'emplacement du fort de Bard, sur lequel les traités de géographie, à défaut des archives du département de la guerre, lui auraient fourni des renseignements certains; mais il avait espéré que le commandant de la place, surpris, mal pourvu, et effrayé de se voir menacé par une armée entière, évacuerait ou rendrait cette petite place. Il n'en fut rien. Le commandant, ne se laissant troubler ni par la sommation de se rendre, ni par les démonstrations d'attaque qui furent faites, prit ses mesures pour empêcher nos troupes et notre artillerie de passer sur la route. On l'essaya dès la première nuit, mais on perdit des hommes et des chevaux par le feu du fort. Tout semblait entravé, près du point d'arrivée dans la plaine, par un obstacle infranchissable, quand le Premier Consul, qui ne s'était pas engagé à la légère dans cette opération et qui avait étudié par avance les détails d'exécution, prescrivit à l'avant-garde de chercher et de prendre un sentier qu'elle trouverait à sa gauche et qui lui permettrait de franchir des contre-forts de la grande chaîne et de tourner le fort de Bard qui barrait la route. Les montagnes, qui semblent à la vue les plus inaccessibles, ne le sont point entièrement pour les habitants du pays, et la guerre doit tirer profit des renseignements recueillis sur les lieux. La tête de colonne de l'avant-garde française s'achemina ainsi par un nouveau sentier. Elle travailla à l'améliorer pour les troupes suivantes, et le commandant du fort de Bard, voyant défiler sous ses yeux des troupes très-nombreuses, put, dès lors, informer son gouvernement qu'une armée française tout entière débouchait en Italie, sans qu'il fût en état de l'en empêcher.

Pourtant, l'artillerie française, voulant éviter de démonter de nouveau son matériel, parvenait, à force de précautions et de patience, à faire passer ses voitures, une à une, pendant la nuit, sans attirer l'attention du fort; de sorte que nos divisions se reconstituaient au débouché de la vallée d'Aoste.

Quelques troupes du roi de Sardaigne, qui s'avancèrent de ce côté, dans le but d'arrêter les Français, furent promptement battues et éloignées, de sorte que le Premier Consul, n'ayant point d'ennemis devant lui, fut maître de se diriger dans la direction la plus convenable à ses vues.

Il commença par s'assurer que deux autres colonnes de troupes, dirigées à travers les Alpes, l'une à l'est du Grand Saint-Bernard, par le Simplon, l'autre à l'ouest, par le Petit Saint-Bernard, avaient passé sans obstacle et pouvaient exécuter ses instructions.

Après cela, il se dirigea vers Milan, en interceptant par là toutes les routes de la rive gauche du Pô, qui se trouvaient dans la ligne d'opérations de l'armée autrichienne. Cette armée agissait alors dans la rivière de Gênes et sur la rive gauche du Var.

Le Premier Consul changea et réorganisa le gouvernement de la Lombardie ; il en tira des ressources et des moyens de transport pour ses services administratifs. Cela fait, il dirigea en grande hâte vers le Pô des troupes qui passèrent le fleuve à Belgiojoso, pour aller intercepter près de là la route qui longe la rive droite du fleuve, en allant d'Alexandrie à Plaisance. Il espérait pouvoir achever ainsi de couper la ligne de communication de l'armée ennemie.

Cette conception, la plus belle peut-être qui ait jamais été réalisée, reposait sur un fait d'observation géographique. La chaîne des Apennins s'approche beaucoup du fleuve dans cette partie, de sorte que la vallée, qui n'a nulle part une grande largeur, sur la rive droite, se trouve sur certains points si étroite, que l'armée française pouvait l'intercepter en occupant une position défensive que l'ennemi serait impuissant à forcer, et qui lui fermerait sa dernière route naturelle de retraite.

Pour assurer encore mieux ce résultat, le Premier Consul avait fait occuper la ville de Plaisance, en même temps que la position de Stradella. Une avant-garde française ayant été portée ensuite au village de Montebello, dans la direction d'Alexandrie, fut abor-

dée par un corps de troupes autrichiennes, qui battit
en retraite, après avoir tenté vainement de s'ouvrir
un passage. Cet incident parut au Premier Consul un indice assez caractéristique pour qu'il crût devoir s'y porter de sa personne et diriger le gros des forces de ce côté.

Il ignorait toujours où se trouvait l'armée autrichienne. Quel parti allait prendre ou plutôt avait
déjà pris M. de Mélas, qui la commandait, depuis
qu'il savait l'armée française établie sur sa ligne de
communication ? Pour se rendre compte de la situation de ce général, il faut reprendre ses opérations
d'un peu plus haut.

Nous avons laissé Masséna occupé du soin de défendre les Apennins depuis Gênes jusqu'aux sources
du Var; mais cette ligne de défense, qui était très-
longue par rapport à l'effectif de ses troupes, avait
été percée par l'ennemi, de telle sorte que Masséna
avait été refoulé dans le camp retranché de Gênes,
après avoir perdu toute communication avec la France;
tandis que Suchet, avec le reste de l'armée, s'était replié derrière le Var, pour protéger la frontière française. Malgré de vigoureuses attaques, exécutées
contre les Autrichiens, et malgré des succès glorieux
dans plusieurs combats, Masséna, bloqué du côté de
la mer par la flotte anglaise, en était graduellement
arrivé aux plus cruelles souffrances de la famine,
pour les habitants comme pour la garnison, sans voir
arriver le secours indispensable pour éviter à ses
troupes la dure nécessité de capituler.

27

Mélas, connaissant la position désespérée des défenseurs de Gênes, ne voulut pas lâcher, au dernier moment, la proie prête à tomber entre ses mains, et il continua le blocus, malgré les renseignements qui lui annonçaient les mouvements d'une armée qui descendait en Piémont et en Lombardie à travers les Alpes. Enfin, des pourparlers s'étant ouverts pour la reddition de Gênes, Mélas s'empressa d'offrir à Masséna des conditions si honorables et si avantageuses qu'elles furent acceptées et signées. La place fut livrée à l'armée autrichienne, mais la garnison put sortir avec les honneurs de la guerre : loin d'être prisonnières, les troupes françaises furent autorisées à rentrer en France par le chemin le plus court, sans que rien s'opposât à ce qu'elles se réunissent à celles de Suchet, pour reprendre la guerre sur le Var.

Telle était donc la situation que le Premier Consul ignorait au moment où il remontait la rive droite du Pô avec le gros de son armée. Parvenu à un point d'embranchement où la route de Plaisance à Gênes par Novi rencontrait la route de Plaisance à Alexandrie, il envoya Desaix dans la direction de Novi, pour se couvrir contre un ennemi venant de Gênes ; puis, il continua à faire marcher le gros des troupes dans la direction d'Alexandrie. Il était guidé par la pensée que le général Mélas avait dû chercher, de préférence, à profiter de la place d'Alexandrie pour se concentrer derrière la Bormida. En conséquence, le 13 juin 1800, au soir, une reconnaissance fut poussée par les troupes de l'extrême avant-garde française jusqu'au bord de cette rivière. Cette reconnaissance se heurta, sans doute, à un coude de la rivière, qui lui fit croire qu'aucune tête de pont n'avait été établie sur la rive droite de la Bormida, et elle en donna l'assurance. Sur ce renseignement erroné, le Premier Consul prit le parti de retourner au quartier général qu'il avait quitté le matin. Il pourrait y consulter les rapports qui lui viendraient là de plusieurs autres côtés.

Si Mélas n'était point à Alexandrie, il pouvait avoir marché de Gênes vers le Pô inférieur pour rétablir sa ligne de communication à travers la chaîne des Apennins. Il pouvait peut-être aussi avoir pris le parti tout différent de passer le Pô dans sa partie supérieure, au-dessus de l'embouchure de la Bormida, à Casale, par exemple, et de marcher vers Milan, pour retrouver ses communications perdues et pour couper à son tour celles de l'armée française. La prévoyance de ces éventualités avait conduit le commandant en chef de l'armée française à mettre, de l'un et de l'autre de ces deux côtés, des troupes destinées à retarder la marche de l'ennemi et à gagner le temps nécessaire pour une attaque à exécuter avec toutes les forces à la fois. L'armée française, considérée dans son ensemble, se trouvait, par ce motif, répartie par fractions détachées sur une grande étendue de territoire, et le gros des forces, qui avait marché vers Alexandrie, avait campé, sans concentration, pour trouver facilement des vivres. Les deux divisions d'infanterie les plus avancées avaient campé à cheval sur la grande route, l'une derrière l'autre ; celle qui était le plus près de la Bormida avait occupé le village *la Pedrabona ;* la seconde, le village de Marengo, où passe le ruisseau *le Fontanone.*

Le 14 juin au matin, l'armée autrichienne, traversant la Bormida sur deux ponts qui étaient couverts par une tête de pont, marcha contre les Français sur trois colonnes. Celle du centre, qui était la plus forte, rencontra la division qui occupait le village *la Pedrabona* et l'attaqua sans hésiter. Les deux autres marchèrent sur deux chemins dont les directions divergentes s'étendaient au nord et au sud de la grande route.

La division Gardanne défendit *la Pedrabona* contre les premiers efforts de l'ennemi ; mais comme elle n'avait là aucun point d'appui pour ses deux flancs, que les troupes autrichiennes commençaient à déborder, elle se retira sur Marengo.

La division Chambarlac, occupant ce village, avait déjà pris sa ligne de bataille en arrière du ruisseau le Fontanone, qui, sans être un grand obstacle, puisqu'il a très-peu d'eau, et qu'il forme un simple fossé dans une plaine unie, donnait pourtant comme une indication de la position à défendre. Les troupes de Lannes, formées d'une division et d'une brigade, vinrent se placer en seconde ligne. La cavalerie, peu nombreuse, fut répartie entre les deux ailes ; la brigade Champeaux formant la droite; tandis que la brigade Kellermann, à gauche, défendait le terrain compris entre le Fontanone et la partie supérieure de la Bormida.

Le village de Marengo résista à toutes les attaques directes des Autrichiens, mais leurs forces grossissant continuellement, leur donnèrent le moyen de déborder la droite de la ligne française de telle sorte que les troupes de Lannes durent venir prolonger cette première ligne.

Pendant ce temps, la colonne autrichienne du sud parvenait, après plusieurs tentatives infructueuses, à s'emparer du village la Stortigliona, qui avait servi de point d'appui à notre gauche, et, en outre, la colonne autrichienne du nord s'avançait, sans rencontrer aucune résistance, sur la route de Sale. La position prise par les troupes françaises sous l'influence d'une nécessité imprévue, se trouva débordée à droite comme à gauche, et l'on dut la quitter pour éviter d'être compromis. Cette résolution fut prise avec d'autant plus de raison qu'on n'avait ni seconde ligne, ni réserve. On comprit, néanmoins, très-bien qu'il fallait prolonger la résistance le plus longtemps possible pour donner au Premier Consul le temps d'arriver sur le champ de bataille avec toutes les troupes restées en arrière.

Les divisions françaises, qui avaient quitté la rive droite du Fontanone, formèrent donc, à quelque distance en arrière, une nouvelle ligne de bataille, et le

combat reprit. Mais nos soldats, fatigués d'une lutte
dans laquelle ils étaient engagés depuis le matin
contre des forces supérieures, tinrent moins longtemps dans la deuxième position, qui était sans point
d'appui, même en avant, que dans la première ; ils
avaient d'ailleurs consommé, pour la plupart, non-
seulement les cartouches qu'ils portaient, mais celles
des caissons, en petit nombre, appartenant aux batteries des divisions. Les cartouches à boulet allaient
aussi manquer, et l'on était trop loin du parc pour
avoir le moyen de s'y réapprovisionner.

La seconde position était déjà débordée par sa
droite et menacée d'une attaque à revers, quand le
Premier Consul arriva sur le champ de bataille. Son
premier soin fut d'envoyer vers le point menacé la
garde consulaire avec une brigade de la division
Monnier, qu'il amenait avec lui. Malheureusement ces
troupes ne suffirent pas à leur tâche ; elles furent re-
foulées et découvrirent de nouveau la droite de la
ligne de bataille. Après quoi toutes les troupes françaises marchèrent en retraite avec ordre, mais sans
savoir où elles trouveraient un point d'appui suffisant
pour s'y arrêter.

Le Premier Consul, après avoir pris connaissance,
la veille au soir, des dépêches reçues de différents
côtés, avait appris que l'armée autrichienne n'était ni
aperçue, ni annoncée nulle part ailleurs, et il en
avait conclu que décidément l'armée de Mélas devait
être près d'Alexandrie. En conséquence, il avait

donné des ordres pour faire marcher dans cette direction tout le reste des troupes qui avaient passé le
Pô à Belgiojoso. Il avait pu ainsi arriver lui-même
sur le champ de bataille vers onze heures du matin.
Dès qu'il avait pu juger du véritable état des choses,
il avait envoyé à Desaix, engagé sur la route de
Gênes avec une division, l'ordre de faire demi-tour
et de prendre la direction d'Alexandrie. Fort heureusement ce général, qui possédait des qualités de caractère à la hauteur de son intelligence de la guerre,
n'avait point attendu cet ordre. Entendant une forte
canonnade dans la direction d'Alexandrie, et informé
par ses patrouilles qu'il n'avait point l'ennemi devant
lui, il avait rétrogradé pour se diriger du côté du
combat.

A une heure et demie de l'après-midi, la division
Boudet, conduite par Desaix, arrivait au village San
Giuliano-Vecchio, qui est à 6 kilomètres environ du
village de Marengo. Quelques batteries d'artillerie et
des voitures à munitions appartenant au parc y arrivaient également; mais nos troupes en retraite, qui
venaient en sens inverse, en approchaient aussi, et
elles étaient suivies de près par l'ennemi.

L'armée autrichienne, exaltée par la joie du triomphe, et ne voyant plus de résistance nulle part, avait
formé sur la grande route une très-grosse colonne
dont la marche était éclairée à droite et à gauche par
des flanqueurs. La journée paraissait si bien décidée
en faveur de l'armée autrichienne, que Mélas avait

cru pouvoir retourner à son quartier général d'Alexandrie.

Pendant ce temps le Premier Consul, pourvu des
moyens de faire distribuer de nouvelles cartouches à
ses soldats, et de remplacer les munitions consommées par son artillerie, avait résolu de recommencer
la bataille. On a prêté à Desaix, consulté par lui à ce
sujet, ces mots : « Nous avons perdu une bataille ;
mais nous avons encore le temps d'en gagner une
autre. »

Sur l'ordre du Premier Consul, les troupes françaises, ralliées de tous côtés, vinrent former leur ligne
de bataille à cheval sur la grande route, l'aile droite
avançait en suivant une ligne oblique à partir du
centre. Deux batteries de réserve, comptant seize
bouches, sont placées en avant du centre ; elles ou-
vrent leur feu sur la tête de colonne ennemie, qui
s'arrête avec surprise. Les tirailleurs de Desaix ou-
vrent aussi le feu, mais ce valeureux général, qui
s'est porté au milieu d'eux pour reconnaître l'ennemi
par lui-même, est frappé à mort avant le moment
d'un triomphe qui lui est dû pour une grande part.

Le Premier Consul aperçoit sur ces entrefaites une
colonne de cavalerie qui flanque la gauche de la
grande colonne d'infanterie autrichienne ; il réunit en
face de la cavalerie ennemie les brigades Champeaux
et Kellermann, qui, après avoir chargé et mis en désordre les escadrons autrichiens, se jettent sur le
flanc de la grande colonne d'infanterie, où leur ar-

rivée inattendue produit une confusion telle qu'aucun
ordre ne peut bientôt plus être ni entendu, ni obéi.
Cette masse d'hommes en est réduite à retourner con-
fusément en arrière sous la préoccupation de la
crainte d'être précédée par le vainqueur au passage
des ponts sur la Bormida.

La retraite des Autrichiens ne fut pourtant point
aussi désastreuse. Une partie des troupes qui avaient
constitué les colonnes dirigées au nord et au sud de
la grande route avaient échappé à la panique et à la
déroute; elles furent employées à entraver la marche
du vainqueur. Les troupes françaises, fatiguées de
leurs efforts et de leurs marches, n'arrivèrent pas ce
jour-là jusqu'à la tête de pont.

La bataille de Marengo, ainsi gagnée par une armée peu nombreuse contre une plus forte, n'aurait eu
par elle-même rien de particulièrement décisif, rien
de plus glorieux qu'une autre victoire, si la combinaison stratégique dont cette bataille était le couronnement, n'eût pas donné au résultat obtenu une importance extraordinaire.

Mélas, avec son armée placée derrière la Bormida,
aurait pu se considérer encore comme étant en état de
disputer à l'armée française le passage de cette rivière; mais il avait échoué dans une première tenta-
tive de s'ouvrir la communication avec l'Autriche, et
il n'était plus en état d'en faire une seconde. Les munitions consommées par les troupes autrichiennes
dans la bataille ne pouvaient déjà plus être renouve-

lées ; et le projet de s'ouvrir le passage coûte que coûte, soit d'un côté, soit de l'autre, paraissait d'une exécution bien périlleuse, si ce n'est désespérée, devant un autre danger qui s'ajoutait à ceux que nous avons signalés. Mélas avait l'esprit tourmenté par la préoccupation de voir arriver, du côté du Var, Masséna et Suchet réunis par suite de la capitulation de Gênes. Il les croyait déjà si près d'Alexandrie que, pendant la bataille même, il avait fait repasser la Bormida à une partie de sa cavalerie.

On peut comprendre maintenant comment Mélas fut amené à payer, au prix des plus grands avantages faits à la France, la liberté de se retirer, avec son armée, derrière le Mincio, et pourquoi les combinaisons stratégiques de la campagne de Marengo ont mérité à l'homme de génie qui les a conçues et exécutées, une gloire immortelle.

Le sort de la campagne a paru compromis pendant la moitié de la journée du 14 juin, par suite du manque de concentration de l'armée française, quand elle fut attaquée inopinément par une armée ennemie qu'on ne croyait pas si proche. Il y a là une leçon qui ne doit pas être perdue.

Une armée qui marcherait toujours assez serrée pour prendre en un instant son ordre de bataille, c'est-à-dire qui ne s'étendrait jamais en largeur et en profondeur plus que sa ligne de bataille ne comporte, ne pourrait opérer que des mouvements courts, lents et fatigants pour les troupes. Si les lieux de station

étaient déterminés par les seules considérations de la
sécurité et du combat, ils seraient souvent fort in-
commodes pour les soins à donner au repos ou à
la nourriture des hommes et des chevaux. Aussi,
la stratégie a-t-elle pris pour règle d'étendre beaucoup la surface occupée par les troupes d'une armée
qui stationne ou se meut loin de l'ennemi. En prenant un plus grand front pour la marche, on dispose
d'un plus grand nombre de chemins ; en prenant plus
de profondeur, on forme de petites colonnes dont tous
les soldats arrivent de bonne heure à la station. On
peut aussi cantonner les troupes, au lieu de les camper,
ce qui assure un meilleur repos aux hommes et occasionne moins de maladies. L'armée peut souvent ainsi
vivre sur les ressources du pays qu'on parcourt, et les
chevaux eux-mêmes, répartis entre les localités où
se trouvent des fourrages et de l'eau, ont le moyen
d'entretenir leurs forces pour continuer de longues
marches.

Mais, après avoir mis l'armée au large pour marcher et vivre plus commodément, c'est-à-dire pour
éviter les diminutions d'effectif qui résultent des privations et des fatigues exagérées, la stratégie doit,
à l'approche de l'ennemi, concentrer d'abord les
troupes dans chaque corps d'armée, puis, réunir les
corps d'armée ensemble dès qu'on peut avoir à combattre, soit dans l'offensive, soit dans la défensive.

Une armée victorieuse reprend immédiatement,
après la bataille, beaucoup plus d'espace qu'elle n'en

occupait pendant l'affaire, afin d'acquérir une grande liberté d'action et de mouvement pour la poursuite.

Ces considérations montrent qu'indépendamment de l'objectif principal et des objectifs secondaires que la stratégie doit discerner, discuter et adopter en traçant sur la carte géographique les grands traits d'un plan de campagne, il y a un travail journalier à faire pour rédiger les ordres de marche des troupes, en prenant pour base les renseignements obtenus sur l'éloignement ou la proximité de l'ennemi.

Quand les marches doivent s'exécuter dans un pays étranger où l'armée n'a point encore mis le pied, on serait exposé à marcher à l'aveugle, si l'on ne s'était procuré à l'avance des renseignements topographiques et statistiques pour les étudier au point de vue des opérations militaires de chaque jour. Ceci dit, imaginons une armée mise en mouvement pour exécuter un plan de campagne. Le général en chef fait adresser chaque jour à chacun des commandants de corps d'armée la partie de l'ordre de marche qui le concerne, avec les renseignements qui peuvent l'éclairer sur sa situation par rapport à l'ennemi. Le commandant de corps d'armée fait adresser à son tour l'ordre de marche qu'il a adopté pour son corps d'armée à chacun de ses deux commandants de division, ainsi qu'au commandant de l'artillerie, au commandant du génie et aux chefs de service. Le commandant de chaque division envoie à son tour aux deux généraux de brigade, aux commandants de l'artillerie et du génie comme aux chefs de différents services de la division, l'ordre de marche qu'il a adopté. Ces ordres différents, qui résultent tous l'un de l'autre, sont complétés et expliqués, pour les mesures d'exécution et de détail, par ceux qui les élaborent à chaque échelon de la hiérarchie.

La préparation des ordres de marche, y compris la détermination des lieux d'arrêt pour le cantonnement ou le bivouac, constitue une branche de la stratégie qui a reçu précédemment le nom de *logistique*. Elle est regardée comme devant être l'attribution principale des états-majors qui sont formés pour seconder le général en chef, les commandants de corps d'armée et les commandants des divisions. La détermination des marches et celle des logis, pour nous servir du mot autrefois usité, entraîne comme conséquence la désignation du mode de subsistance. Ainsi, dans certains cas, les troupes seront nourries directement par les habitants soit sur réquisition, soit à prix d'argent; dans d'autres circonstances, les vivres et fourrages provenant des magasins alimentés soit par les réquisitions, soit par achats, seront transportés sur les voitures des équipages militaires ou sur des voitures de réquisition, pour être distribués aux troupes à l'arrivée au gîte.

L'étude à faire pour les projets des marches et des logis doit être éclairée par les considérations les plus hautes de la tactique comme de la stratégie, car il faut, non-seulement prévoir les positions à occuper pour la défense ou pour l'attaque, mais encore amener chaque arme, autant que possible, sur le terrain propice à son action.

III

ÉTUDES ET PRÉPARATIFS STRATÉGIQUES DANS L'ARMÉE PRUSSIENNE.

Ces considérations ont conduit l'armée prussienne à constituer et à instruire son corps d'état-major autrement et mieux qu'on ne l'avait encore fait dans les autres armées. L'innovation réalisée sous ce rapport par cette puissance a beaucoup contribué aux succès qu'elle a obtenus dans les deux guerres de 1866 et de 1870. Après avoir résolu de ne confier les importantes fonctions de ce service qu'à un petit nombre d'officiers choisis parmi tous ceux de l'armée qui ont prouvé le plus de capacité militaire, on a pris soin de leur fournir le moyen d'acquérir tout d'abord des connaissances élevées sur toutes les branches de l'art de la guerre. On les exerce ensuite à la pratique de la logistique par des opérations de guerre simulées, dans lesquelles l'armée, les corps d'armée et les divisions sont représentés uniquement par leurs états-majors. Les jeunes officiers qui prennent part à ces *voyages d'état-major* où s'opèrent les mouvements d'armées fictives, s'instruisent, sous la direction des hommes les plus expérimentés du corps, de tous les détails et de toutes les prévoyances nécessaires pour rédiger les ordres de marche et de stationnement. Les déterminations faites d'après les cartes topographiques et les renseignements statistiques, sont contrôlées sur les lieux par ceux mêmes qui ont arrêté les dispositions à prendre et rédigé les ordres écrits. De plus, les chefs signalent, aux différents échelons de la hiérarchie, les erreurs ou les fautes, et leurs enseignements, donnés sur le vif de la pratique, deviennent très-profitables.

Ces études de stratégie et de tactique, faites chaque année sur le territoire national, servent de prélude à celles des officiers d'état-major envoyés en mission au delà des frontières pour des reconnaissances militaires. Ces officiers signalent tout ce qui intéresse les marches et les logis, par conséquent les routes, chemins, ponts, défilés, habitations, populations, eaux et bois ; ils s'attachent à faire connaître les positions militaires avec les particularités qui les caractérisent. Les mémoires rédigés à cette occasion doivent être substantiels et courts, mais on y joint des données topographiques destinées à mettre à jour la gravure des cartes géographiques et des cartes topographiques, qu'on se tient prêt à tirer en un grand nombre d'exemplaires.

Ces documents permettent au chef du corps d'état-major général, quand la guerre éclate, de quelque côté des frontières que ce soit, d'avoir son plan de campagne préparé d'avance. Il n'a plus qu'à distribuer à tous les états-majors des armées, des corps d'armée et des divisions, les documents qui les guideront dans la rédaction des ordres de marche et de logis.

Ajoutons que les officiers d'état-major, dont l'instruction militaire a été développée au plus haut degré par l'importance des travaux dont ils ont été chargés pendant la paix, parviennent au rang d'officier général de préférence à tous les autres. Ils obtiennent l'avancement au choix, tandis que tous les autres officiers n'avancent qu'à l'ancienneté. On peut donc comprendre comment les officiers généraux de l'armée prussienne ont eu la prééminence sur ceux de l'armée autrichienne et sur ceux de l'armée française; ils les dépassaient par l'ensemble de leurs connaissances militaires et particulièrement par leur savoir en stratégie.

La même cause a contribué aux progrès des institutions de l'armée prussienne pendant la paix comme à ses succès dans les dernières guerres qu'elle a faites en Allemagne et en France.

Une nation n'est pas à même de produire un homme de guerre extraordinaire, comme Napoléon, par exemple, pour élaborer des plans de campagne; mais la Prusse a su y suppléer jusqu'à un certain point par la création d'un corps peu nombreux, dans lequel des officiers d'élite sont exercés aux combinaisons de la stratégie et aux travaux qui en dépendent.

Les moyens d'action de la stratégie diffèrent beaucoup aujourd'hui de ce qu'ils étaient au temps du premier Empire, et la Prusse a dû une grande part de ses succès, dans les deux guerres de 1866 et de 1870, à la prévoyance de ses combinaisons stratégiques et à la promptitude toute nouvelle de leur exé-

cution. On en trouve l'origine et la première cause
dans l'institution d'un chef d'état-major général permanent, chargé de tout étudier et de tout préparer
pendant la paix pour une prompte et efficace action
de l'armée quand la guerre éclate. Aidé par un
groupe d'officiers choisis par lui pour leur instruction
et leur capacité, le chef d'état-major général acquiert
une parfaite connaissance de l'organisation des différentes armées de l'Europe; il étudie dans leurs détails
les différents théâtres de guerre éventuels, il fait confectionner des cartes, qui sont tenues à jour, des
régions les plus importantes, et il prépare les projets
des grandes opérations.

Grâce au chef permanent du grand état-major, la
période de temps comprise entre la décision de faire
la guerre et le commencement des hostilités a été
raccourcie avec une habileté dont les résultats ont été
prodigieux.

Le passage du pied de paix au pied de guerre
s'opère par un ensemble de mesures qui précèdent et
préparent la mobilisation. Les augmentations d'effectif exigent, pour chaque corps d'armée, 64,476 hommes et 10,752 chevaux, qui serviront, il est vrai, non
pas seulement à compléter les troupes actives du
corps d'armée, mais à composer les dépôts chargés
de maintenir au complet les troupes des corps actifs,
y compris toutes les troupes de garnison qui sont en
dehors des corps d'armée. L'Allemagne entière lèvera
ainsi, en quelques jours, plus d'un million d'hommes

avec deux cent mille chevaux. Chaque circonscription de corps d'armée doit, autant que possible, pouvoir fournir, à compte sur le total des 64,476 hommes, 1,029 officiers, 4,733 sous-officiers, 229 médecins, 918 infirmiers ou brancardiers, 31 vétérinaires, 28 armuriers, 43 selliers, 266 employés et 3,523 hommes du train.

Les états annexés aux instructions, établis d'avance, indiquent la répartition de tous les hommes dans les diverses unités de l'organisation. Les commandants de districts, qui correspondent chacun à un bataillon de landwehr, tiennent constamment à jour des contrôles nominatifs où chaque emploi a son titulaire.

L'ordre de mobilisation envoyé de Berlin, par le télégraphe, à chacun des commandants de corps d'armée, suffit pour que tout soit mis en mouvement avec méthode et promptitude. Les commandants des districts de landwehr, promptement informés par le télégraphe, adressent à tous les hommes des ordres de rappel préparés d'avance, où se trouve l'indication du lieu où ils doivent se rendre ainsi que du jour et de l'heure de l'arrivée.

Les hommes arrivent aux lieux de rassemblement le cinquième ou le sixième jour après l'envoi et la réception du premier ordre télégraphique parti de Berlin; ils sont réunis par les officiers ou sous-officiers envoyés pour les former en détachements et les amener aux corps de troupes. Là, ils trouvent tout préparés, pour leur être fournis immédiatement, des effets d'habillement, d'équipement, de campement et d'armement. Les soldats d'infanterie exécutent, après cela, une marche avec armes et bagages, qui fait reconnaître si tout est suffisamment bien ajusté, et ils peuvent être mobilisés le septième jour, ou le huitième jour au plus tard.

Les chevaux ont été levés dans le même temps par un système de réquisition analogue à celui des hommes. Les propriétaires des chevaux inscrits sur les contrôles des commandants de districts sont prévenus d'avoir à les faire conduire aux lieux de rassemblement, où des soldats sont envoyés pour les prendre. Le prix en est payé immédiatement. Les harnais étant disposés et les voitures étant chargées pendant ce temps, l'artillerie et les équipages de toutes sortes sont prêts à partir immédiatement après l'infanterie, et à la suivre sans interruption si le départ a lieu par chemin de fer. Une partie de la cavalerie prend l'avance pour couvrir, contre toute surprise, les points d'arrivée ; elle constituera bientôt les divisions indépendantes chargées de se maintenir en contact avec l'ennemi pour éclairer tous ses mouvements, en formant un rideau qui couvrira sans cesse la marche des corps d'armée.

Les différents chefs des services qui entrent dans la constitution du corps d'armée, informés sans retard par le commandant du corps d'armée de la résolution prise par le souverain, usent des pouvoirs qui leur sont délégués *ipso facto* pour accomplir la tâche bien déterminée qui leur incombe.

Le commandant de l'artillerie fait opérer le chargement de toutes les voitures, suivant les prescriptions réglementaires. L'intendant fait acheter les vivres nécessaires et confectionner les rations du sac, en même temps que les mesures sont prises pour le chargement des voitures de vivres. Les chefs des autres services agissent de même, et les préparatifs s'achèvent en peu de jours par le travail simultané de toutes les autorités militaires, depuis la plus haute jusqu'à la plus petite. Les deux principes qui président à l'exécution sont : 1º au sommet, la décentralisation, qui a réparti d'avance les pouvoirs entre toutes les hautes autorités militaires locales; 2º au bas de l'échelle, la division du travail, qui donne à chacun une tâche limitée et conforme à ce qu'il sait faire.

La mise en marche des troupes quittant la région affectée au corps d'armée commence avant que tout soit absolument prêt, mais non pas sans qu'on soit assuré que les autres troupes du corps d'armée suivront le mouvement sans interruption. Les mouvements destinés à opérer la concentration dans le voisinage du théâtre de la guerre s'effectuent par les voies ferrées, à l'exception de ceux qu'ont à faire les corps d'armée très-rapprochés de la frontière.

Les mouvements partiels que de petites unités peuvent avoir à faire pour se rendre au point de leur embarquement, s'exécutent toujours par des marches ordinaires.

L'emploi des chemins de fer, pour le transport des armées munies de leur immense matériel, exige des études et des mesures prévoyantes que le chef d'état-major général a su réaliser, parce qu'elles avaient été mises d'avance dans ses attributions, et que la responsabilité lui en incombait.

Pour se rendre compte de ce que chaque ligne ou section de chemin de fer peut produire en transports militaires, soit au moment de la concentration, soit après, il faut d'abord connaître quelle peut être la vitesse de marche d'après les pentes et l'état plus ou moins bon de la voie. Cette vitesse peut varier avec la force ou le nombre des machines, comme avec le nombre des voitures et la charge du train. La distance à laisser entre les trains est encore une donnée qui influe sur la puissance de locomotion, et cette distance est beaucoup plus grande pour un chemin à voie unique que pour un chemin à double voie. La charge qu'on peut mettre à chaque train est encore une donnée nécessaire à connaître ; mais ici la considération tactique vient conseiller de ne pas scinder les unités d'organisation et de n'avoir qu'un seul train ou pour un bataillon, ou pour une compagnie, ou pour un escadron, ou pour une batterie, ou pour une colonne de munitions, ou pour une colonne de subsistances. Cela porte les trains à un nombre de voitures compris entre 50 et 60. Les trains de cette force exigent qu'on reconnaisse si les voies de garage ont les longueurs nécessaires pour ce nombre de voitures, sinon il faudrait doubler le nombre des trains, ce qui diminuerait le rendement de moitié.

On a compté que l'on peut transporter par essieu, soit 10 officiers ou fonctionnaires, soit 16 hommes, soit 3 chevaux et un homme, soit une demi-bouche à feu ou une demi-voiture à quatre roues, soit un tiers de haquet. En partant de ces données, il est facile de calculer le nombre d'essieux nécessaires pour transporter les corps de troupes et d'arriver à composer les trains de manière à morceler le moins possible les unités administratives et les unités tactiques. Les trains peuvent varier depuis 90 jusqu'à 110 ou même 120 essieux.

Les difficultés augmentent quand il s'agit de régler la marche et le service en reliant une voie secondaire avec une ligne principale, parce qu'il faut tenir compte des moyens d'évitement, de garage, de réception et d'intercalation des trains.

L'emplacement des aiguilles, qui ne donne pas toujours l'emplacement nécessaire à des trains aussi longs que les trains militaires, exerce alors une influence considérable sur le temps nécessaire aux transports.

Lorsqu'on a à dresser le plan général des transports, il faut donc s'attacher à connaître en détail les conditions d'exploitation de chacune des sections du chemin pour déterminer le maximum d'effet qu'on peut lui faire produire. Nous n'avons pas besoin de dire que la nature et la quantité du matériel, les moyens d'embarquer les hommes, les chevaux et les voitures avec plus ou moins de rapidité, doivent entrer en ligne de compte.

Quand on envisage dans son ensemble la question du transport d'une armée jusqu'à la zone de concentration, le rendement s'obtient en tenant compte du nombre des voies qui aboutissent à la zone de concentration ou dans son voisinage, et du nombre de trains qui peuvent circuler chaque jour sur ces lignes. En divisant, par ce nombre de trains journaliers, le nombre total des trains nécessaires pour transporter l'armée, on a une donnée essentielle, celle du nombre de jours qui seront employés à la concentration.

L'état-major prussien n'a pas manqué d'étudier, en temps de paix, la valeur du réseau de ses chemins de fer au point de vue de la concentration sur ses différentes frontières. En même temps, il faisait plus encore, car il se rendait compte de la valeur des chemins de fer étrangers pour la concentration des armées adverses. Il s'assurait par là le moyen de tirer parti de l'avantage décisif qu'il devrait avoir, en prenant l'offensive contre un adversaire non encore concentré. Il aurait su de même éviter la désorganisation de son armée en la réunissant plus en arrière, s'il avait dû avoir l'infériorité sous le rapport de la rapidité de concentration.

L'emploi de cette méthode d'augmentation des effectifs, de leur mobilisation et de leur concentration, employée immédiatement après la déclaration de guerre, qui eut lieu le 15 juillet 1870, a obtenu les résultats qui suivent :

L'ordre de mobilisation a été télégraphié de Berlin, dès le 15, aux commandants de corps d'armée, aux commandants de brigade, à un certain nombre de commandants de districts et aussi aux ministres plénipotentiaires chargés d'en informer les appelés résidant ou voyageant à l'étranger. Au bout de sept jours écoulés, c'est-à-dire le 23 juillet, les transports en chemins de fer commencèrent. En onze jours, les chemins de fer ont transporté, jusqu'à la zone de concentration :

356,000 soldats,
87,200 chevaux,
8,446 voitures, y compris les bouches à feu.

Le 9 août, en 17 jours de transport, la Prusse avait réuni sur sa frontière de l'ouest, au moyen de 1,205 trains :

10,000 officiers,
440,000 soldats,
135,000 chevaux,
14,000 voitures, y compris les bouches à feu.

Les nombres de soldats donnés ci-dessus ne comprenant peut-être point les non-combattants, qui forment environ le quart de l'effectif, le nombre des hommes transportés jusqu'au 9 août a pu différer peu de 560,000 hommes.

Remarquons en passant une conséquence de ces nombres : ils établissent que le corps d'armée est mobilisé avant d'être au complet de ses voitures ; il entre en campagne avant d'avoir tous ses convois. On doit croire que toutes les unités mobilisées des services accessoires étaient au complet, et qu'on est entré en campagne sans attendre les autres.

Pendant la période de concentration, les armées prussiennes occupent des positions qui sont en rapport avec l'ordre de bataille établi par l'état-major général. Dans chaque armée, les corps d'armée sont placés, autant que possible, sur une même ligne, chacun occupant un front peu étendu avec une profondeur assez grande pour mettre toutes les troupes en cantonnement. On a ainsi plus de facilité à nourrir les soldats comme à les abriter pendant les premiers jours. On resserre ensuite les cantonnements vers la tête quand approche le moment d'envahir le territoire ennemi, conformément au plan d'opérations dressé aussi par le chef d'état-major général et approuvé par le généralissime. A partir de ce moment, les armées ne vont plus avancer que par le moyen des marches, et nous avons à examiner quelles sont les règles qui vont diriger les mouvements de cette sorte.

Ménager les forces du soldat pour le moment du combat ; mais, pourtant, dans les marches où l'on peut

28

rencontrer l'ennemi, se préoccuper par-dessus tout
d'avoir les troupes sous la main, telles sont les deux
considérations de sens contraire qui influent sur les
dispositions prescrites par les ordres de marche.

Tantôt les considérations tactiques imposent aux
troupes de grandes fatigues, par exemple quand il
s'agit d'opérer une poursuite ou quand on veut occuper, avant l'ennemi, un défilé dans les montagnes, ou
bien un pont sur une rivière. Tantôt, au contraire, les
marches seront régies, pour une partie des troupes,
par les principes en usage en temps de paix. Dans
tous les cas, les officiers d'état-major ont besoin de
connaître, pour toutes les circonstances, les longueurs qu'occuperont les colonnes, la durée de la
marche et le temps nécessaire à la mise en route. Ces
questions ont été pour eux l'objet d'études appro-
fondies.

Les dispositions de marche devant varier suivant
les circonstances de la guerre, il arrive souvent qu'au
moment où les ordres sont envoyés on ne connaît pas
assez clairement la situation stratégique ou tactique
pour adopter les dispositions les plus convenables. Il
arrive aussi qu'on ne connaît pas complétement l'état
de viabilité des chemins, malgré tous les efforts qui
ont été faits pour se renseigner à ce sujet.

En règle générale, on marche en étendant son front
autant qu'il est possible de le faire sans négliger les
vues de la situation générale. Si l'on a lieu de croire
qu'on pourra avoir à combattre pendant la marche

même, les colonnes devront occuper un front assez
rétréci pour ne pas avoir de désavantage au moment
de la rencontre.

Chaque colonne doit être fractionnée en profondeur par suite de plusieurs considérations, qui sont :
1º les mesures de sûreté à prendre; 2º le caractère
particulier des différentes armes ; 3º le maximum de
longueur d'une colonne devant partir et arriver dans
la même journée. On a donc à déterminer, pour
chaque marche, les meilleures combinaisons à adopter,
tant dans la formation de plusieurs colonnes latérales, que pour le fractionnement de chaque colonne
en plusieurs parties séparées, normalement du moins,
par des distances fixées.

L'état-major prussien, après avoir déterminé, par
expérience, la longueur de chaque unité tactique ou
administrative en colonne de route, ainsi que la distance normale à laisser de la queue à la tête de l'unité
qui suit, arrive, pour une division d'infanterie en colonne sur une seule route, à une longueur de 6,472
mètres. Cette longueur est celle de la division prête
à combattre, qui s'est séparée de tous ses impedimenta n'ayant gardé absolument que les 8 voitures,
dont 6 pièces et 2 caissons, qui forment le premier
échelon de chaque batterie, avec quelques voitures
d'outils des sapeurs.

Si l'on fait marcher, dans la colonne que forme la
division, les voitures de munitions appartenant aux
troupes, les deuxièmes échelons des batteries, formés

chacun de 4 caissons et un détachement de santé, la longueur de la division est portée à 7,296 mètres.

En intercalant encore dans la colonne les voitures appartenant aux troupes, voitures d'état-major, voitures à bagages et voitures de vivres, la longueur de la division est de 8,607 mètres.

Pour le corps d'armée, la colonne de combat comprenant seulement, en outre des combattants, les chevaux de main, les médicaments et les voitures d'outils des sapeurs, avec les batteries réduites aux huit voitures du premier échelon, a, de longueur, 16,572 mètres.

En intercalant, derrière l'avant-garde et derrière les brigades, les voitures de munitions appartenant aux troupes et les deuxièmes échelons des batteries, la longueur est de 19,597 mètres.

En intercalant encore le reste des voitures appartenant aux troupes, qui portent ensemble le nom de deuxième échelon et qui comprennent les voitures d'état-major, les voitures de bagages, les voitures de vivres et le troisième échelon des batteries, la longueur de marche du corps d'armée est de 22,620 mètres.

Le convoi des colonnes de munitions, de l'équipage de ponts, de la colonne de boulangerie, du dépôt de chevaux, des colonnes de vivres, des colonnes de voitures du parc et des ambulances, occupe encore à lui seul une longueur de 16,830 mètres.

Le corps d'armée, dans son entier, mis en colonne, sur une seule route, y occupe une longueur de 39,470 mètres ; cela fait près de 10 lieues ; ainsi, le corps d'armée ne peut pas se mouvoir tout d'une pièce et partir tout entier, le même jour, du même lieu d'étape. Il doit être divisé, pour le moins, en deux parties, voyageant à un jour de distance. Cela est loin d'être sans inconvénient ; et l'état-major, en réglant l'ordre de marche, doit faire prédominer, tantôt la considération des munitions à fournir pour un combat prolongé, tantôt la nécessité de renouveler les vivres, portés sur des voitures de vivres, et beaucoup d'autres considérations encore qui influeront sur les places attribuées dans la colonne aux voitures des divers services.

La vitesse de marche et l'étendue du parcours qui peut être fait en un jour sont des renseignements dont l'état-major ne saurait se passer. En Prusse, la moyenne des marches est de 22 kilomètres et demi, pendant la paix. Mais le temps nécessaire pour parcourir cette longueur d'étape n'est pas la même pour les diverses sortes de troupes, quand elles voyagent isolément ; ainsi, pendant qu'un bataillon d'infanterie et une batterie d'artillerie emploieront cinq heures, un régiment de cavalerie n'en mettra que quatre. Une colonne du train, comme une autre colonne médiocrement attelée, mettra six heures ; le temps augmente, même pour la tête de colonne, à mesure que le nombre des troupes augmente, par la nécessité de tenir compte de toutes les causes d'arrêt ou de retard qui tendent à écarter les éléments l'un de l'autre. Une division d'infanterie, réduite aux combattants, em-

28.

ploiera six heures pour la tête, à quoi il faudra ajouter, pour la queue, le temps employé à parcourir une distance égale à celle de la longueur de la colonne.

Un bataillon qui emploiera cinq heures à faire l'étape, quand la route est bonne et les circonstances atmosphériques favorables, en mettra huit quand la route sera mauvaise, puis dix heures ou même douze, quand les circonstances atmosphériques seront tout à fait défavorables. L'expérience a démontré qu'une température de 15° à 20° suffit déjà pour ralentir sensiblement la marche. Il faut compter alors 25 à 30 minutes de plus par 10 kilomètres qu'en temps ordinaire. Quand la température approche de 25°, il peut se faire que la durée de la marche soit augmentée de deux heures par 10 kilomètres, surtout à cause des pauses, qui deviennent forcément plus longues et plus fréquentes.

Un corps d'armée, marchant sur une seule route, en disposition de combat, et occupant 20 kilomètres de longueur, mettrait de douze à vingt heures pour arriver au gîte et pour se déployer en ordre préparatoire de combat. On comprend que dans ce cas, la distance à parcourir d'un gîte à un autre doive être beaucoup réduite. Aussi ne dépassent-elles pas 15 kilomètres en moyenne, pour une armée entière en présence de l'ennemi.

Il en sera autrement si la colonne, au lieu de se développer à l'arrivée, peut demeurer en échelons et passer la nuit dans l'ordre de marche. La profondeur de la colonne n'aura plus, dans ce cas, aucune influence préjudiciable à la longueur d'une marche. Ces considérations montrent comment on pourra décider avec clairvoyance, dans les diverses circonstances où l'on pourra se trouver, s'il y a avantage à faire marcher le corps d'armée sur un plus ou moins grand nombre de colonnes.

Il arrive parfois que les colonnes doivent toutes passer le même défilé, un pont, par exemple; on devra tenir compte alors de la longueur des colonnes, ainsi que de leur vitesse de marche, et calculer le temps que les différentes colonnes emploieront pour franchir le défilé. On pourra, d'après cela, fixer l'heure d'arrivée de chaque tête de colonne et se rendre compte du maximum des troupes que l'on aura moyen de faire passer en un jour. Ce nombre pourra parfois être augmenté, en formant chaque colonne, près de l'entrée du défilé, en un ordre compacte, permettant de le franchir avec plus de promptitude.

L'emplacement des troupes dans la colonne de marche est réglé d'après l'ordre dans lequel les troupes auront à se déployer pour passer à la formation de combat. C'est ainsi que l'artillerie est placée le plus en avant possible pour exercer de loin son action. Elle n'est précédée d'autres troupes qu'autant qu'il en faut pour assurer sa sécurité.

Une division d'infanterie, marchant sur une seule route, aura, par exemple, une avant-garde ainsi composée :

Un régiment de cavalerie;
Un régiment d'infanterie;
Une batterie;
Une section de la compagnie de sapeurs;
Un détachement d'ambulance.

Le reste de la division, formant le gros, marchera à 2 kilomètres de distance de l'avant-garde dans l'ordre que voici :

Le régiment d'infanterie qui fait brigade, avec le régiment d'avant-garde;
Les trois batteries restantes;
La deuxième brigade;
Le reste de la compagnie des sapeurs;
Le service d'ambulance.

Le corps d'armée, marchant sur une seule route, aurait pour avant-garde :

Un régiment de cavalerie;
Une brigade d'infanterie;
Les quatre batteries de la même division;
Une compagnie de sapeurs;
L'ambulance.

Si l'on dispose de deux routes, pour la marche d'un corps d'armée, on en attribuera une à chacune des divisions, et l'artillerie de corps devra marcher sur la meilleure des deux routes, à moins qu'il n'y ait des motifs de croire qu'elle sera plus utile de l'autre côté.

Les convois des voitures augmentent beaucoup la difficulté que l'on éprouve à fixer les dispositifs de marche à proximité de l'ennemi. Il suffit, pour s'en convaincre, de se rappeler que les troupes d'un corps d'armée, avec leurs voitures à munitions et le 2e échelon des batteries, occupent, en colonne, une longueur de 19,597 mètres, et que le reste des voitures occupe encore une longueur de 19,873 mètres.

Au moment d'opérer les concentrations qui précèdent les batailles, alors qu'on doit grouper les troupes de manière à les déployer le plus rapidement possible, on ne peut employer, pour la marche des unités tactiques, qu'une partie des chemins existants, alors que le réseau complet des routes et des chemins paraît déjà fort insuffisant. Et, néanmoins, il faut parvenir à faire marcher ces impedimenta, si embarrassants à ce moment, sans couper et sans entraver les mouvements des combattants.

On peut être tenté de laisser tous les convois en arrière; mais il ne faut pas perdre de vue que toutes les voitures ne sont là que parce qu'elles sont nécessaires aux troupes. Les trains devront donc être assez à proximité des corps de troupes pour que ceux-ci puissent se servir des ressources qui leur sont destinées.

Dans ces circonstances, les troupes ne seront accompagnées que des chevaux de main, des voitures d'ambulance, parfois de l'équipage de pont, des voitures d'outils et des voitures de cartouches. Le convoi des grands bagages suivra la colonne des troupes à une distance déterminée. Quand le combat sera imminent, deux colonnes de munitions d'artillerie et une colonne de munitions d'infanterie, précédant le gros des bagages, suivront les troupes d'assez près pour pouvoir remplacer les munitions consommées. Plus en arrière, mais assez près encore pour rejoindre les troupes dans la soirée ou au commencement de la nuit, viendront deux colonnes de munitions, trois ambulances et une ou deux colonnes de vivres sur des voitures de parc. Ce premier échelon des trains et colonnes contiendra ce qu'il faut pour subvenir, pendant un jour, aux besoins des troupes, même pour le cas de combat, en personnel du service de santé, en ambulances, en vivres et en munitions.

Les autres colonnes de munitions et de vivres, les voitures d'ambulances, l'équipage de pont et le dépôt de chevaux, formant le deuxième échelon des trains et colonnes, pourront suivre les troupes à la distance d'une petite journée de marche.

En détachant des troupes pour la protection des trains, on tombe dans l'inconvénient de diminuer le nombre des combattants, et dans l'inconvénient plus grave encore de disloquer des unités qui ne peuvent pas être employées à cela dans leur entier. On évitera la nécessité des escortes particulières par d'habiles dispositions de marche, par une bonne organisation du service de sûreté et surtout par des succès contre l'ennemi.

Les dispositions de marche ne seraient pas bien réglées si elles l'étaient seulement jour par jour, rien qu'en vue des circonstances du moment. On doit, au contraire, tenir toujours compte des événements qui se préparent et utiliser le réseau des routes et des chemins de manière à se ménager une situation favorable à l'exécution du plan que l'on exécute. Cette considération suffirait à elle seule pour faire comprendre tout l'avantage que l'armée prussienne a retiré de la bonne composition de son corps d'état-major et des études pratiques dont il avait été continuellement occupé avant la guerre.

Il importe beaucoup, dans certaines circonstances, de faire parcourir à une troupe peu nombreuse une grande longueur de marche avec rapidité. L'état-major prussien s'est rendu compte de ce qu'on pouvait demander aux cavaliers et aux fantassins sous ce rapport. On a trouvé qu'à l'époque la plus favorable de l'année, au printemps ou à l'automne, quand le temps est beau, une troupe de cavalerie bien exercée à la marche peut, de 6 à 11 heures du matin, parcourir 30 kilomètres, puis 20 kilomètres de 3 à 7 heures de l'après-midi, après avoir mangé. Cette marche de 50 kilomètres en 13 heures pourra être reprise à minuit, après un repos de cinq heures, et la troupe, faisant encore 30 kilomètres jusqu'à 5 heures du matin, aura accompli 80 kilomètres en 24 heures.

L'infanterie parcourra, de 6 à 10 heures, 20 kilomètres, puis, 15 kilomètres de 2 à 6 heures, ce qui fait 35 kilomètres. Si on la remet en marche à minuit, elle pourra faire encore 15 kilomètres, accomplissant ainsi 50 kilomètres en 24 heures.

En deux jours, la cavalerie peut aller jusqu'à 100 kilomètres, et l'infanterie jusqu'à 70 kilomètres.

Les marches extraordinaires que peuvent exécuter des troupes peu nombreuses ne sont pas toujours sans inconvénient pour elles-mêmes et demandent ensuite beaucoup de repos. Ces exceptions, qu'on a parfois occasion d'utiliser, ne sauraient faire perdre de vue que, comme nous l'avons dit, les grandes armées n'avancent pas, en moyenne, dans les marches où elles peuvent rencontrer l'ennemi, de plus de 15 kilomètres par journée de marche.

Les gîtes et logis à donner aux troupes pour leur repos de chaque jour et pour leurs stationnements ont, tout comme les marches, beaucoup d'importance tant au point de vue tactique qu'au point de vue de la santé des soldats. Les bivouacs sont tout ce qu'on peut imaginer de plus avantageux au point de vue tactique, puisque les troupes, placées d'avance dans l'ordre de bataille, sont toutes prêtes pour le combat. Mais, au point de vue de la santé du soldat, le plus mauvais cantonnement vaut beaucoup mieux que le meilleur bivouac. Les armées sont exposées à perdre incomparablement plus d'hommes par maladie que par le feu, d'où il résulte qu'il ne faut pas, par une vague inquiétude, concentrer les troupes plus qu'il n'est nécessaire, ni leur éviter une petite marche qui permettrait de les cantonner, ni, à plus forte raison, les faire bivouaquer par suite d'une négligence ou d'une insouciance ayant pour but d'éviter pour soi-même un surcroît de travail.

On devra néanmoins préférer le bivouac, quand il est nécessaire que les troupes soient prêtes à tout moment, ce qui a lieu pour les avant-postes. En tous cas, on aura à apporter un très-grand soin au choix de l'emplacement; il devra être dérobé aux vues de l'ennemi et situé à proximité d'une bonne position de combat, qu'il faut pouvoir occuper à temps en cas d'attaque. Les réserves ne doivent pas avoir à exécuter un mouvement en arrière pour se porter à leurs positions d'attente.

L'infanterie, qui est prête à combattre plus tôt que la cavalerie et l'artillerie, doit être établie de manière à couvrir les deux autres armes.

Ces considérations tactiques se compliquent de celles qui intéressent le repos et le bien-être des troupes. Le sol doit être sec et abrité autant que possible contre le vent et le soleil. L'emplacement doit être à proximité de l'eau et des ressources en bois et en paille ainsi qu'en vivres.

Au lieu de bivouaquer, les corps d'armée prussiens ont fait habituellement usage de cantonnements resserrés qu'ils occupaient pendant une nuit seulement, quand on était à proximité de l'ennemi.

Quand on est dans cette intention, on choisit, en conséquence, les différents points où se terminera la

29

marche, et l'on se préoccupe des ressources que les localités offrent sous le rapport du cantonnement.

Une superficie de 400 à 500 kilomètres carrés sans villes importantes comptera, en moyenne, de 3,000 à 3,600 feux ; un corps d'armée y pourrait trouver à s'abriter en mettant de 10 à 12 hommes par feu. Cela n'a rien d'exagéré quand il s'agit de s'abriter pendant une seule nuit. Les écrivains militaires prussiens affirment qu'on ne peut donner de limite à ce qu'on obtient sous ce rapport en bondant les villages, et surtout les maisons d'exploitation isolées, en utilisant les granges, les hangars et les écuries. Pendant la paix même, et pour une grande manœuvre, on a placé dans 40 localités comptant 2,279 feux, 21,157 hommes et 6,085 chevaux, soit, par feu, 9 hommes et 3 chevaux, là où les autorités civiles n'avaient vu de ressources que pour 6,375 hommes et 2,604 chevaux. Dans cette zone de cantonnement, qui avait 22 kilomètres de profondeur sur 9 kilomètres de largeur, se trouvaient trois villes comptant ensemble 1,100 feux, qui reçurent seulement 5,526 hommes et 1,418 chevaux, soit 5 hommes 1/2 plus 1 cheval 1/2 par feu, tandis que les 37 localités rurales eurent, par feu, 12 hommes 1/2 et 4 chevaux.

Souvent les troupes ne peuvent cantonner que dans les localités situées sur la route même et à deux kilomètres de la route ou du chemin sur lequel la marche s'est opérée. Dans ce cas, on se trouve hors d'état de cantonner tout le monde. On fait alors bivouaquer une partie des troupes sur les places, dans les cours et à proximité des localités occupées, en se servant des murs et des maisons comme moyens d'abri contre le vent ou le soleil.

Ces considérations, qui montrent l'importance des ressources de cantonnement, expliquent, par cela même, le soin que l'état-major prussien apporte à constater sans cesse, au delà de ses frontières, l'existence des moindres localités et à reconnaître le chiffre de la population.

Si les abris sont utiles aux troupes, les subsistances leur sont indispensables; mais comment les fournir et les distribuer dans les grandes armées sans ralentir leurs mouvements? C'est là que le soin de nourrir les troupes se relie à la stratégie. L'état-major prussien a basé les procédés qu'il emploie sur le fait incontestable que voici. On peut, dans un pays de fertilité ordinaire et dont la population a une densité moyenne, faire vivre une armée de 100,000 à 120,000 hommes pendant une marche ininterrompue, si ce n'est par quelques haltes périodiques, uniquement sur les ressources locales, sans avoir de magasins et sans répartir les troupes sur une trop grande surface. Napoléon a très-souvent fait vivre ses armées de cette manière.

Le paysan a, en général, chez lui, du pain pour 8 ou 15 jours, des légumes et du fourrage pour aller jusqu'à la récolte, et plus de bétail qu'il n'en faudrait pour faire vivre sa famille pendant un an. Les grandes localités possèdent toujours des vivres pour plusieurs jours. Il résulte de là que la nourriture fournie au soldat par l'habitant qui le loge, moyennant une rétribution équitable, constitue le mode le plus commode pour le soldat, qui n'a pas à s'occuper de la préparation de son repas.

On pourra faire vivre ainsi pendant quelques jours, dans des localités qui n'auront pas encore été occupées, un nombre de soldats trois ou quatre fois plus grand que celui des habitants. Un corps d'armée de 35,000 hommes et de 10,000 chevaux, couvrant une profondeur de 15 kilomètres et une largeur de 8 kilomètres, trouvera, dans la zone qu'il occupera, des ressources suffisantes, quand la population sera de densité moyenne.

Si le pays a moins de ressources, on sera forcé de s'étendre davantage, et l'on aura à examiner s'il ne faut pas soulager les habitants, en faisant fournir une partie des subsistances par les magasins de l'arrière, ou en distribuant celles qui sont transportées par les colonnes de vivres.

Lorsque les circonstances ne permettent pas de confier aux habitants le soin de fournir et de préparer la nourriture des soldats, on peut avoir recours à la réquisition des vivres en nature. Toute réquisition normale repose sur la délimitation de la zone sur laquelle un corps de troupes devra réquisitionner. Les réquisitions directes sont suivies de distributions immédiates. L'intendance se procure aussi par réquisition les denrées nécessaires pour les troupes qui n'auront pas pu se procurer le nécessaire dans la zone affectée. On adresse lés réquisitions aux autorités locales. Les achats donnent souvent.des résultats inattendus là où les réquisitions produiraient peu. On frappe alors des contributions en argent, de manière à faire porter de même sur le pays la charge de la nourriture des troupes.

Un autre moyen de subsister consiste à faire former promptement par l'intendance, qui emploie pour cela tous les moyens à sa disposition, des dépôts de vivres temporaires, d'où partent les denrées, sur des voitures du pays, pour être distribuées aux corps de troupes. L'intendance emploie, pour alimenter ces dépôts, ou les fournisseurs, ou les achats directs, ou les réquisitions.

Le procédé qui précède est employé d'une façon normale, sans toucher aux vivres qui sont transportés par les colonnes de subsistances ou par les colonnes de voitures de parc, parce que le magasin mobile est considéré comme une réserve à laquelle on ne doit puiser que pour remplacer les denrées exposées à se détériorer.

L'emploi des colonnes de vivres sera inévitable, au contraire, quand les circonstances de la guerre obligeront le corps d'armée à stationner pendant quelque temps sur le même terrain; mais alors, les magasins du service des étapes fourniront de quoi refaire le chargement des colonnes.

Les rations de conserves portées par les hommes, ainsi que celles que portent les chevaux, sont la dernière ressource pour les circonstances où tous les autres moyens feraient défaut. La discipline doit tendre à empêcher la consommation prématurée de cette ressource précieuse.

Voici comment un officier d'état-major prussien a résumé les considérations, qu'il avait auparavant développées, sur le service des subsistances :

« Si, dans l'état actuel des choses, une armée vou-
« lait s'en tenir à un seul mode de subsistances, elle
« serait hors d'état de faire la guerre, ou du moins
« elle se trouverait dans une situation des plus désa-
« vantageuses en face d'un ennemi qui saurait utili-
« ser les différents procédés suivant les circon-
« stances.

« Se borner au système des magasins, c'est mettre
« aux opérations des entraves intolérables. Le géné-
« ral en chef et l'intendant changent de rôle. Vivre
« chez l'habitant ou se procurer les denrées par ré-
« quisition sont des moyens nécessaires pour mar-
« cher en avant. S'arrête-t-on, les magasins deviennent
« indispensables. Les colonnes de subsistances, ainsi
« que les vivres portés par les hommes et les che-
« vaux, parent aux besoins des grandes concentra-
« tions ou des marches rapides et imprévues, quand
« la nourriture par l'habitant ne peut pas suffire à de
« trop grandes agglomérations, et que les vivres des
« magasins n'ont pas le temps d'arriver. Enfin, les

« réquisitions nourrissent les troupes de première
« ligne et viennent en aide aux échelons suivants par
« l'établissement de petits dépôts.

. « C'est immédiatement avant et surtout immédia-
« ment après une bataille que les difficultés sont les
« plus grandes. En poursuivant l'ennemi, on allonge
« la ligne de communication, et, le plus souvent, la
« pénurie des vivres se fait sentir très-vivement. On
« ne peut, en effet, rien tirer de l'arrière, et la con-
« trée que l'armée en retraite a parcourue deux fois
« est bientôt épuisée. On ne saurait obvier aux incon-
« vénients de la situation qu'en s'étendant dans le
« sens de la largeur. La nourriture des chevaux pré-
« sente surtout des difficultés difficiles à surmonter,
« son volume et son poids ne permettant pas de la
« transporter à de grandes distances. Une cavalerie
« et une artillerie trop nombreuses sont donc fort gê-
« nantes, et des trains trop richement dotés amènent
« des embarras nuisibles ; chaque cheval en plus du
« nécessaire devient un inconvénient grave. Ces con-
« sidérations doivent entrer en ligne de compte dans
« l'organisation et la constitution des armées. »

Nous en sommes réduits aujourd'hui à aller chercher des leçons chez nos ennemis sur l'art de nourrir
les troupes pendant les diverses phases des opérations, pour avoir porté la négligence et l'incurie jusqu'à perdre les traditions et presque les souvenirs des
procédés mis en usage par nos armées du premier Empire, qui ont servi d'école militaire à toute l'Europe.

L'art de régler les dispositions de marche n'avait guère été moins délaissé chez nous avant la guerre de 1870, mais on s'en est plus occupé dans ces dernières années. Nous dirons, toutefois, que les publications récemment faites sur ce sujet ne nous semblent pas tout à fait satisfaisantes.

Nous pensons qu'on a méconnu toutes les causes des irrégularités qui se produisent inévitablement dans les marches des voitures, surtout si elles forment de gros convois, en entreprenant de mettre les voitures sur deux de front, pour les marches habituelles ou normales.

On ne saurait contester l'avantage qu'il y aurait à diminuer de moitié la longueur des convois, car cet avantage, déjà marqué pour une division, deviendrait important pour un corps d'armée, et encore plus pour l'armée entière, qui a souvent deux corps d'armée sur une même route ; mais est-ce possible ?

On l'a conclu de ce que les routes ont, en moyenne, $7^m,50$ de largeur, et l'on a dit que deux files de voitures y pourraient marcher côte à côte, en laissant encore, sur la gauche de cette double colonne, l'espace nécessaire à la circulation des estafettes, des ordonnances et des officiers. Cela serait exact, si les deux files de voitures étaient sur des rails, sans pouvoir dévier à droite ou à gauche ; mais, sur une route, il en est autrement. Souvent, les chevaux sont dirigés un peu obliquement, pour que la traction soit moins difficile. On oblique encore les chevaux toutes les fois que les voitures de la même file sont trop proches ; enfin, un trou d'abord peu profond, une ornière qui se creuse à mesure que passent des centaines de voitures, deviennent des obstacles à éviter. Alors, les deux files ne peuvent plus passer à la fois, et nonseulement la colonne s'allonge, mais l'ordre de marche n'est plus observé. Or, tout désordre de ce genre entraîne à la fois des fatigues, du mécontentement et des plaintes.

La marche des voitures sur deux files ne peut donc convenir qu'à un petit nombre de circonstances exceptionnelles. Cela ne saurait être une règle générale.

En résumé, la stratégie, qui trace les plans de campagne et qui dirige ensuite la marche des armées, en vue de leur exécution, exerce une influence décisive sur les résultats des guerres. L'accroissement et l'amélioration des voies de communication de toutes sortes, le développement rapide et universel des chemins de fer, l'extension de la marine, et surtout celle des navires à vapeur, tout concourt à ouvrir journellement de nouveaux horizons à la plus haute des sciences militaires. Dans les guerres à venir, la puissance, l'indépendance, l'existence même des nations, se décideront avec une promptitude foudroyante. L'armée qui n'aurait pas consacré à la stratégie les études et la prévoyance qu'elle exige, succomberait, victime de son impardonnable aveuglement.

TABLE DES MATIÈRES.

Paris. — Imprimerie de J. Dumaine, rue Christine, 2.

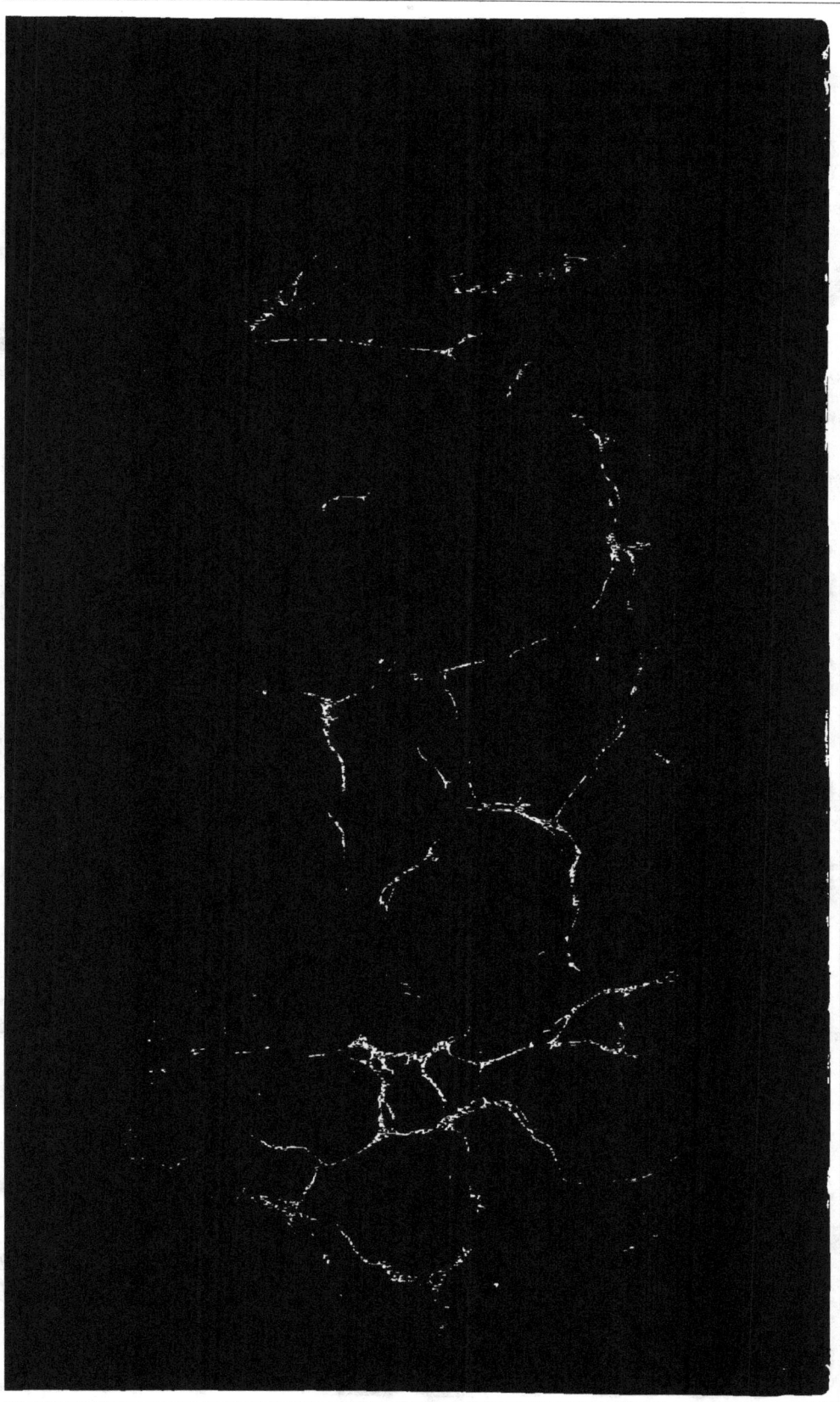

www.ingramcontent.com/pod-product-compliance
Lightning Source LLC
Chambersburg PA
CBHW070626270326
41926CB00011B/1832